KB234814

주역학 개론

주역학 개론

권일찬 지음

한국학술정보(주)

  주역을 '우주학'이라고도 한다. 즉, 우주종교이고, 우주철학이며, 우주과학기술이다. 그렇다면 우주의 운행원리는 어떤 모습인가? 우주의 운행모습은 사진에서 보는 바와 같이 순환하는 거대한 소용돌이 모습이다. 우주의 순화하는 모습은 주역의 가장 기본이 되는 태극문양(☯)과 같은 모습이다. 따라서 주역은 우주학이다. 거대한 우주의 운행모습, 태양계의 운행, 우리의 삶의 모습 그리고 극미의 원자세계에 이르기까지 모두 순환하는 주역의 태극문양과 같은 모습이다. 따라서 주역은 우주 삼라만상의 근본 이치를 모두 포함하고 있다. 그 이치는 너무도 간단한 음양의 이치이다. 음양론은 범우주적으로 적용되는 우주적 이론(universal grand theory)이다. 우리 삶의 모습을 나타낸 말 중에 '음지가 양지 되고 양지가 음지 되고 돌고 도는 인생 물레방아 인생……'이라는 말이 있다. 이것이 곧 음양의 이치이고 이것이 곧 주역과 우주의 이치이다.

　프리초프 카프라(Fritjof Capra)는 그의 1982년 저서인 『새로운 과학과 문명의 전환 (Turning Point)』의 첫 페이지에 책의 내용을 종합적으로 나타내는 상징으로서『주역』상경(上經) 스물네 번째 괘인 지뢰복(地雷復)괘를 제시하고 있다. 지뢰복괘 괘의 상에서 정신물질 이원론적·물질론적·기계론적인 서양과학 기술적 물질문명을 음(--)으로 나타내는 것으로 보고, 정신물질 일원론적이며 유기체론적인『주역』으로 대변되는 정신문명인 동양사상을 양(-)으로 나타내는 것으로 보았다.

　현대사회는 서양과학 기술적 물질문명, 즉 음이 지배하는 시대이다. 그러나 우주론적·순환론적 자연의 이치인 물극필반(物極必反) 종즉유시(終則有始) 원리에 의해서 음이 극하면 사라졌던 양, 여기서는『주역』으로 대변되는 동양사상이 다시 부활한다는 의미를 상징적으로 나타내는 괘이다.

닐스 보어(Niels Bohr)는 자신의 상보성(相補性) 개념이 중국의 『주역』의 음양론과 유사성이 있음을 잘 알고 있었다. 그가 1937년 중국을 방문했을 때 보어의 양자론의 해석은 완전히 완성되어 있었는데, 고대 중국의 음양의 대립개념이 서로 상보적인 관계에 있다고 하는 음양론에 깊은 감동을 받았다. 그때부터 그는 동양문화에 흥미를 갖게 되었다.

10년 후 보어는 과학 분야에 있어서의 공적이 인정되어 덴마크 귀족의 작위를 수여받았다. 그때 자신의 귀족 예복에 적절한 의장(意匠)을 결정해야만 했는데, 그는 '음양'이라는 원형적인 대립자의 상보관계를 표상해주는 주역의 기호인 태극문양(☯)을 선택했고, 거기에 'CONTRARIA SUNT COMPLEMENTA(대립적인 것은 상호보완적이다)'라는 문자를 새겨 넣었다. 이렇듯 그는 고대 동양의 지혜와 현대 첨단물리학인 양자역학 사이의 두터운 유사성을 알고 있었던 것이다.

옛 성인들의 말씀 중에 "다 사라져간 『周易』이 다시 빛을 본다"고 하신 때가 지금이 아닌가 생각한다.

(대산 김석진 선생님의 『周易講解』 표지 글에서)

앞으로 서양과학기술이 엄청나게 들어오는데 이에 대항해서 우리가 내놓을 수 있는 학문은 『四書(대학, 중용, 맹자, 논어)』 가지고는 안 되고 『周易』이래야 한다.

(1940년대 대산 김석진 스승이신 야산 이달 선생님의 말씀)

아무리 서양과학기술이 발달을 해도 언젠가는 코쟁이(서구인)들이 『周易』을 가르쳐 달라고 가마 갖고 모시러 올 날이 있을 것이다.

(우리 선조들의 전해오는 말씀 중에서)

우리는 부분적으로 알고 부분적으로 예언하니 온전한 것이 올 때에는 부분적으로 하던 것이 폐하리라.

(성경의 고린도전서 제13장 9～10절)

나는 주역을 배우고 연구하면서 겪은 많은 학문적 경험이 하도 새롭고 신기하고 현대사회에 매우 의미 있는 학문이라고 생각되어 쓰고 싶어 쓴다.

첫째, 수십 년간 제도권 교육 학문세계에서 배우고 익히며 연구하고 가르친 서양첨단 과학기술보다도 새롭고 앞선 과학기술이며 또한 최고의 영원한 과학적 철학이다. 뿐만 아니라 공허하고 형식적인 서양철학과 과학보다 생활에 여러 가지 실제적으로 도움을 준다는 점에서 매우 실용적인 철학이고 과학기술적 학문이다. 둘째, 현대물리학인 양자역학이 발달하면서 현대 물리학자들에 의해 학문적으로 새롭게 조명을 받고 있어서 시대적으로 더욱 의미와 가치를 느낀다. 셋째, 현대사회의 위기문제를 근본적으로 해결하기 위한 가장 현실적으로 실천 가능한 대안학문이며 21세기 새로운 문명창조를 위해 동양학 중에서 가장 의미 있는 학문이기 때문에 매력을 느껴서 그동안 주역을 배우고 연구한 의미 있는 내용을 여러 분야와 관련해서 모두 망라해서 쓰고자 한다.

주역이란 한마디로 말하면 우리나라를 비롯한 중국과 일본의 거의 모든 것이라고 해도 과언이 아니라고 생각된다. 즉 역사 문화의 배경이 되는 가장 근본적인 기본서이면서 현대사회생활 속에서도 살아 숨 쉬는 영원한 철학이며 최첨단 과학기술이다. 그리고 현대과학기술의 종주국인 서구에서 동양학 중에서 가장 의미 있게 관심을 갖고 연구하는 학문이라고 생각된다. 그런데 그에 비해서 우리는 주역에 대해 미신이고 비과학이라고 치부하여 학문적으로 의미 있게 알고 있는 자들이 매우 희귀하다는 것이 참으로 신기하고 놀랍다. 나도 이 세계에 들어오기 전에는 전혀 몰랐던 사람이다.

주역은 동양의 과거 역사와 문화를 근본적이고 주체적으로 인식하는 데 절대적인 학문일 뿐만 아니라 인류가 당면한 현재의 위기와 미래를 위한 현실적·대안적 학문이라는 점에서 시대적으로 더욱 의미와 가치를 느낀다.

더욱이 서구의 물질과학과 물질문명이 지나치게 발달하면서 인간성 상실과 환경파괴와 같은 위기문제를 근본적으로 해결하고 21세기 새로운 문명창조를 위한 길을 동양사상에서 찾아야 한다는 동서양의 세계적인 학자들의 공통된 시각에서 볼 때 가장 의미 있고 구체적인 학문이 주역에서 비롯된 미아리철학관 중심의 역학과 역술이라고 생각된다.

따라서 주역에는 우리의 과거 역사와 문화가 있고 현재가 있으며 또한 인류와 지구의 현재와 미래의 가장 의미 있는 학문이다.

그런데 주역의 학문적 연구실태를 보면 제도권에서는 주로 의리역인 성리학 중심의 도덕 윤리적 내용과 사서 위주의 사상철학과 규범적 연구가 주류를 이루고 있고 비제도권의 철학관 중심의 상수역을 미신이고 비과학적이라고 전혀 인정을 하지 않고 있으며, 비제도권은 인간의 건강과 삶의 길흉화복 중심의 상수역인 과학기술적 학문연구로 이원화되어 있다. 그리고 서술형태와 내용이 한문 중심으로 동양학적으로 해설을 해놓아서 현대 서양 과학적 한글세대들이 접근하여 이해하기가 어렵다.

따라서 본 글에서는 첫째, 제도권, 비제도권의 동양학을 주역 중심으로 통합하여 체계화하고, 둘째, 서양과학적 한글세대들이 이해할 수 있도록 서양과학과 비교하면서 고찰하였으며, 셋째, 주역의 과학성을 밝히고자 한다.

서술형식은 강의식 또는 수필식으로 쓰고자 하였다. 워낙 학문적으로 서양과학과 패러다임적으로 다른 학문이고 또한 어려운 학문이다 보니 내용 면에서 불완전하고 미흡함을 벗어날 수 없으나, 시작이 반이라는 말과 같이 일단 일을 시작해보자는 심정으로 글을 쓰게 되었음을 밝혀둔다. 앞으로 더 많이 배우고 연구하기 위한 출발점으로 삼고자 한다. 그리고 우리 것이면서 워낙 낯선 학문이다 보니 이해를 쉽게 할 수 있도록 하기 위해서 중언부언 장황하게 잔소리를 많이 늘어놓았음을 밝혀둔다.

2012년 8월 31일
광헌 권일찬

제1부 **주역(I Ching) 총론**

 서론

1. 문제제기와 연구목적(주역학의 근대화)

1) 문제제기

나는 내 일생에 특별한 사건과 계기로 동양학, 특히 『주역』을 비롯한 동양과학기술인 각종 역학과 역술을 배우고 연구를 하면서, 수십 년간 배우고, 가르치고, 연구해온 제도권의 서양과학기술에서 전혀 느끼지 못한 새로운 학문적 맛을 느끼게 되었다. 특히 서양과학을 수십 년간 배우고 가르치고 연구를 하면서 느끼지 못한 패러다임적으로 그리고 천지개벽과 같은 새로운 학문적 맛을 주역학에서 발견하고는 엄청난 지적 호기심과 매력을 느끼게 되었다.

특히 직업의식에서 의무적으로 하여야만 하는 '1+1=2'라는 식의 물질론적 기계론적이고, 형식적이며, 정신 빠진 그래서 생명력 없는 서양과학에서 느끼지 못하는 유기체론적이고 실용적이며 정신 차린 살아 있는 학문적 맛을 느끼면서, 내 스스로 하고 싶은 것을 할 때 즐거움과 보람을 느낄 수 있다는 점에서 더욱 그렇다.

그래서 주역학을 연구하고 배우면서 잔잔하게 가슴이 뛰는 즐거움과 흥분을 느낀다. 미국 명상의 대가인 다릴 앙카의 세계적인 베스트셀러 『가슴 뛰는 삶을 살아라』라는 책에서, "인간은 가슴 뛰는 일을 하면 그것이 그가 이 세상에서 해야 할 소명이고, 그러한 일을 하면 그는 그것을 쉽게 할 수 있고, 그리고 그의 삶이 풍요로워진다"는 말이 그렇게 내 가슴에 와 닿을 수 없다. 이와 비슷한 이야기로 동양에서는 공자의 『논어』에, "아는 것은 좋아하는 것만 못하고 좋아하는 것은 즐기는 것만 못하다(知之者不如好之者 好之者不如樂之者)"는 말이 그렇게 실감날 수가 없다. 그러면서 평생을 배우고 연구해도 끝이 없는 무궁무진한 천지 바다와 같은 학문의 세계를 느끼기 시작하였다.

아울러 건강을 비롯한 정신적, 물질적 생활에 실제적으로 여러 가지 도움을 준다는 점에서, 허구적이고 현학적이며 형식적인 죽은 학문이 아니라 살아 있고 정신 차린 생명력 있는 그리고 가슴에 와 닿는 실용적으로 도움을 주는 학문이라는 점에서 더욱 의미와 가치가 있음을 느낀다.

이런 점에서 내가 주역학의 학문적 맛을 인식하고 이에 대해 관심을 갖고 스스로 배우고 연구하게 된 것은 학문적으로 대단한 행운이다.

그래서 주역을 가르쳐주신 대산 김석진 선생님을 뵙고 주역에 관한 이야기를 할 때, '나는 『주역』 때문에 오래 살고 싶다'고 말한 적이 있다. 그러면 대산 선생님께서는 아무 말씀도 하지 않으시고 빙그레 웃으시던 모습이 기억난다.

지금 이 시대는 워낙 서양과학 기술적 학문을 세계적으로 모든 사람들이 배우고 연구하고, 또한 세계화 정보화시대에 세계 곳곳에서 연구하고 가르치는 서양과학 기술적 지식과 정보는 매일 TV를 비롯해서 온갖 매스컴에서 보도를 하다 보니, 서양적인 학문의 수준은 거의 세계적으로 모든 사람들에게 일반화되고 평준화되었다고 해도 과언이 아니다. 그래서 세계적인 전문가라고 해도 일반인들과 크게 차이가 나는 것도 아니다. 따라서 현대인들의 서양과학 기술적 지식의 소유 정도를 비교하면 별 차이가 없다. 특히 인문사회과학의 경우가 더욱 그렇다. 이만큼 현대에서 서구적 학문은 세계적으로 모든 사람들에게 일반화되고 평준화되었다고 볼 수 있다.

등잔 밑이 어둡다

그런데 코앞에 있는 우리 것인 동양학, 그중에서도 동양과학기술이며 전통과학기술인 미아리철학관 중심의 역학 역술에 대한 지적 내용과 수준은 배운 사람과 배우지 않은 사람과의 차이가 확연하다. 그래서 현대인들에게 지적 수준의 차이는 서양과학의 기준으로 볼 때는 별 차이가 나지 않지만, 주역학의 기준으로는 하늘과 땅 같은 차이가 난다.

따라서 현대인의 지적 수준의 정도를 나타내는 지적인 차이는 서양학적인 것이 아니고, 주역학적인 것에 의해서 차이가 나고 그것이 중요한 변수이다. 그러므로 이 시대에 가장 의미 있는 학문은 주역에서 비롯된 동양과학기술인 역학과 역술이다.

흔히 새로운 학문을 하기 위해서 미국 위주의 서구로 유학을 가는 것이 일반적이다. 그러나 이제는 서구적인 학문이 워낙 보편화되고 일반화되다 보니 유학의 의미와 가치가 점점 줄어들고 있다. 오히려 동양과학기술인 역학과 역술의 학문적 메카로서 상징적인 의미로 '미아리철학관'이 훨씬 이 시대에 의미 있는 새로운 학문을 배우고 연구하는 곳이라고 볼 수 있다.

나는 그동안 전국적으로 산재해 있는 철학관과 언론기관의 문화센터 그리고 각 대학의 평생교육원과 개인 사설연구소 등에서 주역을 비롯한 각종 역학 역술을 배우고 연구하면서 새로운 학문의 세계를 경험하게 되었다.

거기서 동양학, 특히 주역을 배우고 연구하면서 많은 의미와 가치를 발견하게 되었다. 마치 학문적 다이아몬드 광산을 발견한 기분이다. 그러한 연유로 해서 주역과 주역에서 비롯된 역학과 역술을 배우고 연구하는 것이 재미도 있고 보람도 있다. 그래서 시간 가는 줄 모르고 연구하는 재미는 더 없이 보람됨을 느낀다.

뿐만 아니라 그동안 배우고 연구한 역학 역술을 종합하여 2003년부터 지금까지 매년 일반대학원과 행정대학원에서 동양행정론(Eastern Public Administration), 동양학적 의사결정론(I Ching(주역) Approach to Decision Making), 동양학적 변화발전론(I Ching Approach to Chang and Development), 동양학적 인간론(Eastern Scientific Human Model) 등을 정식 교과과목으로 개설을 하여 강의를 해왔다.

그런데 나는 주역을 배우고 연구하면서 이해하고 받아들이는 데 많은 시행착오와 어려움을 겪었다. 뿐만 아니라 직접 대학원에서 가르치면서 많은 것을 느끼고 배우게 되었다. 왜냐하면 우리가 제도권 교육기관에서 수십 년간 배우고, 가르치고, 연구해온 서양과학 기술적 학문과 전혀 새롭고 다른 학문이기 때문이다. 특히 대학원과 행정대학원에서 가르치면서 많은 것을 배우고 또한 많은 것을 느끼게 되었다. 그러면서 몇 가지 문제점과 아쉬운 점 그리고 특징적인 것을 발견하게 되었다.

첫째, 제일 먼저 문제가 되는 것이 서양과학과 다르게 주역학은 학문적으로 체계화가 잘 되어 있지 않다. 주역학은 서양과학에 비해서 산만함을 느끼고 학문적으로 정리가 되지 않아서 혼란스러움을 느낀다. 즉, 주역학 전반을 보편적으로 이해할 수 있게 서술해놓은 체계화된 기본 교과서적인 내용의 글이 없다. 단지 주역의 경문을 의리적·점서적 관점에서 해설한 것 위주로 주역을 소개한 내용이 주 내용이다. 둘째, 주역학이 미신이고 비과학이라고 하는 잘못된 사고가 지배하고 있는 것에 대해서 엄청난 문제가 있다는 생각을 하게 되었다. 이것은 제도권의 지도층과 식자층들이 서구적 학문에 빙의된 눈으로 잘못 보고 판단한 결과이다. 셋째, 서양과학적 한글세대들인 젊은 신세대들에게서 우리의 역학 역술에 대한 지적 수요가 많다는 것을 발견하게 되었다. 특히 철학 사상적 규범적 학문보다 과학기술적 학문인 역학 역술에 대해서 지적 수요와 인기가 훨씬 더 높다는 것을 알 수 있었다. 그러나 주역학의 서술 형태가 한문 중심으로 되어 있고, 서양과학적 학문과 전혀 다르게 서술되어 있어서 이들이 접근하여 배우는 데 어려움이 많다는 것을 발견하였다.

그래서 나는 주역학 전반에 대한 학문적 체계화를 시도하며 과학성을 밝히고 그리고 현대서양 분석과학적 한글세대들이 이해할 수 있게 서양과학적 시각에서 분석적으로 서술한 입문서로서 『주역학개론』을 쓰는 데 관심을 갖게 되어 이 글을 쓰게 되었다.

2) 연구목적: 주역학의 근대화

헌법 제9조: 국가는 전통문화의 계승발전과 민족문화의 창달에 노력하여야 한다

지금까지 주역학에 대한 연구실태에 대한 특징과 문제점을 살펴보고 현대사회의 학문적 풍토에 맞게 주역학의 학문적 고찰을 하고자 하였다.

주역은 과학자가 보면 과학이요, 철학자가 보면 철학이요, 종교가가 보면 종교요, 점술가가 보면 점술이라는 말이 있다. 이는 주역은 인간의 모든 현상을 종합적으로 나타낸 학문이라는 의미이기도 하다. 즉, 보이는 객관의 세계와 보이지 않는 기(氣)와 영적인 세계까지 모두를 포괄하여 종합적으로 나타낸 학문이라는 의미이다. 지금까지 주역에 대한 연구를 살펴보면 제도권에서는 주로 의리역인 철학사상과 도덕윤리 중심의 규범적 연구가 주이고 비제도권에서는 과학기술적인 상수역 중심으로 고찰하였다. 나는 주역의 의리역, 상수역 모두를 종합하여 서양과학기술과 상호 연관하여 고찰하고자 한다.

본고에서 연구목적이란 한마디로 주역학의 근대화 작업의 하나라고 할 수 있다.

주역학의 근대화란 세 가지 의미로 생각해볼 수 있다. 첫째, 주역학의 학문적 체계화와 과학성 그리고 의미와 가치를 밝혀 계승 발전시키는 일이다. 둘째, 주역학의 서술형태를 서양분석 과학적 한글세대들이 이해할 수 있도록 서술하는 것이다. 셋째, 주역학을 현대과학 기술적인 관점에서 체계적으로 연구하고 가르치는 동양과학대학과 동양과학기술원을 설립하는 일이다.

우리나라가 1960년대부터 본격적인 경제발전과 더불어 나타난 국가가 나아갈 정책지표로 강조된 것이 '조국 근대화'였음은 두루 알고 있는 사실이다. 이와 함께 대두된 것이 서구식 근대화를 위한 국가발전론이었으며, 이를 통해 정치, 경제를 비롯해서 국가 사회 모든 부문이 크게 발전하였음은 모두가 인정을 한다.

그 결과 산업화, 민주화, 정보화를 성공적으로 달성하여 물질적으로 풍요롭고 편리해졌으며, 제도적으로도 자유롭고 편리해졌고, 또한 정보화도 성공적으로 이룩하여 모든 업무가 효율화되고 생활도 편리해졌다.

그런데 가장 근대화가 되어 있지 않고 낙후된 부문이 우리의 전통적 생활문화와 역사의 이면적인 배경이 되는 근본적 학문인 동양학, 특히 주역과 주역에서 비롯된 역학과 역술 분야이다. 즉, 조상들이 물려준 문화재 중에서 주역학의 계승 발전에 가장 크게 실패하였다. 주역학 중에서도 과학기술적 학문인 역학과 역술이 가장 낙후되어 있다. 지금처럼 과학기술이 주도하는 자본주의 시대에 우리 문화재 중에서 가장 우선적으로 시급히 계승 발전시켜야 할 학문이 과학기술적 학문인 역학과 역술이다.

문화재 중에서 유형문화재와 예술 분야 그리고 철학사상 분야는 근대화를 시켰는데 우리 문화의 가장 근본이 되고, 이 시대에 세계적으로 가장 의미 있고 국민들이 가장 필요로 하는 동양과학기술인 역학과 역술 분야는 그렇지 못하다.

예를 들면 국민들에게 별로 관심도 없고 쓸모도 없는 땅과 바다 속에 버려져 있던 유형문화재들, 특히 도자기, 쇳조각, 돌조각 같은 것을 발굴하기 위해 수천억 원씩 매년 투자를 하여 화려한 궁궐 같은 건물과 양탄자 위의 유리 진열장에 모셔서 융숭한 대접을 받고 있는데 비해서, 이 시대에 세계적으로 가장 의미 있고 국민들이 가장 선호하고 국민들 생활에 가장 의미 있는 동양과학기술의 교육연구기관인 미아리철학관은 불쌍하게도 방치하여 홀대를 받고 있다. 참으로 정신이 나간 문화재 관리정책이고 교육 학문정책이다.

우리나라 헌법 제9조에 '국가는 전통문화의 계승발전과 민족문화의 창달에 노력을 하여야 한다'는 조항이 있다. 여기서 중요한 것은 전통문화와 민족문화의 '계승발전과 창달'이다. 이 내용과 관련해서 나타난 국가적인 전통문화재 정책사업이 주로 표면적이고 말초적인 장식에 지나지 않는 유형문화재 보존과 진열을 위한 국립박물관 건립과 예술 분야와 철학사상의 계승 발전이라고 볼 수 있다. 그런데 이들은 거의 보존과 발굴 차원의 사업이며, 계승발전과 창달 차원의 문화재 사업이라고는 국민생활에 크게 의미가 있지 않은 예술 분야와 철학사상이 주를 이루고 있다.

이에 비해서 주역에서 비롯된 동양과학기술 분야인 역학 역술 분야는 한의학을 제외하고는 보존 발굴 차원의 사업도 전혀 없을 뿐만 아니라 계승발전 사업은 더더욱 없다. 더욱이 비제도권에 방치하고 홀대하여 학문적으로 질이 떨어진 사이비가 많아서 매우 혼란스럽고 국민들에게 피해도 많다. 즉, 학문적 사각지대를 이루고 있다. 국가에서는 이를 정비하고자 하는 생각뿐만 아니라 계승발전시키고 보존 발굴하려는 생각조차 하지 못하고 있으며 또한 문제의식을 갖고 있는 지도층과 식자층도 거의 없다.

그런데 국민들의 입장에서는 우리의 전통문화재 중에서 가장 선호하고 생활에 도움이 되는 분야가 비제도권의 역학과 역술 분야이다. 반대로 가장 선호하지 않는 분야가 제도권의 골동품을 진열해놓은 국립박물관과 철학사상 그리고 규범적 윤리 도덕적 연구물이다. 그래서 국립박물관은 호화롭게 지어놓고 각종 문화재를 전시하며 또한 입장료가 비싸지 않아도 자발적으로 관람하는 사람들은 많지 않다. 그리고 제도권의 동양학 연구소인 각 대학의 동양철학사상 연구소, 민족문화 연구소, 동양철학과 그리고 한국학중앙연구원에서 연구한 결과물들에 대해서 전공자들 외에 국민들은 거의 관심이 없다. 그 많은 돈을 투자해서 연구한 연구물에 대해서 국민들은 거의 관심을 갖고 있지 않다.

그런데 전통과학기술의 대표적인 교육기관인 미아리철학관은 그렇게 천시하고, 홀대하며, 요금도 비싸고, 행색도 허름하고, 궁상맞은 데 문전성시를 이루고 있다. 비공식 통계에 의하면 우리나라 성인인구의 60~70%가 철학관을 이용하고 연간 시장규모가 수조 원에서 수십조 원에 이른다는 것이다. 왜 그럴까?

국민들은 자신의 생활에 도움이 되는 과학기술적 문화유산이 가장 중요하기 때문이다. 즉, 고 김우제 선생이 쓴 『오술판단전서』 서문에서 밝힌 바와 같이 "인간을 위해서 살아가는 지혜, 생각하는 힘, 사물을 보는 눈, 그러한 것들의 대처술"과 같은 실용적인 과학기술이기 때문이다. 그래서 국민들은 그렇게 천시하고 허름한 미아리철학관에 많은 돈을 주고 활용하고 있다.

이런 점에서 사실상 국민들의 입장에서는 문화재 개발사업도 민주화를 하여야 한다. 여기서 민주화란 국민들이 가장 많이 원하는 문화재부터 우선적으로 국가가 보존 발굴하고 계승 발전시키는 사업을 하여야 함을 말한다.

100개의 국립박물관보다 동양과학대학 하나가 훨씬 의미 있는 전통문화의 계승발전이고 민족문화의 창달이다

현대사회에서 우리나라가 우리의 전통문화를 계승 발전시키는 사업의 일환으로 동양학을 근대화한다면, 가장 우선적으로 해야 할 사업은 동양과학기술인 역학과 역술을 계승 발전시키는 사업이다. 한마디로 미아리철학관의 근대화를 위해서 동양과학대학을 설립하는 것이 가장 시급하고 우선적으로 하여야 할 일이다.

이 시대에 동양과학대학을 설립하여 주역에서 비롯된 정신과학기술이며 동양과학기술인 역학과 역술을 체계적으로 연구하고 가르치면, 100개의 국립박물관을 짓는 것보다 훨씬 의미 있는 전통문화의 계승 발전이고 민족문화의 창달이라고 생각된다. 뿐만 아니라 이미 수백 개의 서양과학대학이 현존하는 상황에서 가장 의미 있는 대학이 될 것이다.

우리가 서구적인 것에 빠져서 우리의 전통문화와 민족문화에 대해서 모르고 있던 것을 서구사람과 일본인의 글을 통해서 의미 있게 다가오는 내용을 소개하고자 한다. 역학 역술이 우리 문화와 역사에 어떠한 의미와 가치가 있는가를 알 수 있는 서구의 칼 융의 글과 조셉 니덤 그리고 1930년대 일본인 무라야마 지준 등의 글이 있다.

무라야미 지준은『조선의 풍수』서문에서 한국문화 연구에 대해서 아주 정확하게 다음과 같이 서술한 내용이 있다.

"문화란 인간생활에 대한 사상 신앙의 표현이므로, 어떠한 문화에서라도 그 생활 이상을 관찰할 수 있다. 문화에는 또한 표리가 있고 본말이 있다. 그 표면적인 것이 바로 사람의 주의를 끌며, 비교적 화려한 모습을 띠고 있기 때문에 문화라고 하면 으레 이 표면적인 것을 의미하는 것이 보통이다. 그러나 그것이 아무리 화려하다고 해도 표면적인 것인 만큼 진정한 생활 이상에서 멀어진, 마치 단청을 칠한 겉옷처럼 아름답긴 해도 한낱 장식에 지나지 않는 것이다. 하지만 장식 아래에 가려져 있는 속옷은 설혹 하등의 장식이 없더라도 그것이 신체와 밀착하고 있는 것만으로 신체의 진상을 여실히 투시할 수 있다.

한국문화의 이면적 근본적인 현상의 하나가 풍수라는 것이다. 표면적인 문화현상만을 가지고 한국문화를 운운하는 많은 사람들, 소위 새 시대 식자층이라는 사람들 가운데는 구시대의 천한 풍습, 문맹자들 사이에서만 지지된 미신이라 하여, 이것을 한국문화의 하나로 추가하기조차 꺼리는 자가 있다. 비교적 진지한 문화연구가도 이를 구래의 풍습이며, 민도가 저급한 자들에 의해 형성된 문화라는 까닭으로 그다지 중요시하여 취급하지 않은 것 같다. 그렇지만 이 풍수가 적어도 십수 세기란 오랜 기간 한국민속 신앙체계에서 그 지위를 점해왔고, 고려를 거쳐 이조에서도 반도 어디를 가나 믿지 않는 자가 없을 정도로 일반에 보급되어 오늘에 이른 것이므로 타 문화에 비해 그 지지의 강함과 폭이 넓은 것을 인정하지 않을 수 없다."

위의 무라야마 지준의 글의 핵심내용은 첫째, 문화에는 표면적 말초적인 것과 이면적 본질적인 것이 있는데 이면적이고 본질적인 문화연구가 가장 중요하다는 것이다. 둘째, 지금까지 한국의 문화연구자들은 단지 장식에 지나지 않는 표면적이고 말초적인 문화현상만을 연구하고, 이면적이고 본질적인 문화를 무시하고 있어서 피상적인 연구를 벗어나지 못하고 있다. 셋째, 한국문화 현상 중에서 이면적 문화, 즉 본질적 문화 중 하나가 풍수이다. 여기서 풍수만을 말했는데 풍수를 비롯해서 사주명리학, 의학, 점술, 상학, 성리학, 천문기상, 그리고 산학(정신 수련) 등과 같은 주역에서 비롯된 역학과 역술이 한국의 이면적 문화의 본질이 된다.

따라서 한국의 문화를 본질적으로 이해하기 위해서는 우리 문화의 이면적 본질적 문화에 해당하는 주역과 주역에서 비롯된 역학과 역술이 필수이다. 뿐만 아니라 이를 계승 발전시키는 문제를 생각해야 한다. 우리 문화의 계승발전과 창달을 위해서는 말초적이고 표면적으로 나타나는 예술적인 유형문화재보다 이면적이고 본질적인 문화이면서 국민들의 건강을 비롯한 실제생활에 더 많은 도움을 주는 주역과 주역에서 비롯된 동양과학기술인 역학과 역술이 더 중요하다.

뿐만 아니라 21세기 동아시아 문화권시대에 동아시아인의 주체성과 자긍심 그리고 21세기 지구와 인류구원을 위한 새로운 문명창조를 위해 가장 의미 있는 학문이다.

본질적이고 이면적인 역학과 역술인 우리 문화의 계승발전과 창달이라는 관점에서 생각할 수 있는 것은 다음과 같은 의미로 볼 수 있다.

첫째, 현 제도권 서양과학 기술적 학문과 같이 주제와 문제 중심으로 개념과 이론 및 전문 분야를 학문적으로 체계화하는 것, 둘째, 서구우월주의 입장에서 일방적으로 미신이고 비과학이라고 홀대받고 있는 역학과 역술을 서양과학보다도 더 새롭고 앞선 과학기술이라는 것을 과학적으로 입증하고 현대사회에서 서양과학기술과 비교하여 그 의미와 가치를 밝힌다. 셋째, 우리의 역사와 문화 속에 주역과 역학 역술이 어떠한 의미와 가치가 있는가를 구체적이고 사실적으로 조명해본다. 넷째, 서양과학기술과 비교 고찰하여 서양과학기술과 자본주의 물질문명 위주의 발전으로 나타난 현대사회 문제점을 보완 극복하고 새롭고 앞선 과학기술적 대안 학문으로서 21세기 새로운 문명창조를 위한 의미와 가치를 살펴본다. 다섯째, 주제와 문제 중심으로 개념과 이론으로 체계화된 서양분석 과학적 한글세대들이 접근하여 쉽게 이해하고 배울 수 있도록 서술형태를 바꾸는 것이다.

이러한 것들이 현실적으로 실현될 수 있도록 하기 위해서 동양과학기술인 역학과 역술을 체계적으로 연구하고 가르치는 교육 학문기관인 동양과학대학과 동양과학기술원을 하루 빨리 설립해야 한다.

2. 주역학의 의미와 연구방향

현대사회에서 주역의 연구의미와 방향을 오리지널한 주역의 원문에서 공자께서 후천을 대비하기 위해서 주역을 연구하면서 숨겨놓은 비사체를 중심으로, 그리고 우리나라의 주역의 대가이신 대산 김석진 선생과 대만 총통의 국사였던 남회근 선생의 글을 직접 인용하여 현대와 미래의 주역의 의미와 연구방향을 소개하고자 한다.

주역의 원문과 주역의 대가되는 분들의 오리지널한 역학적 관점에서 제시한 내용이기 때문에 현대 제도권 학문이 분석적으로 고찰한 것과 전혀 다른 의미와 가치가 있다.

존호기인(存乎其人)

대산 김석진 선생의 주역강의와 저서에서 중간 중간 주역을 연구하는 방향에 대한 내용이 있어서 이를 소개한다.

"공자께서 위편이 삼절을 한 학문이 주역이다. 주역은 그 당시 대나무에 써서 보관을 하여서 그것을 竹易이라 하였고 이를 서역(書易)이라고 한다.

인역(人易)은 사람의 역, 천역(天易)은 천지자연의 역이고, 서역(書易)은 천지자연을 대나무에 썼던, 종이에 썼던, 써서 책을 만든 것이 주역이라는 책 자체가 서역이다. 인역이란 서역에서 공부를 해가지고 천지자연의 역의 이치를 알아서 세상에 내놓는 것을 말한다. 그러면 무엇이 제일 소중합니까? 천역, 역이라는 꼭 천역에 있다. 천역이 아니면 안 되지요. 본체니까. 서역이 아니면 역은 공부할 수 없지요. 그러나 인역이 제일 소중합니다. 그래서 존호기인(存乎其人)하고 역을 못 보면 천지가 공허하듯이 사람이 그 주역을 통해서 환하게 알아서 세상에 내놓을 수 있어야지 그렇지 못하면 그 역이 무슨 소용이 있고 질로 쌓아놓으면 무슨 소용이 있고, 천지자연의 역이 본체 그대로 있으면 무슨 소용이 있습니까? 천지자연의 역을 주역인 책으로 만들었으면 사람이 주역을 공부해서 알아서 세상에 내놓는 것이 그것이 중요합니다. 존호기인하고 그래서 사람이 중요하고, 존호기천하고 존호기서하고 하늘에 존하고 글에 존했다고 하지 않고 존호기인 그 사람에 존하고 그 사람의 덕행에 존한다.

그래서 존자가 존호기인 그 사람이 주역을 공부해서 통하여 세상에 내놓고 하는 것이 가장 중요하다.

그래서 잔 주역에 보면 부재기천(不在其天)하고 역이 하늘에 있지 않고, 부존어천(不存於天)하고 부존어서(不存於書)하고, 존호인(存乎人)이다. 사람이 가장 중요하고 사람이 주역을 공부해서 내놓는 것이 중요한 것이다.”

위의 글의 핵심내용은 역에는 천역(天易), 서역(書易), 인역(人易) 세 가지 역이 있는데 이 중에서 인역이 제일 중요하다는 것이다. 그래서 역의 중요성은 하늘에 있지 않고, 책에 있지 않고, 존호기인(存乎其人) 그 사람에게 있다는 것이다. 천역이란 하늘의 역으로서 하늘의 변화 이치 그 자체를 천역이라고 하여 역의 본체를 의미하고, 천역을 관찰하고 고찰하여 글로 나타낸 것이 서역이며, 사람이 글로 나타낸 서역을 공부해서 이를 인간의 삶에 내놓은 것이 인역이다. 결국 주역의 천역, 서역은 인간의 삶의 도움을 얻기 위한 수단이고, 궁극적인 목적은 인간 삶에 내놓아 삶에 도움이 되도록 해주는 인역에 있다는 것이다.

대산 선생님의 스승이신 야산(也山) 이달(李達) 선사께서 주역의 학문적 의미를 언급한 부분에서 인간 생활에서 주역 점(占)의 의미를 나타낸 내용 중에서 주역 공부의 의미를 나타낸 내용이 있다.

“주역 점술은 『주역』에서 이치를 알아 세상에 내놓는 것을 말한다. 하늘과 땅의 이치를 점쳐 아는 것이 복(卜 =l+ㆍ)이고, 이를 입으로 말해주는 것을 점(占＝卜＋口)이라고 한다. 『주역』을 아무리 많이 배웠더라도 그것을 점술로 풀이하여 내놓지 않는다면 아무 소용이 없는 것이다.”

이 말은 주역의 이치가 오묘하다 할지라도 점과 술로서 내놓지 않는다면 몇몇 통한 사람의 전유물일 뿐 일반인에게는 아무 소용이 없다는 의미이다. 즉, 주역을 아무리 연구를 하여 통했다 해도 인간에게 내놓지 않으면 그것이 인간 삶에 무슨 소용이 있느냐 하는 내용이고 이는 앞에서 언급한 주역이 존호기인에 있다는 내용과 유사한 것으로 생각된다.

주역의 존호인(存乎人)에 있다고 하면 주역을 공부해서 인간의 삶에 도움이 되는 역에는 상수역과 의리역이 있는데, 시대적으로는 의리역보다는 상수역이 더 중요한 시대이다. 현대는 자본주의적 사회이므로 건강과 물질적 가치를 추구하는 데 과학기술적 상수역이 더 의미 있고 생활에 도움을 주기 때문이다.

대만의 남회근 국사의 『역경잡설』

대만 총통의 국사(國師)였던 남회근 국사는 그의 저서인 『역경잡설』에서 현대사회와 같은 시대에 주역을 연구하는 방향을 다음과 같이 말하였다.

"주역이라는 학문의 내용이 되는 64매괘 매효의 뜻은 성상학(星象學)에서 나왔다. 뿐만 아니라 천간, 지지, 오행, 팔괘도 지극히 복잡한 성상학을 일반 사람인들도 알 수 있게끔 간략화시킨 것이다. 일반인들은 천간이나 지지 등을 단지 시중에 나도는 술수쯤으로 생각하지만 실제로 그 뒤에는 심오한 문화적 배경이 깔려 있다. 이런 까닭에 저는 단지 '주역'의 태두리 내에만 집착해서 해석하려는 것은 아무 쓸모가 없다. 최근 역경 연구가 붐을 일으키고 있지만, 단지 이런 식이라면 죽도록 연구해도 아무런 공헌도 할 수 없을 것이다. 유일한 용도가 있다면 할 일이 없는 사람의 소일거리 정도일 것이다. 진정으로 활용될 수 있기 위해서는 과학적인 태도가 필요하다. 그렇지만 과학이라 해서 현대의 자연과학과 같은 것이어서는 안 된다. 역학은 심오한 것이지만 진정으로 활용되기 위해서는 반드시 과학적 정신이 있어야 한다. 실용성 없는 사상은 공허한 내용이다. 역경을 연구하면서 결코 해결될 수 없는 문제를 붙들고 늘어져서는 안 된다. 옛사람들의 태도 역시 이러했다. 역경이라는 저작은 훌륭한 것이지만 먹어봐야 배도 부르지 않다. 송대의 성리학자들처럼 역경의 도리만을 말하는 데 그쳐서는 안 된다."

위의 남회근 국사의 핵심적 내용은 첫째, 주역의 태두리 내에만 집착해서 해석하려는 것은 아무 쓸모가 없다. 이런 연구는 할 일 없는 사람의 소일거리 정도이다. 둘째, 진정한 주역연구는 과학적 태도이다. 실용성 없는 사상철학은 공허한 내용이다. 과학이라 해서 현대 자연과학과 같아서는 안 된다. 셋째, 옛사람들의 실용성 없는 성리학자들의 공리 공론적 도리 위주의 역경연구는 지양을 해야 한다.

위의 세 가지 주역연구의 태도와 관련해서 보면 첫째, 셋째와 같은 바람직하지 않은 연구는 제도권의 동양학자들의 주역연구이고, 바람직한 연구태도인 두 번째와 같은 과학기술적 연구는 제도권의 한국정신과학회와 비제도권 철학관 동양학자들이다.

남회근 국사께서 가장 강조하는 연구는 주역을 실용적인 과학기술적 관점에서 연구해야 한다는 의미이다. 과학이란 공허하고 현학적인 철학사상과 다르게 실용성과 구체성이 있어서 국민들 생활에 실제적으로 도움을 주는 학문을 의미한다. 즉, 주역의 과학적 성격을 개발하여 국민들의 실제 생활에 접목 응용하여 도움을 주어야 하고, 그 과학이 기존의 서양과학기술과 상호 보완적이며 보다 새롭고 앞선 것이어야 더욱 의미가 있다. 그렇다고 현대 자연과학적인 $1+1=2$ 라는 식의 정신 빠진 기계론적 물질론적 연구를 하여서는 안 된다는 것이다. 왜냐하면 주역은 정신 차린 정신물질 일원론적 유기체론적 학문이고 세계관이기 때문이다. 이러한 연구가 제도권의 한국정신과학회이고 비제도권의 철학관 중심의 역학과 역술연구라고 볼 수 있다.

어느 학문이고 철학과 사상이 있으면 이를 구체적으로 실천하는 실용적 학문으로 과학기술이 있으며, 그래야만 학문적 체계가 제대로 형성됐다고 본다. 원래 동양학은 사상철학과 윤리 도덕적 규범 그리고 과학기술 간에 모두 일관되게 기와 음양오행론의 개념과 이론에 의해서 상호 체계적으로 연관이 되어 있다. 이런 점에서 사상철학과 과학기술이 매우 밀접한 관계가 있다.

더욱이 철학과 사상이 과학기술적으로 구체화되어서 현실생활에 실용성과 실천성이 있을 때 그 사상과 철학은 현실적인 생명력이 있다. 그렇지 않고 현실적으로 실용성과 실천성이 없는 사상과 철학은 아무리 훌륭한 내용이라도 단지 소설 같은 공허한 내용일 뿐이다. 그러한 학문은 현학적인 지적 유희에 지나지 않는다.

따라서 동양사상과 철학이 생명력이 있어서 국민들에게 실용적으로 받아들여지려면 이를 실천하는 실용적 과학기술로 구체화하여야 하며, 뿐만 아니라 이것이 현실적인 문제들을 해결해주는 데 있어서 기존의 제도권의 서양과학기술에 비해서 보다 앞서고 바람직하며 상호보완 관계에 있을 때 더욱 의미가 있으며 생명력이 있다.

앞에서 지적한 바와 같이 지금과 같이 과학기술문명이 주도해가는 시대에 제도권의 동양학이 국민들이 필요로 하는 과학기술적인 지적수요를 충족시켜 주지 못하기 때문에 제도권의 동양학은 그만큼 국민들로부터 멀어질 수밖에 없었다. 왜냐하면 제도권의 동양학, 즉 주역연구는 앞에서 남회근 국사가 지적한 바와 같이 첫째, 주역의 테두리 내에서 해석 위주로 그리고 철학사상적으로만 연구를 하고, 두 번째 실용성 없는 공리 공론적 송대의 성리학과 같은 식의 도리 위주의 연구를 하기 때문이다.

이런 점에서 볼 때 우리가 제도권에서 그렇게 오래도록 힘써 배워왔던 현대 첨단 서양과학이 해결할 수 없는 문제들을 우리가 오래도록 무시하고 홀대해왔던 비제도권의 역학과 역술이 해결해주고 극복하는 데 도움을 주는 것은 대단한 의미와 가치가 있음은 두말할 필요가 없으며 또한 두루 알고 있는 사실이다.

국민들이 제도권에서 미신이고 비과학이라고 그렇게 무시하고 홀대하고 있음에도 생활 속의 여러 가지 부딪히는 문제들을 해결하고 극복하기 위한 노력으로 꾸준히 역학과 역술인들을 찾고 이용하는 것을 보면 이를 잘 입증해준다.

그런데 제도권에서는 머리에 해당하는 철학과 사상은 교육·연구되고 있는데 비해 어떻게 보면 현대인들에게 실질적으로 더 필요한, 이를 실용화하는 실천적 학문으로서 팔다리에 해당하는 과학기술인 상수역인 역술(易術)을 터부시하고 홀대하여 교육·연구가 전혀 이뤄지지 않고 있는 것은 잘못되어도 엄청나게 잘못된 불완전한 교육체제라고 볼 수 있다.

뿐만 아니라 역학 역술이 서양과학 못지않게 과학적 특성을 가지고 있는데도 불구하고, 제도권에서는 서양분석 과학적 시각에서 이해가 되지 않는다고 일방적으로 비과학적이고 미신이라고 폄하 내지는 홀대를 하고 있는 것은 너무도 잘못된 비과학적 태도이다.

우리는 지금과 같은 첨단과학시대를 맞아서 가장 개명되었다고는 하지만, 역설적이게도 서양과학적인 것에 지나치게 편향되어 지배종속을 받다 보니 제정신을 못 차리고 있다고 해도 과언이 아니다. 즉 서양과학을 위한 인간으로 변하여 버렸다.

대산 김석진 선생의 『미래를 여는 주역』

대산 선생의 『미래를 여는 주역』에서 현대사회에서 주역의 의미를 나타내는 말이 있어서 소개를 한다.

해방 때 유행했던 말을 소개한다. 아마도 해방 후 혼란한 시대적 상황에서 모든 국민들이 국가의 장래가 불투명하여 갈피를 잡지 못하고 있을 때 어떤 선각자가 국가의 나아갈 길을 갈파하고 내놓은 것을 국민들이 이를 공감하여 나온 말이라고 볼 수 있다. 민심은 천심인데 국민들은 말로 표현은 하지 못하지만 민심을 갈파하고 정곡을 찌르는 말을 하면 아! 이것이구나 하고 공감하며 호응하는 경우가 있다. 그러한 말 중에 다음과 같은 말이 있었다는 것이다.

"이러(日語)하고 못 사는데, 영악(英學)하고 어찌 살랴? 지독(支讀)하고 노력(勞易)하면 살 수 있지."

이 말은 일본 말이나 서양 학문을 하기보다는 한문(지독: 여기서 '지'는 지나, 즉 중국을 뜻함)을 공부하고 특히 주역(노역) 연구에 힘써야 된다는 뜻이다. 그때 당시로서야 잘 이해가 안 되었지만, 동양의 사상으로 돌아오는 작금의 추세를 보면 참으로 선견지명이라 할 수 있다.

서양의 물리학 유전자 등 첨단과학 분야에서 주역의 원리가 적용되고 있고, 정치에 있어서도 상생의 원리니 상극의 원리니 하며 주역을 원용하고 있으며, 현 문명의 첨단적 산물이라는 컴퓨터 역시 주역의 원리에 기초한 것이니, 당시 조부님 말씀처럼 인기아취 해볼 만한 학문이었다고 할 수밖에..

상양우이(喪羊于易)

주역의 뇌천(雷天) 대장괘(大壯卦)의 육오(六五) 효사(爻辭) '상양우이는 위부당야(喪羊于易는 位不當也: 양을 쉽게 잃음은 위가 마땅치 않음이라)'라는 구절이 있다. 여기에 '양(羊)'은 서방(西方) 태(兌)로 서양의 물질문명을 뜻하고, '역(易)'은 동방의 주역의 도(道)를 뜻한다.

이는 공자의 비사체로서 서양의 물질문명(西方 兌: 羊)을 그대로 상대하지 아니하고, 동방의 역도(易道)로서 물리쳐야 한다는 뜻이다. 즉, 서방의 물질문명을 쉽게 이기는(易) 방법은 결국 모든 동양철학의 으뜸인 주역에 있다는 뜻이기도 하다.

양을 쉽게 물리치는 방법(상하게 하는 법)은 양의 속성을 잘 이용하는 데 있다는 것이다. 양이란 동물은 고집이 센데다 앞장서서 가는 것을 좋아하여 앞에서 끌면 오히려 뒤로 물러간다. 따라서 앞에서 억지로 끌고 가기보다는 뒤에서 방향만 조종하면서 순하게 몰고 가는 것이 가장 좋은 방법이다. 양(羊)이라는 짐승은 앞으로만 달려드는 성질이 있으므로 앞에서 막으려 하지 말고 뒤에서 몰면 양의 강한 성질을 쉽게 다스릴 수 있는 것이니, 양(羊)의 성질을 잘 이용하여 다스리라는 뜻이다. 상사에 '위부당야(位不當也)'라고 한 것은 양(陽)의 자리에 음(陰)이 있어 부정(不正)한 것이므로 바름만을 주장해나가지 말고 화합하여 나가라는 뜻이다.

서구의 물질문명, 즉 양(羊)을 동양의 정신세계적 학문인 역(易)의 이치로 순화 내지는 정화해야 한다는 의미로 본다. 순화를 시키는데 서구의 물질문명을 너무 일방적으로 부정하지 말고 어느 정도 인정하면서 주역(周易)의 이치로 잘못된 것을 설득해서 수정·보완해 나가라는 의미로 볼 수 있다.

음주유수 역부지절야(飮酒濡首 亦不知絕也)

주역의 마지막 괘에 해당하는 화수미제괘(火水未濟卦)의 상구효(上九爻)의 공자께서 쓰신 상사(象辭)에 '음주유수 역부지절야(飮酒濡首 亦不知絕也: 술을 마시는데 머리까지 적시면 또한 절을 알지 못한다)'라고 하신 구절이 있다. 여기에서 '주(酒)'자의 ' 氵'에는 유불선이, 유(酉)에는 서양의 비의(秘意)가 있다는 것이다. 이것은 너무 유불선과 서양적인 것에 몰두하고 탐닉하면 절(節)을 알지 못한다는 것이다. 여기서 '節'은 절도·사리분별과 같은 의미로 해석할 수 있다. 그런데 주역을 아는 자만이 절(節)을 안다고 하였다.

이상의 주역의 미제괘 상구의 효사를 해석한 내용을 종합적으로 서술하면, 너무 유불선과 서양적인 것에 탐닉하고 몰두하면 자신의 본래의 것을 잃어버린다는 것이다. 그리고 본래의 자신을 찾기 위해서는 절도(節度)와 사리분별력이 있어야 하는데, 그러기 위해서는 주역을 알아야 한다는 것이다.

이것은 주역을 알아야 우리 것을 근본적으로 알 수 있고, 서양적인 것의 내용도 대강은 인식할 수 있다는 것이다. 그렇게 되면 동서양 간의 문화에 대해 중립적인 입장에서 객관적인 이해가 가능하다고 본다. 따라서 동서양 간의 굴절 없는 상호이해가 가능할 수 있다.

그러므로 동양인은 동양의 문화와 역사를 주체적으로 이해하는 데 주역을 알아야 하며, 서구인들도 주역을 배워서 지금과 같이 자신의 입장에서 동양을 일방적으로 몰이해하려고 하지 말아야 한다. 이것은 동서양이 서로 절도 있고 사리분별이 있는 인식이 가능하게 하는 데 도움을 준다고 본다.

뿐만 아니라 주역을 계속 연구 개발되어 현대과학 기술문명의 한계점을 극복

보완하는 데 활용하여야 한다고 본다. 이점에 대해서 김석진 선생은 다음과 같이 언급하고 있다.

"주역이란 오랜 세월 동안 복희(伏羲), 문왕(文王), 주공(周公), 공자(孔子) 네 聖人에 의해 이루어진 경전이기 때문에 세계의 다른 경전이 따라올 수 없는 진리의 普遍性이 있다는 것이다. 聖人의 말씀은 진리이고 그러기 때문에 주역 안에는 한국은 말할 것 없고 미국, 소련, 중국, 일본 등 세계의 문제를 다 찾아볼 수 있으며, 그런 가운데서도 각 민족의 역사성을 인정하고 있다는 것이다. 또한 현대과학이 인간세상을 이롭게 하는 쪽으로 발전하기 위해서는 주역을 바로 응용할 때에만 가능한 것이며 첨단과학도 주역을 통해서 완성을 이루리라고 전망된다는 것이다. 周易이 陽爻 192개, 陰爻 192개, 총 384爻로 구성된 점을 상기할 때 장차 이 384爻의 부호가 인류로 하여금 우주만물을 생각하는 공통어와 같은 기능을 발휘할 수 있을 것이라는 것이다. 앞으로의 世界歷史는 周易의 심오한 이치를 어떻게 이해하고 응용하고 이용하느냐에 따라 달라질 것이라는 것이다."

대산 김석진 선생의 『우리의 미래』

최근(2009년 2월)에 80평생 주역을 연구하고 후학을 양성해온 대산 김선진 선생께서 역학의 관점에서 우리나라의 미래를 밝힌 『우리의 미래』라는 책을 내셨다.

이 책의 의미는 2008년도 미국발 금융위기에서 비롯된 세계적인 경제위기 속에 한 치 앞을 알 수 없을 정도로 불확실한 상황에서 우리나라 미래를 주역의 관점에서 밝히셨다는 점에서, 그리고 제도권에서 서양분석 학문적 내용이 지배하고 있는 상황에서 전혀 새로운 시각과 내용이라는 점에서 대단한 의미가 있는 책이다.

이 글은 '지금 왜 우리가 이렇게 혼란한 세상을 살아가는가? 혼란을 다스리기 위해서 우리는 무엇을 해야 하나? 혼란은 언제쯤 안정되는가? 그 후에는 어떤 세상이 전개되는가?'의 네 가지 의문에 대해서 나타내셨고 그 요점은 넷으로 요약된다.

첫 번째는 세계의 중심은 대한민국으로 이동하고 있다는 것이고, 둘째는 새로운 제도가 탄생할 때가 되었다는 것이며, 셋째로 주역적으로 볼 때 새 제도의 탄생은 앞으로 10년 이내이고 그것은 홍익인간 사상의 재탄생을 의미하며, 넷째로 그 전 단계로 한국, 일본, 중국의 3개국이 연방제에 근접하는 수준의 친밀성을 유지해야 하고 이를 바탕으로 우리나라에 세계적인 금융시장을 유치하고, 한글을 세계화 시키고, 상수역학 한의학 등 소프트웨어가 될 학문을 발전시켜야 한다.

먼저 현대사회의 위기의 진단을 음양론적으로 다음과 같이 진단하였다.

세상의 변화는 음양의 변화에서 벗어나지 않는다. 수많은 사건이 발생하고 정신 못 차릴 변화가 일어난다 하더라도 그 역시 음양의 변화일 뿐이다.

음과 양은 태극 한 뿌리에서 나왔고 이것이 균형을 이루어야 우주가 존재할 수 있다. 따라서 모든 것에 우선하는 선(善)은 음과 양의 균형인데, 현재의 혼란은 양이 음보다 월등히 성해졌기 때문에 그 균형을 맞추기 위한 용틀임이다. 이 시대에 사는 우리의 사명은 그 균형을 이룰 수 있도록 돕는 데 있고, 그 방법은 홍익인간 철학에서 찾을 수 있다.

선생께서는 세상의 문명이 간방(艮方)인 우리나라에서 시작해서 해 뜨는 방향으로 진행하여 다시 우리나라로 돌아오게 된 것이라고 하였다. 문명이 한 바퀴 돌았다는 것인데, 해는 계속 뜨고 지는 순환 속 에 사람들은 체제를 바꾸고 생활을 바꾸어 살아가는 것이다.

따라서 이제 새로운 문명 새로운 체제를 열어야 할 때가 온 것이고, 그것도 모든 종교·철학·정치·체제 등을 모두 새로이 하는 문명이며, 그 사명이 바로 대한민국에 주어졌기 때문에 대한민국으로 모든 종교·철학·체제 등이 몰려든 것이고, 그것들을 융합해서 창조해낼 이념은 홍익인간사상인데 우리 민족에서 홍익인간 사상이 익숙하기 때문에 그런 사명을 받은 것이라는 결론이다.

1

제1부 주역(I Ching) 총론

제1장 서론

주역의 의미와 가치

동서양의 수많은 학문, 즉 철학사상과 과학기술이 있지만 이 중에서 최고의 철학사상이며 최첨단 과학기술 학문으로 동양의 『주역』을 들 수 있다. 즉, 『주역』은 이 시대 최고의 궁극적 영원한 철학이요, 최첨단 과학기술이며 인류 최고의 문화재이다.

특히 종교와 철학 그리고 과학기술이 하나로 연결되어 있다는 점이다. 즉, 종교적 바탕 위에서 철학을 나타내고, 뿐만 아니라 이를 생활에 접목 응용한 구체적이고 실용적인 과학기술이 있다. 주역에서는 종교와 과학 및 철학이 별개의 것이 아니고 하나이며 단지 신을 의식하느냐, 관념적 추상적이냐, 구체적이고 실용적이냐에 따라서 종교, 철학, 과학기술적 학문으로 나누어진다. 즉, 물질세계와 비물질세계인 기(氣)와 신의 세계를 모두 포괄하는 도(道)와 학(學)과 술(術)로 구성되어 있다. 그래서 주역을 종교가 보면 종교요, 철학자가 보면 철학이요, 과학자가 보면 과학이요, 점술가가 보면 점술이라고 한다. 이점이 서양학과 큰 차이점이다.

현대사회 제도권 서양과학기술이 데카르트의 이성과 뉴턴의 『자연철학의 수학적 원리』에 근거한 물질론적 기계론적 철학사상에 입각한 과학기술이지만 이들의 철학사상을 주역과 비교해볼 때 보이지 않는 비물질세계인 기(氣)와 신의 세계를 배제시키고 탄생한 기계론적 물질세계를 이성에 근거해서 출발한 학문이다 보니 정신적이며 유기체론적 인간사회에는 맞지 않는 의미 있는 철학과 과학도 아니어서 매우 단조롭고 형식적이다. 단조롭고 형식적이라는 말은 1+1=2라는 식의 물질론적 기계공학적 논리로 기와 신의 세계와 밀접한 정신적이며 유기체론적인 인간을 대상으로 연구하는 인문사회과학에 들여와서 적용을 하니 그것이 타당한 논리가 되지 않고 적실(relevance)하지 않은 형식적인 학문을 위한 학문이라는 의미이다.

주역의 종교, 철학, 과학기술적 측면을 보다 구체적으로 나타내면 다음과 같다.

첫째, 주역의 종교적 측면에 대해서 대만 총통의 국사였던 남회근 선생은 『주역강의』에서 다음과 같이 진술하고 있다.

　계사상전 제10장의 내용 중에서 "易無思也 無爲也, 寂然不動, 感而遂通天下之故; 非天下之至神, 其孰能與於此?(역은 아무런 사고도 행위도 없이 적연부동하다가, 일단 감응하면 천하의 모든 이치에 통한다. 천하의 지극한 신묘함이 아니고서 누가 이에 참여할 수가 있겠는가?)"의 글의 근거로 주역의 종교적 성격을 설명하고 있다.

　위의 내용에서는 형이상의 도, 즉 역의 본체에 대해 언급되어 있다. '易無思也', 역은 그 본체가 형이상의 도라는 것이다. 형이상은 세상의 모든 종교와 철학이 추구하는 목표이다. 종교는 항시 만물의 근원인 최초의 어떤 것을 찾아내고자 한다. 이 최초의 것이 바로 신이니 보살이니 하는 것들이다. 역경의 입장에서 본다면 이것을 신이라 해도 좋고, 또 심물일원(心物一元)이라 표현해도 좋다. 여하튼 역경에서는 이미 최고의 경지로서 다른 어떤 것으로도 도달할 수 없는 불가사의한 것을 설정하고 있다는 사실이다.

　역경의 입장에서 본다면 동서양의 모든 종교철학은 사실 아무것도 아니다. 역경에서는 신을 인정하지도 부정하지도 않는다. 소위 유(有)니 무(無)니 하는 것도 음양의 두 현상으로 본다. 음양은 어느 한쪽으로 치우칠 수 없다. 역에서 말하는 형이상의 본체는 아무 생각이 없는 불가사의한 것이다. 만약 생각이 일어나 움직이기 시작하면, 그것은 이미 도의 경지가 아니다.

　'무사, 무위'에 이르도록 수련을 하면 마침내 도의 본체에 이르는데, 그것은 천지만물의 뿌리와도 같다. 이 본체는 적연부동하다. 그렇지만 완전히 죽어 있는 상태와는 다르다. '감이수통', 느낌이 있으면 곧 통한다. '감이수통천하지고' 해야만 비로소 우주의 만법이 될 수 있다. 옛사람들이 말하는 '마음이 텅 빈(心包太虛)' 경지에 이른다면 그때는 능히 만사를 다 알 수 있다.

　역경은 그 대부분이 도의 작용, 즉 상수에 대한 언급이다. 그러나 여기서는 "무사야, 무위야, 적연부동, 감이수통천하지고"라고 하여 도의 본체에 대해 언급하고 있다. '비천하지지신'에서 신은 형용어이다. 불가사의하리만큼 신묘하다는 것이다. 이 신은 불교나 도교 천주교의 모든 신들을 모두 포함한다. '지신'은 보통의 신이 아니다. '기숙능여어차?', 숙(孰)이란 누구라는 뜻이다. 천하의 오묘한 신명이 아니고서야 누구의 경지가 이처럼 출중할 수 있겠는가?

　이 절은 역의 본체에 대해 아주 간단명료하게 설명했다. 지금까지 관찰한 경험에 의하면 동서양의 어떤 종교나 철학도 역경을 능가할 만한 것이 없다.

화이트헤드에 의하면 종교의 목표는 궁극적으로는 실재(reality)에 대한 파악, 즉 세계 혹은 우주의 본질과 의미에 대한 파악에 있다. 다시 말하면 종교는 이 세계 안에 존재하는 모든 사물의 궁극적 가치와 의미의 파악 그리고 모든 현실 존재들 배후에 있는 생성과 변화의 원리와 질서에 대한 파악을 위한 것이다.

화이트헤드의 종교의 개념에 입각해볼 때 주역의 종교적 특성을 알 수 있다. 먼저 주역에서 말하는 우주의 본질을 나타내는 것은 도(道)를 의미하고 도에 입각한 인간의 삶을 바람직하게 보았으며 그것이 곧 모든 사물의 궁극적 가치와 의미라고 할 수 있다. 그리고 모든 현실 존재들 배후에 있는 생성과 변화의 원리와 질서가 주역에서는 도를 의미하는데 구체적으로 음양오행론이다.

둘째, 최고의 철학이란 천인합일적 시각에서 우주론적 순환론적 자연의 이치이고 궁극적 진리인 천지의 도(道)에 근거해서 인간의 궁극적인 삶의 방향과 표준을 말해준다는 의미에서의 궁극적 영원한 철학이다. 즉, 뚜렷한 궁극적 종지(宗旨)인 준거기준이 있다. 준거기준이 단순한 개인적 관점이나 이상에서 나온 아이디어가 아니고, 모든 인류가 영원히 궁극적으로 벗어날 수 없는 우주론적 자연의 도(道)의 절대적 표준과 근본적인 근거가 된다는 의미이다. 이것이 다른 동서양의 철학이 단순히 개인적 삶의 수준과 환경 속에서 우러나온 개인의 이성에 근거한 관점적 아이디어적 철학사상과 근본적으로 차원이 다른 우주적 차원의 과학적 철학사상이라고 본다.

셋째, 뿐만 아니라 주역철학을 구체적으로 실용화한 과학기술적 학문이 있다는 점에서 주역철학의 의미와 생명력이 남다르다. 더욱이 주역철학의 과학기술적 학문인 역학 역술이 기존의 제도권의 지배적인 학문인 서양과학기술에 비해서 새롭고 앞선 학문이라는 점에서 더욱 그렇다. 대개의 경우 서양철학이나 동양의 다른 철학들은 철학사상 수준에서 관념적 추상적 성격을 벗어나지 못하는데 비해서 주역철학은 구체적이고 실용적인 과학기술이 일관되게 체계화되어 있다. 그래서 주역철학의 의미와 가치가 우리의 생활 속에 내재화되어 영원히 사라지지 않고 있을 수밖에 없다. 아무리 철학사상이 훌륭하다 해도 구체적이고 실용적으로 생활에 접목 응용하여 실제적으로 도움을 주지 못하면 소설 같은 공허감을 벗어날 수 없다.

서구철학이 얼마나 위대한지는 몰라도 뉴턴의 『자연철학의 수학적 원리』의 기계론적 물질론적 과학철학 외에는 거의 모두가 주역철학에 입각해볼 때 개인적으로 잡스러운 사물과 학문적 통찰에 근거하여 분석하고 통합하여 자신의 아이디어적 내용을 적당히 섞어서 인위적으로 조작한 개똥철학이다. 그리고 뉴턴의 『자연철학의 수학적 원리』 외에는 구체적이고 실용적인 뚜렷한 과학기술적 내용도 거의 없어서 소설 같은 공허감을 벗어날 수 없는 내용뿐이다.

주역은 정신물질 일원론적 유기체론적 철학이요 과학기술이다. 역경은 실제 생활과 구체적으로 실용성 없는 몽중(夢中)철학자들의 관념적 유희가 아니라는 것이다. 이것은 과학적인 절차를 거쳐 확립된 것이다. 즉, "위로는 천문을 관찰하고, 아래로는 지리를 살펴" 연구를 거듭한 결과인 것이다. 과학적인 경험의 누적이기에 계사상전 제4장에 '시고지유명지고(是故知幽明之故)'라 한 것이다. '유(幽)'란 눈에 보이지 않는 것을 말한다. 종교에서 말하는 천당 지옥과 같은 것이다. '명(明)'이란 우리 눈앞에 널려 있는 모든 것들이다. 역경의 이치를 이해할 수 있다면, 눈에 보이는 것뿐 아니라 보이지 않는 귀신의 세계까지도 그 근원을 알 수 있다는 것이다. 이뿐만 아니라 시작과 끝을 알기 때문에 생사의 문제도 알 수 있다(원시반종(原始返終), 고지사생지설(故知死生之說)). 만약 역경을 완전히 이해한다면 귀신도 인간의 수중에 장악해서 인간의 명령에 따르게 할 수 있다. 역경을 배우면 귀신을 두려워하지도 않고 도리어 귀신이 자기 명령에 따른다고까지 한다.

주역과 주역에서 비롯된 여러 학문, 즉 상수역인 동양오술을 비롯해서 기문둔갑 육임 태을 등을 보면 현대물리학의 원리인 양자역학 상대성이론 카오스 복잡계 홀로그램 프랙탈 등의 이론에다가 영혼의 세계를 모두 포괄한 체계화된 구체적이고 실용적인 과학기술임을 느낄 수 있다. 서구는 양자물리학자들을 중심으로 이러한 신과학적 개념과 이론들을 원론적 수준에서 원리를 밝히고 해명하는 데만 초점을 두고 있지 그러한 개념원리 법칙에 의해 구체적으로 체계화한 주역과 주역에서 비롯된 미아리철학관 중심의 역학 역술 같은 학문은 없는 것 같다. 즉, 주역은 현대물리학 차원과 신의 세계를 모두 포괄한 철학이요, 과학기술적 학문이다.

『주역』이 추상적이고 관념적인 철학사상적 학문의 근원적인 학문일 뿐만 아니라 철학사상을 실용적으로 구체화한 과학기술적 학문이라는 데 대단한 의미가 있다. 주역이 단순히 추상적이고 관념적인 공허한 철학사상적 학문으로만 의미가 있다고 하면, 현대사회와 같이 과학기술이 주도하는 지식산업시대에 별로 의미가 없다.

주역은 과학기술적으로 현대인들이 가장 관심이 많은 건강과 물질적 가치를 추구하는 데 도움을 줄 뿐만 아니라 정신세계의 문제를 해결하는 데도 구체적이고 실용적으로 도움을 준다는 점에서, 새로이 대두되고 있는 정신문명시대를 맞이하여 시대적으로 더욱 의미와 가치가 있다.

특히 서양의 1+1=2라는 식의 물질론적 기계론적인 정신 빠진 과학기술과 다르게, 유기체론적이며 정신세계까지 관련된 정신 차린 과학기술적 학문이라는 점에서 서양과학과 차원이 다른 과학기술이다. 그래서 『주역』을 서구 사람들은 Mind Technology라고도 한다. 즉, 정신물질 일원론적이며 유기체론적인 철학사상과 과학기술적 학문을 모두 포괄하고 있는 것이 주역이다. 그래서 종교적 의미도 포괄하는 학문이다.

서구인으로서 세계적인 주역 연구가의 한 사람인 독일의 리하르트 빌헬름(Richard Wilhelm)은 『역경』에 담긴 학문적 함축성에 관해 진지하게 다루었다.

예를 들어 그는 『역경』의 철학이 "인간의 의식적인 삶에서부터 무의식적인 영역으로까지 더욱 깊이 파고 들어가 …… 우주-영혼의 체험에 대한 통일적 이미지를 전달해준다. 이것은 개인을 초월하여 인류라는 집단적 실존에까지 미치고 있다"는 점을 강조했다. 여기서 중요한 것은 주역이라는 학문이 나타내고자 하는 영역이 인간의 '의식세계와 무의식세계, 우주, 그리고 영혼'의 세계까지를 포괄하여 종합적으로 나타내고자 하였다는 점이다. 이 점이 보이는 객관의 세계만을 대상으로 연구하는 서양과학이 따라올 수 없는, 그리고 서양과학을 뛰어넘는, 차원을 달리하는 또 다른 철학이요, 과학기술이다. 그리고 그 학문적 적용범위가 모든 인류의 실존에까지 이른다는 점이다. 이것은 주역이 지구상의 어떠한 나라와 민족에도 적용될 수 있는 보편적(universal) 학문이라는 의미라고 볼 수 있다.

리하르트 빌헬름의 아들이며 오늘날 역경의 최고 권위자인 헬무트 빌헬름은 역경의 심원한 철학적 의미를 알아내기 위하여 애썼고, 그 결과 "역경의 체계는 다차원 세계의 표상이다"는 결론을 내렸다. 다차원 세계라고 하면 앞에서 서술한 인간의 의식·무의식의 세계, 우주, 기와 영혼, 즉 물질세계와 정신세계를 모두 포괄하는 것을 의미한다. 이 세계 내에는 불변하면서 규칙적으로 변화하는 패턴이 있는 것이다. 여기에서 '규칙적으로 변화하는 패턴'이 있기 때문에 주역이 단순히 미신이고 비과학이 아니고, 체계화된 학문인 과학성이 있다고 볼 수 있다. 그 규칙적으로 변화하는 패턴을 나타낸 구체적인 이론 틀이 음양론, 오행론, 그리고 육십사괘 등이다.

넷째, 인류 최고의 문화재이다. 동양의 문화재 중에 세계적으로 대두되는 문화재라면 주역과 만리장성이 아닐까 생각한다. 그런데 만리장성은 그 시대에 의미 있는 문화재인지 모르지만 현대에서는 아무 쓸모없는 돌덩어리에 지나지 않는 죽은 골동품에 지나지 않는다. 그러나 주역은 지금과 같은 서양첨단과학이 아무리 발달해도 여전히 많은 국민들의 생활에 도움을 주고 있으며 서양첨단 과학기술이 따라올 수 없는 보다 새롭고 앞선 과학기술이라는 점에서 여전히 살아 있는 생명력 있는 문화재라는 점에서 인류 최고의 문화재이다.

다섯째, 주역은 모든 학문의 근거가 된다.

공자가 주역을 연구하여 주역을 해설한 『주역』 계사전 상권의 제4장을 보면 주역의 학문적 근거와 주역이 일체 학문의 준칙임을 나타낸 다음과 같은 글이 있다.

"역은 천지의 준칙이기 때문에 천지의 도를 모두 포괄할 수 있다. 위로는 천문을 관찰하고, 아래로는 지리를 살폈기에 눈에 보이는 것뿐 아니라 보이지 않는 것까지도 그 근원을 안다. 시작과 끝을 알기 때문에 생사의 문제를 알 수 있다. 정기가 물이 되고, 유혼이 변화하니 귀신의 정상을 안다(易與天地準, 故能彌綸天地之道. 仰以觀於天文, 俯以察於地理, 是故知幽明之故. 原始返終, 故知死生之說. 精氣爲物, 遊魂爲變, 是故知鬼神之情狀)."

주역의 학문적 근거가 천지, 즉 우주이며 우주 내의 모든 것의 도를 다 포괄하고 있다는 것이다. 뿐만 아니라 보이는 것뿐 아니라 보이지 않는 것까지도 그 근원을 알 수 있으며 따라서 인간의 죽고 사는 것뿐 아니라 귀신의 세계까지 알 수 있다는 것이다.

대만의 남회근 총통국사는 『역경』이 동양문화에서 차지하는 위치는, "경전 중의 경전이요, 학문 중의 학문이며, 철학 중의 철학이다"고 했다. 사서오경 등 일체의 사상이 그것으로부터 유래하는 최정점의 사상이다. 공자가 이것을 연구하여 마음으로 체득한 내용의 요점은 여러 가지가 있지만 무엇보다 주역은 모든 학문의 표준이기 때문에 인사나 물리를 막론하고 모두 이것을 법칙으로 삼는다는 것이다. 다시 말해 화학이든 물리든 수학이든, 자연과학이든 인문과학이든, 정치든 경제든 사회든 문학이든 예술이든, 모두 이 법칙을 벗어날 수 없다. '천지의 표준'이라는 것은 우주 최고의 표준이요, 최고의 논리이다. 모든 우주의 법칙이 그 속에 들어 있다.

뿐만 아니라 동양문화의 근원적인 학문이다. 즉, 동양의 모든 철학사상과 과학기술의 근원적인 학문이다 보니 동양의 학문과 역사 및 문화의 배경이 되는 근원적인 학문이다. 따라서 동양의 학문과 문화 및 역사를 근본적이고 주체적으로 이해하기 위해서는 주역을 모르고는 불가능하다. 동양사상의 양대 산맥인 유가, 도가 그리고 묵가와 제자백가의 학문적 뿌리일 뿐만 아니라 불가와도 유사한 성격의 학문이다.

이런 점에서 주역은 동양문화의 종합적인 학문이며 기초적인 학문이다. 종합적이라는 의미는 주역이 동양의 철학사상, 과학기술 그리고 종교적 의미를 모두 포괄하고 있다는 의미이고, 기초적인 학문이란 모든 동양학의 근원적인 학문이라는 의미이다. 이런 의미에서 주역은 가히 어마어마하고 경탄할 만한 학문이다. 그런데 우리는 서양과학기술에 빙의가 되어 옆에 두고도 모르고 있다. 참으로 안타까운 현실이다.

이상의 내용을 종합적으로 요약해서 비유적으로 말하면 주역은 동양의 과거와 현재 그리고 인류와 지구를 위한 현재와 미래가 있다. 첫째, 동양의 과거와 현재가 있다는 말은 동양의 과거와 역사를 근본적이고 주체적으로 인식을 하기 위해서는 주역이 절대적인 학문이고, 현재도 그 역사적 문화적 영향력으로 동양의 문화 속에 살아 숨 쉬고 있기 때문이다. 둘째, 인류와 지구의 현재와 미래가 있다는 의미는 인간의 건강과 현대사회 물질적 가치를 가장 중시하는 자본주의 시대에 실질적으로 도움을 주는 지적 수요를 충족시켜주는 최첨단 과학기술일 뿐만 아니라 현대사회 서양과학기술과 물질문명의 지나친 지배로 나타나는 현대사회 위기를 근본적으로 치유하고 극복하기 위해서는 주역에서 비롯한 역학 역술이 유일한 현실적인 대안학문이기 때문이다.

역경은 세계 이대 종교경전인 기독교의 성경, 불교의 불경에 버금가는 경전이다.

주역의 학문적 특징은 간단하게 말하면, '천도를 미루어 인사를 밝힌' 학문이라는 것이다. 천도는 대우주의 변화법칙을 말한다. 천지는 대우주이고 대우주 속의 인간은 소우주이다. 그래서 소우주인 인간은 대우주인 천지의 질서인 천도의 지배를 받고 있다. 따라서 소우주인 인간사를 근본적으로 알기 위해서는 천도인 대우주의 변화 이치를 알아야 한다. 즉, 우주의 변화 원리인 우주섭리(하느님의 섭리)를 알아야 인간사의 모든 문제를 근본적으로 알 수 있다. 인간사란 과학기술적인 건강과 길흉화복에 관한 상수역과 인간의 도리에 관한 의리역을 의미한다.

그런데 대우주의 변화 원리를 나타낸 개념과 이론이 다름 아닌 태극 그리고 기와 음양오행론이다.

태극은 주역을 가장 상징적으로 나타내는 것이고, 기와 음양오행론은 태극을 구체적이고 실용적으로 나타내는 학문적 개념과 이론이다. 즉, 주역의 철학사상적 내용뿐만 아니라 과학기술적 내용까지 모두 기와 음양오행론으로 일관되게 설명할 수 있다.

주역이라는 학문을 앞에서 언급한 바와 같이 거창하게 표현을 했지만, 그 내용 면에서는 기와 음양오행론으로 간단하게 표현해서 의아해하는 것이 사실이다. 여하튼 주역은 정신 물질 일원론적인 관점에서, 철학 사상 그리고 과학기술까지 모두를 기와 음양오행론으로 일관되게 나타내고 있다. 이런 의미에서 너무 간단해서 복잡한 서양분석과학과 비교하면 믿어지지 않을 정도이다.

그동안 제도권에서는 주역을 철학사상적 시각에서만 고찰해온 것 같다. 그러나 주역의 학문적 내용을 철학사상적 의리적 차원에서 학문적 이론적으로 연구하고 가르치는 것도 중요하지만, 현대사회에서 더 중요한 것은 실제 생활 속에 들여와서 과학기술적으로 구체적이고 실용적으로 생활과 삶에 접목 응용하여 도움을 주고받는 것이다. 그래야만 명실상부한 그리고 생명력 있는 학문으로서 의미와 가치가 있다.

주역의 이치를 응용한 구체적이고 실용적인 학문으로는 첫째, 상수역이라고 하는 과학기술적 학문으로 미아리철학관 중심의 동양오술(명(命)·복(卜)·의(醫)·산(山)·상(相)), 천문기상, 음악, 율려학, 기문둔갑, 태을, 육임 등이 있고, 둘째, 의리역으로서 인간의 도리에 관련된 윤리 도덕적 학문으로는 성리학, 도가, 유가, 묵가 그리고 제자백가가 있다.

뿐만 아니라 전통적인 상수역과 의리역을 벗어나 주역의 이치를 통해 생활 속의 모든 현상을 이해 설명함으로써 인문사회적, 자연적 현상을 주역학적으로 고찰할 수 있다. 즉, 우리 삶의 여러 면을 주역의 원리인 음양오행론적으로 이해 설명할 수 있음으로써 이에 대처할 수 있는 도움을 얻을 수 있다. 즉, 서양 과학적 개념과 이론에 의해서 사물을 이해 설명하는 것과 같이 주역의 기와 음양오행론을 접목 응용하여 사물을 이해 설명할 수 있다.

이처럼 주역이 자연과 인간의 모든 것을 포괄하여 설명하고 있다는 점에서 볼 때 우리의 삶 자체가 사실상 기와 음양론이고, 이것은 곧 주역의 삶이다. 즉, 주역이 우리의 삶이고 우리의 삶이 주역이다. 이것은 주역으로 우리의 삶 모두를 밝힐 수 있고, 그래서 실제적으로 도움이 되어 지혜롭게 살 수 있다. 이것은 주역의 과학성뿐만 아니라 적실성이 큼을 나타낸 표현이다. 그런데 우리는 주역을 배우지 않아서 보고도 모르고 있을 뿐이다. 그래서 주역의 계사전에 "백성(百姓)은 일용이(日用而) 부지(不知), 국민들은 매일매일 쓰면서도 모른다"고 표현했다.

사실상 우리는 이러한 주역의 이치에 의해서 생활하고, 또한 역학적 표현은 종종 우리들 전해오는 말들 속에 살아서 지금도 그런 말들을 무의식중에 사용하고 있다. 그러나 그 의미와 가치, 과학성에 대한 생각을 못하고 있다. 왜냐하면 우리 것인 주역에 대해 배우거나 가르치지 않아서 까막눈이 되어서 모르고 있기 때문이다. 우리는 서구적 사상과 학문의 지배종속을 받다 보니 우리 것이 무엇인지도 모르는 눈뜬장님이 되어버렸다.

서양과학기술과 철학사상이 실제 인간의 생활 속에 깊숙이 침투하여 우리의 삶에 많은 도움을 주는 것과 같이, 동양학도 철학사상적 차원뿐만 아니라 과학 기술적 차원에서 도움을 주고 활용이 되어야만 더욱 의미와 가치가 있고 생명력이 있다. 그렇지 않고 단지 학문적 차원, 특히 철학사상적 차원에서 동양학자들의 학문적 수준에만 그치고 인간의 구체적인 생활 속에 실용적으로 응용 접목하여 도움을 주지 못하면, 공허하고 현학적인 수준을 벗어나지 못하여 동양학의 의미와 가치를 일반 국민들의 입장에서는 서양과학과 같이 그 실용적 차원의 의미와 가치를 느낄 수 없다. 특히 현대사회와 같이 실용적인 과학기술사회에서는 국민들의 관심을 끌 수가 없다.

제2장 주역의 학문적 개념과 성격

제1절 역과 주역의 개념

1. 역의 개념

역(易)은 우주론적 순환론적 자연의 이치를 기와 음양오행론에 입각하여 64 괘라는 틀로 우주 삼라만상의 정보와 변화 이치를 모두 나타낸 학문이다.

역은 자연을 있는 그대로 본받은 학문이므로, 자연의 운행질서와 인류사회의 근본원리를 모두 포함하고 있다. 대자연에 있어서는 모든 것이 상호작용을 한다. 즉, 하늘과 땅, 인간을 포함한 만사만물, 현재와 미래, 영혼의 세계를 포함하여 모든 것은 어느 것도 독립되어 있지 않고 상호 영향을 주고받는 관계에 있다.

이런 점에서 주역은 유기체적 세계관의 학문임을 알 수 있다. 주역에서 나타 내는 유기체적 상호작용인 천지인 만사만물의 현재와 미래 그리고 영혼의 세계 간의 상호작용은 단순히 자연과학적 물리적 상호작용을 나타내는 것뿐만 아니 라 인간의 건강과 인문적 현상인 인간의 길흉회린의 문제까지 나타내준다는 의 미에서 서양과학이 단순히 자연과학적 물리적 현상만을 나타낸 무미건조한 학 문에 비해서 전혀 차원과 질이 다른 학문이다.

그런데 우주 속에 벌어지는 자연현상을 한마디로 한다면, 한 번 양하고 한 번 음하는 과정의 순환이라고 할 수 있다. 하루로 치면 낮이 가면 밤이 오고 밤이 가 면 낮이 오고, 사람으로 치면 번성기가 가면 쇠퇴기가 오고 쇠퇴기가 가면 번성기 가 오는 것이다. 이러한 변화를 연구하여 과거와 현재 그리고 미래에 통하여 변함 으로써 우주와 서로 돕는 관계로 병립하고자 하는 것이 주역을 배우는 목적이다.

역은 우주만물과 그 변화를 대표하는 천지인 삼재의 도로 바탕을 이루고 있 다. 이러한 역은 존재하는 형태와 그 변화하는 도에 따라 각각 세 가지씩으로 나누어볼 수 있다.

첫째, 역(易)은 그 존재하는 형태에 따라 우주대자연의 리법 자체를 의미하고, 경전 및 인류사회의 준칙을 의미한다. 역에는 세 가지 형태의 역이 있다. 천지 일월의 운행변화 자체인 천역(天易)이 있다. 천역이란 우주운행의 원리가 일월성신의 변화로 나타나는 자연현상 그 자체를 말한다. 천역, 즉 우주운행 원리를 복희씨·문왕·주공·공자께서 음양오행의 원리에 의해서 글로 구체적으로 체계화하여 쓰인 역이 서역(書易)이다. 그리고 인간이 서역을 배워서 모든 사람이 살아가는 데 규범으로 삼는 역이 인역(人易)이다. 그러나 존재형태는 달라도 세 역의 본원은 하나로 일치되니, 우주 자연의 천역을 본받은 인역의 규범을 글로써 표현한 것이 서역인 것이다.

둘째, 역은 변화와 불변 그리고 이 두 상황에 대한 적응이라는 측면에서, 변역·불역·간이의 세 가지 뜻으로 나뉜다. 즉, 일월성신·조수초목·주야 및 한서 등의 자연현상과 길흉화복·생로병사·부귀빈천 등의 인생현상은 천변만화하여 잠시라도 정지함이 없으므로 이를 나타낸 역은 변역(變易)이고, 이와 같이 변화하는 자연현상과 인생의 현상 가운데는 정연한 질서와 불변의 법칙이 있으므로 이를 불역(不易)이라 하고, 변역·불역하는 이와 같은 이치는 인위적이 아닌 지극히 자연적인 섭리이므로 누구나 쉽게 알 수 있는 까닭에 이때의 역을 간이(簡易: 간단하고 쉬움)라고 하는 것이다.

다시 말하면 변역하므로 만물의 생성변화를 담을 수 있고, 불역하므로 항구한 도가 있으며, 간이함으로 간단히 일을 시작하고 이룰 수 있는 것이니, 역은 변역·불역·간이의 이치로써 우주만물의 변화에 응하는 것이다.

2. 주역(周易)의 개념

일반적으로 역이라 함은 사서삼경(대학, 중용, 맹자, 논어, 시경, 서경, 역경) 가운데 하나인 역경, 즉 주역을 말한다. '周는 왕조의 명칭이고, 역은 책이름이다'라고 하였으니 주역은 '주나라 때의 역'이라는 뜻이다. 또 다른 학설로는 '주(周)'를 '주나라 주'로 해석하지 않고 '두루 주'로 해석을 하여 주역을 '두루 변화하는 책'이라고도 한다.

『주역』의 자의를 살펴보면 다음과 같은 의미가 내포되어 있다. '주(周)'는 '두루 주, 나라이름 주'이므로 보편적이며 천지사방을 포함한다는 공간적 의미와 주나라 때라는 시간적 뜻이 있다. '역'은 '바꿀 역, 쉬울 이'의 뜻이 있으므로, 때에 따라서 변화한다는 시간적 의미와 누구나 쉽게 알 수 있다는 보편적 의미가 있다. 따라서 '주역'은 시간 공간을 포괄하는 우주진리라고 정의할 수 있다.

이상의 의미 외에 일상적으로 사용하는 의미로는 주역이라고 하면, 64괘를 해설한 괘사와 64×6＝384효를 설명한 효사를 합해서 역경(易經)이라 하고, 역경과 공자가 역경을 해설한 십익(十翼)인 역전(易傳)을 합해서 주역(周易)이라고 한다. ‘역’이란 우주 삼라만상의 변화 이치와 주역이라는 저서를 모두 포함하여 중립적인 입장에서 사용하는 말이다. 따라서 우주 자연의 이치인 역을 표현하는 글에는 주역이 가장 대표적이지만 주역 외에 현재 알려진 역으로는 연산역, 귀장역 그리고 우리나라의 한역 등이 있다.

연산역(連山易)은 상고시대인 하나라 때 지어진 역을 말하고, 귀장역(歸藏易)은 중고시대인 은나라 때 만들어진 역을 말하고, 주역(周易)은 하고시대인 주나라 때 완성된 역이다. 그러나 하대의 연산역과 은대의 귀장역은 그 이름만 전해지고, 현재는 주대의 역인『주역』만 남아 있다.

제2절 주역의 학문적 개념과 성격

주역이란 우주 삼라만상을 우주 순환론적 자연의 이치, 즉 우주변화의 원리로서의 도(道)인 태극과 음양을 기본으로 하여 팔괘를 완성하게 되었으며 64괘라는 부호와 괘를 해설한 괘사와 384효를 설명한 효사로 체계화된 학문이다. 이를 보다 구체적이고 분석적으로 고찰하여 나타내면 다음과 같이 표현할 수 있다.

첫째, 우주론적이다. 둘째, 순환론적이다. 이는 변하고 변하는 이치를 나타낸 학문이라는 의미이다. 셋째, 자연의 이치이다. 자연의 이치를 구체적으로 나타낸 개념과 이론이 태극과 음양오행론이다. 즉, 주역은 태극과 음양오행론으로 우주 삼라만상의 이치인 우주변화 원리를 64괘로 밝혀놓은 체계화된 학문이다.

역은 자연을 그대로 본받은 학문이므로 자연의 운행질서 및 인류사회의 근본 원리를 모두 포함하고 있다. 대자연에서는 모든 것이 상호작용을 한다. 하늘(天)의 기운은 땅에 영향을 주고, 땅(地)은 하늘의 기운에 영향을 받아 자신을 변화시키는 동시에 하늘에 영향을 주어 변화시킨다. 하늘은 이것을 받아들여 변화하고, 그 변화를 다시 땅에게 주는 순환의 연속이며, 그 가운데 사람(人)으로 대표되는 만물이 하늘과 땅의 교감작용에 영향을 받고, 다시 자연에 그 영향을 미치게 된다. 이러한 상호 교감작용을 끊임없이 되풀이하는 것이 자연의 도이며, 그 과정을 64괘라는 틀 속에 넣은 것이 주역이므로, 주역 안에 우주 삼라만상의 변화가 존재하는 것이다. 우주 속에 벌어지는 자연현상을 한마디로 한다면, 한 번 양하고 한 번 음하는 과정의 순환(일음일양지위도(一陰一陽之謂道))이라고 할 수 있다.

주역은 어떤 의미에서 매우 쉽고 간단하다. 그래서 주역을 간역(簡易), 또는 이간지학(易簡之學)이라고 한다.

주역의 학문적 개념과 성격을 구체적으로 나타내면 다음과 같다.

첫째, 주역이 나타내고자 하는 학문 영역이 '우주 삼라만상'이다. 여기서 '우주'란 시간과 공간을 모두 나타내는 의미이다. 다른 말로 하면 천지를 의미한다고 말할 수 있다. 하늘은 시간을 나타내고 땅은 공간적인 것을 나타내므로 천지는 시간과 공간을 나타낸다. 그러므로 주역이 나타내는 학문적 영역은 세상의 시공간에 해당하는 일체의 학문을 모두 포괄한다. 즉, 종교든 철학이든 과학이든 상관없이 모두 이 속에 다 포괄된다.

주역이 나타내고자 하는 학문적 범위인 우주 삼라만상은 구체적으로 천지인 삼재 속에 모두 포괄된다. 즉, 하늘(天)과 땅(地) 그리고 그 사이의 사람(人)으로 대표되는 만물 만사를 모두 포괄하는 학문이다. 주역이 천지인을 포괄하는 논리적 근거는 다음과 같다.

주역은 자연을 그대로 본받은 자연 그 자체의 학문이다. 자연현상은 바로 천지인 모두를 말한다. 그런데 이들의 관계를 말하면 하늘의 운행이 땅에 영향을 주고, 땅은 그 영향을 받아 자신을 변화시키는 동시에 그 영향을 하늘에 다시 미친다. 하늘은 이것을 받아들여 변화하고, 그 변화를 다시 땅에게 주는 순환을 연속한다. 그 가운데 사람으로 대표되는 만물 만사가 자연현상과 상호교감하여 변화하는 과정을 태극과 음양론을 기초로 하여 주역 64괘라는 틀 속에 축소시킨 학문이 바로 주역이다.

그래서 공자는 주역의 계사상전 제6장에서 "역은 너무도 넓고 커, 멀기로 말하면 한계가 없고, 가깝기로 말하면 고요히 눈앞에 있어, 천지의 모든 것이 다 갖추어져 있다(夫易이 廣矣大矣라, 以言乎遠則不禦하고, 以言乎邇則靜而正하고, 以言乎天地之間則備矣라)"고 표현했다. 그래서 총괄적으로 말해 천지간 일체의 학문 및 최고의 원리에 통달하고자 한다면 반드시 역경을 통해야만 한다는 것이다.

둘째, 학문적으로 사물의 접근방법이 '우주론적'이다. 우주론적이란 천기와 지기의 관점에서 천지간의 인간을 비롯한 모든 사물을 고찰한 학문이라는 의미이다. 그래서 주역을 우주학이라고 하는 것이다. 서양과학이 주로 인간생활 주변의 개개의 객관적 사실에 근거하여 발달한 학문인데 비해서 아주 대조적이다. 주역이 우주론적으로 접근하는 논리적 근거는 천지는 대우주이고 인간과 만물 만사는 소우주라고 보는데, 대우주인 천지는 소우주인 인간과 만물 만사를 지배하고 있기 때문이다. 따라서 소우주인 인간과 만물 만사를 근본적으로 알기 위해서는 소우주인 인간을 지배하고 있는 대우주인 천지의 질서와 섭리 이법을 알아야 한다. 그것이 기와 음양오행론이다.

그래서 주역은 우주론적 Top Down 과학이고 철학이며 윤리도덕학이다. 이에 비해서 서양학은 개개의 사물에 근거한 Bottom Up 과학이고 철학이라고 볼 수 있다.

셋째, '순환론적'인 변화 이치에 관한 학문이다. 그래서 주역을 변역(變易)이라고도 한다. 주역의 변화 원리는 한마디로 일음일양지위도(一陰一陽之謂道)이다. 주역의 세계는 우주가 변하고 변하는 이치를 전제로 발전한 학문이다. 불교에서는 이를 무상(無常)이라고 표현한다. 불교에서는 일체의 사물은 무상이라고 막연하게 표현하였지만, 주역에서는 일체의 사물이 변하고 변하지만 변하는 데에는 일정한 법칙이 있다고 본다. 즉, 달이 지구 주위를 돌고 지구가 스스로 돌면서 태양의 주위를 돌며, 그리고 일체의 별들의 운행에는 일정한 궤도와 주기가 있는 것처럼 일체의 삼라만상의 변화에는 변하지 않는 법칙이 있음을 전제로 하고 있다. 변하지 않는 일정한 법칙을 불역(不易)이라고도 한다. 변화하는 질서를 이치라 하고, 그 이치를 알면 모든 삼라만상의 변화현상을 이해할 수 있다. 여기서 이치란 구체적으로 음양론이다.

넷째, 주역은 '자연의 이치'를 나타낸 학문이다. 여기서 중요한 개념은 자연의 이치의 '자연'이란 무엇인가이다. 자연이란 문자 그대로 해석을 하면 '스스로 그러한 것'을 의미한다. '스스로 그러하다'는 인위적인 것이 포함되지 않은 자연 본래의 모습을 나타낸 표현이다. 예를 들면 날씨가 더우면 땀이 나고 그래서 옷을 벗고, 낮이 되면 나아가 일을 하고, 밤이 되면 집으로 들어와 잠을 자고, 겨울이 되면 춥기 때문에 옷을 두껍게 입고, 비가 오면 우산을 쓰는 행위는 배워서 그렇게 하는 것이 아니고, 배우지 않아도 스스로 그렇게 하는 것이다.

배우지 않고 누가 시키지도 않았는데 스스로 하는 그러한 모습을 '스스로 그러한 것', 즉 자연이라 하고 그러한 자연에는 일정한 변화의 패턴과 같은 법칙과 원리가 있는데 이를 자연의 이치라고 한다. 그러므로 자연의 이치는 인간이 연구하여 찾고자 하는 자연 본래의 모습을 나타낸 법칙 또는 원리를 말한다. 조셉 니담은 이를 상관성의 사고(correlative thinking)라고 표현을 하고 있다. 상관성 사고란 물체의 특정행위는 그 전의 행동이나 다른 물체의 충동이 반드시 있어서가 아니고, 영원히 움직이는 우주의 순환 속에서 그들의 위치가 그렇게 하지 않으면 안 되는 본래의 특성이 주어졌기 때문에 발생한다. 만약 특정방법으로 행동하지 않으면 전체 속에서의 관계의 위치(이것이 그들을 그들이 되게 하는 것)를 상실하게 될 것이며, 그들이 아닌 다른 것으로 변화시켜 버린다.

조셉 니담의 상관성 사고는 주역의 자연이치, 즉 '스스로 그러한 것'의 이치와 유사함을 알 수 있다. 그 자연의 이치를 나타낸 구체적인 원리와 법칙이 태극과 음양오행론이다.

태극과 음양오행론은 인간이 인위적으로 발명한 원리가 아니라 자연 본래의 모습을 발견한 궁극적 원리이며 법칙인 것이다. 아마도 현대서양과학이 더욱 발달하여 궁극적으로 찾고자 하는 우주 삼라만상의 법칙을 찾는다고 하면, 그것이 주역에 있는 태극과 음양오행론이 될 것이다. 이미 성인들이 주역에서 현대서양과학이 찾고자 하는 궁극적인 자연의 이치를 밝혀 놓았는데, 엉뚱하게 다른 곳에서 그것을 찾고자 엄청난 연구를 하고 있으니 등잔 밑이 어둡다고 할 수밖에 없다.

다섯째, 주역은 우주 삼라만상의 변화 이치를 음양오행론으로 나타낸 '체계화된 학문'이다. 주역이 세계의 다른 경전, 즉 기독교의 성경 그리고 불교의 불경과 다른 점은 체계화된 학문이라는 점이다. 자연법칙으로 나타낼 수 있으므로 체계화된 학문이 가능한 것이다. 주자도 주자어류에서 "제시리위주(帝是理爲主), 하느님은 리를 주제하는 분이다"고 하였다. 여기서 리란 우주론적 자연이치 또는 법칙을 말하고, 그것을 체계화해 놓은 책이 주역이다. 그 학문적 체계를 이루고 있는 일관된 논리를 나타낸 구체적인 개념과 이론이 태극과 음양오행론이다. 즉, 태극에서 음양, 음양에서 두 가지의 이론으로 전개되어 발전하는데 하나는 사상 팔괘 육십사괘, 다른 하나는 오행으로 발전되어 나타나고 있다. 이런 점에서 주역은 압축해서 말하면 음양론 하나로 나타낼 수 있고, 더 압축하면 태극일기(一氣)이다.

여섯째, 주역에서 우주 삼라만상의 변화를 나타내기 위한 구체적인 변화 이치가 '기와 음양오행론'이다. 기는 우주 삼라만상의 가장 기본적인 구성인자 또는 실체이다. 기는 단순히 물질의 가장 기본적인 구성인자일 뿐만 아니라 정신의 가장 기본적인 인자도 된다. 그래서 기는 정신세계와 물질세계 그리고 시공간을 모두 아우르는 가장 기본적인 실체이다. 즉, 기는 정신세계와 물질세계 그리고 시간과 공간을 모두 아우르는 보편적 인자이다. 따라서 기는 정신과 물질을 연결시키는 고리역할을 하고 시공간을 구성하고 있다.

기의 작용과 변화 원리를 나타낸 개념과 이론이 음양오행론이다. 즉, 개념적으로 음양론에는 음기와 양기가 있고, 오행론에는 목화토금수의 기가 있다. 그리고 작용의 관점에서 보면 음양의 기는 상호대립, 갈등 그리고 통합작용이 있으며, 오행의 기는 상생, 상극, 상승, 상모의 작용으로 나타난다. 변화 원리로 보면 음양론에는 물극필반의 원리가 나타난다. 그래서 음이 극하면 양이 나타나고, 양이 극하면 음이 나타나는 순환 반복하는 변화현상이 나타난다. 오행의 변화 원리는 음양의 변화 원리와 같다. 다만 음양론을 더 구체화하면 오행으로 나타낼 수 있다.

일곱째, 학문적 성격이 정신 물질 일원론적 '유기체론적 전체론적 종합적'인 학문이다. 그래서 만물 만사의 존재는 물질과 정신이 결합된 것으로 본다. 철학, 과학기술, 종교, 그리고 점을 모두 포함하는 학문이다. 주역은 정신세계와 물질세계를 모두 포괄하는 유기체적인 학문이다. 이것을 가능케 하는 구체적인 개념이 정신세계와 물질세계 모두에 가장 기본이 되는 기(氣)이다. 서구의 양자역학자들은 이를 에너지라고 한다. 서양학이 철학·종교·과학기술이 서로 분리되어 있는 것과 아주 대조적이다. 최근에는 현대물리학이 발달하면서 종교와 과학이 서로 만나기 시작하고 있다. 우주 삼라만상의 모든 것은 분리의 개념이 아니고 하나이다. 따라서 종교, 철학, 과학으로 분리하는 것이 궁극적으로는 의미가 없다. 왜냐하면 모두가 기(氣), 즉 에너지 하나의 개념으로 설명이 가능하기 때문이다. 그래서 주역은 종교가가 보면 종교요, 철학자가 보면 철학이요, 과학자가 보면 과학이고, 점술가가 보면 점술이다.

제3장 주역책의 학문적 구조와 내용

주역책의 학문적 표현형식과 구성이 현대사회 제도권 서양학문과 너무도 다르고 독특해서 이를 구체적으로 설명하고자 한다.

주역책의 글이 모두 한문으로 씌어 있는데다가 글자의 배열이 모두 종서로, 즉 세로로 내려서 씌어 있는 것이 유별나다. 원래 우리나라 전통적 학문인 모든 책의 글자배열은 한문이건 한글이건 모두 세로로 내려서 쓴 것이 본래의 모습이다. 지금은 서양의 영향을 받아서 모두 가로로 쓴 횡서로 되어 있지만 말이다.

우리나라에서 동양학을 한문으로만 쓰인 원본을 발간하는 유일한 출판사가 서울의 명문당(明文堂)이다.

명문당에서 나오는 동양학의 원본은 거의 모두가 누런 황색 표지에 검은색 붓글씨로 책의 제목뿐만 아니라 책 속의 모든 내용의 글을 밑으로 내려쓴 것이 특징이다. 현대 제도권 학문의 모든 책들이 책의 제목뿐만 아니라 내용의 글까지 모두 횡서로 써 있는데 비해서 동양학 원본만이 종서로, 즉 밑으로 내려 써 있다. 사서삼경인 동양학의 모든 책 표지의 색깔이 항상 누런 황색 일색으로 만든 것은 동양학의 가장 이상적인 이념이 중(中)이기 때문에 이 중(中)에 해당하는 색깔이 오행(목화토금수) 중에 중(中)의 속성을 갖고 있는 토(土)에 해당하는 색깔인 황색으로 한 것이라고 생각된다. 오행 중에 목화가 양이고, 금수가 음이며 토가 중이 된다. 가장 한국적이고 가장 동양적인 유일한 전통적 교과서이다. 그리고 책의 모양뿐만 아니라 그 내용과 서술형태 및 내용에 있어서 이 시대에 가장 이색적인 책이다.

나는 주역학의 원본을 국가가 아니고 개인 출판사가 발행하고, 주역에서 비롯된 역학과 역술을 비제도권 동양학자들에 의하여 보급되는 것을 보고 다음과 같은 단상을 하게 되었다.

우리 문화와 역사의 가장 기본적 배경이 되는 학문이 동양학이다. 동양학 중에서도 주역에서 비롯된 역학과 역술이다.

일본사람인 무라야마 지준이 『조선의 풍수』 서문에서 진술한 바와 같이, 문화란 인간생활에 대한 사상·신앙의 표현이므로 어떠한 문화에라도 그 생활 이상을 관찰할 수 있다. 문화에는 또한 표리(表裏)가 있고 본말(本末)이 있다. 그런데 표면적인 것, 지엽적인 것이 바로 사람의 주의를 끌며, 비교적 화려한 모습을 띠고 있기 때문에 문화라고 하면 으레 이 표면적인 것을 의미하는 것이 보통이다. 그러나 그것이 아무리 화려하다고 해도 표면적인 것인 만큼 진정한 생활 이상에서 멀어진 한낱 장식에 지나지 않는다. 그렇지만 장식 아래에 가려져 보이지 않는 이면적인 문화가 생활 이상, 즉 생활에 대한 사상·신앙을 있는 그대로의 모습을 나타내주는 것이다. 그러므로 문화의 근본적인 모습을 알기 위해서는 이면적인, 즉 근본적인 장식 없는 문화를 고찰해야만 한다.

동양의 경우 이면적인 문화의 가장 근본이 동양학이다. 동양학 중에서도 주역에서 비롯된 역학과 역술이다. 따라서 동양학, 특히 주역을 알아야 우리의 수천 년 역사와 문화의 표면적이고 지엽적인 것이 아니라 이면적이며 본질적인 내용을 근본적이고 주체적으로 이해할 수 있다. 그리고 서양과학의 기술적 물질문명이 지배하고 있는 이 시대에 서양과학기술에 대항하여 의미 있고 필요한 문화유산을 계승발전 시킬 수 있는 식견과 아이디어가 생길 수 있다.

이 시대에 우리의 역사와 문화를 발굴하고 보존하며 더 나아가 계승 발전하는 데 가장 기초적이고 근본적인 중요한 문화유산의 발굴은 주역에서 비롯된 역학과 역술이다. 그러므로 국가가 우리의 역사와 문화를 계승 발전시키는 문화재 발굴의 가장 기초적인 사업의 일환으로 동양학의 원본을 출판하고 역학 역술을 계승 발전시키는 연구도 하여 보급하는 것이 어떤 문화재 발굴보다도 더 중요하다. 그런데 이에 대한 국가의 정책적 사업은 거의 없다. 참으로 얼이 빠진 문화재 발굴사업이다. 울화통이 터질 지경이다. 별로 중요하지 않은 흙을 파고 바닷속을 탐사하면서 돌조각, 쇳조각, 도자기 쪼가리 그리고 칙칙한 천조각, 종이쪽지 등과 같은 표면적인 문화재만을 무슨 엄청난 문화재이고 또는 조상을 받드는 무슨 효와 애국심의 발로라고 애지중지하면서 궁궐 같은 국립박물관에 진열하기 위해서 매년 국가예산을 수천억 원씩 투자하고 있다. 더욱 가관인 것은 최고의 지성을 자랑하는 대학마저도 어마어마한 박물관 건물을 짓고 이에 많은 예산을 투자한다는 점이다. 나는 이런 것을 볼 때마다 가슴에서 치밀어 오르는 화를 참을 수가 없다. 이때 심정은 박물관의 진열된 도자기 쪼가리를 지게 작대기로 후려쳐서 깨버리고 싶은 심정이 울컥 치밀어 오른다. 한낱 장식에 지나지 않는 깨진 도자기 쪼가리와 돌조각, 쇳조각 그리고 칙칙한 천 쪼가리, 종이 쪼가리에서 우리가 의미 있게 계승 발전시킬 것이 무엇이 있나? 조상님들이 지하에서 그러한 도자기 쪼가리, 천조각, 돌조각, 쇳조각 따위나 애지중지 발굴하여 진열하라고 했을까? 참으로 해괴망측하고 얼빠진 문화재 발굴사업이다.

주역책은 사서삼경 중에서 가장 부피가 많고 그래서 건곤(乾坤) 두 권으로 되어 있다. 건(乾: 하늘을 나타내는 괘의 이름)에 해당하는 상경은 600여 쪽이 되고, 곤(坤: 땅을 나타내는 괘의 이름)에 해당하는 하경도 600여 쪽이 된다.

주역책의 원본 건(乾)에 해당하는 상경을 펴면 제일 먼저 나타나는 것이 중국 송나라 때 정이(程頤)가 쓴 역전(易傳)의 서문인 역전서(易傳序)와 주자의 주역본의(周易本義)의 서문인 역서(易序)가 나타난다. 그리고 몇 장을 넘기면 하도지도와 낙서지도, 즉 하도낙서가 나온다. 그다음 몇 장을 넘기면 복희 팔괘와 육십사괘가 나타난다. 그리고 몇 장을 넘기면 문왕팔괘가 나오고 또 몇 장을 지나서 점치는 방법인 서의(筮儀)가 나온다. 그리고 중국의 송나라 때 정자가 쓴 장문의 역설강령(易經綱領)이 있다.

그다음에 비로소 주역의 본문인 역경(易經)이 나타난다.

역경은 64개의 괘와 각 괘마다 6효가 있으니 64×6=384효가 상경과 하경으로 나누어 있다. 상경은 30괘 각각의 그림과 한문으로 쓴 괘를 설명한 괘사와 효를 설명한 효사 그리고 하경 34괘 각각의 괘의 그림과 한문으로 쓴 괘사와 효사가 있다. 그리고 각각의 괘사와 효사 바로 옆에는 전(傳)과 본의(本義)라는 주(註)가 붙어 있다. 전은 중국의 송나라 때 정자가 해석한 글이고, 본의는 주자가 해석한 글이다. 정자의 전은 주로 의리적 관점에서 해석한 글이고, 주자는 점서, 즉 상수적 관점에서 해석한 글이다.

원래 주역을 연구하여 해설한 책이 중국역사에서 3,000여 권이나 된다는 것이다. 그래서 이를 역림삼천(易林三千)이라고 한다. 그중에서 송나라 때 정자와 주자가 연구하여 해석한 글이 가장 잘 되어 있다고 해서 두 학자의 주를 대표적으로 달아 놓았다.

주역의 본문인 역경이 끝나면 공자가 주역을 읽고 후세인이 알기 쉽게 해설한 해설전인 역전(易傳), 즉 십익(十翼)이 있다.

십익이란 글자 그대로 열 개의 새의 날개라는 의미로 주역을 배우는 데 열

개의 날개를 달아준 것과 같이 도와줬다고 하여 역전을 십익이라고도 한다. 대만의 남회근 국사에 의하면 십익이란 공자가 역경을 연구하면서 마음속으로 체득한 10종의 연구보고서이다.

이 10익이 동양문화에 끼친 영향은 막대하다는 것이다. 만약 십익을 이해할 수 있다면 사서오경(四書五經: 사서(대학, 중용, 맹자, 논어) 오경(시경, 서경, 역경, 춘추, 예기))의 원리를 이미 꿰뚫었다고 할 수 있다는 것이다. 뿐만 아니라 동양문화의 근본을 제대로 파악할 수 있고, 공자 노장사상의 발원처도 역시 명확히 알 수 있다는 것이다.

역전인 십익의 내용을 보면 계사상전, 계사하전, 설괘전, 서괘전 상, 서괘전 하, 잡괘전 여섯 가지의 전문이 나온다. 십익 중에 나머지 단전, 상전, 건문언전, 곤문언전 네 가지는 역경의 상경과 하경의 본문에 해당하는 곳에 어우러져 있다.

주역책의 원본의 구성 면에서 주자 정자의 서문과 강설을 빼고 나면, 가장 먼저 나타나는 그림이 하도낙서(河圖洛書)이고, 그다음 복희 팔괘와 복희 육십사괘 그리고 문왕팔괘이다.

왜 하도낙서가 제일 먼저 나올까? 그것은 하도낙서가 주역이 탄생하는 첫 단초가 되기 때문이다. 즉, 5000여 년 전 태호 복희씨가 하수(河水)에서 나온 용마의 등에 나타난 그림인 하도를 보고 주역의 기초인 팔괘를 그려서 복희팔괘와 육십사괘(8×8=64)가 나오고, 그리고 3500여 년 전 은나라의 문왕이 낙수(洛水)에서 신령한 거북이 등에 나타난 그림인 낙서를 보고 지은 그림이 문왕팔괘이다.

주역의 내용이 64괘의 괘사와 효사의 내용으로 구성되어 있는데, 64괘는 팔괘로부터 비롯된(8×8=64) 것이므로, 결국 주역의 기본이 되는 것은 복희팔괘이다. 그다음이 문왕팔괘이다. 또한 복희팔괘는 하도에서 비롯되었고, 문왕팔괘는 낙서에서 비롯되었으므로 하도낙서가 주역의 최초의 시발점이 된다. 그래서 『주역』의 책 첫머리에 하도와 낙서의 그림으로부터 시작한다.

사실상 이런 점에서 볼 때 주역도 하도낙서에서 비롯되었으므로, 동양문화의 시초가 되는 근원적인 조종(祖宗)은 하도낙서라고 할 수 있다. 동양문화의 조종은 곧 세계문화의 조종이다.

주역의 학문적 표현형식의 특색

주역은 동서양의 그 수많은 어떤 책과도 다른 특색이 있다면, 64괘라는 부호와 부호인 괘와 효를 해설한 글로 형성되어 있다는 점이다. 소위 괘라고 하는 것은 하나의 부호라는 사실이다. 대만의 남회근 국사의 말을 빌리면 역은 기호논리학이라는 것이다. 즉, 부호와 글로서 만들어진 저서이다. 이 세상에 어떤 저서가 부호와 글로 나타낸 글이 있는가.

주역의 학문적 표현서술 형식의 이해를 돕고자 64괘 중 하나를 예를 들어서 아래 <그림 3-1>로 나타내고자 한다.

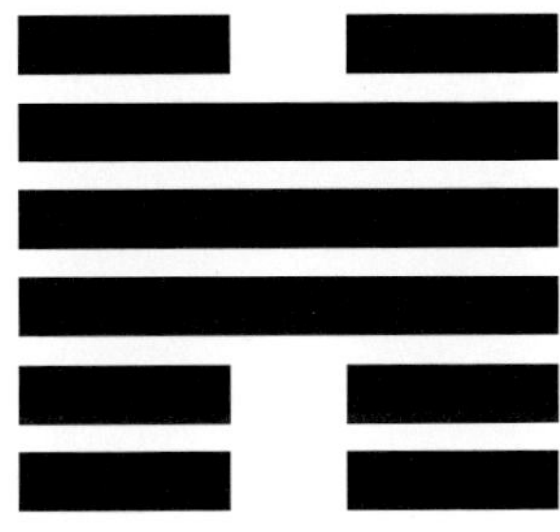

咸은 亨하고 利貞하니 取女면 吉하리라

上六은 咸其輔頰舌乘이라
九五는 咸其脢니 无悔리라
九四는 貞이면 吉하야 悔亡하리니 憧憧往來면 朋從爾思리라
九三은 咸其股라 執其隨니 往하면 吝하리라
六二는 咸其腓면 凶하니 居하면 吉하리라
初六은 咸其拇라

〈그림 3-1〉 택산함(澤山咸)

위의 괘는 주역 64괘 중 31번째 괘인 택산함괘의 그림과 원문을 예시한 것이다.

제일 위의 '咸은 亨하고……'로 시작하는 글은 택산함괘의 괘의 상을 해설한 괘사이다.

괘사(卦辭)는 하나의 괘 전체의 형태에 대해 은나라의 문왕이 괘의 상을 해석한 글이다. 역경은 64괘로 구성되어 있으므로 괘사도 당연히 64개가 된다. 64괘 각각의 괘는 우주 삼라만상의 만물 만사를 상징하는 것으로, 이에 따라 각각의 괘에는 특별한 의미가 있어서 이를 상(象), 즉 괘상이라고 부른다. 이 괘사는

3500여 년 전 은나라의 문왕이 유리옥에서 지은 글이다.

그다음 맨 아래 줄에 '초육(初六)은 함기모(咸其拇)라'로 시작하는 글은 택산함(澤山咸)괘 그림의 제일 아래에 위치한 초효를 해석하여 나타낸 글, 즉 효사이다. 그리고 '육이…… 구삼…… 구사…… 구오…… 상육……'으로 시작하는 그다음 문장은 각각에 위치한 효의 의미를 나타낸 효사이다. 이 효사는 은나라 때 문왕의 아들 주공이 지은 글이다.

효사(爻辭)는 하나의 괘를 구성하는 여섯 개의 효의 하나하나에 대해 해석한 말이다. 효의 수는 역경 전체로 따지면 64×6=384효가 되므로 효사도 당연히 384개가 된다.

원래 주역은 문자가 없던 상고시대(5000여 년 전)에 하수에서 나온 용마의 등에 그려진 하도를 보고 복희씨에 의해 우주의 이치를 밝힌 팔괘가 처음으로 만들어지면서 주역의 시초가 되었다. 그리고 팔괘를 중첩(8×8=64)한 육십사괘의 그림이 나왔다. 그 이후 3500여 년 전 중고시대 주나라의 문왕이 유리옥에서 64괘를 해설한 괘사를 쓰고, 그 아들 주공이 64×6=384효를 해설한 효사를 지음으로 해서 주역의 경이 완성되었다. 주역은 문자가 없던 상고시대 괘의 상이 먼저 나오고 후에 문왕과 주공이 괘의 상을 보고 그 상과 효에 맞는 글을 지은 것을 역경(易經)이라고 한다. 그리고 2500여 년 전 공자가 역경을 보고 해설한 역전(易傳)인 십익(十翼)을 지음으로 해서 주역이 완성되었다. 그러므로 주역을 크게 둘로 나누면 역경과 역전인 십익으로 구성되어 있다.

주역의 논리는 획일적이고 기계적인 논리가 아니고 시위(時位)에 따라 구별하여 나타내는 분별 있는 논리이다

앞의 <그림 3-1> 택산함괘의 괘의 이름을 붙인 이치를 설명하고자 한다.

택산함괘의 괘의 구성을 보면 아래 괘인 내괘는 간(艮: ☶)으로 만물 중에 산을 나타내고 사람으로는 소남에 해당하고 방위로는 동북방을 의미한다. 위 괘인 외괘는 태(兌: ☱)로서 만물 중에 못에 해당하고 사람으로는 소녀에 해당하고 지역으로는 서쪽을 의미한다. 함은 산 위에 못이 있는 모습으로, 산의 양기는 후중히 그쳐 아래하고 못의 음기는 증발하여 올라가 서로 기를 통하는 상이니 택산함이다. 자연에 비유하여 설명하면 산과 택이 기운이 오르내려 통기(通氣)

하고, 인사로는 젊은 남녀가 서로의 마음을 구하여 교애하는 것이니, 함은 곧 감정 감응 등과 같이 서로를 느껴 함께하는 뜻이다. 국가로 볼 때, 후천팔괘에서 서방태(소녀)인 미국이 동북간(소남) 한국에 와 동서가 느껴서 서로 교류하는 상태가 함이며 내호괘가 손으로 일본을 뜻한다. 손은 또한 매파를 뜻하므로 일본이 한국과 미국을 중매하는 것을 함의하고 있다. 즉, 태평양전쟁으로 말미암아 미국이 한국에 들어오게 되는 것을 말한다. 이때를 후천이 시작하는 것으로 본다. 결국 주역의 상경은 천도이면서 선천을 의미하고 하경은 인사이면서 후천을 나타내는 것이므로 후천 하경의 첫 번째 괘가 택산함괘가 나타내는 것과 지금의 우리나라 현실과 아주 일치하는 것으로 볼 수 있다.

위와 같은 방법으로 각 괘가 나타내는 의미와 상징적 내용을 풀어서 설명하면 모든 사물에 대해서 나타내줄 수 있다.

괘와 효의 상에 맞는 글인 괘사와 효사는 괘의 상과 효의 위치에 따라서 이치에 맞게 설명한 것이다. 즉, 괘의 상이란 구체적으로 팔괘 중의 내괘와 외괘를 이루고 있는 괘가 무엇인가에 따라서 그에 맞는 이치에 따라서 괘사를 문왕이 짓고, 괘를 이루고 있는 육효 각각의 위치에 따라서 그에 맞게 효사를 주공이 지은 것이다.

주역의 학문적 구조는 괘상과 효상으로 이루어져 있고, 효상·괘상은 주역의 형식을 구성하고 있다. 역경은 괘효상으로 사물을 상징하고 있어, 역경은 실제로 하나의 큰 '상(象)'이다. 그렇기 때문에 역이란 "상이요, 상이란 상징이다(是故易者, 象也 象也者 像也)"고 『주역』 계사전에서 말한 것이다. 즉, 사물의 이치를 나타낸 것이 상(象)이요, 상이란 사물의 상징이다.

우주 사이의 만물이 비록 복잡다단하고 변화무쌍하지만 象의 규칙만 파악하면 간단한 이치로 복잡한 변화를 터득하여 체계적으로 사물의 변화규칙을 인식할 수 있게 된다. 역경 중의 64괘상, 384효상을 "미루어 넓히고 같은 종류를 비교하고 확대하면(引而伸之 觸類而長之)" 모든 만상을 포괄할 수 있다. 그러므로 역의 상은 또한 '만상(萬象)'이라고도 부른다.

역경의 상은 객관적 사물의 형상으로서 사람들의 생활 속에서 사물의 현상을 관찰하고 추출해낸 의상(意象)이다. 그래서 『주역』 계사에서는 "본 것을 상이라 말한다(見乃謂之象)"라고 하였다. 즉, 직관한 것은 현상이고, 추상한 것은 의상이라는 것이다. 이것을 바탕으로 하여 상을 본받으면 상도(常道)를 알 수 있고, 변화에 통달할 수 있으며, 자연의 규칙을 파악할 수 있다. 역경의 상은 하늘의 상, 사물의 상을 중시하는 것 외에도 인상(人象), 즉 사회현상을 중시하고 있기 때문에 역경의 괘상은 하늘, 만물, 사람의 상을 서로의 관계 속에서 축소해놓은 한 폭의 축약도라고 할 수 있다.

64괘로 구성된 역경은 다시 상경과 하경으로 나뉘어져 있는데 상경 하경으로 나누어져 있는 근본적인 이유가 있다. 상경은 천도인 자연의 현상을 중심으로 30괘로 편제되어 있으며, 하경은 인간사회의 법도를 중심으로 34괘로 편제되어 있다. 즉, 간단히 표현을 하면 상경 30괘는 천도를 나타낸 것이고, 하경 34괘는 인사에 관한 내용이다. 상경 30괘는 천도(天道)를 나타낸 글이므로 하늘을 나타내는 건괘(乾卦)와 땅을 나타내는 곤괘(坤卦)로부터 시작하여 물괘(수 또는 월)인 감괘와 불괘(화 또는 일)인 리괘로 마치고, 하경 34괘는 인사(人事)를 나타낸 글이므로 소남 소녀가 만나는 함괘(咸卦)와 장남 장녀가 만나 가정을 이끌어가는 항괘(恒卦)로 시작하여 물과 불이 서로 사귀는 기제괘와 미제괘로 마친다.

주역의 상경 처음에 나오는 건곤(乾坤)괘와 마지막에 나오는 감리(坎離)괘는 주역이 우주변화를 일으키는 기본 틀을 나타낸 것이라고 볼 수 있다. 즉, 우주 삼라만상은 수 없이 복잡다단하나 그러한 형상을 일으키는 근본은 하늘과 땅 사이에 해와 달이 운행하면서 나타난 현상들이라고 간단히 요약할 수 있다. 그러므로 주역의 나머지 60괘는 하늘과 땅을 나타내는 건곤 괘를 체로 하고, 해와 달을 나타내는 감리 괘를 용으로 하여 나타난 모든 현상들을 상징해서 나타낸 것이라고 볼 수 있다. 즉, 하늘과 땅 사이의 일월이 운행을 하면서 우주 삼라만상의 변화가 나타난다고 볼 수 있다. 그 변화현상을 구체적으로 64개의 괘의 틀로 나타낸 글이 주역이다.

그래서 대만의 남회근 국사는 주역을 성상학(星象學)이라고도 한다. 하늘과 땅 사이 다른 말로 건과 곤 사이에 감리, 즉 해와 달 그리고 우주의 별들(星辰)이 운행을 하면서 만물 만사에 나타나는 변화 이치를 괘와 효로 나타냈기 때문에 성상학이라고도 한다.

공자가 지었다는 역전인 십익은 주역을 후세인이 알기 쉽게 해설한 글로써 역에 자신의 사상과 경륜을 담았다는 것이다. 공자가 위편 삼절할 만큼 역에 심

취한 것은 대과 없이 오회 중천시대를 극복하고 후천시대를 맞이하고자 함에
있었다고 하며(『논어 술이편』: 子ㅣ曰 加我數年하야 五十以學易이면 可以無
大過리라), 이백여 년 후 중국을 통일한 진시황이 분서갱유할 것을 예견하고 주
역을 점서형태로 바꾸어 소실되지 않게 하였다고 한다.

공자의 주역해설서인 십익(十翼)의 내용

공자의 십익은 위에서 언급한 바와 같이 단전, 상전(대상·소상), 건문언전,
곤문언전, 계사상전, 계사하전, 설괘전, 서괘 상전, 서괘 하전, 잡괘전으로 구성
되어 있다. 그 구체적인 내용은 다음과 같다.

1. 단전(彖傳): 「단」은 상하 두 편으로 나뉘어져 있다. 문왕이 쓴 괘사를 보
고 공자가 보다 구체적으로 해석한 글, 즉 괘의 뜻만 판단한 글이다. 단(彖)이라
는 글자에는 '끊을 단'의 의미가 있어서 괘의 뜻을 판단한다는 뜻에서 단전이라
고 했다. 판단이란 좋다, 나쁘다, 옳다, 그르다 등의 판단을 확실히 하는 것이다.

2. 상전(象傳): 「상」역시 상하 두 편으로 나뉘어져 있다. 대상(괘상)과 소상
(효상)으로 괘의 전체 형상을 보고 설명한 글이 대상이고 효의 형상을 보고 설명
한 글이 효상이다. 즉, 문왕이 쓴 괘사를 공자가 보다 구체적으로 후학들을 위해
서 풀이한 것이 대상이고, 주공이 지은 효사를 공자가 풀이한 것이 소상이다.

위의 단전과 상전의 차이점은 단전이 문왕이 쓴 괘의 괘사를 공자가 다시 부
연해서 해석한 글을 말하고, 상전은 괘와 효의 그림인 상을 보고 공자가 다시
해석한 글이다.

3. 건문언전(乾文言傳): 역경의 첫 번째 괘인 하늘을 나타내는 중천건괘를 부
연 설명한 글이다.

4. 곤문언전(坤文言傳): 역경의 두 번째 괘인 땅을 나타내는 중지곤괘를 부연
설명한 글이다.

64괘 중 건·곤 두 괘에 대해서만 별도로 덧붙여 부연 설명한 것은 천지 이
치를 설명한 건괘와 곤괘가 워낙 중요하고, 또한 설명할 내용이 많은데다 모든
괘를 대표하는 부모에 해당하는 괘이므로 다른 괘들처럼 간단히 말할 수 없기
때문이다.

5. 계사상전(繫辭上傳) 역경의 전체적인 내용을 개론적으로 나타낸 글이다.

즉, 역도에 관한 개론을 본체적으로 설명한 글이다.

6. 계사하전(繫辭下傳) 주역을 총체적으로 해설한 내용이라는 점에서 계사상전과 같으나, 계사상전이 총론이라면 계사하전은 주역의 각론적 내용이다. 역도에 관한 개론으로서 현상적으로 설명한 글이다.

계사 상하 두 편은 주로 괘・효사를 풀이한 글로『역전』의 십익 가운데 가장 중요한 부분이다. 여기에는 역경의 중요한 철학적 이치가 내포되어 있으며, 중요 명제들을 제기하고 있다. 예를 들면 "한 번 음이 되고, 한 번 양이 되어 서로 전환하며 운동하는 것을 도라 한다", "낳고 또 낳는 것을 역이라 한다", "역은 궁극에 이르면 변하고, 변하면 통하고, 통하면 오래간다" 등과 같은 기본적이고 근본적인 주역의 원리를 나타내고 있다. 계사전은 역이라는 것을 전체로서 연구대상으로 삼아, 기술적인 면에서부터 철학적인 면에 이르기까지 폭넓은 범위에 걸쳐 고찰하고 있다. 말하자면 역학개론이라고도 할 수 있다.

7. 설괘전(說卦傳) 주역의 가장 기본인 팔괘의 각각의 성질과 변화작용을 설명한 글. 선천 복희팔괘와 후천 문왕팔괘의 배열원리와 괘 하나하나에 대해 구체적으로 설명한 내용이다.

8. 서괘상전(序卦上傳) 상경 30괘의 순서를 설명한 글. 역경의 상경은 천도를 나타내는 내용이므로 상경은 하늘을 나타내는 건괘와 땅을 나타내는 곤괘에서 시작하여 달을 나타내는 감괘와 태양을 나타내는 리괘로 끝나는 30괘의 순서를 한 괘씩 순서에 따라 그 이유를 설명한 것이다.

9. 서괘하전(序卦下傳) 하경 34괘의 배열 순서를 설명한 글. 역경의 하경은 인사를 나타내는 내용이므로 남녀가 만나는 함괘로부터 시작하여 미제괘로 끝나는 34괘의 순서를 이치적으로 설명한 내용이다.

10. 잡괘전(雜卦傳) 64괘를 서괘 순서와는 달리 배열하여 설명한 글. 64괘 중에서 서로 상반되는 괘의 의미를 밝힌 글이다. 괘를 섞어 놓고 설명한 해설전이다. 모든 만물이 서로 뒤섞여 있는 이치 그대로 서괘전의 순서와 상관없이 괘들을 섞어놓고 주역을 설명한 것이다.

제4장 주역의 기본원리

주역에는 우주 삼라만상의 이치를 표현하는 형식으로 네 가지가 있으니 상(象), 수(數), 리(理), 점(占)이 그것이다.

역경의 관점에서 보면 우주의 만물 만사에는 모두 각각의 원칙과 이치가 있다. 다시 말해 리(理)란 철학적, 과학적 원리 또는 법칙을 말한다. 우주의 만물 만사에는 모두 리가 있으며, 그리고 반드시 그 리가 표출된 구체적인 상(象)이 있다. 또 우주의 모든 리에는 반드시 거기에 해당하는 수(數)가 있다. 이 때문에 역경에 대해 어떤 사람은 리로써 해석하며, 어떤 사람은 상으로써 해석하며, 어떤 사람은 수로써 해석한다. 옛사람들이 손가락을 몇 번 짚어 만사를 미리 알곤 했는데 이것은 역의 수를 이해하고 있었기 때문이다.

우주의 만물 만사에는 모두 수가 있다. 수라는 의미는 시간의 흐름에 따라서 변화에 일정한 법칙이 있다는 것을 의미한다. 변화에 일정한 패턴과 규칙성이 있으니까 수로써 나타낼 수 있다. 따라서 변화의 시간대에 따라서 변화의 모습이 달라지고 이를 상으로 나타낸 것이다. 가령 여기 있는 찻잔을 좌우로 한번 흔들었다고 합시다. 흔들리는 것은 현상(象)이다. 그리고 좌우로 몇 번이나 흔들었나, 또는 몇 초마다 한 번씩 흔들었나 하는 것은 수이다. 그리고 왜 잔을 흔들었나, 또는 왜 잔이 흔들렸나 하는 것은 리(理)이다. 이처럼 역경의 어떤 괘나 효 또는 어떤 것에도 모두 리, 상, 수가 내재되어 있다.

사람은 세계와 관계를 맺고 살아가는데, 이 관계는 계속 변화한다. 관계가 변하면 그 속에 포함된 리, 상, 수 역시 변한다. 그러므로 만약 사물의 리, 상, 수를 이해할 수 있다면 그 사물의 변화를 알 수 있다. 리, 상, 수에 통하면 변, 통, 달을 알아 만사를 사전에 미리 인지하여 대비할 수 있다는 것이다.

대산 김석진 선생의 『주역강해』, 중국의 역학자이며 의학자인 중국 중의연구원 교수 楊力의 『주역과 중국의학』, 남회근 국사의 『주역강의』·『역경잡설』, 중국 길림대학교 교수인 김경방 여소강의 『역의 철학』, 중국의 역학의 대가이며 저술가인 주싱이 저술한 『역경』을 중심으로 주역의 리(理)에 해당하는 기본원리를 다음과 같이 여섯 가지로 언급할 수 있다.

1. 천인합일(天人合一)

‘천인합일’은 인간이 우주 자연의 규율과 하나가 되는 상태를 말한다. 이때 ‘천인합일’은 어느 한쪽에 치우침이 없이 자연과 인간의 양쪽 모두를 고려해야만 설명될 수 있다.

주역의 가장 기본이 되는 출발점은 태극이다. 즉, 『주역』 계사전에 “역유태극(易有太極)하니 시생양의(始生兩儀)하고, 역에 태극이 있으니 비로소 양의인 천지가 나오고”에서 보면, 태극이 주역의 가장 기본이 되는 출발점이다. 태극은 우주가 탄생하기 이전의 하나의 기(一氣)의 상태를 의미한다. 여기에서 다시 양의가 나타났다는 것은 양(陽)인 하늘과 음(陰)인 땅이 나타났음을 의미한다. 그리고 천지의 작용으로 인간을 비롯한 만물 만사가 나타났다. 그렇다고 하면 이 우주 삼라만상은 태극일기에서 비롯되었으므로, 기의 관점에서 천지인(天地人)이 모두 하나이다. 그 하나임을 설명할 수 있는 가장 기본이 되는 것이 기(氣)이다. 즉, 천지를 비롯한 인간과 만물 만사 그리고 시공간도 모두 기(氣)라는 하나의 실체로 구성되어 있다. 따라서 시간과 공간을 나타내는 천지와 인간 그리고 만물 만사는 하나임을 의미하고 이를 천인합일이라고 한다. 결국 동양학의 천인합일사상은 주역의 천인합일사상에서 비롯된 사상이다.

천지 이치를 나타낸 주역 64괘의 배열 순서를 보면 천도를 나타낸 상경 첫 번째 괘가 하늘을 나타내는 중천건괘가 제일 먼저 있고, 그다음 땅을 나타내는 중지곤괘가 있다. 그다음 만물 만사를 나타내는 나머지 62괘가 차례대로 배열되어 있다. 음양으로 볼 때 모든 인간을 비롯한 만물 만사의 부모격인 하늘을 나타내는 중천건괘는 순양으로 되어 있고, 땅을 나타내는 중지곤괘는 순음으로 되어 있으며, 나머지 자손격인 62괘는 모두 하늘과 땅의 기운을 받고 태어났기 때문에 음과 양이 섞여서 구성되어 있다. 62괘가 음양으로 구성되어 있다는 것은 천지부모의 작용과 영향으로 모든 삼라만상이 이뤄지고 있다는 의미이다.

천인합일이라고 하면 천, 지, 인 모두를 하나로 본다는 것이다. 이는 다른 말로 하면 우아일체(宇我一體)사상, 즉 ‘우주와 나는 하나다’와 같은 내용이다. 그런데 여기서 천지인이 하나라는 천지인합일 사상이 가능케 하는 구체적인 개념이 기(氣)이다.

우주 삼라만상의 가장 기본이 되는 구성체가 기(氣)이며, 기는 정신물질과 시공간을 일원론으로 보는 것이 가능케 하는 구체적인 실체이므로 기의 관점에서 천지인이 하나라는 의미가 이해가 된다. 따라서 천지 시공간 속에 벌어지는 모든 사물의 현상은 모든 것의 가장 기본인자인 기의 작용과 변화 원리인 음양의 작용에 지나지 않는다. 만물 만사뿐만 아니라 공간과 시간의 흐름도 기의 흐름에 지나지 않는다.

천, 지, 인 중에서 천지간의 만물은 천이 주관을 한다. 땅은 하늘과 짝이 되어 서로 돕기 때문에 둘 중에 어느 것도 빠질 수 없다. 다만 땅은 항상 하늘에 순응하기 때문에 하늘이 자연을 대표한다. 땅은 인류와 모든 생명체의 삶의 터전이다. 때문에 하늘은 생명의 근원이며 땅은 생명의 존립의 근거다. 사람과 자연은 하나로 어우러져 있기 때문에 따로 떼어놓을 수가 없다. 사람은 천지에서 나서 만물의 일부가 되지만 만물과 동일하지는 않다. 왜냐하면 인의지성(仁義之性)과 성명지리(性命之理)가 있으며, 이 때문에 사람은 다른 사물에는 존재하지 않는 신성한 사명이 있다.

주역에서는 그 사명을 "천지의 도를 이루고 천지의 이치를 돕는 것"이라 말한다. 천지자연은 인류에게 생존에 필요한 모든 것을 제공하고, 사람은 자연이 주는 생존수단을 얻는 동시에 자연이 목적을 달성하도록 도와야 한다. 이렇게 될 때 인간도 목적에 도달하게 되는 것이다.

천인합일은 천, 지, 인(사물)을 모두 포괄하는 완전한 세계를 가리킨다. 주역은 이처럼 거시적인 관점으로 세계를 인식하였으며 인간과 자연을 함께 호흡하는 유기체로 이해하고 있다.

따라서 인간이 천지와 하나가 되는 완인(完人)이 되면 우주 삼라만상의 모든 것을 앉아서도 알 수 있다는 것이다. 다른 말로 하면 우주 삼라만상의 가장 기본실체인 일기(一氣)에 통하면 무불통지가 된다는 것이다.

2. "한 번 음이 되고 한 번 양이 되어 서로 전환하며 운동하는 것을 도 (道)라고 한다"

이른바 주역의 계사상전 제5장에 "한 번 음이 되고 한 번 양이 되어 서로 전환하며 운동하는 것을 도라고 한다(일음양지위도: 一陰一陽之謂道)"는 말은

『주역』의 음양관을 잘 설명해주고 있다. 이는『주역』학설의 확고부동한 원칙으로서『주역』철학의 기본원리이며, 또한 64괘 구조의 기본원칙이기도 하다.

역은 자연을 그대로 본받은 학문이므로, 자연의 운행질서 및 인류사회의 근본원리를 모두 포함하고 있다. 대자연에서는 모든 것이 상호작용을 한다. 하늘(天)의 기운은 땅에 영향을 주고, 땅(地)은 하늘의 기운에 영향을 받아 자신을 변화시키는 동시에 하늘에 영향을 주어 변화시킨다. 하늘은 이것을 받아들여 변화하고, 그 변화를 다시 땅에게 주는 순환의 연속이며, 그 가운데 사람(人)으로 대표되는 만물이 하늘과 땅의 교감작용에 영향을 받고, 다시 자연에 그 영향을 미치게 된다. 이러한 상호교감작용을 끊임없이 되풀이하는 것이 자연의 도이며, 그 과정을 64괘라는 틀 속에 넣은 것이 주역이므로, 주역 안에 우주 삼라만상의 변화가 존재하는 것이다. 우주 속에 벌어지는 자연현상을 한마디로 한다면, 한 번 양하고 한 번 음하는 과정의 순환(일음일양지위도(一陰一陽之謂道))이라고 할 수 있다.

"한 번 음이 되고 한 번 양이 되어 전환하며 운동한다"는 것은 음양의 대립과 통일관계를 표현한 것이다.『주역』에서 음양의 대립과 통일은 괘사와 효사에서 말로 밝혀져 있기도 하지만, 음효와 양효를 그리는 데서 나타나기도 한다. 이를테면 '--'는 음효가 되고, '—'는 양효가 되는데, 64괘의 변화는 바로 이 음효와 양효의 변화 속에서 이루어진다. '도(道)'는 법칙을 뜻하므로『주역』이 음과 양이 전환하며 운동하는 것을 도라 한 것은 음양 두 기(氣)의 변화가 우주의 기본법칙임을 분명히 밝힌 것이다. 이 밖에도『주역』계사에서는 "강건한 것과 유순한 것이 서로 미루어서 변화가 생긴다", "음과 양이 그 기능을 합함으로써 강건함과 유순함이 모습을 갖추었다"고 하였는데, 여기서 강건과 유순은 양과 음을 뜻하며, 음양이 모든 변화의 근원임을 설명한 것이다. 또한 "음양의 변화는 헤아릴 수 없으며 이를 신이라 한다(음양불측지위신: 陰陽不測之謂神)"고 하여, 음양의 두 기가 우주운동의 근본임을 말하였다.

'음양'이라고 하는 것은 기를 가리키는 것이고, '일음일양'이라고 하면 기가 움직이는 어떤 법칙을 의미한다. 법칙이란 다른 말로 '도'를 말한다. 단지 '음양'이라고만 말하면 도가 아니고 '일음일양'이라고 말해야 비로소 도인 것이다. '음양'이라고만 하면 사물이 음과 양의 두 측면으로 나뉜다는 것을 말하는 것에 지나지 않으며 사물의 운동 변화 발전을 말하는 것은 아니다. 그러나 '일음일양'이라고 하면 사물은 반드시 운동 발전 변화하는 상태에 있음을 말하는 것이다. 사물의 운동 발전 변화는 반드시 일정한 법칙에 따라 진행되어야 하는데 '일음일양'이 바로 이 법칙이다.

'일음일양'이란 음이 양으로 바뀌고 양이 음으로 바뀌며 음은 다시 양으로 바뀌고 양은 다시 음으로 바뀌는 것을 말한다. 음양이 교대로 번갈아 가며 운동하므로 사물이 비로소 발전해나간다.

"세상은 본래 공영 중인 무대이다. 수천 년 이래로 여기서 공영하고 있는 자는 두 사람밖에 없다. 하나는 여자요, 하나는 남자다." "양만으로는 살지 못하며, 음만으로는 자라지 못한다(孤陽不生, 孤陰不長)." 음이나 양 단독으로는 어떤 것도 이룰 수 없다. 반드시 양자가 조화되어야 한다. 우주의 법칙은 음과 양 중 하나도 결핍되면 안 된다.

일음일양이 비록 정과 반의 관계지만 이들은 서로 조화함으로써 균형을 유지하는 것이지 모순의 통일을 거쳐 균형을 유지하는 것은 아니다. '일음일양'은 조화와 균형에 도달해야만 도가 되며, 만약 균형을 갖추지 못하면 도가 되지 못한다.

3. "궁극에 이르면 변하고, 변하면 통하고, 통하면 오래간다"

이 말은 『주역』 계사에 나온다. 즉, 계사하전 2장에 "역(易)이 궁즉변(窮則變)하고 변즉통(變則通)하고 통즉구(通則久)라", 궁하면 변하고, 변하면 통하고, 통하면 오래간다. 이는 『주역』이 변화를 주요 명제로 삼고 있다는 것을 강조한 것이다. 『주역』은 일정 정도 음양의 대립을 기초로 하고, 변화를 핵심으로 하여, 이 둘을 『주역』 사상을 구성하는 기본으로 삼았다. 이는 『주역』의 살아 있는 혼(魂)으로 중국의 자연과학 발전에 지대한 영향을 끼쳤다. 『주역』 계사에는 "강건한 것과 유순한 것이 서로 미루어서 변화가 생긴다", "해와 달이 서로 미루어서 밝음이 생긴다", "강건한 것과 유순한 것이 서로 바뀌고", "한 번은 닫히고 한 번은 열리면서 전환하며 운동하는 것을 변화라고 한다", "변화란 나아가고 물러나는 상이다", "가고 오는 것에 끝이 없는 것을 통(通)이라 한다", "도에는 변동이 있기 때문에 효라 한다"는 내용이 있는데, 이러한 내용들은 『주역』에서 모든 사물이 끊임없는 운동 변화 속에 있다는 관점을 채택하고 있음을 보여주는 것으로써 매우 중요한 관점이다.

『주역』은 또한 '상호교감(交感)'이 변역(變易)의 주요형식임을 강조한다. 예를 들면 "하늘과 땅이 교감함으로써 만물들이 서로 통한다", "태(泰)괘의 괘사에서 음이 나가고 양이 들어온다"는 구절이라든가, 귀매괘(歸妹卦)에서 "하늘과 땅이 서로 교감하지 않아 만물이 흥기하지 않는다", 함괘(咸卦)에서 "하늘과 땅이 서로 교감하여 만물이 변화하고 생성된다"고 한 것 등은 모두 '교감'이 바로 변역의 주요형식임을 설명한 것이다.

주역에는 '항구함'과 '변화'의 개념이 존재한다. 계사전에 보면 "도는 수없이 움직이며 머무르지 않고 변화한다"고 했다. 사물은 변해야 항구할 수 있고 항구한 것은 변화하기 때문에 항구하다. 주역은 이것을 강조한다. 한편 '변화'에는 일정한 규율이 있는데, 그것은 '적합하게 변한다'는 것이다. 만물은 변하지만 오직 천도만이 변하지 않는다고 주역은 주장한다. 때문에 인간은 천도를 본받아 그 항구함에 순응하며 시대에 맞게 적절히 변화해야 한다. 이렇게 되면 오래 지속할 수 있다.

4. "낳고 또 낳는 것을 역이라 한다"

『주역』 계사상전 제5장 "생생지위역(生生之謂易), 낳고 낳는 것을 일컬어 역이라 한다"는 음양이 서로 교감함으로써 만물이 변화 생성한다는 것을 강조한다. '생성'은 근거 없이 이루어지는 것이 아니라, 이는 하늘과 땅의 교감(운동)으로 인해 이루어지는 것이다. 그러므로 원문에서는 "천지의 가장 큰 덕을 일컬어 낳는 것(生)이라 한다", "하늘과 땅의 원기가 왕성하니 만물이 생육하게 된다"고 한 것이다. 즉, "천지가 교감하여 만물이 생성된다"는 것은 바로 "천지가 교감함으로써 만물이 서로 통한다"는 뜻으로써, 후대에 『노자』의 "도(道)는 하나를 낳고, 하나는 둘을 낳으며, 둘은 셋을 낳고, 셋은 만물을 낳는다"는 말의 근원이 되었다. 이런 말들은 모두 『주역』이 새로 생성하고 새로 흥기하는 것을 강조한 말이다.

'끊임없이 생성되는 것이 역이다'는 '역이란 무엇인가?'에 대한 가장 정확한 답이며, 주역의 근본정신을 명확하게 표현한 것이다. '역'은 생이며, 생생은 끊임없는 생성의 과정이다. 이는 주재자가 생명을 창조한 것이 아니라 자연 스스로 끊임없이 만들어냈음을 의미한다.

역은 우주가 어떻게 만들어졌는지 설명하고 있다. 우주는 혼돈상태인 태극에서 나왔으며, 그 후에는 양의가 나뉘었고, 이것이 다시 사상을 나았고 사상은 또 팔괘로 분화되는데, 팔괘는 다시 64괘로 분화되지만 육십사괘가 생성의 종결은 아니며 그 생성은 계속 진행된다. 때문에 64괘의 마지막 두 괘가 기제와 미제 괘다. 사물과 사건의 마지막 단계에 도달했다는 것은 또 다른 시작을 의미한다. 즉, 이를 종즉유시(終則有始)라고 한다. 그래서 『서괘전』에서는 "사물은 끝이 없기 때문에 미제에서 끝을 맺는 것이다"라고 하였다.

일체의 종교는 단지 죽음에 관해서만 설한다. 죽음을 두려워할 필요가 없다고 고무시킨다. 그러나 역경은 다르다. 음양이 번갈아 갈마드는 것이 도로서 죽음뿐만 아니라 삶 또한 도 속에 있다고 본다.

일체의 종교는 모두 죽음 쪽에서 인생을 바라본다. 그러기에 인생은 비관적이고 세계는 비참할 수밖에 없다. 그러나 역경은 인생을 낙관적으로 바라본다. 태양이 떨어지는 것을 보면서도 석양이 매우 아름답다고 생각한다. 12시간만 지나면 태양은 다시 떠오르니까. 운이 없는 사람도 곧 행운이 올 것이라고 볼 수 있다. 왜냐하면 역경에서는 '생생'을 역이라고 하니까. 불행이 지나가면 곧 행운이 온다. 순환의 도리이다. 불행이 닥치는 것은 두려워한다면 그것은 불행의 마귀에게 홀린 것이다. 만약 불행을 달게 받아들인다면 곧 행운이 찾아올 것이다.

5. 중정(中正)의 원리

주역의 경문은 64괘의 괘사와 384(64×6)효의 효사로 이루어져 있다. 각 괘를 이루고 있는 육효는 아래로부터 초위 이위 삼위 사위 오위 상위의 순서대로 배열되며 이를 육위라고 한다. 이 중에서 홀수 번째인 초위 삼위 오위는 양위라고 하고 짝수 번째인 이위 사위 육위는 음위라고 한다. 즉, 1양 2음, 3양 4음, 5양 6음이다. 그리고 각 괘의 육효는 두 개의 소성괘로 이루어져 있는데 육효 중 아래에 있는 삼획괘는 내괘(초위 이위 삼위)라고 하고 위에 있는 삼획괘는 외괘(사위 오위 상위)라고 한다.

괘를 이루고 있는 육효를 판단하는 논리로서 육효 중에서 양의 자리에 양효가 오고, 음의 자리에 음효가 온 경우는 바른 상태이므로 정위(正位)라 하고,

양위에 음이 오고 음위에 양이 온 반대의 경우는 바르지 못한 부정위(不正位)라고 한다. 그리고 내괘(초위 이위 삼위)와 외괘(사위 오위 상위)의 각 괘의 중간인 이위와 오위는 각기 중위(中位)로서 대성괘의 내외 중심이 되는 중요한 자리이다.

괘효를 따질 때는 중위(中位), 즉 득중(得中)을 길하게 보고, 다음 정위(正位), 즉 득위(得位)를 길하게 여긴다. 가장 좋은 상태는 중과 정을 다 갖춘 중정(中正)의 상태이다. 반면 중을 얻지 못하고 부정한 효위의 경우는 상대적으로 흉하다고 본다.

주역 괘의 판단논리로서 효의 자리에 따라서 중과 정을 바람직하게 보고, 그 중에서도 중과 정을 갖춘 중정의 상태를 가장 바람직하게 보는 이 논리에 의해서 동양학의 중정사상이 나온 것이다. 즉, 주역의 중정사상을 바탕으로 한 유교의 중정지도(中正之道)를 잇는데, 자사가 『중용(中庸)』으로 이은 것이다. '중'은 불편불의(不偏不倚), 한쪽으로 치우치지도 않고 기울지도 않으며 늘 가운데인 상태를 말한다. 그러면 '바를 정(正)'은 '떳떳할 용(庸)'과 한가지인 셈이다. '용(庸)'은 평상, 늘 그대로 한결같은 것, 떳떳한 것, 변치 않는 것을 말한다.

주역에서는 인간의 행위가 시(時)와 중(中)에 부합해야 한다고 주장한다. '중'은 공자가 말한 중용의 도를 가리키며, 정확하게 움직여 지나치거나 모자라지 않는 것을 말한다. '시(時)'는 때와 부합하는 것을 말한다.

일의 성공을 위해서는 적절한 시기와 환경에서 실행해야 한다. 겨울에는 가죽옷이 좋지만 여름에는 어울리지 않음과 같다. 그래서 일반적으로 '시'와 '중'은 함께 쓰인다. 사람은 적절한 때에 행동하고 적절한 시기에 멈춰야 한다. 또한 모든 행위가 만물의 변화와 조화를 이뤄야 한다. 그래서 소통과 조화 속에서 인간의 가치를 드러내야 한다.

'시'와 '중'은 최고의 생존 지혜이다. 이는 주동적으로 환경에 적응하여 천지의 규율에 순응하는 것이다. 시와 중을 터득하면 사람들은 진취적으로 변하며 때를 기다리는 인내심도 갖게 된다.

6. 위로는 하늘에서 상을 관찰하고, 아래로는 땅에서 상을 관찰한다 ……
가까이는 몸에서 취하고 멀리는 만물에서 찾는다

『주역』계사하전 2장에 주역의 가장 기본이 되는 팔괘를 지은 근거가 되는 내용이 있다. 즉, "古者包犧氏之王天下也에 仰則觀象於天하고 俯則觀法於地하며 觀鳥獸之文과 與地之宜하며 近取諸身하고 遠取諸物하야 於是에 始作八卦하야 以通神明之德하며 以類萬物之情하니(옛날 포희씨가 천하에 문화를 정초시킬 때, 위로는 천문의 법칙을 관찰하고 아래로는 지구의 물리적 법칙을 살피며, 새나 짐승의 무늬나 토양의 특성을 살폈다. 가깝게는 자신의 몸에서, 멀리는 다른 사물로부터 취해 팔괘를 만들어 신명의 작용에 통하고, 만물의 상황을 유추해 알 수 있도록 했다)." 이는 팔괘를 지은 과학적 근거가 되며, 주역의 학문적 인식의 범위가 된다. 팔괘의 근거와 범위가 위로는 하늘, 아래로는 지리, 멀리는 모든 사물, 가까이는 인간의 몸까지 모두 두루 관찰하여 팔괘를 지었으니 팔괘는 우주 삼라만상의 법칙이 된다. 그러므로 주역의 팔괘는 우주론적으로 완벽한 이론이다.

복희씨가 팔괘를 그린 것은 후손들이 팔괘를 보고 우주의 신비를 이해하고 전달하며 보존할 수 있도록 하기 위해서다. 만약 우주의 원리를 알아 사통팔달할 수 있다면 위로는 천문에 통하고 아래로는 지리에 통하며 그 사이에는 인간사에 통해 무엇이든 다 통하게 될 것이다. 즉, 이 팔괘의 그림에서 다른 모든 것을 알 수 있다는 것이다.

"천지의 변화법칙을 체득하여", "신명의 창조정신과 통할 수 있다"고 한 것은 '변화하는 상을 관찰'했기 때문이다. 원문에서 "군자는 그 상을 관찰하고 그 말을 음미한다", "하늘은 그 상을 드리워줌으로써 길흉을 보인다", "천지의 변화를 성인이 본받았다"고 한 것 등은 모두 『주역』에 유물 사상적 요소가 짙게 나타나 있음을 말해준다. 즉, '변화의 상을 관찰'해서 얻는 것이므로 "그 사물의 가장 알맞음을 상징하기 때문에 상(象)이라" 한 것이다. 『주역』은 천지를 본받고 만물을 관찰하는 것을 중시한다. 이를테면 "역은 천지의 기준이다", "천하의 변동을 보고 그들의 변통을 안다"는 말들이 그것을 보여주는데, 이에는 천지를 표상하여 만물의 변화를 인식한다는 태도가 잘 나타나 있다. 이는 『주역』의 우주관이 유물사상을 반영하고 있음을 나타낸 것으로, 천지의 변화법칙이 만물생성의 본원임을 뜻한다.

우리 조상은 오랜 세월의 관찰 끝에 과학적 이치를 알았다. 복희씨가 팔괘를 그린 것은 후손들이 이 부호로써 우주의 신비를 이해하고 전달하며 보존할 수 있도록 하기 위해서이다. 그 덕분에 후손들은 많은 과학적 지식을 알게 되었다. 이는 모두 천체의 현상을 관찰한 데서 비롯된 것이다.

만약 우주의 원리를 알아 사통팔달할 수 있다면, 위로는 천문에 통하고 아래로는 지리에 통하며 그 사이에는 인간사에 통해 무엇이든 다 통하게 될 것이다.

주역으로 대변되는 동양문화는 종합과학이며 인류 문명의 결정체이다. 천문, 지리, 동물, 식물뿐 아니라 일체의 과학, 철학, 종교 등을 다 포괄한다. 예를 들면 '이통신명지덕(以通神明之德)'은 종교와 관련된다고 할 수 있다.

제5장 주역의 완성과정

　주역이 처음으로 나타난 것은 복희씨가 팔괘를 그림으로써 비롯되었다. 그런데 팔괘를 그린 것은 하늘의 계시로 나타난 아래 <그림 5-1>인 하도를 보고 그린 것이다. 주역의 역전인 십익의 계사상전 제11장에 "하출도 낙출서 성인측지 (河出圖 洛出書 聖人則之)하니"라는 구절이 있다. 하수에서 하도가 나오고 낙수에서 낙서가 나옴에 성인이 이를 본받았다는 의미이다.

　주역의 최초의 출발은 주역의 팔괘로부터 시작하는데 팔괘는 성인이 계사전의 '하출도 낙출서 성인측지'에서 보는 바와 같이 하도낙서에서 비롯되었다. 즉, 하늘의 계시인 하도낙서를 보고 팔괘를 그렸다. 그런데 성인이 일반사람들이 인지할 수 없는 하늘의 계시인 하도낙서를 보고 주역의 탄생을 알리는 팔괘를 그렸다는 점에서 신비스러운 현상이라고 볼 수 있다. 여기에 주역이 단순한 인간의 인지능력에 의한 학문이 아니라 전능한 신의 능력에 근거하였다는 학문으로서 종교적 신비감이 깃든 것을 느낄 수 있다. 그래서 주역을 신서(神書: 신의 글) 또는 천서(天書: 하늘의 글)라고도 하는 것이 여기에 근거를 하고 있다고 볼 수 있다.

　최근에 마야력의 예언에 대한 연구의 개척자인 미국 프린스턴대학과 시카고대학의 예술사 및 미학 박사인 호세아르구에예스는 마야력을 연구하면서 주역도 주력해서 연구를 하였다. 그는 마야력에는 역경과 비슷하거나 동일한 무언가가 있는 게 틀림없다는 느낌을 갖게 되었다고 하면서 다음과 같은 결론을 얻었다.

　"마야력, 역경, 요한계시록 그리고 다른 예언들 사이에는 공통점이 많다. 그 까닭은 매우 자명하다. 우리 모두는 같은 장(場)에서 활동하기 때문이다. 고대 중국이든 고대 이집트든 또는 고대 이스라엘이든 고대 멕시코든 인간 수신자는 은하에서 보내는 똑같은 정보 빔을 포착하고, 각자 구체적인 지역에서 이미 발달한 믿음으로 조율된 나름의 언어에 따라 그것을 번역해서 표현하였다.

　일례로 중국에서 역경을 발달시킨 산술코드는 DNA의 산술코드와 똑같고, 마야코드에 담긴 조화수열의 산술규칙과도 똑같은 이진수열을 따른다. 아울러 요한계시록의 산술코드는 7과 13, 144, 144,000에 기초한다. 이 또한 마야코드와 똑같은 숫자코드다.

마야코드는 모든 코드의 원형이다. 그것은 은하단계(차원)의 코드이기 때문이다. 프로그램 프로토콜이기도 하다. 다른 코드가 출현한 이유는 앞서 말했듯이, 인간들이 곳곳에서 지구에 영향을 주는 똑같은 빔에서 똑같은 정보를 포착해냈기 때문이다.

요한계시록과 역경처럼 이러한 코드와 체계 대부분은 수천 년 전에 개발되었다. 기술이 지배적인 요소가 되기 전의 초기단계에서 인간 수신자의 활동은 더 활발한 편이다. 현재는 우리의 수신기능이 완전히 닫혀 있는 상태이다. 그럼에도 깨어난 사람들은 여기저기서 다른 이들을 각성시키는 데 힘쓰고 있다(그레그 브레이든, World Shock 2012)."

주역을 처음 창시하신 복희씨가 우리 민족, 즉 동이족의 왕이었다는 것이다. 따라서 주역은 원래가 우리나라로부터 비롯되었다는 것이다. 이것이 중국으로 넘어가서 주나라의 문왕과 주공 그리고 공자에 의해서 완성되었다. 그리고 고려 말에 우탁에 의해서 우리나라에 다시 전래가 되었다고 한다.

대산 김석진 선생은 주역이 태극으로부터 시작을 하여 팔괘와 64괘로 분화되는 과정을 중심으로 다음과 같이 진술하였다.

복희씨가 시획팔괘(始劃八卦)라고 하여 공자께서 복희씨가 처음으로 팔괘를 그렸다고 했습니다. 팔괘를 그린 이유는 지금으로부터 5000년 전에 복희씨가 처음으로 왕이 되어 백성을 다스릴 때 그때만 해도 문자와 글이 없어서 언어소통이 잘되지 않았다. 그래서 복희씨는 뭔가 표상이 있어서 그것을 기준으로 해서 백성을 다스릴 수 있다고 생각하여 위로 하늘을 보고 이러한 작대기 하나를 죽 그었고 또 땅을 보고 작대기 하나를 그었고 중간에 사람을 보고 작대기 하나를 한 획 그었다. 삼 획 중에서 위는 하늘을 형상하고 아래는 땅을 상징하고 중간에는 사람을 나타낸 것이다. 이렇게 해서 천지인 삼재가 된다. 천지인은 위 아래 중간 우주공간인 것이다. 이걸 바로 작대기 셋으로 해서 괘라고 하는 이것으로 우주공간을 묘사한 것이다. 이것을 걸 괘라고 한다. 우주만물의 이치가 여기에 걸려 있다고 해서 걸 괘라고 한다. 당초에 주역이 이뤄진 것은 이 팔괘를 그림으로부터 시작한 것이다.

복희씨가 이 괘를 그리는데 이렇게 천지인 삼재로 그렸다. 양이 먼저 나오고 음이 나중에 나왔다고 했다. 양은 동하는 것이고 음은 정하는 것이므로 동하는 것이 먼저 나오고 정하는 것이 다음에 나왔다. 태극이라는 끝없는 공허함 속에서 음양이라는 두 기운이 나오는데 양은 가볍고 맑아서 위로 올라가 하늘이 되었고 음은 무겁고 탁해서 아래로 내려가 땅이 되었다. 이렇게 해서 양이 먼저 나오고 다음에 음이 나옴으로 해서 음양이 나온 것이다. 음양이 나옴으로써 우주가 창조된 것이다. 음양이 나옴으로써 천지가 창조되고 천지에서 또 만물이 나온 것이다. 그래서 음양이 만물을 내고 또 천지가 만물을 내는 것이다. 천지 음양이 만물을 내는 것이다. 그래서 양으로 다 된 괘를 천이고 음으로 다 된 괘를 땅괘라고 한다. 하늘은 위에 잇고 땅은 아래에 있어서 하늘괘를 위로 놓고 땅괘는 아래에 놨다. 이 천지음양이 서로 사귄다. 이 천지음양이 사귀는 데에서 만물이 나오는데 하늘의 양 맨 먼저 이 양이 나오는 것을 우레라 하고 두 번째 양은 물이라 하고 세 번째 양은 산이라고 한다. 천지 사이에 양으로 된 괘가 우레, 물, 산이다. 그리고 맨 먼저 음이 바람이 되고, 두 번째 음이 불이 되고, 세 번째 음이 못이 됐다. 이렇게 해서 음으로 된 괘가 바람, 불, 못이다. 양으로 된 괘가 우레, 물, 산 음으로 바람, 못, 불 이 세 자녀가 천지부모와 더불어 여덟 가족이 된다. 우주의 대가족이고 대자연이다. 인간으로 말하면 하늘괘는 아버지가 되고 땅괘는 어머니가 된다. 아버지와 어머니 사이에 맨 먼저 양인 아들 장남이 나온 것이고, 두 번째 양인 중남, 세 번째 양 아들은 소남이다. 음의 경우는 맨 먼저 음 딸을 낳고, 두 번째 음 중녀, 세 번째 소녀가 된다. 이렇게 부모 사이에 장남, 중남, 소남, 장녀, 중녀, 소녀 여섯 자녀가 부모와 더불어 인간의 여덟 가족이 소가족이 되고 소자연이 되는 것이다.

복희씨는 이렇게 괘를 그려놓고 그 당시 정치 경제 수단방법으로 삼았던 것이다. 바로 팔괘가 주역의 기본이 되는 것이다. 이 팔괘를 소성괘, 즉 작게 이룬 괘이다. 이 소성괘가 다시 대성괘가 되는 것이다. 즉, 팔괘가 겹쳐져서 64괘가 되는 것이다. 팔괘는 그 기본이요, 체이기 때문에 사물의 이치를 구체적으로 설명하지 않는다. 팔괘가 64괘가 되고 소성괘가 대성괘가 됨으로 해서 이 체가 용으로, 즉 뿌리에서 그 가지가 되는 64괘인 대성괘를 놓고 우주만물의 이치를 설명한 것이다. 그래서 주역은 계사, 즉 말을 매어 놓은 것인데 괘를 설명한 괘계사가 있고 또 괘를 구성하고 있는 여섯 개의 효가 있는데 이 효는 이어진 효는 양효이고 둘로 나누어진 효는 음효라고 한다. 양효든 음효든 이 효가 384효와 이 효 하나하나를 설명한 것을 효계사라고 한다.

팔괘는 삼 획으로 그려져 있고 64괘는 여섯으로 그려져 있다. 세 획으로 그려져 있는 것은 천지인으로서 우주공간을 묘사한 것이다. 여섯으로 그은 것은 이 세 획이 여섯 획이 됨과 동시에 확대된 것이다. 천지의 공간을 상하사방 위 아래로 육효가 된 공간으로 확대된 것이다. 육효는 자연에 의해서 설명된 것이다. 즉, 팔괘를 기본으로 해서 64괘로 더 커진 것이다.

팔괘를 그릴 때 태극에서 음양이 나오면서 태극 속에 음양이 들어 있는 것이다. 그래서 위를 천태극(天太極), 아래를 지태극(地太極), 중간을 인태극(人太極)이라고 한다. 천태극을 음양으로 나누고 지태극을 음양으로 나누고 인태극을 음양으로 나누어 놓고 보니 삼 획이 육 획이 되는 것이다. 음양을 함축하고 있는 팔괘가 음양으로 나누어 놓고 세상 이치를 설명하여 대성괘가 64괘가 되는 것이다.

이렇게 해서 팔괘를 설명하는 것이 아니고 팔괘를 체로 놔두고 팔괘가 합수된 64괘를 설명하고 64괘에서 나눠지는 이 효를 설명한 것이다. 그것을 괘계사, 효계사라고 한다. 괘계사라고 하면 64개의 말을 매어 놓은 것이고 효계사는 384효의 말을 매어 놓은 것이다. 이 괘계사를 문왕이 지었고, 효계사는 주공이 지었는데 이를 역경이라고 하며 주나라 때 지어졌다고 해서 주역이라고도 한다.

제1절 하도 낙서

1. 하도(河圖)

하도는 하수(河水)에서 나온 그림으로 역의 기원이 된다. 복희씨가 천하를 다스릴 때, 머리는 용이고 몸은 말의 형상을 한 신비스러운 용마라는 짐승이 하수에 출현하였다고 하며, 그 등에 있는 55개의 점에서 천지창조와 만물생성의 이치를 깨달아 팔괘를 그렸다고 한다.

2. 낙서

아래 <그림 5-2>인 낙서는 낙수(황하의 지류)에 나타난 신구(神龜: 신령스러운 거북이)에서 유래한다. 하우씨가 순의 명을 받아 9년 동안 치수할 당시에 신령스런 거북이가 낙수에서 출현하였으며, 그 등에 나타난 45개 점의 무늬에서 신묘한 이치를 깨달아 치수사업에 성공하였다고 전한다. '서(書)'라고 표현한 것은 문자가 없었던 복희씨 때에 그림으로 표현한 '하도'와는 달리, 하우씨 당시는 문자를 사용하던 시대였기 때문에 '낙서'라고 이름 한 것이다.

역의 근본바탕을 이루는 하도와 낙서가 모두 하수·낙수 등 물에서 출현한 것은 수(水)가 만물생성의 시원이 되는 이치와 상통한다는 의미를 내포하고 있다. 또한 하도를 용마가 짊어지고 나온(龍馬負圖) 것은 실재하지 않는 용마로서 선천의 형이상적인 도를 나타낸 것이고, 낙서가 신구의 등에 나타남은 실존하는 거북이로서 후천의 형이하적인 법을 보인 것이라고 할 수 있다.

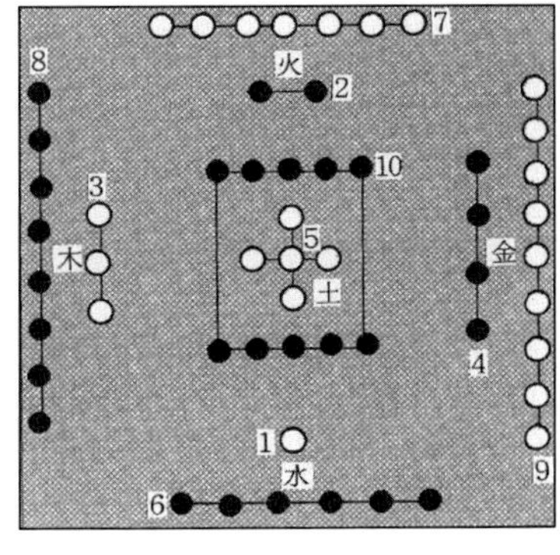

〈그림 5-1〉 하도

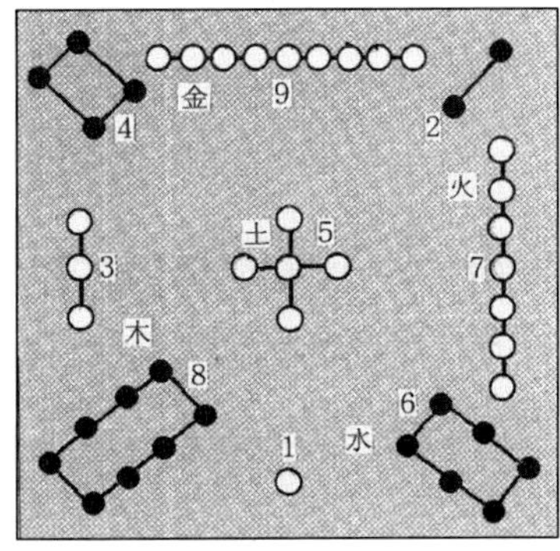

〈그림 5-2〉 낙서

제2절 팔괘

팔괘란 양효와 음효가 각기 세 효씩 모여서 한 개의 괘를 이룸으로써 건(乾)·태(兌)·리(離)·진(辰)·손(巽)·감(坎)·간(艮)·곤(坤) 8종류의 괘가 생긴다. 이를 소성괘(小成卦)라 한다. 우주는 이 여덟 개의 기본요소로 대별하고 상징 지을 수 있다. 팔괘란 바로 우주의 여덟 가지 현상이다. 즉, 하늘을 나타내는 건, 바다를 나타내는 태, 불을 나타내는 리, 우뢰를 나타내는 진, 바람을 나타내는 손, 물을 나타내는 감, 산을 나타내는 간, 땅을 나타내는 곤괘로 나타낼 수 있다.

복희씨가 팔괘를 그린 구체적인 근거를 나타낸 말이 『주역』 계사전 하경 제2

장에 잘 나타나 있다.

"古者包犧氏之王天下也에 仰則觀象於天하고 俯則觀法於地하며 觀鳥獸之文과 與地之宜하며 近取諸身하고 遠取諸物하야 於是에 始作八卦하야 以通神明之德하며 以類萬物之情하니(옛적에 포희씨가 천하에 왕을 할 적에 우러러서는 하늘의 형상을 보고, 구부려서는 땅의 법을 보며, 새와 짐승의 무늬와 땅의 마땅함을 보며, 가까이는 저 몸에서 취하고 멀리는 저 물건에서 취하여, 이에 비로소 팔괘를 지음으로써 신명의 덕을 통하여 만물의 실정을 같이하니)."

윗글의 포희씨는 복희씨를 말하며, 복희씨가 왕으로 있을 때 팔괘를 지은 학문적 근거를 나타낸 내용이다. 팔괘를 지은 근거가 천문, 지리, 새와 짐승, 만물 만사 그리고 우리의 몸을 모두 포괄하여 종합적으로 관찰하여, 즉 동양학적으로는 격물치지를 하여 팔괘를 완성하였다는 것이다. 여기서 주역의 과학성을 볼 수 있다. 즉, 주역이 단순한 관념적 추상적 지적 유희도 아니고 미신 비과학도 아니며 엄연히 보이는 만물 만사와 보이지 않는 우주와 신명의 세계를 포괄하여 종합적으로 관찰 또는 격물하여 완성한 학문이라는 점이다.

팔괘는 후손들이 이것으로 우주의 신비를 이해하고 전달하며 보존할 수 있도록 하기 위해서였다. 즉, 팔괘를 그린 것은 바로 '이통신명지덕, 이류만물지정'을 위해서였다. 그래서 팔괘의 적용범위 내지는 적실성의 정도가 '以通神明之德' 신명의 덕에 통하고, '以類萬物之情' 만물 만사의 실정을 모두 나타낼 정도라는 것이다. 팔괘의 그림으로 다른 모든 것을 알 수 있다는 것이다. 팔괘는 하나의 전체적인 부호논리이므로 무엇이든 다 표현할 수 있다. 인체뿐 아니라 모든 사물을 다 표현할 수 있다. 팔괘는 하나의 유기체적 부호논리로서 어디에든 다 적용할 수 있다. 이를 '以類'라고 표현한 것이다.

즉, 팔괘가 나타내고자 하는 설명범위와 정도가 보이는 만물 만사의 세계뿐만 아니라 보이지 않는 우주와 신명의 덕의 세계까지에 이른다는 것이다. 신명의 덕이란 인간이 주역의 이치에 맞게 행동을 하고 살면 신이 인정할 정도의 바람직하다는 것이라고 볼 수 있다. 즉, 신의 뜻에 맞는 삶이 가능하다고 볼 수 있다.

따라서 주역학은 궁극적 영원한 철학이요, 과학기술이며 종교이다. 종교적이란 주역의 학문적 표현범위가 신명의 세계까지 이른다는 점에서 알 수 있다. 주역을 과학자가 보면 과학이요, 철학자가 보면 철학이요, 종교가가 보면 종교라는 말이 이에 비롯되었다고 볼 수 있다. 주역은 종교 수준의 철학이요, 과학이다. 그러므로 주역은 궁극적 영원한 철학이요, 과학이라고 표현할 수 있다. 특히 주역이 다른 종교경전, 즉 불경이나 기독교 성경과는 의미와 가치가 다른 과학기술적 학문이라는 점이다.

독일의 세계적인 주역 연구가인 리하르트 빌헬름(Richard Wilhelm)은 역경의 철학이 "인간의 의식적인 삶에서부터 무의식적인 영역으로까지 더욱 깊이 파고들어가 …… 우주-영혼의 체험에 대한 통일적 이미지를 전달해준다. 이것은 개인을 초월하여 인류라는 집단적 실존에까지 미치고 있다"라고 표현한 것은 위의 주역의 학문적 근거내용을 보고서 표현한 것 같다.

남회근 국사는 주역에서 비롯된 동양의 문화는 종합과학이며 인류문명의 결정체라고 표현하였다. 천문, 지리, 동물, 식물뿐 아니라 일체의 과학, 철학, 종교 등을 다 포괄한다.

정말로 어마어마한 이야기이다. 눈에 보이는 객관적 개개의 사물에 근거한 인간적 수준의 서양과학적 학문을 하다가 주역을 보면 그 학문적 질과 수준이 어마어마하다는 생각이 든다. 그런데 이러한 우리 조상들의 학문적 능력과 업적을 제대로 알지도 못하면서 초급단계의 보이는 사실에 근거한 학문인 서양과학적 입장에서 미신이고 비과학이라고 홀대하여 왔으니 참으로 어처구니없고 한심스러울 뿐이다.

여덟 개 괘의 배열에 따라서 선천팔괘와 후천팔괘로 나누어볼 수 있다.

1. 선천팔괘

복희씨가 하도를 본받아 천지인 삼재의 도로써 팔괘를 그린 것이 자연의 운행원리에 그대로 부합하여 일치하니 이를 '선천팔괘'라고 한다. 자연의 운행원리란 일음일양하는 음양이 발산하고 응축하는 과정을 의미한다. 복희 선천팔괘의 배열은 아래 <그림 5-3>와 같다.

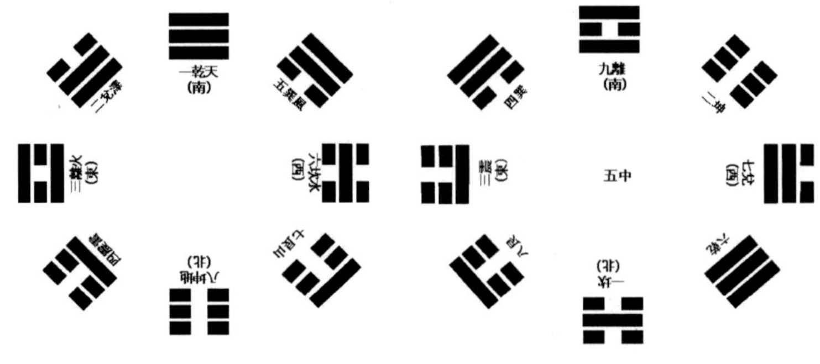

<〈그림 5-3〉 복희선천팔괘   〈그림 5-4〉 문왕후천팔괘>

〈그림 5-3〉 복희선천팔괘   〈그림 5-4〉 문왕후천팔괘

2. 후천팔괘

복희씨가 시획한 선천괘를 체로 하여 문왕이 계작한 것이 후천팔괘이다. 선천팔괘가 음양이 소장 변화하는 기본원리로서 천도의 운행을 나타낸 것이라면(선천적인 자연의 도), 후천팔괘는 음양이 사귀어 화성하고 오행이 생극 조화하는 작용이치라 할 수 있다(후천적인 인사의 리). 문왕팔괘 방위도는 실제로 사용되는 위치를 말한 것이기 때문에 후천팔괘 방위도라고도 한다. 마찬가지 이유로 주역에서 방위를 말할 때는 문왕팔괘 방위도를 사용한다. 문왕팔괘 방위도에 있는 각 괘의 순서는 낙서의 수(구궁수)에 기인한다. 위의 <그림 5-4>가 문왕후천팔괘도이다.

선천팔괘가 우주가 형성되는 대현상을 나타낸 것이라면, 후천팔괘는 우주 내에서 변화의 운용법칙을 나타낸 것이다. 그래서 실제세계와 관련된 변화의 내용을 운용할 때는 주로 후천팔괘를 사용한다.

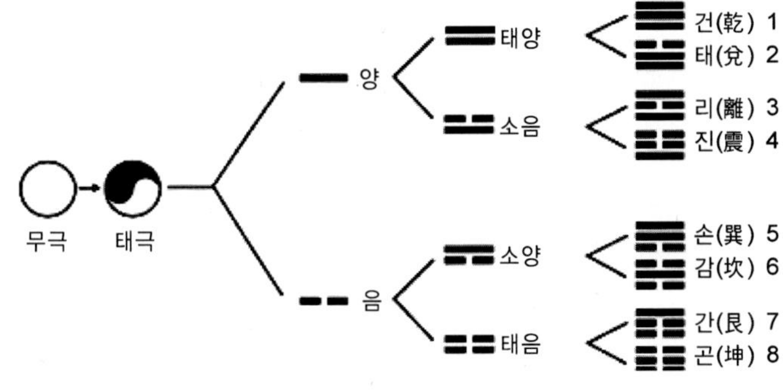

〈그림 5-5〉 팔괘의 완성과정

　주역의 가장 기본이 복희팔괘라고 하면 <그림 5-5>와 같이 팔괘가 완성되는 과정을 살펴볼 필요가 있다. 주역의 본경인 역경 전체는 64개의 괘로 이루어져 있다. 사실 역경이라는 책의 내용은 64개의 괘에 대한 설명으로 이루어져 있다. 그 구체적인 내용은 64개 괘의 괘사와 384효의 효사이다. 괘사는 괘 전체의 상의 의미를 설명한 글이고, 효사는 괘를 구성하고 있는 여섯 개의 효, 즉 육효 하나하나를 설명한 글이다. 그런데 이 64괘의 괘의 형태는 8괘를 기초로 해서 이루어지며, 또한 8괘는 음(--)이라는 기호와 양(－)이라는 기호의 조합으로 이루어졌다.

　주역의 구성은 먼저 음양의 기호로부터 시작한다. 그리고 이 음양은 다시 이전의 태극에서 비롯된 것이다. 결국 주역은 태극과 음양이 가장 기본적인 출발점임을 괘의 구성 차례에서도 알 수 있다. 그래서 역전의 계사상전 제11장에 "易有太極하니 是生兩儀하고 兩儀 生四象하고 四象이 生八卦하니 八卦 定吉凶하고 吉凶이 生大業하나니라(역에 태극이 있으니, 이것이 양의(음양)를 낳고, 양의가 사상을 낳고, 사상이 팔괘를 낳으니, 팔괘가 길흉을 정하고, 길흉이 대업을 낳는다)"고 하였다.

　결국 주역은 태극에서 음양인 두 가지 기호(--, －)가 나오고(일변), 다시 재변하여 나온 것이 사상이다. 사상에는 태양(＝), 소음(==), 소양(==), 태음(＝)이 있다. 사상이 분화된 것은 먼저 양의(陽儀)(－)를 본체로 하여 양으로 분화한 것이 태양이고 음으로 분화한 것이 소음이며, 음의(陰儀)(--)를 본체로 하여 양으로 분화한 것이 소양이고 음으로 분화한 것이 태음이다. 사상에서 다시 음양작용으로 분화하여 팔괘가 성립된다. 사상의 태양을 본체로 하여 양으로 분화된 것이 건(☰)이 되고, 음으로 분화한 것이 태(☱)가 되며, 소음을 본체로 하여 양으로 분화한 것이 리(☲)가 되고, 음으로 분화된 것이 진(☳)이 되며, 소양을 본체로 하여 양으로 분화한 것이 손(☴)이 되고, 음으로 분화한 것이 감(☵)이 되며, 태음을 본체로 하여 양으로 분화한 것이 간(☶)이 되고, 음으로 분화된 것이 곤(☷)이 된다.

　팔괘에는 여덟 개 각각의 괘에 고유한 수가 배열되어 있다. 괘의 숫자는 괘의 생성순서를 나타내며, 건괘에는 1, 태는 2, 리는 3, 진은 4, 손은 5, 감은 6, 간은 7, 곤은 8이 배열되어 있다.

위의 그림에서 처음에 시작되는 그림에 무극(○)으로부터 시작하는데 이는 송나라 때 주돈이 선생 '태극도설'에 처음 제시하면서부터 비롯된 것이다. 원래 공자의 『계사전』에서는 "역유태극(易有太極)하니……"에서 보는 봐와 같이 태극(☯)이 역의 시초로 되어 있는데, 중국의 송나라 때 주돈이 선생이 『태극도설』에서 무극을 말하고 그다음 태극을 언급함으로써 비롯된 것이다.

3. 팔괘의 괘명과 속성

팔괘는 우주 삼라만상을 관찰하여 여덟 가지 괘로 나타내고 있는데 팔괘의 속성을 우주 삼라만상의 중요한 몇 가지의 대표적인 사물과 관련해서 나타내면 아래 <표 5-1>과 같다.

〈표 5-1〉 팔괘 속성표

괘상	☰	☱	☲	☳	☴	☵	☶	☷
괘명	건(乾)	태(兌)	리(離)	진(辰)	손(巽)	감(坎)	간(艮)	곤(坤)
자연	하늘	못	불	우뢰	바람	물	산	땅
인간	아버지	소녀	중녀	장남	장녀	중남	소남	어머니
성질	굳셈	기쁨	걸림(麗)	움직임	들어감	함정	그침	순함
동물	말	양	꿩	용	닭	돼지	개	소
신체	머리	입	눈	다리	넓적다리	귀	손	배
오행	양금	음금	화	양목	음목	수	양토	음토

자연현상으로 건괘는 하늘, 태괘는 못, 리괘는 불, 진괘는 우뢰, 손괘는 바람, 감괘는 물, 간괘는 산, 곤괘는 땅을 상징적으로 나타내며, 인간은 건괘는 아버지, 태괘는 소녀, 리괘는 중녀, 진괘는 장남, 손괘는 장녀, 감돼는 중남, 간괘는 소남, 곤괘는 어머니를 나타낸다. 그 이하도 표와 같이 나타낼 수 있다.

제3절 64괘(상경 30괘, 하경 34괘)

육십사괘는 팔괘를 거듭 중첩하여(일정팔회(一貞八回): 8×8=64) 만들어진 것으로, 팔괘의 모든 가능한 결합들로 구성된다. 이를 대성괘(大成卦)라고 한다.

64괘는 우주 삼라만상의 변화하는 현상을 근원적으로 나타낸 상징적 부호이다. 따라서 이들을 아는 것은 곧 변화의 과정을 아는 것이 된다. 여덟 개로 되어 있는 소성괘(팔괘)가 우주대자연을 구성하고 있는 기본적인 요소라면, 이 소성괘가 둘씩 모여서 이루어진 64개의 대성괘로 우주대자연의 현상을 모두 표현할 수 있다고 본다. 즉, 우주대자연의 삼라만상은 64개의 괘로 모두 표현하고 설명할 수 있다는 것이다.

현대적인 표현으로 말하면 우주 삼라만상의 현상과 변화를 64가지 괘라는 부호로 또는 모델로 정형화하여 나타낸 것이다. 따라서 인간이 궁금하게 생각하는 관심사항이 64괘 중 어디에 해당되는가를 알면 그 괘의 의미, 즉 그 괘를 나타낸 괘사와 효사를 해석하면 관심사항에 대해 알 수가 있다. 인간의 관심사항이 어느 괘에 해당되는가를 알 수 없으면, 주역 점을 쳐서 나타난 괘를 가지고 해석하면 알 수 있다.

그런데 왜 하필이면 64괘의 각 괘가 육효로 되어 있는가? 대만의 남회근 국사는 그것은 지금에 이르도록 여섯 단계를 초과하는 것이 없기 때문이다. 일체의 변화는 모두 여섯 단계로 끝난다. 일곱 번째 변화는 이전과는 다른 새로운 국면에서 시작된다. 현대과학에서도 물리든 화학이든 전자든 원자든 모두 그 변화가 여섯 단계에 그친다는 것이 증명되었다. 오직 화학에서만 일곱 번째 변화가 존재하지만, 이 변화는 이미 죽은 것이나 마찬가지여서 아무 쓸모가 없다. 옛사람들은 우주의 일체 사물이 여섯 단계의 변화를 초과하지 않는다는 사실을 어떻게 알았을까? 오늘에 이르기까지 전 세계의 문화를 통틀어 봐도 이 범위를 초과하는 것이 없다. 이 때문에 64괘에서는 8괘에서와 다르게 육효를 사용한다.

주역 64괘는 상경 30괘, 하경 34괘로 구성되어 있다. 괘의 순서의 배열은 공자가 쓴 「십익」의 서괘전(序卦傳)에 서술되어 있다.

제6장 8괘와 64괘론

제1절 팔괘론

팔괘는 일명 소성괘라고도 하는데 소성괘(Trigram)는 세 획으로 이루어진 괘, 즉 팔괘를 의미한다. 괘의 가장 기본적인 형태로 대성괘(Hexagram)인 64괘의 각각을 이루는 기본단위가 된다. 소성괘로부터 비로소 '괘(卦)'라는 명칭을 붙이게 되는데, 이는 우주의 기본단위인 천지인 삼재(三才)가 모여야 성정과 형체를 가지게 되기 때문이다.

양효와 음효는 각기 세 효씩 모여서 한 개의 괘를 이루므로, 그 조합 수가 8이 된다. 즉, 건(☰)·태(☱)·리(☲)·진(☳)·손(☴)·감(☵)·간(☶)·곤(☷) 8종류의 괘가 생기는 것이다. 하나의 괘가 세 효로 이루어진 것은 천지인을 상징하는 것이기도 하다.

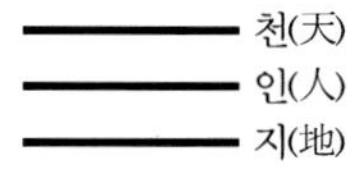

〈그림 6-1〉 천지인 삼재

'괘(卦)란 매다는 것(卦者掛也)'이라고 해석한다. 괘란 매달아놓은 현상을 의미한다. 팔괘란 바로 우주의 여덟 가지 현상이다. 여덟 가지 현상을 매달아놓은 것이 바로 팔괘이다. 주역에서는 우주에 여덟 가지 큰 현상이 있을 뿐 아홉 번째 것은 찾을 수 없다. 물론 큰 것만 들어 말했을 뿐 작은 것은 말하지 않은 것이다. 만약 작은 것까지 친다면 수도 없이 많지만 큰 현상은 단지 여덟 개밖에 없다는 것이다. 이들은 각각 두 개씩 짝을 이룬다. 이 여덟 개는 일단 변화하기 시작하면 무궁무진하여 그 변화를 이루 다 헤아릴 수 없다(남회근, 『역경잡설』).

공자가 썼다는 「계사전」에 보면 팔괘와 관련된 글이 다음과 같이 있다.

"是故로 剛柔相摩하며 八卦相盪하야(계사상전 제1장). 是故로 易有太極하니 是生兩儀하고 兩儀 生四象하고 四象이 生八卦하니 八卦 定吉凶하고 吉凶이

生大業하나니라(계사상전 제11장). 八卦成列하니 象在其中이오 因而重之하니 爻在其中이오(계사하 제1장)."

첫째, 是故로 剛柔相摩하며 八卦相盪하야, 이런 까닭으로 강과 유가 서로 마찰하며, 팔괘가 서로 움직여서(변해서) …… 성인이 천지자연의 이치인 역, 즉 天易을 보고 역이라는 틀 속에 그 이치와 상을 書易인 주역에 담았다는 내용이다. 이렇게 강유상마 팔괘상탕하는 근본원인은 '재천성상코 재지성형하니 변화현이라(하늘에서 상을 이루고 땅에서는 형을 이루니 변화가 나타난다)'라는 데서 비롯된 결과이다. 즉, 하늘에서의 상이 나타나면 이에 땅에서 형이라는 변화로 인해서 나타나는 현상을 표현한 내용이다.

먼저 강유상마란 양은 강이라는 실체로 작용하고, 음은 유라는 실체로 작용한다. 즉, 태극에서 음양이 나온 후 서로 부딪혀서 사상 팔괘 64괘로 분화하는 것이다. 팔괘상탕은 태극에서 소성괘인 8괘까지 분화는 일생이법에 의해 음양이 분화가 되지만(강유상마), 8괘라는 성정(性情)과 상을 갖춘 존재가 된 후는 분화가 아닌 서로 간의 사귐에 의해 생성한다. 즉, 一貞八悔에 의해 64괘를 생성한다. 일정팔회란 한 괘가 여덟 가지씩 변함, 즉 팔괘 중 하나를 아래에 놓아 근본을 삼고, 그 위에 8괘를 차례로 올려놓으면, 한 괘당 8괘씩 모두 64괘인 대성괘가 나온다(8×8=64).

결국 강유상마 팔괘상탕이란 천지의 변화작용으로 주역의 가장 기본적인 소성괘인 팔괘와 팔괘가 서로 사귀어 대성괘인 64괘가 생성되는 과정을 나타낸 글이다.

둘째, 是故로 易有太極하니 是生兩儀하고 兩儀 生四象하고 四象이 生八卦하니 八卦 定吉凶하고 吉凶이 生大業하나니라, 이런 까닭으로 역에 태극이 있으니, 이것이 양의를 내고, 양의가 사상을 내고, 사상이 팔괘를 내니, 팔괘가 길흉을 정하고, 길흉이 대업을 생하나니라. 이 구절은 태극일기에서 일생이법에 의해 음양의 분화를 세 번 하여 팔괘가 완성되는, 즉 삼변성도(三變成道)의 과정을 나타낸 것이다. 그리고 팔괘가 이뤄진 다음 팔괘 속에는 좋은 일 나쁜 일이 판단되어 있고 길흉이 이로부터 정해진다. 우주 자연의 이치로 보면 길과 흉이 합해서 대업을 낳는다.

결국 태극에서 세 번 분화(2×2×2=8)하여 주역의 가장 기본적 요소이며, 우주의 가장 기본적 요인인 팔괘가 완성되는 과정과 팔괘가 완성된 다음 이들이 상호작용을 하여 길한 일과 흉한 일이 나타나고 이에 따라서 대업이 이뤄진다는 의미이다.

셋째, 八卦成列하니 象在其中이오 因而重之하니 爻在其中이오, 팔괘가 열을 이루니 형상이 그 가운데 있고, 인하여 거듭하니 효가 그 가운데 있다. 팔괘(소성괘)가 완성됨으로 여덟 괘 속에 만물을 대표하는 상이 들어 있으며, 팔괘가 중첩이 됨으로 해서 64괘의 대성괘가 이뤄지고 대성괘가 이뤄진 후에 비로소 효(爻)를 지칭하는 6효가 나타난다. 소성괘인 팔괘의 3개의 선은 획이라고는 해도 효라고는 하지 않는다. 효는 팔괘가 거듭하여 대성괘인 64괘가 된 다음 비로소 나타난다.

결국 이 구절에서는 팔괘인 소성괘가 이뤄진 다음 팔괘가 형상을 나타내게 되고, 팔괘가 거듭하여(8×8=64) 64괘가 된 다음 비로소 효가 나타난다는 내용이다.

이상의 내용은 주역의 가장 출발점인 태극에서 팔괘가 이뤄지는 과정과 팔괘가 이뤄짐으로 해서 만물 만사의 형상을 나타내게 되고, 팔괘가 이뤄짐으로 해서 길흉에 대해 판단할 수 있는 근거가 마련되고, 팔괘가 거듭 중첩되어 64괘가 이뤄지고 64괘가 이뤄짐으로 해서 효가 나타난다는 내용이다.

팔괘는 우주적 현상의 기본적인 단위를 나타내는 부호이다. 이들 8괘는 다양한 상징을 가지고 우주 안에서 가능한 모든 상황을 나타내는 것과 연계된다. 따라서 8괘는 <표 5-1>에서 보는 봐와 같이 다양한 속성을 나타내고 있다.

팔괘를 배열한 형태에 따라서 복희선천방위도와 문왕후천방위도가 있다.

제2절 64괘론

대성괘(hexagram)란 단순히 두 개의 소성괘(trigram)를 결합한 것이다. 8개의 소성괘를 결합해서 만들 수 있는 괘의 수는 64(8×8)개이다. 64괘는 대성괘라하고 팔괘는 소성괘라고 불린다. 대성괘는 소성괘 두 개가 합해서 이루어져서 대성괘의 획은 소성괘 세 획이 중첩이 되어 육 획이 되며 이를 육효라고 한다. 즉, 대성괘는 여섯 개의 효로 이루어져 있다.

대성괘는 두 소성괘의 결합이지만 또한 하나의 다른 실체이다. 이는 원자에 비유될 수 있는바, 전자와 중성자를 함유함에도 원자 나름의 독특성을 가지는 것과 같은 것이다. 원자가 또한 소우주로서 우주의 기초요소인 것처럼 대성괘는 우주의 모든 근원적 상황을 나타낸다. 64괘는 모든 것을 포함한다. 주역은 하늘과 땅의 척도이다. 이로써 주역을 통해 우리는 하늘과 땅의 도를 인식할 수 있다.

64개로 이루어진 주역이 소우주로서의 우주를 나타내는바, 주역을 아는 것이 곧 우주를 아는 것이다. 64개의 괘들은 각각 변화해가는 우주의 근원적 유형들을 나타낸다. 따라서 이들을 아는 것은 곧 변화의 과정을 아는 것이 된다. 변화의 기본적인 유형은 각각의 괘로써 이들은 각각 독자성을 지니지만, 이 독자성은 전체와의 관계성 안에서 이해되어야 한다는 말이다(이정용, 『역의 신학』). 달리 말하면 각각의 대성괘는 다른 괘들과의 관계에서 이해되어야 한다. 변화의 전 과정에서 모든 만물은 상호의존적이고 보완적이다.

아래 <그림 6-4>의 64괘의 배열순서를 보면 배합괘와 도전괘끼리 짝을 이루어 배열되었다. 부도전괘인 건(1)·곤(2)·이(27)·대과(28)·감(29)·리(30)·중부(61)·소과(62: 괄호 안의 숫자는 괘의 배열순서)의 여덟 괘는 서로 배합되는 괘끼리 짝을 지어 배열하되(건과 곤, 이와 대과, 감과 리, 중부와 소과), 도전괘인 56개 괘는 서로 도전되는 괘끼리 짝을 이루어 배열하였다.

도전괘는 한 괘만 그리면 두 괘를 나타낼 수 있으므로, 두 괘를 한 괘씩 치면 모두 28개(56÷2=28)가 되며, 여기에 부도전괘 8개를 합하면 모두 36괘가 되므로 주역을 36궁 또는 36천(天)으로 이루어졌다고 하는 것이다. 또 상경 30괘, 하경 34괘로 균형이 안 맞는 것처럼 보였던 편제가 상경 18괘(부도전괘 6괘, 도전괘 12괘)와 하경 18괘(부도전괘 2괘, 도전괘 16괘)로 같게 됨을 알 수 있다(김수길·윤상철, 『주역입문』).

배합괘, 도전괘, 부도전괘를 간단히 설명하면 다음과 같다.

배합괘란 각 괘의 여섯 효 모두 각각 반대되는 음양효로 바꾸어 만든 괘이다.

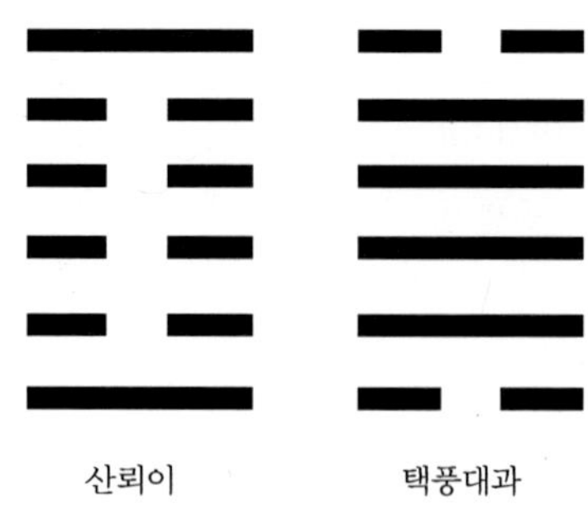

산뢰이　　　　　　택풍대과

〈그림 6-2〉 배합괘

　　도전괘란 괘를 반대편에서 본 괘를 말한다. 일반적으로 괘는 도전괘와 부도전괘로 나누어볼 수 있다. 도전괘란 본괘를 반대편에서 볼 때 다른 괘로 되는 경우를 의미하고, 부도전괘란 본괘를 반대편에서 볼 때 본괘와 같은 괘로 나오는 괘를 의미한다.

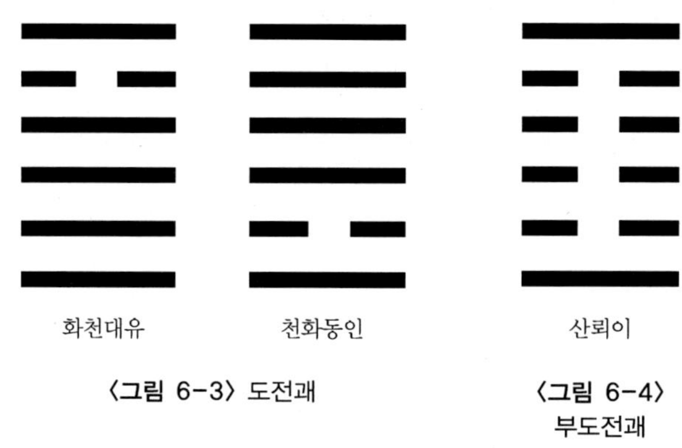

화천대유　　　　천화동인　　　　　　산뢰이

〈그림 6-3〉 도전괘　　　　　　**〈그림 6-4〉**
부도전괘

　　위의 그림 중에서 화천대유괘를 반대편에서 보면 천화동인괘로, 천화동인괘를 반대편에서 보면 화천대유괘로 변하나, 산뢰이괘는 앞에서 보거나 반대편에서 보아도 변하지 않고 산뢰이괘로 보이기 때문에 부도전괘라고 한다.

상경					
重天乾 (1)	重地坤 (2)	水雷屯 (3)	山水蒙 (4)	水天需 (5)	天水訟 (6)
地水師 (7)	水地比 (8)	風天小畜 (9)	天澤履 (10)	地天泰 (11)	天地否 (12)
天火同人 (13)	火天大有 (14)	地山謙 (15)	雷地豫 (16)	澤雷隨 (17)	山風蠱 (18)
地澤臨 (19)	風地觀 (20)	火雷噬嗑 (21)	山火賁 (22)	山地剝 (23)	地雷復 (24)
天雷无妄 (25)	山天大畜 (26)	山雷頤 (27)	澤風大過 (28)	重水坎 (29)	重火離 (30)

하경					
澤山咸 (31)	雷風恒 (32)	天山遯 (33)	雷天大壯 (34)	火地晉 (35)	地火明夷 (36)
風火家人 (37)	火澤睽 (38)	水山蹇 (39)	雷水解 (40)	山澤損 (41)	風雷益 (42)
澤天夬 (43)	天風姤 (44)	澤地萃 (45)	地風升 (46)	澤水困 (47)	水風井 (48)
澤火革 (49)	火風鼎 (50)	重雷震 (51)	重山艮 (52)	風山漸 (53)	雷澤歸妹 (54)
雷火豐 (55)	火山旅 (56)	重風巽 (57)	重澤兌 (58)	風水渙 (59)	水澤節 (60)
風澤中孚 (61)	雷山小過 (62)	水火旣濟 (63)	火水未濟 (64)		

〈그림 6-5〉 주역 64괘

<그림 6-5>의 64괘 중에서 상경은 천도(天道)인 자연의 현상을 나타낸 것으로 30괘로 편제되어 있으며, 하경은 인간사회의 법도를 중심으로 34괘로 편제되어 있다.

각 괘의 배열순서는 공자께서 천지와 만물 만사의 변화 이치에 맞게 차례대로 괘를 배열하였으며, 변화과정을 구체적으로 차례대로 설명한 글이 서괘전이다. 즉, 64괘 전체 괘상은 우주의 발전과정을 나타내는 모형이라고 볼 수 있다(김진희, 『주역의 근원적 이해』).

서괘전의 괘의 배열의 논리적 근거는 자연의 이치는 한 번 양하고 한 번 음하는 도에서 벗어나지 않는다는 것을 밝히신 것이 서괘전이다. 즉, 서괘전의 괘의 배열순서의 내용을 보면 음양의 변화 이치대로 배열이 되었다. 이는 우주변화 이치가 음양의 변화 이치이기에 그렇게 배열이 된 것이지 인간이 인위적으로 그렇게 한 것이 아니다. 이는 인위적으로 그렇게 배열한 것이 아니고 우주론적 순환론적 자연의 이치가 그렇기 때문에 이를 그대로 나타낸 서괘전의 괘의 배열도 자연히 그렇게 될 수밖에 없는 것이다.

상경 30괘

먼저 상경 30괘는 천도(天道)를 나타낸 글이므로 하늘을 나타내는 건괘(重天乾卦)와 땅을 나타내는 곤괘(重地坤卦)로부터 시작하여 물괘(수 또는 월)인 중수감괘와 불괘(화 또는 일)인 중화리괘로 마치고, 하경 34괘는 인사(人事)를 나타낸 글이므로 소남 소녀가 만나는 택산함괘(咸卦)와 장남 장녀가 만나 가정을 이끌어 가는 뇌풍항괘(恒卦)로 시작하여 물과 불이 서로 사귀는 수화기제괘와 수화미제괘로 마친다.

역의 상경의 처음에 나오는 건곤괘와 마지막에 나오는 감리괘는 주역이 우주변화를 일으키는 기본 틀을 나타낸 것이라고 볼 수 있다. 즉, 우주 삼라만상은 수없이 복잡다단하나 그러한 형상을 일으키는 근본은 하늘과 땅 사이에 해와 달이 운행하면서 나타난 현상이라고 간단히 요약할 수 있다. 그러므로 주역의 나머지 60괘는 하늘과 땅을 나타내는 건곤괘를 체로 하고, 해와 달을 나타내는 감리괘를 용으로 하여 나타난 모든 현상들을 상징해서 나타낸 것이라고 볼 수 있다. 즉, 우리가 어릴 적 어른들께 들어왔던 '천지일월의 조화로 그렇다'는 말이 여기에서 연유한 말이라고 생각된다. 뿐만 아니라 우리가 아무 생각 없이 사용하는 옛 어른들의 말들이 모두 주역과 관련된 말이 많이 있다. 이는 무엇을 의미하는가? 주역을 모르면 우리의 문화와 역사를 근본적으로 이해할 수 없음을 나타내는 단적인 예이다.

상경 30괘 중에서 처음에 천지를 나타내는 건곤괘가 있고 그다음 水雷 屯괘가 있다. 수뢰 둔괘란 천지가 있은 연후에 만물 만사가 있다는 의미에서 둔괘를 두었다. 둔(屯)자의 모양은 뿌리를 내린 풀이 지면으로 막 머리를 내민 맹아의 현상으로서 만물의 생장이 시작되는 것을 나타낸 것이다.

서괘전에서 공자가 둔괘를 해설한 내용을 구체적으로 보면, 천지가 있은 후에 만물이 생겨난다. 천지에 가득 차 있는 것이 만물이므로 둔괘로 이어진다. 둔이란 가득 찬 것이다. 둔이란 사물이 처음 생겨나는 것이다(有天地, 然後萬物生焉. 盈天地之間者有萬物, 故受之以屯. 屯者, 盈也. 屯者, 物之始生也).

첫 구절의 "유천지 연후만물생언"이란 표현이 아주 자연스럽다. 즉, 천지가 있은 연후에 만물이 비로소 나타난다는 것은 아주 자연스럽고 과학적이다. 그래서 동양학을 배우던 옛 서당에 입학하고서 처음 배우는 글이 천자문인데 천자문 첫째 말이 '하늘 천, 따 지'로 시작하는 것이 주역에서 비롯된 말이다. 주역은 이런 점에서 아주 자연스럽고 과학적이다. 타 종교가 천지를 누가 만들었고 만물은 누가 만들었다고 하는 내용은 너무도 우리의 사고를 넘어선 매우 황당하고 이해할 수 없는데 비해서 주역은 천지연후 만물이 나타났다고 하니 매우 상식적으로 이해할 수 있는 자연스럽고 과학적이다.

"영천지지간자유만물", 천지간에 가득 차 있는 것이 만물이라는 것이다. '만물'이라는 말은 단순히 물질만을 의미하는 것이 아니라 만사뿐만 아니라 추상적인 것까지도 지칭했다. 만물이란 심물일원(心物一元)의 추상적인 어떤 것으로 천지에 가득 차 있는 것이다. 주역은 건곤양괘로 시작하는데 이는 주역이 천지이치를 나타낸 글이므로 건곤이 천지를 대표해서 제일 먼저 시작을 한다. 그리고 건곤 이후에 둔괘가 나온다. '둔(屯)'의 뜻이 바로 '영(盈)', 충만이기 때문이다.

수뢰둔괘를 보면 위는 팔괘의 감괘 ☵, 아래는 진괘 ☳로 구성되어 있다. 상하괘는 내외괘라고도 하는데 내(하)괘는 진괘로서 번개나 벼락을, 외(상)괘는 감괘로써 물을 나타낸다. 이는 내면에 거대한 에너지(진)가 폭발해 변화하고 진동하는 것이 바로 이 괘의 형상이다.

　현대과학적으로 수뢰둔괘를 해석하면 수뢰둔괘를 이루고 있는 것이 수(水)와 뇌(雷)인데, 이 괘의 의미가 천지가 생성된 다음 수증기(水)가 쌓여 있는 대기에서 번개작용(雷)에 의하여 생명체가 태어날 때의 어려움을 나타낸다고 한다. 실제로 이와 유사한 고전압 상황에서 단백질과 같은 생명물질 생성을 실험하고 있다고 하니 흥미롭다(장동순, 『동양사상과 서양과학의 접목과 응용』).

　둔괘 이후의 나머지 괘의 순서의 논리적 근거를 역전의 서괘전을 중심으로 차례대로 간단하게 나타내면 다음과 같다.

　둔괘 다음 산수몽괘가 나온 것은 둔괘는 만물이 처음 나온 것이므로 물건이 처음 태어나면 반드시 어리니 그러므로 어릴 몽(蒙)인 몽괘로 받는다. 몽은 어린 것이니 물건이 어린 것(穉: 치)이다. 물건이 처음 태어나면 어리므로 이를 기르지 않으면 안 되므로 음식을 의미하는 수(需)괘로 받는다. 수는 다른 말로 음식의 도이다. 음식에는 반드시 송사(訟事)가 있으니 송괘로 받는다. 송사는 반드시 무리로 일어나니 그러므로 사(師)로서 받고, 사는 무리니 무리는 반드시 돕는 바가 있으니 그러므로 비(比)로써 받는다. 비는 돕는 것이니 도우면 반드시 쌓는 바가 있고 그래서 소축(小畜)으로써 받고, 물건을 쌓은 연후에 례가 있으니 그러므로 리(履)로써 받는다. 례가 있은 연후에 세상이 태평해지므로 태(泰)로써 받는다. 태는 통하는 것이니 만물이 계속 통하지만은 않으니 그러므로 비(否)로써 받고, 만물이 마침까지 비색하지 않느니 그러므로 동인(同人)으로써 받고, 사람과 함께하는 자는 만물이 돌아오니 그러므로 대유(大有)로써 받는다. 큰 것을 둔 자는 가히 차지 못하느니라. 그러므로 謙괘로써 받고, 큰 것을 두고 능히 겸손함이 반드시 즐거우니 豫로써 받고, 즐거움에는 반드시 따름이 있느니 그래서 수(隨)로써 받고, 기쁨으로써 사람을 따르는 자는 반드시 일이 있으니 그래서 고(蠱)로써 받는다. 고는 일이니 일이 있은 다음에 가히 크니 그래서 임(臨)으로써 받고, 임은 큰 것이니 물건이 큰 다음에 가히 보니 그래서 관(觀)으로써 받는다. 가히 본 다음에 합하는 바가 있으니 그래서 서합(噬嗑)으로써 받고, 합은 합하는 것이니 물건이 가히 구차히 합하지 못할 따름이니 그래서 비(否)로써 받는다. 비는 꾸미는 것이니 꾸밈을 이룬 다음에 형통하면 다함이니 그래서 박(剝)으로써 받고, 박은 깎는 것이니 물건이 가히 마침까지 다하지 못하니(다 깎지 못하니), 박이 위에서 궁하여 아래로 돌아오니라 그래서 복(復)으로써 받는다. 회복하면 망령되지 아니하니라, 그래서 무망(无妄)으로써 받고, 망령됨이 없은 다음에 가히 쌓음이라 그래서 대축(大畜)으로 받는다. 물건이 쌓인다음에 가히 기름이라 그래서 이(頤)로써 받고, 이는 기르는 것이니 기르지 않으면 가히 움직이지 못하니 그래서 대과(大過)로써 받는다. 물건이 가히 마침까지 지나지 못하니라 그래서 감(坎)으로써 받고, 감은 빠지는 것이니 빠지면 반드시 걸리는 바가 있느니 그래서 리(離)로써 받으니 리는 걸리는 것이다.

하경 34괘

서괘전 하편 첫머리에 다음과 같은 글로 시작을 한다.

"천지가 있은 연후에 만물이 있고, 만물이 있은 다음에 남녀가 있고, 남녀가 있은 다음에 부부가 있고, 부부가 있은 다음에 부자가 있고, 부자가 있은 다음에 군신이 있고, 군신이 있은 다음에 상하가 있고, 상하가 있은 다음에 예의를 두는 바가 있느니라. 부부의 도가 가히 오래하지 아니치 못하니라. 그러므로 항(恒)으로써 받고."

하경의 제일 첫 번째 괘인 택산(澤山) 함괘(咸卦)에 대한 내용이다. 위의 글은 서괘전 하편의 머리글의 내용인데 이 글은 천지가 만물을 생하여 부부를 이루기까지와, 부부로부터 시작되어 사회를 이루는 것을 나타낸 내용이다. 또 사회의 기반이 되는 부부라는 조직은 건·곤이 영속하듯 오래 해야 사회가 유지되는 것이고, 이렇게 오랫동안 유지하는 데는 예(禮)와 의(義)로써 행동하는 것이 바탕이 된다는 것을 시사하고 있다.

상경이 천도에 관한 내용이라면 하경은 인사에 대한 내용이므로, 상경 제일 첫 번째 괘가 천도를 의미하는 것으로 하늘을 나타내는 중천 건괘를 두었고, 하경은 인사를 나타내는 것으로 부부를 의미하는 택산 함괘를 두었다.

서괘전 상편에서 머리 괘인 건·곤을 천지라고 하여 가장 먼저 나온 괘임을 밝혔듯이, 하편에서도 머리 괘인 함을 부부라 하여, 부부로부터 모든 사회가 시작된다는 것을 말했다. 부부도 역시 천지를 나타낸 건·곤으로부터 나온 것이므로 '유천지연후 유만물 유만물연후 유남녀'의 구절을 앞에 두었다.

위의 인용문 끝에 말을 이어서 항(恒)은 오래 하는 것이니 물건이 가히 오래거하지 못하니라. 그러므로 돈(遯)으로써 받고, 돈은 물러가는 것이니 물건이 가히 마침까지 도망하지 못하니라. 그러므로 대장(大壯)으로써 받고, 물건이 가히 끝까지 장하지 못하니라. 그러므로 진(晉)으로 받고, 진은 나아감이니 나아가면 반드시 상함이 있느니라. 그러므로 명이(明夷)로써 받고, 이는 상하는 것이니, 밖에서 상한 자는 반드시 그 집으로 돌아오느니라. 그러므로 가인(家人)으로써 받고, 가도가 궁하면 반드시 어긋남이라. 그러므로 규(聯)로써 받고, 규는 어긋나는 것이니 어긋나면 반드시 어려움이 있느니라. 그러므로 건(蹇)으로써 받고, 건은 어려움이니 물건이 가히 마침까지 어렵지 못하니라. 그러므로 해(解)로써 받고, 해는 누그러지는 것이니 누그러지면 반드시 더는 바가 있느니라. 그러므로 손(損)으로써 받고, 덜어서 그만두지 않으면 반드시 더함이라. 그러므로 익(益)으로써 받고, 더하여 그만두지 않으면 반드시 결단하니라. 그러므로 쾌로써 받고, 쾌는 결단함이니 결단함에 반드시 만나는 바가 있느니라. 그러므로 구(姤)로써 받고, 구는 만남이니 물건이 서로 만난 후에 모이니라. 그러므로 취(翠)로써 받고, 취는 모이는 것이니 모여서 오르는 것을 승(升)이라 이르니라. 그러므로 승(升)으로써 받고, 올라가서 그만두지 아니하면 반드시 곤함이라. 그러므로 곤(困)으로써 받고, 위에서 곤한 자는 반드시 아래로 돌아오느니라. 그러므로 정(井)으로써 받고, 우물의 도는 가히 고치지 아니치 못하니라. 그러므로 혁(革)으로써 받고, 물건을 고치는 자는 솥만 한 것이 없느니라. 그러므로 정(鼎)으로써 받고, 그릇을 주장하는 자는 장자만 같은 이가 없느니라. 그러므로 진(震)으로써 받고, 진은 움직이는 것이니 물건이 가히 마침까지 움직이지 못하여 그치니라. 그러므로 간(艮)으로써 받고, 간은 그치는 것이니 물건이 가히 마침까지 그치지 못하니라. 그러므로 점으로써 받고, 점은 나아가는 것이니 나아가면 반드시 돌아오는 바가 있느니라. 그러므로 점(漸)으로써 받고, 점은 나아가는 것이니 나아가면 반드시 돌아오는 바가 있느니라. 그러므로 귀매(歸妹)로써 받고, 그 돌아오는 바를 얻는 자 반드시 큼이라. 그러므로 풍(豐)으로써 받고, 풍은 큰 것이니 큰 것이 궁한 자는 반드시 그 거처를 잃음이라. 그러므로 여(旅)로써 받고, (나그네가) 여행해서 용납할 바가 없느니라. 그러므로 손(巽)으로써 받고, 손은 들어가는 것이니 들어간 후에 기뻐하니라. 그러므로 태(兌)로써 받고, 태는 기뻐하는 것이니 기뻐한 후에 흩어지니라. 그러므로 환(渙)으로써 받고, 환은 떠나는 것이니 물건이 가히 마침까지 떠나지 못하니라. 그러므로 절(節)로써 받고, 절도가 있으면 믿느니라, 그러므로 중부(中孚)로써 받고, 그 믿음이 있는 자는 반드시 행하니라. 그러므로 소과(小過)로써 받고, 물건이 지남이 있는 자는 반드시 건너니라. 그러므로 기제(旣濟)로써 받고, 물건이 가히 궁하지 못하니라 그러므로 미제(未濟)로써 받아 마치니라.

일음일양지위도(一陰一陽之謂道)

이상의 괘의 배열순서에 따라서 고찰해보면 상식적인 수준에서 볼 때, 괘가 나타내주는 이미지 관점에서만 보아도, 일음일양하는 관계로 배열되어 있음을 느낄 수 있다. 예를 들면 상경 첫 번째 괘는 순양인 중천 건괘이고, 그다음 순음 괘인 중지 곤괘로 배열되어 있다. 그리고 이어서 둔·몽 괘는 어렵고 몽매한 음의 성격의 괘이고, 그다음 수괘는 보다 양적인 괘이며, 그다음 송괘는 음적인 괘이다. 그다음 사·비·소축·리·태괘는 양적인 성격의 괘이며 이 중에서 태괘가 아주 희망적인 극양의 성격을 나타내고 있다. 그다음 아주 막힌, 비색한 비괘가 나타난 것은 극양에 이르면 그다음 음이 나타나는 자연의 이치를 그대로 나타낸 괘의 배열이다. 그다음 다시 비색한 세상을 벗어나 동인·대유·겸·예·수괘의 배열은 양적인 성격의 괘의 배열이고 그다음 또 고괘는 부패를 나타내는 음적인 성격을 나타내는 괘가 나옴으로 음의 성격이 나타남을 보여주고 있다. 이와 같이 그다음도 계속 음양적 의미의 괘가 번갈아가면서 일음일양의 현상으로 배열되어 있음을 나타내 주고 있다. …… 마지막 부분에 대과(大過)괘 다음 감괘 그다음 리괘로 끝을 맺는 것은 사람이 지나치면, 즉 대과하면 위험에 빠지고 그래서 빠질 감(坎) 괘로 받고, 빠지면 반드시 걸리는 바가 있으니 그래서 걸릴 리(離) 괘로 받는 것이다.

하경은 인사에 관한 것이므로 첫머리에 소남 소녀가 만나서 가정을 이루는 택산 함괘로 시작을 해서 항괘로 이어지는데, 함·항괘는 괘의 이미지로 볼 때 양적인 성격을 나타내고 있다. 그다음 돈괘는 물러난다는 음적인 성격의 괘이고, 크게 나아간다는 대장괘와 나아간다는 진괘는 양적인 이미지의 괘이며, 그다음 규괘와 건괘는 어긋나고 어려움을 나타내는 괘이므로 음의 이미지를 나타내고, 그다음 어려움이 해결되는 해 괘는 양의 성격을 나타내준다. 그다음의 괘

들의 배열도 계속해서 일음일양이 순환하는 형태로 되어 있다. …… 마지막 부
분에 조금 나아간다는 소과괘 다음에 일을 종결한다는 기제괘로 받고, 그다음
일이 끝나지 못하는 미제괘로 끝을 맺는다.

이상의 상경 하경의 모든 괘의 배열은 천지자연의 가장 기본이치인 일음일양
지위도의 원리로 되어 있음을 알 수 있다. 상경 천도가 일음일양으로 배열되어
있으니 천도의 지배를 받고 있는 인사를 나타낸 하경도 당연히 일음일양으로
배열되어 있다.

상경 마지막 부분에 감괘 다음 리괘로 마치고, 하경의 마지막 부분에도 기제
괘 다음 미제괘로 끝나는 것은 자연의 이치인 종즉유시(終則有始)의 원리를 나
타낸 것이다. 상경의 마지막 부분에서 험한데 빠진다는 감괘 다음 걸린다는 리
괘로 받은 것은, 험한데 빠져서 영원히 헤어나지 못하여 없어지는 것이 아니고,
완전히 빠지지 않고 중간에 걸려서 다시 험한 것으로부터 벗어날 수 있는 여지
또는 가능성의 희망을 보여주고 있다. 천도가 이러하니 인사도 그와 같이 하경
마지막 부분에 모든 일을 종결하는 기제괘 다음, 일의 마무리를 다하지 못하는
의미의 미제괘를 마지막에 놓았다. 이는 곧 천도를 나타낸 상경의 종즉유시
(終則有始)의 원리가 인사에도 똑같이 나타나는 것을 시사하고 있다.

인사를 나타내는 하경의 마지막이 미제괘로 끝나기 때문에 그 마치지 못한
일을 완수하기 위해 다시 일을 할 수밖에 없으며 그럼으로써 인생은 영원히 움
직이면서 살아가는 것이다. 살아 있다는 것은 일을 하는 것이며, 일이 있다는
것은 곧 살아 있다는 의미이기도 하다. 따라서 '인생은 영원히 미완성'이라는
유행가 가사는 매우 의미 있는 인간의 삶 속에서 우러나온 말이건마는 이것이
주역의 종즉유시 원리와 일치하니 우리의 삶이 모두 주역 속의 삶임을 입증한
하나의 사례라고 볼 수 있다. 또한 주역의 이러한 이치를 알게 되면 모든 일을
완벽하게 이루려고 너무 아등바등하면서 고생할 필요가 없다고 본다. 천도가
영원히 미완성인데 인간사도 영원히 계속되기 위해서는 영원히 미제가 보다 현
실적으로 삶에 활력을 불러일으킨다고 볼 수 있다. 그렇다고 일을 아무렇게나
하라는 방임적인 태도를 의미하는 것이 아니고 최선을 다해도 마무리하지 못했
다고 절망하지 말라는 의미로 볼 수 있다. 완전히 마무리를 못 지으니까 삶의
일이 계속된다고 볼 수 있다는 의미에 오히려 희망으로 변통해서 볼 수 있다는

의미이다. 인생이 기제로 끝나고 모든 일이 완벽하게 마무리된다고 하면 그것은 어떤 의미에서 죽음을 앞둔 절망적인 것이라고도 볼 수 있다. 완벽하게 일을 마무리 지으면 그다음 할 일이 없으며 그것은 죽는 일밖에 없다는 의미이다. 완벽하게 마무리를 짓는 자체가 그것은 천지 이치에 벗어난 것이다. 인간이 영원히 완성을 못하고 미제로 끝나는 것이 인간의 삶을 역동적으로 살게 하는 것으로 볼 수 있다. 이는 주역의 生生之謂易의 원리를 의미한다고 볼 수 있다.

주역은 천지 음양학이다

대산 선생의 주역 미제괘 해설 마지막 부분 내용에서 주역 전체의 내용을 하늘과 땅 그리고 음양을 중심으로 다음과 같이 나타내고 있다.

주역은 64괘의 30괘를 상경에 놓고 34괘를 하경에 놓았다. 상경은 천도요, 하경은 인사다. 상경은 천도이기 때문에 건(乾)괘, 곤(坤)괘를 제일 먼저 놓았고 하경은 인사이기 때문에 함항(咸恒)괘를 맨 먼저 놓았다. 함괘는 남녀가 만나서 잠자리를 하는 것이고 항괘는 부부가 되어 가정을 이루는 것이 항괘가 아니겠는가. 거기서부터 인사가 시작된다. 그래서 인사적 하경은 부부가 만나 혼인을 하고 가정을 이루는 함항괘로부터 시작하고 천도적 상경은 하늘과 땅에서부터 시작되니까 천지괘인 건곤괘를 맨 먼저 놓았다.

주역은 양과 음이요, 다른 것이 없다. 그래서 음양학이라고도 한다. 음양을 체로해서 괘에서 모두 상구다, 육오다, 육과 구, 구는 양을 대표하며, 육은 음을 대표하는, 구는 노양이고, 육은 노음이니까 음양은 변하는 것 변하지 않으면 음양은 구실을 못하니 음은 늙어서 6이 되고 양은 늙어서 9가 되고 그래서 주역을 구륙학(九六學)이라고도 한다.

주역을 또는 건곤에서 나온다고도 한다. 양으로 다 된 괘는 건괘이고 음으로 다 된 괘는 곤괘이다. 하늘과 땅 천지에서 만물이 다 나온다. 천지에서 다 나와서 천지를 다 닮았다. 천지는 대천지요, 인간은 소천지요, 천지는 대부모요, 인간은 소부모, 천지는 대자연, 인간은 소자연이다. 천지가 만물을 다 내고 한다. 주역은 천지괘에서 다 시작이 되었기 때문에 천지괘의 음양이 모두 분포되어 가지고 하늘의 양이 모두 분포되고 땅의 음이 모두 분포되고 그래서 64괘를 다 이뤘다. 384효가 양효 아니면 음효요, 하늘 아니면 땅이요, 하늘과 땅을 나눠가지고 모든 만물을 이뤘고 양과 음이 나눠가지고 다 괘를 이뤘고 양은 하늘이고 음은 땅이니까 천지가 만물을 내고 음양이 만물이 된 것이다.

음양, 강유, 천지, 구륙(九六)에서 음양은 주역의 체가 되고 구륙은 용이 된다. 음양을 체로 하고 구륙을 용으로 해서 늙은 양 늙은 음은 구륙으로 다 설명했다. 음양을 체로 하고 구륙으로 설명한 주역은 결국 하늘 속의 양과 땅속에 있는 음이 다 주역을 만들었다. 64괘가 다 그렇게 됐다. 주역은 이처럼 간단하다. 그냥 음양이다. 음양이 어디에서 나왔는가 하면 양은 하늘이요, 음은 땅인데 하늘의 양이 64괘 속에 끼어들고 땅의 음이 64괘 속에 끼어 놓고 음양 둘 하늘과 땅이 모두 조화를 이루고 있다.

그래서 주역의 계사전에 나오는데 건이(乾易) 곤간(坤簡)이라고 했다. 건은 쉬운 것이고 곤은 간단한 것인데 양은 쉬운 것으로 음은 간단한 것이다. 주역이란 바꿀 역자 쉬울 이(易) 이라고 하는데 이치라는 것은 간단하고 쉬운 것이다. 하늘은 쉽게 땅과 접촉을 하고 땅은 간단하게 거기에 따라간다. 하늘이 쉽게 봄이 와주니까 땅은 간단히 거기에 따라서 만물을 모두 낸다. 하늘이 쉽게 더운 여름이 와주니까 땅은 간단히 거기에 따라서 만물을 키운다. 하늘이 서늘한 가을을 쉽게 와 주니까 땅은 간단한 방법으로 모두 열매를 맺어준다. 추운 겨울이 와주면 땅은 간단히 깊이 숨겨주는 것 아니겠는가. 생장수장의 이치 원형이정 주역 64괘는 건괘의 모두가 다 하늘이 창조했고 하늘이 다 냈다. 그래서 주역은 맨 먼저 하늘 괘를 놓았으며 하늘 괘에 공자 말씀에 군자 행차사덕자다. 고로 왈 건 원형이정 군자가 이 원형이정 네 덕을 행하고 있다. 그리고 맨 처음에 하늘 괘에 원형이정(元亨利貞)을 놓은 것이다. 그게 바로 주역이요, 즉 공부해 보면 알겠지만 괘마다 원자나 형자나 이정자를 놓았다. 다 네 자를 놓았다.

건괘 하늘 괘에 군자가 원형이정 네 덕을 행한다고 했는데 이것은 무엇을 의미하는가. 다 이 네 자를 가지고 주역을 엮었다. 참으로 주역이 어려운 것 같지만 얼마나 쉬운가. 이 네 자 원형이정을 가지고 주역을 엮었다. 전부 이 네 자로 이야기해왔다. 공자가 이에 말씀해 놓았다. 군자가 이 네 덕을 행한다.

그런데 그게 도덕적으로는 군자가 원형이정의 천도지상 천도의 떳떳함 인성지강(人性之剛) 사람의 성품의 벼리가 되는 이 원형이정 네 덕을 행하여야 군자가 된다. 그런데 동시에 주역의 점을 하면 주역은 점인데 점을 해보면 무슨

괘가 모두 나오게 마련인데 그 괘가 다 원형이정 속에서 뽑아다가 말해왔다. 행
차사덕이다. 점으로써 또 이 네 가지 덕을 행한다. 원형한 괘가 나왔을 때 이
괘는 크게 형통한 괘로구면 정(貞)하면 바르게 하는 괘구면 이것 다 알 수 있
다. 그래서 미리 주역은 머리에다 다 보여주고 있다. 건괘만 미리 다 잘 알아보
면 주역은 어떠한 괘라는 것을 미리 다 보여주고 있다. 양으로 다 된 건괘 음으
로 다 된 곤괘 여기서 다 음양이 이리저리 분포되어 가지고 64괘가 이뤄짐과
동시에 주역이 나왔다. 결국은 주역은 만물이요, 만물은 천지에서 나온 것이며
천지는 주역을 이루고 있는 것이다.

제7장 주역학의 학파

주역은 동양의 모든 학문의 조종이며 또한 최고의 학문이다. 그래서 만학의 제왕이라고도 한다. 따라서 동양의 모든 학문은 주역에서 비롯되었다고 해도 과언이 아니다. 이들 학문을 주역과 관련하여서 분류하고자 한다.

중국 청나라가 국력을 기울여 편찬한 동양 아니 세계 최대의 총서로서 선진시대부터 청대 말기까지 역대 전적 모두 79,000여 권을 망라하여 만든 『사고전서(四庫全書)』에서 첫 번째 소개한 책이 주역이다. 주역이 그만큼 중요한 책이기 때문에 제일 먼저 수록하였다. 여기에서 처음으로 역학을 '두 학파와 여섯 분파(양파육종(兩派六宗))'로 나누어 소개하였다.

'두 학파'란 역의 내용으로 구분하여 상수역파와 의리역파, 혹은 시대로 구분하여 한역(漢易)과 송역(宋易)을 가리킨다. 즉, 상수역이 가장 발달하고 성행한 시기가 한나라였고, 의리역이 가장 발달했던 때가 송나라였기 때문에 상수역을 한역, 의리역을 송역이라고도 한다. '여섯 분파'란 상수역의 점서역(占筮易)·기상역(禨祥易)·도서역(圖書易)과 의리역의 도가역(道家易)·유가역(儒家易)·사사역(史事易)을 가리킨다.

중국의 『사고전서총목제요(四庫全書總目提要)』에서 "『주역』은 천도를 미루어 인사를 밝힌 학문이다(易之爲書 推天道以明人事者也)"고 적고 있다. 우주론적 자연의 이법, 즉 천도(天道)를 가지고 인간의 모든 일(人事)을 밝힌 학문이다. 주역이 천도를 미루어 인사를 밝힌 이유는 원래 주역이 만들어진 목적이 인간의 우환의식에서 비롯되었으므로, 여러 가지 우환에 적절히 대응하기 위해서는 먼저 대우주인 우주론적 천도에 입각한 만물 만사의 변화 이치를 알아야 하고, 그렇게 함으로써 우환에 대처할 수 있는 지혜(피흉추길)를 발견할 수 있기 때문이다.

천도란 하늘의 운행원리 또는 법칙을 말하고 이는 우주론적 순환론적 자연의 이치를 말하며, 이를 나타낸 구체적인 개념과 이론이 한마디로 태극과 음양오행론으로 표현할 수 있다. 즉, 하늘의 운행원리인 천도란 구체적으로 태극과 음양오행론을 말한다.

인사란 인간에 관련된 모든 것을 의미한다. 인사에는 첫째, 인간의 행동규범과 관련된 도리적 내용이 있고, 둘째, 건강과 생활 속의 길흉화복에 관련된 과학기술적 내용이 있다. 도리적 내용과 관련된 주역의 내용을 의리역(義理易)이라 하고, 건강과 길흉화복과 같은 과학기술적 내용이 상수역(象數易)이다.

의리역의 '의리'란 일상생활에 흔히 쓰는 '의리인정(義理人情)'이라거나 '경박한 세태 속의 의리'라는 의미는 아니고, 일체 사물의 존재 이유나 사물의 이치, 원리를 가리킨다. 이런 면에서 주자학과 같은 유교철학과 도가철학 및 제자백가를 '의리지학'이라고도 한다. 결국 의리역이란 주역의 이치에 근거한 모든 인간의 행동규범과 사상 및 철학을 일괄하여 의리역이라고 한다.

상수역으로서 주역은 점을 치는 행위(Divination)의 본질로서 당연히 신비(Divine)와 관련을 맺게 된다. 상수역의 대표적 학문인 점술은 인간의 능력을 넘어선 어떤 힘에 의지하여 문제를 해결하려는 것이 바로 점이기 때문에 거기에는 인간을 초월한 어떤 힘, 즉 신에 대한 신앙이 요청된다. 이런 점에서 주역이 종교적 의미가 내포되어 있음을 알 수 있다.

그러나 의리, 즉 사상과 도리의 책으로 이해될 때 주역은 거기에 쓰인 것에 대한 해석과 음미를 통해 현실세계의 의미를 추구하는 인간 이성의 활동대상이 된다.

주역은 인간을 초월한 신비와 관련되는 성격 그리고 인간적 이성과 관련되는 성격 등 두 개의 얼굴을 가지고 있다. 그리고 이 두 개의 얼굴은 결코 하나로 합쳐지지는 않지만, 서로 미묘하게 연관되어 있다. 역이 흥미를 끄는 이유는 바로 여기에 있다.

상수역의 '상수'는 상(象)과 수(數)를 합친 말로써 점과 각종 역술과 관련된 내용을 의미한다. 주역 점을 칠 때 괘와 효를 상이라 하고, 괘와 효를 나타내기 위해서 서죽을 나누고 셀 때 수(數)를 활용하므로 이를 수라 한다. 즉, 수를 세서 효와 괘의 상을 나타내기 때문에 이를 상수라고 한다. 상수역은 점을 위시해서 인간의 건강을 비롯한 길흉화복에 관련된 모든 역학 역술을 말한다.

상수역을 현대적으로 말하면 자연의 변화하는 패턴을 상과 수로 나타낸 것이다. 우리는 패턴의 우주 속에 살고 있다. 또한 자연의 패턴 속에는 자연현상과 과정을 지배하는 규칙을 알아낼 수 있는 중요한 단서가 있다. 그 단서를 상과 수로 구체화한 것이 상수역이다.

결국 주역은 하늘의 운행원리이며 천도(天道)인 태극과 음양오행론의 시각에서 인간의 도리와 길흉화복인 인사(人事)에 대한 내용을 밝힌 학문이다.

주역의 가장 큰 학문적 특징은 모든 인간사를 우주론적 순환론적 자연의 이치인 천도(天道)의 관점에서 밝히고 있다는 점이다. 천지는 대우주 인간과 만물만사는 소우주인데 소우주는 대우주에 지배종속 되어 있기 때문에 소우주인 인간과 만물 만사의 모든 것을 근본적으로 알기 위해서는 대우주인 천지의 이치를 알아야 한다. 그래서 주역은 현대적으로 표현하면 사물을 고찰하는 접근방법이 우주론적이라는 점이다.

서양의 철학사상뿐만 아니라 과학기술이 주로 인간 자체와 개개의 객관적 사물에 근거해 발달한 학문이라는 점과 아주 대비되는 점이다. 여기에 동서양학문의 가장 근본적인 차이점을 발견할 수 있다. 그래서 현재 우리나라 제도권 교육기관이 서양학문을 위한 교육 학문기관이다 보니 처음에 초등학교에 들어가면 배우기 시작하는 내용이 바둑이, 철수, 영희 그리고 송아지처럼 인간(철수, 영희)과 가까운 사물(바둑이, 송아지)이 중심을 이루고 있는데 비해서, 옛날 우리 조상들의 교육기관인 서당에 처음 들어가서 배우는 책인 천자문의 첫째 말이 하늘 천, 따 지, 누루 황, 검을 현, 즉 천지현황으로 되어 있는 것은 동양학이 우주론적 학문이기 때문이다.

즉, 주역은 하늘 천, 따 지 중심의 우주론적 Top Down 학문이고 서양과학은 바둑이 철수와 같은 개개의 사물에 근거한 Bottom Up 학문이다.

의리역과 관련된 구체적인 동양학문에는 동양의 가장 대표적인 사상 철학인 유가가 있고 그리고 도가, 묵가, 제자백가가 있다. 그리고 송나라 때 유학을 다시 발전시킨 신유학인 성리학이 있다.

상수역과 관련된 구체적인 학문은 동양오술인 명·복·의·상·산학과 천문기상·율려·음악·무용 등이 있다.

동양학은 일원동류 일이관지(一源同類　一以貫之)

주역은 동양의 철학사상과 윤리도덕 그리고 과학기술의 근원적인 학문이다. 따라서 동양문화의 종합적 학문이며 가장 기초적인 학문이다. 종합적 학문이란 동양의 철학사상과 윤리도덕 그리고 과학기술적 길흉화복에 관련된 내용을 모두 포함하고 있다는 의미이다. 기초적인 학문이란 모든 학문의 준거 기준이 되는 근원적인 학문이기 때문이다. 그래서 주역은 모든 동양철학·사상뿐만 아니라 과학기술적 학문의 종지(宗旨)가 된다. 따라서 주역을 모르고 동양의 학문과 역사 문화를 근본적으로 이해할 수 없다는 것은 바로 이 때문이다.

동양사상을 표현하는 언어는 비록 여러 가지일지 모르나, 그 흐름은 전혀 갈라지지 않고 하나의 흐름을 유지해왔다. 그러나 서양의 철학사상을 접했을 때 머리에 통증을 느끼는 이유 중의 하나가 수많은 철학자들이 백가쟁명식으로 다양한 설을 내세우며 나름대로 그럴듯한 논리를 전개하기 때문이다. 서양 철학사를 보면 수많은 철학자들이 나와서 나름대로 철학이론을 펼치는데 하나하나 보면 다 그럴듯하지만 책을 덮고 나면 어지럽다. 왜 그럴까? 그것은 철학자들에 따라서 각각 서로 다른 논리를 내세우기 때문이다.

다시 말해 칸트의 철학과 베르그송의 철학 그리고 존 듀이의 철학은 서로 체계가 다르기 때문이다. 최근에는 푸코의 철학이 어떻고, 들뢰즈의 철학이 어떻다고 하는 식의 수없는 논리와 창의적인 관점을 가지고 백가쟁명식으로 내세우고 있다. 그들 나름으로 모두 의미 있고 일리 있는 내용이지만, 적어도 서양의 모든 철학자들이 일관된 체계를 갖고 사상을 전개해나간 것이 아니라는 것은 분명하다.

그러나 동양의 철인들은 달랐다. 동양에도 수많은 사상가와 유학자들이 있고 각기 나름대로 독특한 학설을 내세우고 있지만, 그들의 사상을 관통하는 하나의 맥이 분명히 존재하고 있다. 그것이 바로 주역의 '음양'이다(김구연, 『동양학 아카데미』).

동양의 철학사상들은 하나의 종지(宗旨), 즉 주역의 음양론을 준거기준으로 일관되게 전개하고 있다는 점이다. 이에 비해서 서양의 철학사상은 거의 철학사상가의 개인적 아이디어 내지 관점에 근거하고 있지 않나 생각된다. 그래서 백가쟁명식의 철학사상들이라고 볼 수 있다.

음양오행은 신이 계시해준 절대 진리이다

그뿐만 아니라 주역의 철학사상은 우주론적 관점에서 정신 물질 일원론적 학문이다 보니 영원하고 궁극적 철학이며 과학기술이다.

주역 책이 왜 위대하냐 하면 주역이 우주법칙, 즉 우주변화의 원리인 근본 틀을 설명한 책이기 때문이다. 그 근본 틀이 음양오행의 원리인데 이것이 우주의 근본질서를 나타낸 것이다. 세상 사람들은 음양오행의 원리라고 하면 동양의 구닥다리, 동양의 진부한, 그런 시대에 뒤떨어진 내용으로 알고 있는데, 음양오행의 원리는 인간이 만든 그러한 진리가 아니다. 음양오행의 원 뿌리는 태호 복희씨가 하늘에서 계시해준 하도와 우 임금이 낙수에서 거북이 등에서 보고 그린 낙서에서 그 기원으로 하고 있는데, 음양오행의 원리는 인간의 지혜가 만든 것이 아니라 이것은 하늘이 계시해준 절대 진리이다.

많은 사람들은 서양철학이 위대하다고 한다. 물론 서양철학 자체는 서양의 최고의 지성인들이 수천 년의 역사를 통해서 엄청나게 발전해왔지만 우주의 구성원리라고 하면 천지인인데 천지인과 시간과 공간의 이 질서를 하나로 관통해서 설명할 수 있는 이론이 서양철학에는 있는가? 하늘과 땅, 시간과 공간, 그리고 인사의 모든 변화를 관통해서 설명할 수 있는 이론이 있느냐? 서양철학자가 100명이 나오면 100가지 이론이 나오고, 1,000명이 나오면 1,000가지 이론이 나오는데 그 나름대로 가치가 있는지 모르지만 진리라는 것은 모든 것을 하나로 설명할 수 있어야 한다. 그것이 바로 음양오행의 원리이다. 음양오행의 원리는 우주가 변화하는 근본질서이며 음양오행은 우주의 절대적 진리이다(윤창렬, 상생방송).

제8장 주역은 '천도를 미루어 인사를 밝힌 학문'이다

중국의 청나라 건륭제 때 만든 『사고전서(四庫全書; 經·史·子·集)』중에서 첫 번째 소개한 책이 주역이다. 주역이 첫 번째 목록에 기록된 것은 중국문화와 학문 중에서 주역이 차지하는 비중과 위치가 어느 정도인가를 이를 보고도 알 수가 있다.

사고전서의 총목록을 기록하고 각 서적의 이름 밑에 그 대요(大要)를 간단하게 설명하였는데 이를 사고전서총목제요(四庫全書總目提要)라고 한다. 주역의 경우에 "역지위서 추천도이명인사자야(易之爲書 推天道以明人事者也: 역경의 글됨이 천도를 미루어 인사를 밝힌 책이다)"라고 기록되어 있다. 즉, 주역은 천도, 즉 하늘의 도를 미루어서 인간의 모든 일인 인사를 밝힌 글이라는 의미이다. 여기서 중요한 핵심적인 내용은 천도와 인사이다. 다시 말하면 천도와 인사와의 관계를 나타낸 글이라는 의미이다.

따라서 첫째, 천도가 구체적으로 무엇을 의미하고, 둘째, 인사의 내용을 구체적으로 알고, 셋째, 이들 간의 관계를 알면 주역이 나타내고자 하는 내용을 대체적으로 알 수가 있다.

그런데 천도와 인사의 관계에서 '천도를 미루어 인사를 밝힌다'는 내용에서, 천도가 주이고 인사가 종의 관계에 있다는 의미이다. 다른 말로 하면 천도가 독립변수이고 인사가 종속변수라는 의미이다. 이 점이 서양과학과 비교해볼 때 주역의 학문적 접근방법의 가장 특이한 점이다.

즉, 서양과학기술이 개개의 사물(器)에 근거해서 환원주의적인 Bottom up 학문이라면 주역은 천도에 근거해서 인간을 포함해서 개개의 사물인 인사와 만물 만사를 밝힌 우주 전체론적(universal holistic) Top Down 학문이라는 점이다.

다른 말로 표현하면 동양학에서는 일반적으로 천도를 대우주의 변화 이치이고 인사는 소우주인 인간을 포함한 만물 만사를 의미한다고 볼 수 있다. 그런데 소우주인 인간과 만물 만사는 대우주에 지배 종속되어 있다. 따라서 인간을 비롯한 만물 만사를 근본적으로 이해하기 위해서는 먼저 대우주의 변화 이치를 알아야 한다. 이것이 서양과학과 동양학을 비교할 때 학문적으로 가장 큰 차이

점이고 특색이다. 즉, 동양학의 근원적 학문인 주역은 천도인 우주론적 순환론적 자연의 이치에 의해서 인간을 비롯한 개개의 사물을 고찰하는 학문이다.

고 한동석 선생의 저서인 『우주변화의 원리』에서, "우주는 어떻게 움직이며 인간과 만물은 어떻게 그 속에서 변화하면서 생멸하는가, 따라서 인간을 비롯한 만물 만사의 생성변화를 알려면 우주변화의 법칙을 알아야 한다. 왜냐하면 우주의 변화와 인물의 생성소멸은 동일체 속에 있는 두 개의 현상에 불과한 것이나 인사는 소우주이므로 대우주의 일 측면으로서 우주 자연의 전체적인 법칙에 종속되어 있기 때문이다." 여기서 '우주는 어떻게 움직이는가'에 해당하는 것이 천도를 의미하고, '인간과 만물은 어떻게 그 속에서 변화하면서 생멸하는가'는 인사에 관련된 내용이다.

그러면 천도는 구체적으로 무엇이며 인사는 무엇이며 이들 간의 관계는 무엇인가를 생각해보자.

첫째, 천도란 하늘과 땅 사이에 일월성신의 운행에 의해서 변화하는 기운(氣運)의 변화 이치를 말한다. 그 변화 이치를 나타낸 구체적인 개념과 이론이 음양오행이고 음양오행을 보다 구체적으로 표현하면 오운육기인 육십갑자의 변화를 의미한다. 그리고 천체의 운행규율을 숫자나 부호로 표현한 것이 역(曆)이고, 역을 추산하는 법을 曆法이라고 할 수 있다. 다시 말해 천도의 운행규율을 천문역법으로 파악하고 표현한다는 것이다. 이를 그림으로 나타내면 아래 <그림 8-1>의 태극도로 나타낼 수 있다(김진회, 『주역의 근원적 이해』, 35).

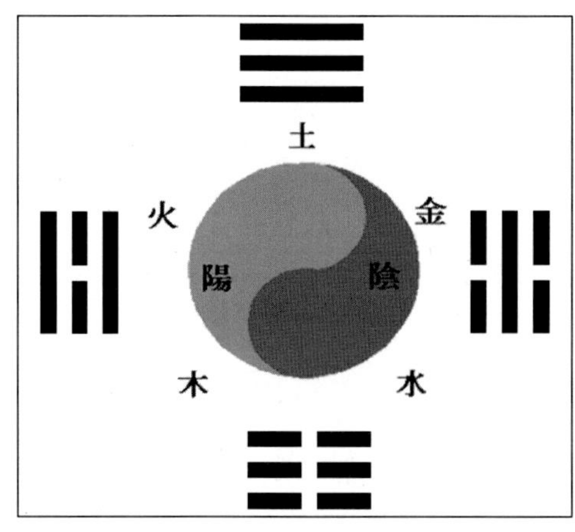

〈그림 8-1〉 태극문양

위 <그림 8-1>의 태극문양은 우리나라 국기를 바르게 놓은 그림이다. 태극문양에서 제일 위의 괘상이 하늘을 나타내는 건괘이고, 아래의 괘상이 땅을 나타내는 곤괘이다. 그리고 왼쪽 괘상은 태양을 나타내는 리괘이고, 오른쪽 괘상은 달을 나타내는 감괘이다. 즉, 괘의 이름으로는 건곤감리이고, 이는 천지일월을 나타내는 부호이다. 가운데 태극문양은 음양을 나타내는 것이고, 태극문양 바깥에 목화토금수는 오행을 나타낸 것이다. 즉, 음양과 음양을 더 세분한 오행을 나타낸 것이다. 오행을 더 구체적으로 나타낸 것이 천간지지의 오운육기, 즉 육십갑자이다.

이는 천도의 운행원리를 태극문양으로 음양오행의 운행원리를 나타낸 것이다.

태극문양은 주역의 본문인 64개의 괘의 배열과 관련되어 있다. 특히 주역 상경이 천도를 나타낸 것으로써 첫 번째 괘가 하늘은 나타내는 건괘이고 두 번째 괘가 땅을 나타내는 곤괘이며, 마지막에 달을 나타내는 감괘와 태양을 상징하는 리괘로 배열되어 있다.

주역의 상경의 처음에 나오는 건곤괘와 마지막에 나오는 감리괘는 주역이 우주변화를 일으키는 기본 틀인 천도를 나타낸 것이라고 볼 수 있다. 즉, 우주 삼라만상은 수없이 복잡다단하나 그러한 형상을 일으키는 근본은 하늘과 땅 사이에 해와 달이 운행하면서 나타난 현상이 곧 천도라고 간단히 요약할 수 있다. 그러므로 주역의 나머지 60괘는 하늘과 땅을 나타내는 건곤괘를 체로 하고, 해와 달을 나타내는 감리괘를 용으로 하여 나타난 모든 현상들을 상징해서 나타낸 것이라고 볼 수 있다.

우주 삼라만상은 천지, 즉 천기와 지기를 중심(체)으로 해서 일월성신(日月星辰)(용)의 작용으로 모든 현상이 변화한다는 의미이다. 즉, 천지를 상징하는 건곤을 체로 하고, 일월을 상징하는 감리, 즉 일월을 용으로 해서 모든 우주의 변화가 나타난다는 것이다. 여기에서는 일월만 말했지만 더 확대하면 태양계의 오성과 북극성을 중심으로 28수와 북두칠성을 모두 포함한다. 다만 지구에 가장 많이 영향을 주는 별이 일월이므로 모든 별, 즉 일월성신을 대표해서 일월만을 나타낸 것이다. 우리나라에 전해오는 전통적인 말 중에 '천지일월의 조화'라는 말은 이를 두고 하는 말이다. 이 지구상의 만물 만사의 변화는 천지를 중심으로 일월성신의 운행인 천도가 변화하면서 나타나는 현상들이다. 이를 간단하게 나타낸 그림이 위의 태극기 문양이다.

이 세상에는 수많은 자연현상과 국가·사회·인간의 현상이 있지만, 그러한 현상을 일으키는 근본적인 것은 천지를 중심으로 해서 일월성신이 운행하면서 우주의 기운, 즉 천도인 음양오행의 기운의 영향을 받아서 나타나는 현상들이라는 것이다(남회근 국사의 『역경잡설』, 363 참조).

고 한동석 선생은 『우주변화의 원리』에서 우주와 인간·사물의 관계를 다음과 같이 표현하고 있다.

"사람은 변화무쌍한 지구 위에서 살고 있다. 지구는 인간과 만물을 가득히 안고서 음양이 교차하는 일월과 서로 맞물려 돌아가고 있다. 특히 해와 달이 계속 뜨고 지는 운행을 번갈아 하면서 만물 만사의 변화가 나타나는 것이다." 일월의 운행을 나타낸 구체적인 천도의 내용이 태양력과 태음력인 역(曆)이다.

둘째, 인사란 인간을 비롯하여 만물 만사를 모두 포괄하여 인사라고 할 수 있다. 즉, 하늘과 땅 사이에 존재하는 모든 현상은 인사라고 볼 수 있다. 천지인의 인에 해당하는 현상을 인사라고 볼 수 있다.

이 중에서 인간을 중심으로 인사를 설명하면 두 가지로 나타낼 수 있다. 즉, 의리적 측면과 상수적 측면으로 나타낼 수 있다. 의리적 측면이란 천도에 입각한 사물의 존재이치와 원리에 입각하여 인간의 도덕윤리적 도리적 측면을 나타낸 의리역을 말한다. 이런 점에서 동양의 윤리도덕을 나타낸 유학과 도가 묵가 제자백가는 단순한 개인의 사상철학자의 관점 내지는 시각이 아니고 천도에 입각한 내용이므로 과학적인 측면이 있다. 즉, 동양의 윤리도덕 및 사상철학의 근본적인 논리적 근거가 천도에 있다는 점에서 과학적 특성을 갖고 있다. 대표적인 학문인 유학과 성리학, 도가, 묵가, 제자백가가 모두 이에 해당한다. 상수적 측면은 천도운행원리에 입각하여 인간의 건강과 길흉화복에 관한 과학기술적 내용을 말한다. 대표적인 학문이 동양오술(명·복·의·상·산)과 천문기상 등이 있다.

일반적으로 인사(人事)를 설명할 때, 제도권 동양학과 조셉 니덤의 경우는 인간의 윤리 도덕적인 도리적 측면만을 강조하는 경우가 많은데 이는 잘못된 것이라고 본다. 주역이 나타내고자 하는 일이 의리역과 상수역이 있듯이 인사란 윤리 도덕적 도리적 측면을 나타낸 의리역도 있고, 건강과 길흉화복적인 상수역적인 일도 있다고 보는 것이 보다 타당하다.

주역의 상경에 처음에 나오는 건곤괘와 마지막에 나오는 감리괘는 주역이 우주변화를 일으키는 기본 틀을 나타낸 것이라고 볼 수 있다. 즉, 우주 삼라만상은 수없이 복잡다단하나 그러한 형상을 일으키는 근본은 하늘과 땅 사이에 해와 달이 운행하면서 나타난 현상이라고 간단히 요약할 수 있다. 그러므로 주역의 나머지 60괘는 하늘과 땅을 나타내는 건곤괘를 체로 하고, 해와 달을 나타내는 감리괘를 용으로 하여 나타난 모든 현상들을 상징해서 나타낸 것이라고 볼 수 있다.

셋째, 천도와 인사와의 관계를 생각해보자. 천도와 인사는 따로따로 존재하는 것이 아니고 하나의 동일체 속의 둘이다. 즉, 천도와 인사는 하나이면서 둘이고 둘이면서 하나이다. 이는 천도와 인사는 상호 독립적으로 존재하는 것이 아니고 상호 영향을 주고받는 상호관계에 있다는 것을 표현한 말이다.

천도와 인사가 하나라는 것은 주역의 천인합일관계를 다르게 표현한 것에 지나지 않는다. 구체적으로 하나라는 것은 우주 삼라만상을 기일원론에 입각하여 볼 때 기(氣)라는 실체로 설명이 되고, 상호 영향을 주고받는 상호관계의 설명도 기라는 관점에서 설명이 된다. 즉, 기는 우주 삼라만상의 가장 기본이 되는 실체적 개념이면서 영향을 주고받는 상호관계를 가능케 하는 매체로서도 기능을 한다는 점에서 기일원론의 설명이 가능하다. 그리고 상호관계를 나타내는 구체적인 개념과 이론이 음양오행론이다.

그런데 천도와 인사의 관계에서 상호 영향을 주고받는 천인합일관계이지만 천도가 인사에 더 많은 영향을 준다는 것이다. 그래서 천도가 주이고 인사가 종의 관계에 있다. 따라서 인간의 모든 건강을 비롯한 길흉화복의 문제인 상수역과 바람직한 행위규범인 의리역도 천도를 근거로 제시하고 있다.

천도와 인사를 구체적으로 표현하고 이들 간의 관계를 나타낸 구체적인 개념과 이론이 음양오행론이다. 음양오행의 원리는 우주의 법칙이요, 천도의 법칙이고 인사의 법칙이요, 천도와 인사의 관계를 나타낸 법칙이다. 따라서 음양오행의 운동법칙이란 우주의 변화법칙이며 만물의 생사법칙이며 정신의 생성법칙이므로 우주의 모든 변화가 이 법칙 밖에서 일어날 수 없다(한동석, 『우주변화의 원리』). 특히 정신의 생성법칙까지 포괄한다는 점에서 주역이 정신물질 일원론적 학문이며 종교적 성격을 지니고 있는 특성을 알 수 있다.

결국 주역이 "천도를 미루어 인사를 밝힌 글이다"는 내용은 하늘의 변화 이치인 음양오행의 원리에 의해서 인간을 비롯한 만물 만사가 절대적으로 영향을 받는다는 의미이고, 또한 그 원리에 살아가는 것이 도에 합당한 것이라고 가정하고 있다고 볼 수 있다.

2

제2부 주역학의 학문적 체계와 인식모형

제9장 주역학의 학문적 체계

제1절 서론

주역학의 학문적 체계란 주역철학, 기본개념과 이론, 그리고 주역에서 파생된 학문들의 관계를 체계적으로 나타낸 것을 의미한다.

주역학에는 우주 삼라만상을 이해하고 설명하기 위한 철학사상이 있고, 개념과 이론이 있으며, 이들 관계도 논리적으로 체계화되어 있다. 그리고 이를 더 구체적으로 실용화하기 위한 과학기술로 기초 주역학과 응용 주역학이 있다. 기초 주역학에 해당하는 개념과 이론으로는 태극론, 음양오행론, 삼재론, 사상, 팔괘, 육십사괘론 등이 있고, 응용 주역학으로는 상수역과 의리역이 있다. 상수역으로는 동양오술(명(命)·복(卜)·산(山)·의(醫)·상(相)), 천문기상, 수학, 율려, 무용 등이 있고, 의리역으로는 유가, 도가, 묵가, 제자백가 그리고 성리학 등이 있다.

제2절 주역학의 학문적 성격

주역학의 학문적 성격을 구체적으로 말하면 첫째, 학문적 접근이 우주론적 순환론적이라는 점이다. 둘째, 주역학의 학문적 목적이 인간생활의 우환, 즉 길흉회린적인 문제에 대처하는 데 있다. 셋째, 길흉회린 또는 길흉화복적 문제를 미리 예측하여 피흉추길하는 데 학문의 궁극적 목적이 있다.

현대서양과학의 학문적 기능 또는 목적이 개념과 이론을 연구하고 개발해서 사물을 이해(understanding), 설명(explanation)하고 이를 근거로 예측(prediction)하며, 예측 결과가 바람직하지 않으면 대비 또는 통제(control)하는 데 있는 것과 아주 유사하다. 주역학이 길흉회린 또는 길흉화복적인 문제를 예측을 통해서 피흉추길한다는 의미는 현대서양과학이 예측을 통하여 통제(control)한다는 의미와 동일하다.

물론 철학사상도 위와 같은 목적을 갖고 탄생한 학문이다. 그러나 철학사상은 너무 추상적이고 관념적이어서 일반인들이 받아들이기에는 모호하고, 실행하기에는 막연하고 구체성이 부족하여 혼란스럽다. 그래서 주장하는 사람들마다 내용이 다르다.

제3절 주역학의 학문적 체계

주역학의 학문적 체계를 알아보기 위해서, 먼저 주역학의 전체적인 학문적 영역을 서양학의 학문적 영역과 관련하여 크게 분류해보면 주역철학, 주역사, 기초 주역학, 응용 주역학 분야로 나눠볼 수 있다.

이 중에서 주역학사는 역사적 연대에 의하여 주역학의 발달과정을 기술한 것으로써 학문적 체계와는 직접적인 관련이 없으므로 여기에서는 논외로 한다.

1. 주역철학(기(氣) 철학)

주역철학이란 주역학이 연구하고자 하는 학문적 인식대상인 우주 삼라만상의 본질을 이루고 있는 궁극적인 실체(본체론)를 무엇으로 보는가를 연구하는 학문 분야를 말한다.

주역철학에 해당하는, 즉 우주 삼라만상의 가장 기본적인 실체를 구성하는 가장 본질적인 개념으로는 기(氣)·신(神)·기(器)·심(心) 등의 개념이 있고, 기(氣)의 작용과 변화 원리에 해당하는 법칙과 이론으로는 도(道)와 리(理)가 있다.

우주 삼라만상을 이루고 있는 가장 궁극적인 실체를 무엇으로 보느냐에 따라서 기(氣), 신, 기(器), 심, 도, 리가 있다. 그리고 이를 주장하는 학문적 학설적 표현으로는 기(氣)를 궁극적 실체로 보는 학설을 유기론(唯氣論), 기(器)를 궁극적 실체로 보는 학설을 유기론(唯器論), 신으로 보는 학설을 신화론(神化論), 마음으로 보는 입장은 유심론(唯心論), 그리고 도와 리로 보는 입장은 유리론(唯理論)이다. 유리론은 도와 리를 통합해서 나타낸 것이다.

결국 주역철학에서 연구하는 가장 기본적인 개념은 기(氣)·기(器)·신·심·도·리라고 볼 수 있다. 이들의 내용을 더 구체적으로 서술하고자 한다.

1) 유기론(唯氣論)

주역학에서는 모든 만물 만사의 이치와 개념을 나타내는 가장 기본적인 실체적 개념을 기(氣)로 보았다. 기는 가장 작고 가장 유동적인 물질이라고 말할 수 있다. 우주를 설명할 때 기는 가장 작고 유동적인 물질로서 일체의 근본이라고 보았다. 여기서 일체라면 사물과 시공간을 모두 포함하여 기 하나의 개념으로 나타내고 있다. 공간뿐만 아니라 시간도 기의 흐름에 지나지 않는다는 것이다. 여기에서 기로서 공간개념을 설명하는 것은 이해가 되는데, 시간개념까지 기 개념으로 설명한다는 점에서 매우 어렵다. 그런데 양자물리학자들의 연구내용을 보면 시간의 개념을 에너지의 흐름으로 파악한다는 점에서 매우 유사하다. 여기에서 양자물리학자들의 에너지의 개념을 살펴보면 동양학의 기 개념과 매우 유사하다. 이는 동일한 실체를 동서양이 서로 다르게 표현한 것에 지나지 않는다고 볼 수 있다.

전국시대의 도가는 온갖 사물을 모두 하나의 기가 변화된 것이라고 여겼는데, 『장자』 외편에서는 말했다.

> 사람의 생명은 기가 모인 것인데, 기가 모이면 생명이 되고 흩어지면 죽음이 된다. …… 그러므로 천하는 하나의 기로 통할 뿐이라고 한다.
> ▶ 人之生也 氣之聚也 聚則爲生 散則爲死 …… 故曰通天下一氣耳

사물의 생성과 소멸은 기의 모임과 흩어짐이며, 우주 전체가 단지 하나의 기일 뿐이다.

기는 물질적이지만 아주 작고 극미해서 볼 수 없는 물질을 말한다. 즉, 기는 일종의 형체가 없는 존재이다. 기는 형체는 없지만 존재로서 엄연히 있다. 형체로서 있는 것은 아니지만, 형체가 없는 존재로서 있다가 변화하여 형체를 형성할 수 있다.

유기론(唯氣論)의 대표적인 학자는 중국 송대의 장재(張載)이다. 그는 기와 태허(太虛)로 우주를 설명했다. 우주의 온갖 사물은 모두 기가 이룬 것이며, 기의 원시적 모습이 태허, 즉 태극이다. 기는 가장 미세하고 유동적인 물질이며, 태허는 곧 시간과 공간이다.

기의 변화에는 이치가 있으며 기가 모여서 사물을 생성하는 데도 자연적 질서가 있다. 기의 변화과정이 도이며, 기의 변화법칙이 이치이다. '도의 이치'는 자연의 이치이며, 기의 변화로부터 사물이 생길 때의 법칙이다. 도는 오직 하나이지만 이치는 나누어진다. 도는 정연한 우주의 큰 변화과정이며, 이치는 그 다양하게 나누어진 법칙이다. 즉, 도는 하나이지만 나누어져 다양한 개체가 된다(道一分殊).

이치는 기의 조리(條理)이며 기가 지니고 있는 것으로써 기 속에 있는 것이다. 기는 가장 근본적인 것이지만, 이치는 사물의 본체는 아니다.

장재는 기의 이치를 구체적으로 음양운동으로 나타내고 있다.

기란 음양 양단으로 구성된 것인데, 이 음양 양단은 기에 고유한 대립적인 두 측면이다. 따라서 기의 운동은 바로 이 '음양 양단'의 대립이며 상호 전이과정인 것이다. 우주에 존재하고 있는 수없이 많고 서로 다른 사물이나 현상이라 할지라도, 그것들은 모두 그 사물을 구성하고 있는 기 자체에 내재하고 있는 음양의 법칙으로 말미암아 생겨났다는 것이다. 따라서 어느 것 하나라도 이 음양의 법칙을 벗어날 수 없다.

기 자체가 가지고 있는 운동성의 근본적인 원인은 바로 음양이기(陰陽二氣)의 모순으로 "기 그 자체의 운동은 음양의 대립으로 말미암은 모순에서 발생하는 것이다." 이 음양의 모순이 쉼 없는 기의 운동을 이끌어내고 끊임없이 우주만물의 운행을 만들어낸다. 결국 우주의 모든 변화는 음양 두 대립 면의 상호작용의 결과이다.

따라서 '기' 자체는 모순적이고 대립적인 본성을 가지고 있고, 바로 이와 같은 모순과 대립의 상호작용으로 말미암아 내부의 동력이 형성되며, 이러한 동력이 기와 기가 구성하고 있는 만물이 생겨나는 운동의 내재적 원인이 된다. 이러한 모순·대립의 관계는 기 자체에 고유한 것이다.

2) 유기론(唯器論)

유기론의 대표적인 학자는 중국 청나라 때 왕부지이다.

유기론에서는 우주의 근본적인 실체를 기(器)로 보았다. 왕부지는 형체를 지닌 '기(器: 물질)'가 비로소 근본적인 것이며, 형체를 넘어서는 '도(道)'는 결코 근본이 아니라고 여겼다. 우주는 오직 기(器)뿐이다. 도는 곧 기(器)의 도이며, 홀로 서서 스스로 존재하며 기(器) 밖에 있는 것이 아니다.

도는 기(器) 속에 있으며 그 기(器)가 있으므로 그 도가 있지 기(器)가 없으면 도도 없다. 일이 있으면 이치가 있고, 사물이 있으면 법칙이 있으며, 그 일과 사물이 없으면 그 이치와 법칙도 없다.

일과 사물이란 보이는 객관의 세계에 관한 것을 의미한다고 볼 수 있다. 이는 현대서양과학이 연구대상으로 하는 분야와 같다고 하겠다. 이것은 유리론의 대표학자인 주자가 말 한 "사물이 있지 않아도 이미 사물의 이치는 있으며(未有物而己有物之理)", "이 일이 아직 없어도 이 이치가 먼저 있다(未有這事先有這理)"는 주장과 정반대이다.

왕부지의 천하유기론(天下唯器論)의 견해는 동양사상 중에서 실제로 가장 뚜렷한 유물론이다.

기(氣)는 형체가 없는 물질이며, 기(器)는 형체를 지닌 사물이다. 기(氣)와 기(器)의 관계를 더 구체적으로 살펴보면 다음과 같다.

기(氣)의 작용과 변화 원리에 의하여 형상화 된 것을 기(器)라고 할 수 있다. 기(氣)는 볼 수 없는 존재이지만, 기(氣)가 모여서 형상화되면 볼 수 있는 사물이 되고 그것을 기(器)라고 한다. 그렇게 되면 인간의 오감으로 느낄 수 있게 된다.

여기에서 형상화된 기(器)란 첫째, 기(氣)의 작용과 변화 원리에 의하여 물질화된 것을 의미하고, 둘째, 객관적으로 파악이 가능한 자연적·사회적 현상을 의미한다. 즉, 기(器)는 물질적 기(器)와 현상적인 기(器)로 나눠볼 수 있다.

흔히 우리가 동양과 서양을 비교하는 것으로써 동도서기(東道西器)라고 하는 말에는 동양은 기(氣)의 작용과 변화 원리에 해당하는 보이지 않는 근원적인 법칙 또는 이치적인 도(道)를 중시한 것에 비해서, 서양은 기(氣)의 작용과 변화 원리에 의해서 나타난 결과인 객관적인 현상과 물질적 기(器)를 중시한다는 것을 나타낸 말이라고 생각된다.

3) 신화론(神化論)

신이란 미묘한 작용 또는 변화를 일으키는 동력의 의미를 나타내는 신화론과 신을 인격적 존재로서 인정하는 유신론(有神論)이 있다. 전자는 기의 작용과 변화 원리인 도나 리로 설명할 수 없는 묘한 변화를 나타내는 개념이고, 후자는 우리가 일상적으로 말하는 상제·샤머니즘적 귀신·하느님과 같은 인격적 실체로서 신의 개념이다.

신과 기(氣)의 관계는 신이라는 인격적(有神論)인 실체도 기(氣)의 실체로 이뤄졌으며, 인간생활에 실제 영향을 주고받고 하는 관계에 있다. 그 주고받는 관계를 실제로 가능케 하는 매체가 또한 기(氣)이다. 그리고 기(氣)의 작용과 변화 원리인 도와 리로 표현이 불가능한 기의 신묘한 작용은 신화론이라고 한다. 즉, 기(氣)의 작용과 변화 원리는 도와 리로 표현할 수 있는 것이 있는가 하면, 그렇지 않고 신묘한 작용도 있음을 말한다.

신화론에서 신으로서 우주의 큰 변화를 논하는 것은 우주 안의 변화작용이 주재자가 있어서 그렇게 시키는 것도 아니고 또한 기계적으로 변화하는 것도 아니며, 단지 일종의 지극히 미묘한 변화를 일으킬 수 있는 동력 또는 미묘한 작용에서 일어난다는 의미이다. 이것도 기(氣)의 소행이라고 볼 수 있다. 즉, 신의 기의 소행이다.

4) 유심론(唯心論)

유심론의 대표적인 학자는 왕수인(王守仁)이다. 왕수인은 모든 것이 다 마음에 의존하며, 모든 것이 마음속에 있다고 여겼는데 마음이 없으면 모든 것도 없으니 마음이 우주의 주재라고 보았다.

심(心)이란 인간의 주관적 마음의 작용을 말한다. '우주는 곧 내 마음이며, 내 마음은 곧 우주이다'는 시각을 말한다. 모든 존재가 다 개인의 마음에 의존하며, 마음을 떠나면 존재가 없다는 사상이다.

그뿐만 아니라 심은 기(氣)와 신(神)과 기(器)에 영향을 주는 실체 또는 변수로 보는 입장이다. 인간의 의식에서 기(氣)가 나오고(思則氣, 心生氣) 이 마음의 기(氣)가 다른 기(氣)에 영향을 주고 또한 사물인 기(器)에 영향을 주며 신(神)과의 소통도 가능하다고 본다.

5) 유리론(唯理論)

기(氣)의 작용과 변화 원리를 나타내는 이치를 도(道)와 리(理)라고 한다. 즉,

기(氣)는 실체적 개념이고 이 실체가 작용하고 변화하는 규칙과 법칙을 도와 리라고 볼 수 있다.

주자의 제자인 진순은 『北溪字義』에서 도와 리를 대체로 같은 것으로 보았다. 그러나 다소 차이점이 있다. 도는 사람들이 두루 다닌다는 측면에서 보편성을 나타낸 용어이다. 리와 비교해볼 때 도는 비교적 넓고 리는 비교적 실질적이다. 리는 확고하여 변하지 않는다는 뜻을 가지고 있다. 그러므로 영원히 변하지 않는 것이 리이다.

송대의 정이천 선생도 리를 우주의 본체로 보았는데, 이치는 실제로 도의 다른 이름이다. 이치에 관한 이론은 실제로 도에 관한 이론의 새로운 형태이다.

기(氣)의 작용과 변화 원리에 의하여 물리적인 기(器)로 변화하는 것은 어떤 법칙과 이치에 의해서 이뤄지므로 이러한 이치와 법칙을 현대의 자연과학적 물리적 법칙과 유사한 것으로 볼 수 있다. 그리고 사회적 현상을 나타내는 현상적인 기(器)의 리나 도는 사회과학적 법칙에 해당되는 것으로 볼 수 있다.

물론 주역학에서는 자연현상이나 사회현상을 하나의 동일한 물리적 법칙인 동일한 기(氣)의 작용과 변화 원리로 보기 때문에 구태여 나누어볼 필요가 없으나 인식의 편의를 위해 나눈 것이다. 즉, 동양과학에서는 사회현상이나 자연현상을 모두 기의 작용과 변화 원리에 의하여 나타나는 결과로 보았다.

물론 현대서양과학에서도 물질론적 기계론적 과학관과 세계관의 입장에서 자연현상과 사회현상을 동일한 원리에 의해서 고찰한다는 점에서 유사하다. 그러나 주역학의 기 개념과 서양과학의 물리적 역학 개념은 근본적으로 다르다. 주역학의 기 개념은 정신물질 일원론적 개념이며 유기체론적으로 설명하는데 비해서, 서양과학의 역학(力學) 개념은 정신세계를 배제한 물질론적 기계론적 현상만을 설명한다. 이런 점에서 서양과학기술은 기계론적 물질론적 자연과학에는 타당성이 있으나, 유기체론적이며 정신세계와 관련이 깊은 인문사회현상을 설명하는 데는 한계와 문제점이 많다.

유리론(唯理論)의 대표적인 학자인 주자에 의하면 우주 안에 리(理)와 기(氣)가 있지만, 우주의 본체는 기가 아니고 리라는 것이다. 리치(理致)와 기(氣)는 서로 떨어지지 않는다. 그러나 비록 서로 떨어지지 않으나 두 개다. 이치와 기 둘 중에 이치는 근본이며, 기는 그다음이다. 이치는 궁극적 본체이며 기는 그다음의 것이다.

이치와 기는 서로 떨어질 수 없으나 우주에는 기가 존재하기 전에 이미 이치가 있다. 이치는 영원히 존재하며 어떤 사물도 존재하기 전에 그 이치는 이미 먼저 있는 것이다.

기(氣) 일원론(기 철학)

이상 주역철학의 기본개념인 기(氣)·신·기(器)·심·도·리의 개념을 개괄적으로 살펴보았다. 학자들마다 다양하게 주장하지만 이들 간의 관계를 종합적으로 고찰하면 기(氣) 하나의 개념으로 통일적으로 나타낼 수 있다.

주역학에서는 우주 삼라만상의 모든 일과 사물을 구성하고 있는 가장 중요한 기본적인 실체적 개념을 기(氣)라고 말할 수 있다. 기(氣)는 기(器)와 신(神) 그리고 심(心)의 실체적 구성인자이고, 기의 작용과 변화 원리는 도와 리라고 볼 수 있다. 그래서 기일원론적으로 모든 설명이 가능하다. 즉, 기의 작용과 변화 원리인 도와 리로 기적(器的)인 사물을 이해 설명하고, 법칙적인 도와 리로 설명이 안 되는 묘한 현상은 신의 작용으로 본다(신화론). 그리고 인간의 생각과 의식인 심이 기(氣)와 기(器) 그리고 인격적 신(有神論)에게 영향을 주고, 반대로 이들에 의해 기를 매체로 해서 인간의 의식에 영향을 준다고 볼 수 있다. 이런 점에서 기는 실체적 개념일 뿐만 아니라 영향을 주고받는 기능적 매체이기도 하다.

결론적으로 주역학은 기 하나의 개념으로 유심론의 주관적인 마음의 작용 외에 모든 사물을 이해 설명하는 기일원론적 학문이라고 할 수 있다. 즉, 기는 모든 물질세계와 정신세계의 가장 기본적인 구성인자일 뿐만 아니라 상호작용을 가능케 하는 기능적 매체이기도 하다.

2. 주역학의 기초개념과 이론

기초학이란 주역학에서 우주 삼라만상을 이해, 설명, 해석하는 가장 기본이 되는 개념과 이론 체계에 관한 분야를 말한다.

주역학의 기초학에 관련된 내용을 구체적으로 나타내면, 가장 기본적인 실체적 개념은 기(氣)이고 이론은 기(氣)의 작용과 변화 원리를 나타낸 리(理)와 도

(道)를 의미한다.

　기초학에 관련된 도와 리의 내용을 구체적으로 나타내면 먼저 무극과 태극이다. 무극이란 이 우주가 탄생하기 이전 단계로서 오직 하나의 기(氣) 상태만 존재하였던 상황을 의미한다고 볼 수 있다.

　태극(太極)이란 무극의 일기가 음양으로 분화하는 시작단계를 의미한다고 볼 수 있다. 즉, 음양의 기운을 잠재적으로 가지고 있으면서 아직 분화되어 발현되지 않은 상태를 의미한다. 지금의 우주 삼라만상은 무극·태극 상태로부터 수없는 세월 동안 기(氣)가 분화하고 작용, 변화하여 나타난 현상이라고 볼 수 있다. 그러므로 거꾸로 수없는 세월을 거슬러 올라가면 현재의 수없는 우주 삼라만상은 무극 일기만 존재했던 상황이라고 추정할 수 있다.

　따라서 노자의 만유일기(萬有一氣)라는 말의 의미가 이러한 의미와 관련하여 나온 말이 아닌가 생각된다.

　하나의 기(氣) 상태로 존재했던 무극이 분화하기 시작하면서, 태극의 맑고 가벼운 기(氣)는 위로 올라가 하늘(陽)이 되었고, 무겁고 탁한 기(氣)는 아래로 내려와서 땅(星: 陰)이 되었다는 것이다. 그리고 하늘의 양의 기(氣)와 땅의 음의 기(氣)가 상호작용하여 인(人)이 나타났다. 여기에 인(人)에 대한 개념은 단순히 사람만을 의미하는 것이 아니라 우주 삼라만상을 모두 포괄하여 나타낸 말이다. 즉, 우주를 구성하는 모든 만물과 만사를 인(人)으로 대표해서 나타낸 것이다. 그러므로 사람은 우주 삼라만상 중의 극히 일부분에 지나지 않으며, 다만 대표로 인(人)을 내세운 것에 지나지 않는다. 이것이 소위 천지인(天地人) 삼재원리이다. 다시 말하면 이 우주는 하늘과 땅 그리고 그 사이에 만물 만사로 대표되는 인으로 구성된 세 가지인 삼재(三才)로 구성되었다는 원리를 말한다.

　천지인 삼재로 분류할 뿐 아니라 이들 간의 상호관계를 유기체적으로 설명해놓은 학문이 주역학이다. 아마도 이렇게 우주 삼라만상을 종합하여 천지인 삼재로 나누어서 정확하게 분류해놓은 학문은 주역학뿐일 것이다. 서양학에서는 우주 삼라만상을 포괄, 종합해서 분류해놓은 학문적 체계를 찾아볼 수 없다. 단지 인에 해당하는 만물 만사를 횡적으로 산만하게 분류하여 각각의 영역을 독립적으로 연구한다. 즉, 자연과학, 사회과학, 인문과학으로 분류하여 각각의 영역에서 칸막이식으로 연구하는 학문이다. 그것도 보이는 객관적 사실만을 대상으로 물질론적, 기계론적 그리고 분석적 환원주의로 연구하는 것이 특징이다.

삼재원리를 구성하고 있는 天·地·人 삼재 간의 상호작용과 삼재를 구성하고 있는 만사 만물들을 구체적으로 분류하고, 이렇게 분류한 삼재 간의 상호작용을 나타낸 개념과 이론으로 무극에서 태극, 태극에서 음양, 음양으로부터 사상 팔괘 64괘로 분화한 이론체계와 오행론이 있다.

오행론에는 단순히 목화토금수 오행의 개념과 이들 간의 상호작용을 나타낸 이론체계가 있고, 음양오행의 원리에 의하여 하늘과 땅의 순환원리를 나타낸 10천간(天干)인 오운(五運)과 12지지(地支)인 육기(六氣)가 있다. 전자는 우주 삼라만상과 만사를 오행으로 분류하고 이들 간의 관계를 상생(相生), 상극(相剋)의 상호관계로 이해, 설명하는 이론체계이다. 후자는 우주 순환원리에 의하여 하늘에는 10천간 음양오행의 운이 순환하고 지구에는 12지지 음양오행의 기가 순환하는 교류작용이 만사만물에 상생, 상극 관계를 통해 사물에 어떤 작용과 변화를 일으키는가를 설명하는 이론체계이다.

이상 주역학의 기본개념과 이론에 해당되는 무극, 태극, 천지인 삼재론, 음양, 사상, 팔괘, 64괘, 오행론 그리고 천간지지론은 우주론적 순환론적 자연의 이치 차원에서 포괄적이고 유기체적으로 만물 만사를 이해, 설명, 기술하는 기초학의 기본이 되는 개념과 이론이라고 볼 수 있다. 이들 개념과 이론의 구체적이고 자세한 설명은 '제3부 주역학의 기본개념과 이론'에서 설명하고자 한다.

3. 응용 주역학

위에서 기술한 기초학의 개념과 이론에 입각하여 인간의 여러 가지 실제적인 문제들을 대처하고 해결하며 극복하기 위하여 구체적이고 실용적 차원에서 실제적인 생활에 접목·응용하여 도움을 줄 수 있는 학문인 소위 응용 주역학으로서 먼저, 상수역으로 동양오술인 명(命)·복(卜)·상(相)·의(醫)·산학(山學), 천문, 기상, 역법, 병법, 율려, 음률, 서화, 무용, 수학 등이 있고, 의리역으로는 유가, 도가, 묵가, 제자백가와 성리학 등이 있다.

이들 학문은 앞에서 서술한 주역학의 기초이론을 인간의 실제생활에 접목하고 응용하여 구체적인 문제들에 대처하기 위해 만들어진 응용학문 분야라고 볼 수 있다. 특히 동양오술은 인간의 일상생활 문제들을 해결하고 극복하는 데 실제적으로 도움을 주는 예측을 통한 피흉추길, 즉 흉한 것은 피하고 길한 것은 적극적으로 나아가기 위한 목적으로 만들어진 전문 응용과학기술 분야라고 할 수 있다.

주역학의 관념적이고 추상적인 철학사상이 최종적으로 인간생활에 구체적이고 실용적으로 실제 생활에 어떻게 도움을 주고 있는가를 이해하기 위해서는 동양오술인 응용과학기술을 실제 습득하고 생활에서 구체적으로 어떻게 활용되고 있는가를 경험하고 체험하여야 그 학문적 의미와 가치를 실감할 수 있다. 그리고 현대사회의 서양과학기술과 비교하여 그 가치와 의미를 새롭게 인식할 수 있다. 그렇게 되면 서양과학기술의 최고 메카인 하버드·예일보다 동양과학기술의 최고의 메카인 미아리철학관이 더 위대하다는 것을 저절로 알 수가 있다. 그러면서 무궁무진한 학문적 의미와 가치 그리고 배우고 연구할 내용에 가슴이 뛰는 흥분을 느낀다.

고 김우제 선생은 동양오술에 대해 다음과 같이 나타내고 있다. 동양오술은 인류가 더 행복한 삶을 추구하기 위해 구체적으로 설계한 피흉추길(避凶趨吉)의 기술, 즉 응용과학기술로서 명(命)·복(卜)·의(醫)·상(相)·산(山) 다섯 가지의 술수로 이뤄져 있다. 이 오술을 정면에서 보면 매우 독특한 성질을 갖춘 술법이며, 이것을 측면에서 살펴보면 오술은 저마다 매우 밀접하고 미묘한 횡적인 연고관계가 있다. 여기서 횡적인 연고관계란 기와 음양오행론으로 일관되게 체계화되어 있음을 말한다. 이러한 동양오술 각 분야에 대한 자세한 내용은 제4부 주역학 각론에서 구체적으로 서술하였다.

이와 같은 주역학의 철학, 기초학 이론의 학문적 연원은 천부경(天符經), 하도낙서(河圖 洛書), 주역(周易), 그리고 서경(書經)의 홍범구주(洪範九疇)에서 비롯된 것이다.

천부경은 한국철학사상의 뿌리로서 주역의 이치가 천부경의 이치와 아주 유사하다. 그래서 상고시대의 천부경과 주역사상은 결국 한 뿌리에서 나온 것이라고 볼 수 있다는 것이다. 하도(河圖)는 우주의 운행을 흰 점 25개와 검은 점 30개로 표현한 도본으로, 이를 보고 천지창조와 만물생성의 이치를 깨달아 복희씨가 처음으로 주역(周易) 팔괘를 그렸으며, 음양과 오행의 작용 등 만물생성의 이치를 담고 있다. 낙서(洛書)는 낙수에 나타난 신령스런 거북의 등에 45개의 점으로 된

무늬가 있었는데, 하나라의 우(禹)씨는 이 무늬에서 오행이 서로 상극하며 조절하는 작용을 깨우쳐 9년 동안의 홍수를 다스릴 수 있었다고 전한다.

사서삼경 중 서경의 홍범구주는 우왕이 만든 9가지 정치대법으로 제일 첫 번째 범주로 오행을 들고 있다. 홍범구주는 주역과는 표리관계에 있다. 그래서 홍범이 정치학이라면 주역은 우주학이요, 홍범이 오행학설이라면 주역은 음양학설이다.

주역학의 철학, 기초학, 응용학 분야를 종합적으로 통합하고 체계화하여 간단히 표로 나타내면 아래의 <그림 9-1>과 같다.

아래의 <그림 9-1>을 구체적으로 설명하면 먼저 왼쪽의 철학, 역사 부문에서 철학은 주역철학의 기본 개념들인 기(氣), 기(器), 신(神), 도(道), 리(理)를 나열해놓은 것이다. 이는 우주의 본체를 의미한다. 그리고 역사는 동양과학기술의 학문적 근원을 역사적 발달순서대로 천부경, 하도낙서, 주역, 그리고 홍범구주를 나타냈다. 동양학 최고의 학문은 우리나라 삼대경전 중의 하나인 천부경이고, 그다음 하도에서 복희씨가 선천팔괘를 그려 주역이 최초로 탄생하였고, 문왕이 낙서를 보고 후천팔괘를 그렸다.

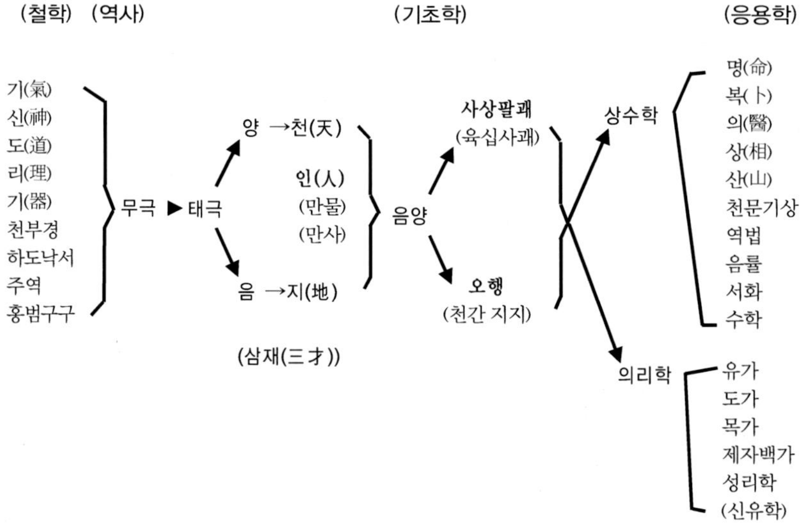

〈그림 9-1〉 주역학(기(氣)학)의 학문적 체계

천부경과 주역에서 처음으로 태극과 음양론 그리고 삼재론이 나왔으며, 서경의 홍범구주에서 오행의 개념이 최초로 구체적인 내용으로 나타났다. 물론 홍범구주 이전 주역의 근원인 하도낙서에 오행의 이치가 내재되어 있고, 주역의 경문에도 오행의 개념을 함의하고 있으나, 오행의 개념을 문자로 구체적으로 나타낸 것은 홍범구주가 최초이다.

기초학에 해당하는 개념과 이론으로서 무극, 태극과 천지인삼재 그리고 음양론이 있다. 즉, 무극에서 태극이 나오고, 태극에서 가볍고 맑은 양의 기운은 하늘이 되었고 무겁고 탁한 음의 기운은 땅이 되었다. 그리고 하늘과 땅의 상호작용 속에 만물 만사인 인간이 태어나서 삼재가 되었다. 삼재, 즉 하늘과 땅 그리고 인간을 비롯한 만물 만사 간의 관계를 나타낸 가장 기본적인 이론체계가 음양론이다. 그리고 음양론에서 다시 하나는 사상, 팔괘, 육십사괘로 분화되어 나갔고, 다른 하나는 오행론과 천간지지로 발달하였다. 이런 점에서 기초 주역학의 가장 기본이 되는 개념과 이론은 음양론, 즉 태극이라고 볼 수 있다. 음양론 하나의 개념과 이론이 동양과학기술 전 분야를 포괄해서 설명하고 있다고 해도 과언이 아니다.

음양론을 더 구체화하면 사상, 팔괘론, 육십사괘론 그리고 오행론이고 음양오행론을 천기에 적용하여 더 구체화한 개념과 이론이 천간지지론이다.

음양론 이전, 즉 음양이 분화되기 이전의 개념은 태극이고, 태극 이전은 무극이다. 무극은 기 하나의 개념으로 나타낸 우주가 탄생하기 이전의 상황을 나타낸 개념이다. 무극과 태극의 차이점은 무극은 음양의 기운이 나타나기 이전 일기의 상태이고, 태극은 음양의 기운을 잠재적으로 갖고 있는 분화되기 이전의 상태로 볼 수 있다. 학자에 따라서 무극과 태극을 같은 개념, 즉 일기(一氣)로 보는 경우도 있다.

응용학 분야는 일상적으로 많은 국민들이 실생활에 사용하는 전문 분야로 상수역과 의리역이 있다. 상수역에는 동양오술인 명리학, 점술, 의학, 정신수련(산학) 그리고 상학이 있으며, 이 외에 천문, 기상, 음악, 음율, 수학, 무용 등이 있다. 의리역으로는 유가, 도가, 묵가, 제자백가와 성리학 등이 있다 이에 대한 자세한 서술은 제4부 주역학의 각론에서 하고자 한다.

우주가 내 손안에 있소이다

주역학의 학문적 체계를 보면 서양과학에 비해 개념과 이론이 그렇게 복잡하지 않고 매우 간단하고 체계화가 잘 되어 있다. 즉, 기라는 하나의 실체와 기의 작용과 변화 원리를 나타낸 개념과 이론인 무극·태극과 음양오행론이 전부이다. 무극·태극은 이념적 상징적인 개념이자 일기(一氣)를 나타낸 개념이고, 실제세계에 구체적으로 활용되는 개념과 이론은 기와 음양오행론이다. 즉, 기와 음양오행론으로 우주 삼라만상의 현상을 이해하고 설명하는 학문이다. 따라서 기와 음양오행론의 개념과 이론에 통달하면 동양학은 거의 완성되었다고 볼 수 있다.

복잡한 서양분석과학을 전문 분야별로 다양한 개념과 이론을 배우고 연구하다가, 동양과학기술의 간단한 개념과 이론체계로 모든 것을 나타내는 것을 보면 믿어지지 않을 정도로 신기하기도 하다. 그러나 구체적이고 실용적인 동양응용과학기술 분야에 해당하는 동양오술과 천문기상 등을 배우고 연구하고 실제생활에 적용해보면, 그 의미와 가치를 생생하게 인식할 수 있다.

원래 발달된 학문과 과학기술일수록 배우기 쉽고 간단한데, 복잡한 서양과학기술에 편향되어 있어서 이를 보고도 그 의미와 가치를 모르고 또한 믿어지지도 않는다.

기초학에 해당하는 태극, 음양오행과 사상팔괘 그리고 천간지지를 모두 그릴 수 있는 것이 우리 몸의 손이다. 즉, 우리 몸의 손바닥에 태극 음양오행론을 그려넣을 수 있다. 그 구체적인 그림이 아래 그림들이다.

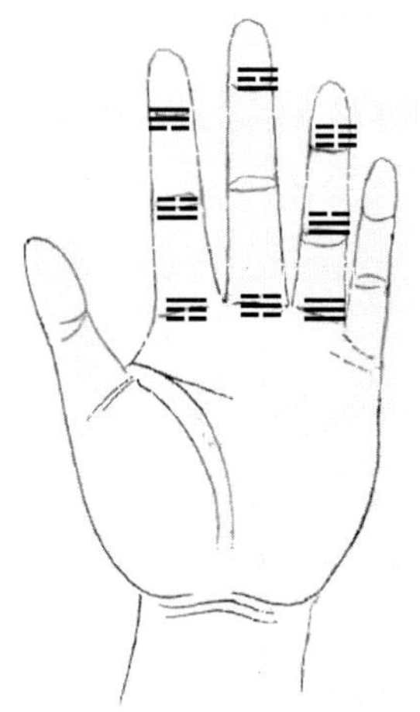

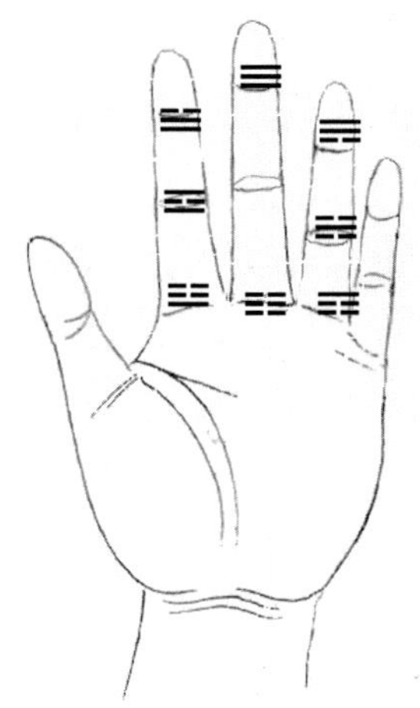

〈그림 9-2〉 손바닥의 선천팔괘　　〈그림 9-3〉 손바닥의 후천팔괘

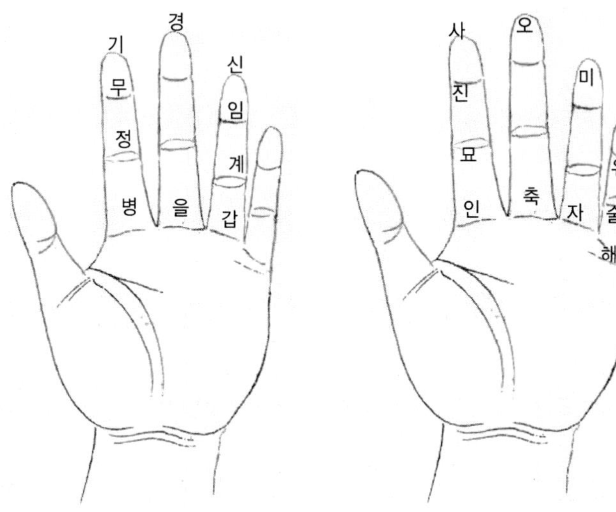

〈그림 9-4〉 손바닥의 10천간   〈그림 9-5〉 손바닥의 12지지

주역학이 우주론적 학문이고 그 가장 기본적인 개념과 이론이 기와 음양오행론이며, 이를 구체적으로 표현한 선천팔괘(<그림 9-2>), 후천팔괘(<그림 9-3>) 그리고 천간(<그림 9-4>) 지지(<그림 9-5>)를 손바닥에 모두 그려 넣을 수 있으니까 '우주가 내 손안에 있소이다'라는 옛말은 여기에서 나왔다. 손바닥 안에 그려 넣은 음양오행론의 구체적인 표현인 주역팔괘와 천간지지로 우주 삼라만상을 알 수가 있기 때문에 '우주가 내 손안에 있소이다'고 하였다.

서양은 지구 밖으로 떠나거나 고배율 망원경, 즉 허블망원경을 동원해야 우주를 이해하지만, 동양은 자기 손바닥의 손금으로도 우주를 이해할 수 있다. 서양의 우주론적 이해는 엄청난 돈과 노력이 들지만, 동양의 우주는 수천 년 전 우리 조상들의 연구업적 유산으로 쉽게 배우고 이해할 수 있다. 그리고 내용 면에서도 동양의 손바닥 우주론이 더 실용적이고 인간생활에 더 의미가 있고 도움을 준다.

예를 들면 서양에서 우주를 연구한 내용을 보면 빅뱅설이니, 수십 억 년 전후에 어떻고, 빛이 일초 동안에 30만Km를 가는데 일 년 동안에 가는 거리를 일 광년이라고 하며, 하늘의 별들 중에는 몇백만 광년이니, 몇억 광년 거리로 떨어진 별들이 있다는 어마어마한 말을 하지만, 내용 면에서 인간생활에 의미 있는 내용이 별로 없다. 그러나 동양과학기술에서는 손바닥의 손금을 만지면서 갑자 을축 병인 등의 육갑을 짚으면서 인간의 미래 운명이 어떻고, 내년에 가뭄이 들고 또는 비가 많이 오겠다느니, 정치 경제적으로 국가에 무슨 일이 일어난다 하면서 실제 인간생활에 실용적이고 궁금한 일을 의미 있게 가르쳐주고 대비하도록 해준다.

동양과학기술인 역학 역술이 이렇게 인간생활에 도움을 주는 구체적인 정보를 제공해주니까, 제도권에서 그렇게 미신이고 비과학이라고 홀대해도 없어지기는커녕 계속 존속하고 확대되고 있지 않은가?

진리는 아무리 없애려고 해도 없어질 수가 없다. 다만 학문적 운이 비색해서 서양과학기술의 위세에 눌려서 음지에서 찬밥 신세일 뿐이다.

원래 역학의 운명론뿐만 아니라 '만물은 유전한다'는 서구의 고대 철학자의 말과 같이 모든 만물 만사는 진리 비진리, 선과 악에 관계없이 음양 간에 성쇠가 있을 뿐이다.

제10장 주역학의 학문적 인식모형

인식모형(패러다임)이란 사물을 인식하는 인식의 범위와 시각 내지 접근방법에 관한 체계이다

주역학의 학문적 인식모형을 고찰하는 것은 단순히 주역학 상호 간의 분별뿐만 아니라 서양과학과의 상호관계를 비교 고찰하는 데도 의미가 있다.

현대사회는 동서양의 상호교류가 거의 일반화된 시대이다. 그래서 동서양 간의 문화적 정치경제적 거리가 거의 없어질 정도로 교류와 이해가 매우 빈번하고 용이해졌다. 이에 비해서 동서양의 전통적 학문 간에는 전혀 교류가 없으며 완전히 벽을 쌓고 있다. 실제적인 정치, 경제, 사회, 문화적 생활의 교류와 이해는 많이 이뤄지고 있는데 비해 동서양의 전통적 학문 간에는 거의 이뤄지지 않고 있다. 진정한 세계화는 학문적 영역들에서 먼저 일어나야 하는 것이 아닌가? 참으로 기이한 현상이다.

더욱 이해가 되지 않는 것은 동아시아 국가인 한·중·일의 제도권 교육학문세계는 서양과학기술이 지배적이고, 주역에서 비롯된 동양과학기술인 역학 역술은 제도권에서 거의 가르치고 연구하지 않는다. 실제생활에서 동서양 상호 간에 교류가 이뤄지는 것과 동시에 학문도 동서양 학문 간에 교류되는 것이 자연스러운 데 말이다. 동양사회인데도 불구하고 동양학은 전혀 가르치지 않고 배척하면서 오직 서양과학 일색이다.

동서양의 학문을 종합적으로 상호비교 고찰하여 학문적으로 어떤 차이와 의미가 있는가를 고찰하는 것이 필요하다. 그래서 인정할 것은 인정하여 상호 보완적이고 발전적으로 고찰하는 것이 필요하다.

그러면 주역학의 학문적 인식모형의 관점에서 동양학문 간의 관계뿐만 아니라 동서양의 학문을 상호 비교하고자 한다.

제1절 인식모형이란?

주역학의 학문적 인식모형이란 주역학에서 우주 삼라만상의 사물을 인식하는

범위와 변수들 간의 관계, 궁극적인 실체와 이론, 그리고 사물을 인식하는 접근 방법에 관한 연구 분야를 의미한다. 즉, 주역학에서는 우주 삼라만상의 어느 부분까지를 학문적 연구의 인식범위로 하였으며, 각 부분 간의 관계를 어떤 관계로 보고, 우주 삼라만상을 이루고 있는 궁극적인 실체와 이론이 무엇이고, 어느 위치에서 그리고 어떤 시각에서 사물을 이해, 설명하고자 했는가를 고찰하는 분야이다.

첫째, 인식의 범위란 주역학이 사물을 고찰하는 부분이 어디까지인가 하는 문제이다. 즉, 사물을 고찰하는 시각과 범위를 어디까지 포괄하는가를 연구하는 분야를 의미한다.

우주 삼라만상은 보이는 객관의 세계인 물질세계인 기(器)의 세계가 있고, 객관화가 어려운 기(氣)와 영혼의 세계인 정신세계가 있으며, 그리고 주관적인 인간의 심(心)의 세계가 있다. 여기에서 기(器)의 세계는 눈에 보이는 피상의 세계이고, 정신세계인 기와 신의 세계는 보이지 않는 본질의 세계이다.

주역학에서는 인식의 범위로 이 세 범위를 모두 포괄하고 있다. 즉, 보이는 피상의 세계와 보이지 않는 본질의 세계를 모두 포괄하는 더 완벽한 과학기술적 학문이다.

서양과학에서는 보이지 않는 기와 신 그리고 주관적 심의 세계는 객관성이 없다고 제외시키고 주로 보이는 객관의 세계인 기(器)의 세계만을 인식의 범위 내지 연구의 대상으로 한다. 이에 비해서 주역학은 보이는 세계와 보이지 않는 세계 그리고 주관적 심을 모두 포괄하여 종합적으로 연구한다. 이런 점에서 주역학이 서양과학보다 과학적이고 정확하게 사물을 인식한다.

주역학이 신비롭다는 의미

흔히 서양과학을 하는 사람들은 동양학을 신비스러운 학문이라고 한다. 여기에서 '신비스럽다'는 의미는 객관적 사실에 근거해서 1+1=2라는 식의 기계론적, 물질론적 학문을 하는 사람들의 입장에서는 전혀 이해가 안 되기 때문에 나온 말이라고 생각된다.

그런데 신비스럽지 않고, 분명하고, 명확한 서양과학은 그 범위 내에서는 정확하고 확실하나, 사물의 본질을 제외시키고 형식적인 겉껍데기를 근거로 발달한 학문이다 보니 깊이가 없고 피상적이다.

신비스럽다는 말의 의미는 첫째, 동양과학기술인 역학 역술이 서양과학기술과 패러다임 면에서 새로운 학문이다 보니 전혀 이해를 못해서 나타난 말이다. 동양과학기술을 기초부터 체계적으로 배우고 익혔으면 지금쯤은 그렇게 생각을 하지 않을 것이다. 둘째, 서양과학기술에 비해서 학문적 연구대상이 주로 보이지 않는 정신세계를 대상으로 하는 학문이기 때문이다.

아마도 앞으로 서양과학기술이 더욱 발달하면 주역학의 학문적 영역까지 포괄하는 학문으로 발달할 수 있으나, 그날이 언제 올지 감감하다. 이미 서구에서는 양자물리학자들이 주역에 관심을 갖고 의미 있게 연구하는 것을 보면 주역학의 의미를 이해할 수 있다. 즉, 미신도 비과학도 아니며 차원 높은, 즉 양자물리학적 차원의 과학기술이라고 볼 수 있다.

그래서 지금도 서양과학자들이 이에 도달하기 위해서 수많은 사람들이 연구하고 있지 않는가? 서양과학은 미완성 학문이기 때문에 완성을 위해 수많은 연구를 하고 있다.

그러나 주역학은 이미 완성된 학문이다. 즉, 서양과학이 완성을 위해 도달하고자 하는 경지에 이미 도달해 완성해 놓았다고 볼 수 있다. 주역학은 보이는 세계와 보이지 않는 세계를 포괄하여 이미 완성된 학문이다. 그것이 주역이다. 그런데 이를 보지 못하고 엉뚱한 곳에서 완성을 위해서 수많은 연구를 하고 있으니 답답한 일이 아닐 수 없다. 시간과 자원의 비효율적인 낭비라고 볼 수 있다.

수많은 천재 수재들이 아직도 1+1=2라는 식의 정신 빠진 형식적이고 기계론적 논리에서 벗어나지 못하고 아까운 재능을 썩히고 있다.

둘째, 우주 삼라만상을 구성하고 있는 변수 간의 관계를 어떻게 보는가의 문제이다. 이에 대해 주역학에서는 '우아일체적 전일적 학문'이란 표현으로 나타내고 있다. 우아일체란 인간을 비롯해서 우주 삼라만상의 모든 것은 어느 것도 독립된 것이 없고 상호 영향을 주고받는 관계에 있다는 점과 모든 것은 기(氣)라는 하나의 실체로 구성되어 있다는 것을 나타낸 것이다. 이 우주 삼라만상이 매우 복잡다단하나 태초에 태극이라는 하나의 기에서 수없는 세월이 흐르면서 취산(聚散)된 것이므로, 그 기본적인 실체는 기 하나일 뿐이다. 그리고 모든 변수는 상호 영향을 주고받는 관계에 있으며, 그 영향을 주고받는 것이 가능하게 하는 매체 또한 기이다. 그러므로 우주 삼라만상은 결국 하나이기 때문에 너와 나의 분별이 의미가 없으며, 모두가 같은 동포이고 같은 기체(氣體)다. 양자물리학에서는 에너지일체라고 한다.

그래서 우리나라의 건국이념인 홍익인간(弘益人間)은 단순히 머리에서 나온 것이 아니라, 우주 삼라만상이 하나이기에 모두가 대등한 형제자매라는 의미이다. 그래서 우아일체적 우주론적 관점에서 나온 우주적 기준(universal standard) 또는 우주심은 사랑이다. 유학의 인(仁)과 이상적 세계를 대동사회라고 한 것도 이에서 연유된 것이라고 본다.

셋째, 주역학이 모든 사물을 인식하는 궁극적인 실체와 이론의 얼개는 기와 음양오행론이다. 우주 삼라만상의 모든 사물의 궁극적이고 기본적인 실체를 기로 보았으며, 기의 작용과 변화 원리를 나타낸 개념과 이론으로는 음양오행론이 있다.

넷째, 주역학의 접근방법의 문제이다. 동양학에서는 사물을 고찰하는데 보이지 않는 기와 영혼의 세계가 보이는 세계인 기(器)의 세계를 지배하고 있다는 관점에서 출발한다. 특히 기(氣)의 실체적 관점에서, 우주론적 순환론적 자연의 이치에 의한 변화 원리에 입각하여 개개의 객관적 사물을 고찰하고 있다. 그 변화 원리가 도와 리이고 구체적으로 음양오행론이다. 여기에서 중요한 것은 자연의 이치 앞에 '우주론적'이라는 말이 중요하다. 이는 동양학이 우주론적 시각에서 개개의 사물에 접근하여 고찰한다는 점을 나타낸 것이다.

동서양의 학문을 막론하고 학문을 하는 근본적인 이유는 우주 삼라만상에 대한 이해 설명, 즉 해석을 하고 이에 근거하여 인간이 살아가면서 부딪히는 문제를 해결하고 개선하기 위해서 매일매일 배우고 연구를 한다. 우주 삼라만상을 구체적으로 표현하면 시공간적 자연현상, 사회 국가적 현상, 인간의 현상으로 나눠볼 수 있다.

여기에서 가장 우선적으로 필요한 것이 우주 삼라만상을 이해 설명 해석하기 위한 개념과 이론의 개발이다. 즉, 우주 삼라만상을 이루고 있는 궁극적이고 근본적인 실체와 그 실체의 작용과 변화 원리에 대한 개념과 이론의 발견 내지는 개발이다. 이러한 개념과 이론이 정확하게 제대로 개발이 되어야 우주 삼라만상을 정확하게 고찰할 수 있다. 이러한 개념과 이론을 논리적으로 체계화하여 자연현상, 사회현상, 그리고 인간현상을 나타낸 글을 학문이라고 한다.

학문이란 체계성을 내포하고 있다. 즉, 학문이란 일과 사물을 이해 설명하고 해석하기 위해서 논리적으로 체계화된 글이다. 체계화되어 있지 않은 단편적인 개념과 이론의 조각들의 나열은 학문이 아니다. 학문이란 거듭 말하지만 '논리적으로 체계화된 지식'을 전제로 한다. 물론 체계성에는 논리성을 포함하고 있다.

체계화된 글을 학문이라고 했을 때 학문을 구체적으로 영역별로 나누면 역사, 철학, 사상, 과학기술 등이 있다. 체계적인 글이라는 점에서는 철학사상이나 과학기술이나 차이가 없다. 다만 철학사상은 보다 근본적이고 궁극적인 것을 추구하는 학문이므로 그 학문적 성격이 관념적이고 추상적이어서 구체성과 실용성이 적다. 이에 비해서 과학기술은 보다 실제적인 현상을 추구하는 학문이므로 학문적 성격이 구체적이고 실용적이다. 과학기술도 구체성과 실용성의 정도에 따라서 기초과학과 응용과학이 있다. 기초과학보다 응용과학이 보다 구체적이고 실용적인 학문이다.

예를 들면 주역학에서 철학분야와 관련된 내용으로 우리가 모두 상식적으로 알고 있는 가장 기본적인 우아일체 사상이나 천인합일사상이 있다. 우아일체, 천인합일이라는 개념은 동양학 철학사상의 가장 기본적 개념과 이론이다. 그런데 이러한 이론을 알았다고 해서 인간의 구체적이고 실용적인 행위와 생활에 도움을 주지 못한다. 단지 그러한 사상철학이 있다는 내용을 지식적으로 형식적으로 기억을 하고 있을 뿐이다. 그러면 인간이 살아가면서 부딪히는 구체적인 문제, 즉 건강을 비롯한 각종 사회국가적 개인적 문제에 어떤 도움과 의미를 주는가? 즉, 우아일체나 천인합일적 사상철학을 알았다고 인간에게 어떠한 도움을 주는가? 이는 구체적으로 인간의 행위에 도움을 주지 못한다. 따라서 이러한 내용을 모르는 사람과 다를 것이 무엇인가. 이는 마치 논어, 맹자를 수없이 읽고 익혀서 인간 도리에 관한 충효사상에 학문적으로 도통했다 해도 실제적으로는 인간의 도리와 충효에 반한 행동을 한다면 아무 의미가 없는 것과 같다고 볼 수 있다. 논어 맹자를 수없이 읽고 익혀서 충효사상을 학문적으로 도통을 했을망정 실제 행동은 그렇지 못하다면 그것은 머리로 형식적으로 도통을 한 것이지 진정으로 도통을 한 것은 아니다.

이와 마찬가지로 철학사상적으로 도통을 했다 해도 구체적인 생활에 도움을 주지 못하면 그것은 죽은 철학사상이다. 단지 몽중철학자들의 지적 유희에 지나지 않는다.

철학사상이 생활에 도움을 주고 의미 있기 위해서는 생활에 접목하여 과학기술로 구체화하고 응용을 하여야 한다. 그리고 그러한 과학기술이 기존의 서양 과학기술과 상호보완적이고 보다 새롭고 앞선 과학기술일 때 더욱 의미와 가치가 있다.

주역철학에서는 우주를 구성하고 있는 궁극적인 실체를 무엇으로 보느냐에 따라서 여러 학설이 있다. 앞에서 서술한 바와 같이 기(氣)를 강조하는 유기론, 기(器)를 강조하는 유기론, 신을 강조하는 유신론, 심을 강조하는 유심론, 리와 도를 강조하는 유리론이 있다. 그런데 그 학설적 차이는 근본적인 차이라고 하기보다는 어느 입장을 보다 강조하고 중시하느냐의 차이이다. 즉 다른 학설을 전적으로 부정하지는 않지만 무엇을 보다 강조하고 우선시 하느냐의 차이라고 본다.

무엇이 우선적이고 중요하냐에 따라서 우주 삼라만상에 대한 인식의 출발점이 다르다. 즉, 우주 삼라만상의 궁극적인 실체가 기(氣)냐 신이냐, 기(器)냐 심이냐 또는 도와 리냐에 따라서 인식의 출발점이 다르고 그에 따라서 그 이후의 학문의 전개내용이 다르다고 볼 수 있다.

보이는 세계를 연구하는 서양과학에서와 같이 보이지 않는 세계를 연구하는 주역학에서도 학설적 차이가 많음은 매한가지이다.

주역학적 본체론의 각 학설의 차이점이 우주를 구성하고 있는 궁극적 실체들 중에서 어느 것을 강조하고 중시하느냐 하는 데서 나타난 차이라면, 각각의 실체들이 모두 우주를 구성하고 있는 실체라고 볼 수 있다. 다만 어느 것을 우선적으로 중시하고 강조하느냐 하는 차이이다. 그렇다면 이들 간의 관계가 어떠한가를 종합적으로 구체적으로 밝혀야 하는 일도 필요하다고 본다. 즉, 기(氣)·기(器)·신·심 그리고 도와 리 간의 상호관계가 어떠한 것인가를 밝혀야 이들의 개념이 보다 명확해질 수 있다. 뿐만 아니라 학문 간의 장단점과 문제점 그리고 한계점을 인식할 수 있는 분별력이 생길 수 있다.

주역학에서 우주 삼라만상의 가장 기본적인 실체적 개념으로는 기(氣)·신·기(器)·심의 개념이라고 볼 수 있다. 그리고 기(氣)의 작용과 변화 원리에 해당하는 법칙적이고 이론적인 것으로는 도와 리가 있다.

이들의 관계를 살펴보면 먼저 기(氣)의 작용과 변화 원리에 의하여 형상화된 것을 기(器)라고 할 수 있다. 여기에서 형상화된 기(器)란 첫째, 기(氣)의 작용과 변화 원리에 의하여 물질화된 것을 의미하고, 둘째, 객관적으로 파악이 가능한 자연적 사회적 현상을 의미한다. 즉, 기(器: 사물)는 물질적 기(器)와 현상적인 기(器)로 나눠볼 수 있다.

동도서기(東道西器)라고 하는 말에는 동양은 기(氣)의 작용과 변화 원리에 해당하는 근원적인 법칙 또는 이치적인 것인 도를 중시한 것에 비해서, 서양은 기(氣)의 작용과 변화 원리에 의해서 나타난 결과인 객관적인 현상과 물질적인 것인 기적(器的)인 것을 중시하였다는 것을 나타낸 말이다.

기(氣)의 작용과 변화 원리를 나타내는 이치적인 것을 도와 리라고 한다. 즉, 기(氣)는 실체적 개념이고 이 실체가 작용하고 변화하는 규칙적이고 법칙적인 것을 도와 리라고 볼 수 있다. 氣의 작용과 변화 원리에 의하여 물리적인 기(器)로 변화하는 과정은 어떠한 법칙과 이치에 의해서 이뤄지므로 이러한 이치와 법칙을 현대의 자연과학적 물리적 법칙과 유사한 것으로 볼 수 있다. 그리고 사회적 현상을 나타내는 현상적인 기(器)는 사회과학적 법칙에 해당되는 것으로 볼 수 있다. 물론 동양과학에서는 자연현상이나 사회현상을 하나의 동일한 이치인 기(氣)의 작용과 변화 원리로 보기 때문에 구태여 나누어볼 필요가 없으나 인식의 편의를 위해 나눈 것이다.

신과 기(氣)의 관계는 다음과 같다. 신이라는 실체도 기(氣)의 실체로 이뤄졌으나 기(氣)의 작용과 변화 원리인 도와 리로 신의 작용과 변화 원리로 표현이 불가능한 묘한 변화를 신의 작용과 변화 원리라고 볼 수 있다. 즉, 신도 기(氣)라는 실체로 이뤄졌으나 그 작용과 변화는 기(氣)와 다르게 법칙적이고 원리적인 도와 리로 표현이 불가능한 신묘한 작용을 말한다. 그리고 인격적 신의 개념도 있다.

이상 주역학의 기본개념인 기(氣)·신·기(器)·심·도·리의 개념 간의 관계를 살펴보았으며 주역학은 몇 안 되는 개념으로 우주 삼라만상에 관한 학문인 철학 과학을 일관되게 기술하고 설명하고 있는 것이 특징이다. 즉, 기(氣)의 작용과 변화 원리인 도와 리로 기적(器的)인 것을 이해 설명하고 법칙적인 도와 리로 설명이 안 되는 것은 신의 작용인 것으로 본다.

주역학에서는 보이지 않는 세계인 기와 신의 세계를 더 중시한다

주역학의 기본개념 간의 관계를 설명한 것에 근거해서 보면 객관적 사물의 세계인 기(器)의 세계와 객관적으로 파악이 어려운 기(氣)와 신의 세계 그리고 주관적인 심의 세계로 볼 수 있는데 주역학에서는 보이지 않는 기(氣)와 신의 세계를 더 중시하고 강조하였다. 즉, 보이지 않는 기(氣)와 신의 세계가 보이는 객관적 사물의 세계인 기(器)의 세계를 지배하는 것으로 보고 기(氣)와 신의 세계의 작용과 변화 원리의 관점에서 모든 기적(器的)인 객관적 사물의 현상을 고찰하고자 하였다.

이를 다시 말하면 우주 삼라만상의 변화 현상을 기(氣)·신·기(器)·심의 상호작용에 의한 다차원의 포괄적으로 나타나는 것으로 인식하고 있으나 이들 중의 보다 중요한 것은 기(氣)와 신 그리고 심의 세계로서 이들이 기(器)의 세계인 사물을 지배하고 있는 것을 주역학에서는 인식의 출발점으로 하고 있다고 볼 수 있다.

주역은 다차원 세계의 표상

세계적인 주역 연구가인 독일의 리하르트 빌헬름(Richard Wilhelm)이 쓴 『주역강의』에서 보면, 주역학인 주역은 기(氣)·신(神)·기(器)·심(心)의 상호작용에 의해서 나타나는 우주 삼라만상의 다차원적 세계를 포괄적인 방법으로 고찰하여 체계화한 학문임을 나타내고 있다.

즉, 그의 『주역강의』 서문에서 동양과학의 최고 경전인 역경(易經)의 학문적 성격을 나타낸 내용을 보면, 주역은 '인간의 의식적인 삶에서부터 무의식적인 영역으로 더욱 깊이 파고 들어가 …… 우주-영혼의 체험에 대한 통일적 이미지를 전달해준다'고 표현하고 있다. '우주-영혼의 체험'이란 직관적 체험에 의한 인식이라고 볼 수 있다. 여기서 의식, 무의식의 세계는 인간의 심(心)의 세계를 나타낸 것이고, 우주는 기(氣)와 기(器)의 세계, 영혼은 신(神)의 세계를 나타낸 것이라고 볼 수 있다. 따라서 역경이 나타내고자 하는 세계는 앞에서 언급한 기(氣), 기(器), 신(神), 심(心)의 세계의 상호작용을 나타낸 다차원 세계의 표상이라고 볼 수 있다.

리하르트 빌헬름의 아들인 헬무트 빌헬름도 역경의 심원한 철학적 의미를 알아내기 위해 애써왔고, "역경의 체계는 다차원 세계의 표상이다"라는 결론을 내렸다. 이 세계, 즉 다차원 세계 내에는 불변하면서 규칙적으로 변화하는 패턴이 있다는 것이다. 그 패턴이 있기 때문에 학문적으로 표현이 가능하고, 그것을 구체적으로 나타낸 학문이 주역이다. 그 패턴을 구체적으로 나타낸 개념과 이론을 태극 음양오행론이라고 할 수 있다.

일반적으로 볼 때 주역학의 인식의 출발점은 보이지 않는 기(氣)와 신의 세계가 보이는 객관의 세계인 기(器)의 세계를 지배하는 것으로 보고, 기(氣)와 신의 작용과 변화 원리에 입각하여 우주 삼라만상을 이해하고 설명하고자 하였다. 그리고 인간의 주관적 심의 기능을 중시하였다. 그래서 인간의 주관적 의식이 인간외계의 사물에 미치는 영향을 중시하여 인간의 마음을 닦고, 수양하며, 수행하는 행위를 중시하였다. 기(氣)와 신 그리고 심의 작용과 변화 원리를 구체적으로 나타낸 개념과 이론이 태극, 음양오행론, 사상, 팔괘론 등이다.

동양과학의 인식론적 체계를 간단하게 그림으로 나타내면 다음 쪽에 있는 <그림 10-1>과 같다.

먼저 인간을 중심으로 고찰하면 인간에 영향을 주는 모든 우주 삼라만상의 큰 변수로는 천기·지기·기(器: 만물, 만사)·신(상제, 하느님, 샤머니즘적 신)으로 크게 나눠볼 수 있다. 인간은 더 구체적으로 영(靈)·심·육 세 가지의 구성체로 볼 수 있다.

인간을 비롯한 천기·지기·기(器)·신 모두의 가장 기본적인 구성체는 기(氣)라고 볼 수 있다. 그리고 인간을 비롯한 우주 삼라만상은 서로 독립된 것들이 아니고, 유기적으로 상호 밀접하게 영향을 주고받는 의존관계에 있다. 그런데 그 구체적인 영향을 주고받는 의존관계를 가능케 하는 실질적인 매개체는 기(氣)라고 볼 수 있다. 그러므로 주역학에서 우주 삼라만상의 인식모형은 거듭 말하지만 기(氣) 일원론이라고 할 수 있다. 따라서 기의 관점에서 볼 때 인간과 만물 만사는 하나이다.

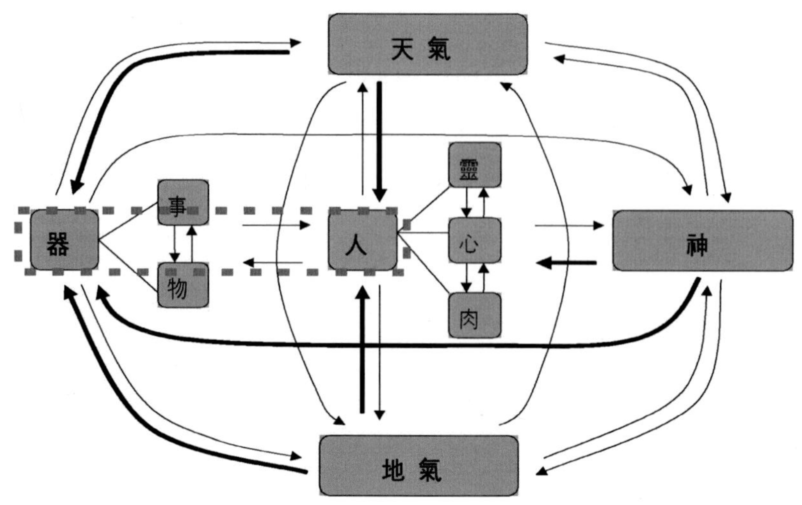

〈그림 10-1〉 주역학의 우아일체적(宇我一體的(universal unitary whole))학문의 인식모형

여기서 기일원론이라는 표현이 단순히 인간을 비롯한 우주 삼라만상을 표현하기 위해서 주역학자들이 임의로 비과학적으로 묘사한 것이 아니고 과학적 근거가 있는 내용이다. 이 점은 양자역학이 발달하면서 입증되고 있다.

양자역학자들은 우주 삼라만상을 에너지 일원론으로 나타내고 있다. 그래서 현대 물리학자들의 주장도 우주 삼라만상은 모두 분리된 것이 아니고 하나라는 것이다. 그런데 양자역학의 에너지 개념과 주역학의 기 개념은 매우 유사하다. 이것은 동일한 개념을 용어를 다르게 표현한 것뿐이다.

<그림 10-1>에서 구체적인 변수들 간의 관계를 나타낸 기(氣)의 작용과 변화 원리를 도와 리라고 볼 수 있다. 도와 리에 해당되는 우주 삼라만상의 구성 원리와 변화 원리 및 작용을 나타낸, 소위 과학적 모형(scientific model)이 태극과 음양오행론이다. 이를 구체적으로 말하면 태극, 음양, 사상, 팔괘, 육십사괘, 그리고 천간지지와 오행론이다.

위의 그림에서 '우아일체적 학문의 인식모형'이란 개념이 있다. 이는 주역학의 학문적 접근이 우주론적이며, 우주와 내가 하나라는 의미를 나타낸 것이다. 우주론적이란 미시적인 서양과학과 대비되며 이는 우주론적 큰 틀에서 인간과 사물을 고찰하는 학문을 의미한다.

우주 삼라만상과 인간이 하나라는 것은 앞에서 거듭 설명한 바와 같이 모든 것이 태극일기(一氣)에서 비롯되었으므로 당연히 하나이다. 우주와 내가 하나인데 이를 구체적으로 대별해서 관계를 나타내보면, 우주는 대우주이고 인간과 사물은 소우주라는 것이다. 그래서 대우주인 천지자연과 소우주인 인간은 하나이기 때문에 상호 영향을 주고받는 관계에 있다는 의미이다.

대우주인 자연과 소우주인 인간과 하나라는 의미는 각각의 구성체가 기라는 하나의 실체로 이뤄져 있고 또한 인간과 자연은 기라는 실체를 매체로 해서 상호 영향을 주고받는 관계에 있다는 것을 의미한다. 이것이 주역의 우주관이고 세계관이다. 상호 영향을 주고받는 구체적인 관계를 나타낸 개념과 이론이 음양오행론이다.

<그림 10-1>에서 각 구성요소 간에 상호작용을 나타낸 화살표 중에서 더 굵게 표시한 것과 그렇지 않은 것이 있다. 더 굵게 표시한 것은 더 많은 영향을 준다는 것을 나타낸 것이다. 즉, 모든 구성요소들은 어느 것이고 독립적으로 존재하는 것은 없고, 모두 상호 영향을 주고받는 관계에 있는데, 인간과 사물인 기(器)는 하늘과 땅의 기(氣) 그리고 신의 영향을 더 많이 받고 있다는 것을 나타낸 것이다. 즉, 인간과 사물인 기(器)는 천기·지기·신에 대해 종속변수적 위치에 있고, 천기·지기·신은 독립변수적 위치에 있다는 것이다.

다만 마음을 우주의 본체로 보는 유심론의 입장에서는 인간의 주관적 심이 인간 밖의 사물에 주체적으로 대응할 수 있는 것으로 보고 있다. 그래서 인간의 마음을 어떻게 닦고 수행하느냐에 따라서 우주 삼라만상의 주체가 될 수 있고 그렇지 않을 수도 있다는 것이다. 대만의 남회근 국사는 그의 『주역강의』에서 인간과 우주의 관계를 다음과 같이 언급하고 있다.

> "인간은 우주의 운행법칙에 지배 종속을 받고 있기 때문에 이를 벗어날 방법이 없다. 만약 심신 양면의 수련에 성공한다면, 그때야 비로소 이 법칙에서 벗어날 수 있다. 우주 법칙을 벗어날 수 있으면 곧 초인이다. 그렇게 되면 우주를 초월하는 역량을 갖게 된다. 도교에서 장생불사를 감히 말할 수 있는 것도 그들이 이런 법칙을 장악하고 있기 때문이다."

따라서 이들은 인간이 마음먹기에 따라서 세상사가 달라지니 심이 본체라는 것이다. 이것은 다른 말로 하면 보이지 않는 천기·지기·신·심의 기(氣)가 보이는 기(器)와 인간의 육의 세계를 지배하고 있다는 것을 의미한다. 따라서 인간과 만물 만사는 보이지 않는 천기, 지기, 신, 인간의 심의 지배를 받고 있으므로 인간을 비롯한 만물 만사를 제대로 이해, 설명하려면 보이지 않는 천·지·신 그리고 인간의 심의 세계를 알아야 하며, 이를 위해서 우리 조상들이 수천 년간 연구하여 체계화한 학문이 주역에서 비롯한 동양과학기술인 역학과 역술이다. 그래서 동양과학기술인 역학 역술을 우주론적 근본적인 학문이라고 하는 것이다.

이런 점에서 주역학을 연구한 우리 선조들의 학문적 식견과 수준은 보이는 사실만을 근거로 체계화한 서양학에 비해서 가히 상상할 수 없도록 높다고 볼 수 있다.

위의 <그림 10-1>에서 나타낸 것을 근거로 해서 주역학자들 사이에 회자되는 말이 있다.

천기에 대한 학문에 도통하면 상통천문(上通天文)이라 하고, 인간과 사물에 관한 학문에 도통을 하면 중찰인사(中察人事)라 하며, 지기에 대한 학문에 도통하면 하달지리(下達地理)라고 하는 말이 있다. 이 세 가지, 즉 천문, 지리, 인사에 능통하면 도통해서 무불통지가 된다는 것이다. 즉, 인간과 우주 삼라만상에 대해서 모르는 것이 없다는 것이다.

공자가 주역을 해설한 해설서인 계사상전 제4장과 계사하전 제1장에 주역을 만든 학문적 근거와 범위를 나타낸 표현이 있다.

계사상전 제4장에

易이 與天地準이라 故로 能彌綸天地之道하나니. 仰以觀於天文하고 俯以察於地理라 是故로 知幽明之故하며 原始返終이라 故로 知死生之說하며 精氣爲物이오 游魂爲變이라 是故로 知鬼神之情狀하나니라.
▶ 역이 여천지준이라 고로 능미륜천지지도하나니. 앙이관어천문하고 부이찰어지리라 시고로 지유명지고하며 원시반종이라 고로 지사생지설하며 정기위물이오 유혼위변이라 시고로 지귀신지정상하나니라.

위의 문장을 해석하면 다음과 같다.

직역: 역이 천지와 더불어 기준을 함이라. 그러므로 능히 천지의 도를 미륜하느니라. 우러러서는 천문을 보고, 구부려서는 지리를 살피니라. 이런 까닭에 그 윽하고 밝은 연고를 알며, 시(始)를 근원으로 하고 종(終)을 돌이키느니라. 그러므로 죽고 사는 말을 알며, 정과 기가 물건이 되고 혼이 놀아서 변이 됨이라.

이런 까닭에 귀신의 정상을 아느니라.

의역: 역이라는 책이 천지의 도와 더불어 같으니, 천지의 모든 일을 다 엮어 빠짐없이 경륜한다는 뜻이다. 역을 짓기 위해서 하늘과 땅을 관찰하였으므로 유명의 까닭을 알고, 죽고 사는 일을 알고, 귀신의 세계까지도 안다.

역은 천지의 준칙이기 때문에 천지의 도를 모두 포괄할 수 있다. 위로는 천문을 관찰하고, 아래로는 지리를 살폈기에, 눈에 보이는 것뿐 아니라 보이지 않는 것까지도 그 근원을 안다. 시작과 끝을 알기 때문에 생사의 문제를 알 수 있다. 정기가 물이 되고, 유혼이 변화하니 귀신의 정상을 안다.

주역이 동양문화에서 차지하는 위치는 "경전 중의 경전이요, 학문 중의 학문이며, 철학 중의 철학이다"는 말과 사서오경 등 일체의 사상이 주역으로부터 유래하는 최정점의 사상이라는 말을 여기에서 알 수 있다.

대만의 남회근 국사는 『주역강의』에서 위의 글을 근거로 다음과 같이 언급하였다.

첫째, 주역은 모든 학문의 표준이기 때문에 인사나 물리를 막론하고 모두 이것을 법칙으로 삼는다는 것이다. 다시 말해 화학이든 물리든 수학이든, 자연과학이든 인문과학이든, 정치든 경제든 사회든 문학이든 예술이든 모두 이 법칙을 벗어날 수 없다는 것이다. '천지의 표준'이라는 것은 우주 최고의 표준이요, 최고의 논리이다. 그런데 그 우주의 모든 법칙이 주역에 들어 있다는 의미이다.

둘째, 역경은 관념적 유희가 아니라는 것이다. 이것은 과학적인 절차를 거쳐 확립된 학문이다. 즉, "위로는 천문을 관찰하고, 아래로는 지리를 살펴" 연구를 거듭한 결과인 것이다. 다시 말해 과학적 관찰에 입각해서 천지의 법칙을 알아내려고 했다.

셋째, 주역이 포괄하는 학문적 범위가 유명(幽明)의 세계라는 것이다. 유(幽)의 세계란 눈에 보이지 않는 세계를 말한다. 종교에서 말하는 하나님이니 천당 지옥과 같은 세계를 의미한다. 명(明)이란 우리 눈앞에 널려 있는 모든 것들을 의미한다. 따라서 역경의 이치를 이해할 수 있다면, 눈에 보이는 것뿐만 아니라 보이지 않는 귀신의 세계까지도 그 근원을 알 수 있다. 이뿐만 아니라 시작과 끝을 알기 때문에 생사의 문제도 알 수 있다. 또한 귀신도 인간이 수중에 장악해서 인간의 명령에 따르게 할 수 있다. 역경을 배우면 귀신을 두려워하지도 않고 도리어 귀신을 자기의 명령에 따르게 할 수 있다는 것이다.

계사하전 제2장에는

직역: 옛적에 포희씨가 천하의 왕을 할 적에 우러러서는 하늘의 형상을 보고, 구부려서는 땅의 법을 보며, 새와 짐승의 무늬와 땅의 마땅함을 보며, 가까이는 저 몸에서 취하고 멀리는 저 물건에서 취하여, 이에 비로소 팔괘를 지음으로써 신명의 덕을 통하여 만물의 실정을 같이하니

의역: 주역의 가장 기본적인 출발점인 팔괘를 만든 연구과정을 나타낸 것이다. 즉, 팔괘를 그릴 때 그 근거를 천문과 지리, 각종사물과 인간을 두루 관찰하여 팔괘를 지었다는 것을 의미한다. 즉, 오랜 세월 동안 관찰 끝에 과학적 이치를 알아낸 것이 팔괘이다. 팔괘를 그린 이유는 통신명(通神明), 신명의 세계를 알고, 이류만물지정(以類萬物之情), 만물의 실정을 알기 위해서이다. 이는 팔괘의 그림에서 다른 모든 것을 알 수 있다는 것이다. 팔괘는 하나의 유기체적 전체적인 부호논리이므로 무엇이든 다 표현할 수 있다. 즉, 물질세계뿐만 아니라 정신세계까지도 모두 포괄하는 부호논리이다. 천문, 지리, 동물, 식물뿐 아니라 일체의 과학, 철학, 종교 등을 다 포괄한다. 예를 들면 '이통신명지덕(以通神明之德)'은 종교와 관련된다고 볼 수 있다.

아마도 현대서양과학이 현재 미완성 학문이기 때문에 계속 연구하여 점점 발전하여 완성단계에 이르면, 주역학이 이루고자 하는 도통의 단계에 이르게 될 것이다. 즉, 상통천문 하달지리 중찰인사가 이루어지면 도통이 되고, 도통이 되면 우리가 알고자 하는 우주 삼라만상의 모든 것을 알게 되어 무불통지가 되어 학문적 연구가 완성된다고 볼 수 있다.

그때가 언제일까? 1+1=2라는 식의 물질론적, 기계론적이며 객관적 사실만을 진리라고 보는 사실에 근거한 형식적인 현대 서양과학기술적 학문만 고집한다면 요원한 이야기가 될 것이다.

위의 <그림 10-1>과 지금까지 설명한 내용을 종합하여 더 역동적으로 다르게 나타내면, 우리나라 국기인 태극기의 문양으로도 나타낼 수 있다.

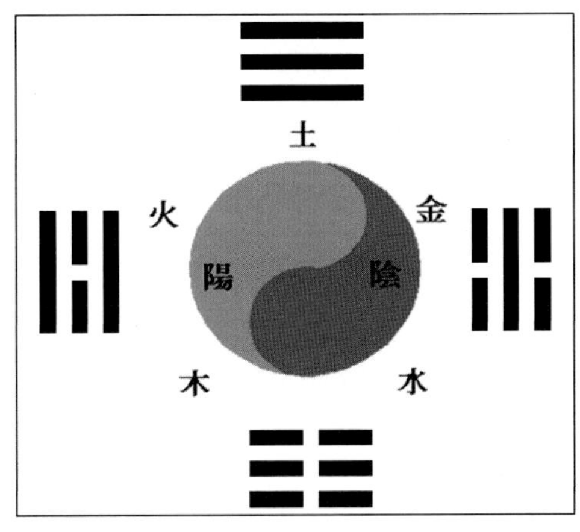

〈그림 10-2〉 태극문양

위 <그림 10-2>의 태극문양은 우리나라 국기를 바르게 놓은 그림이다. 태극문양에서 제일 위의 괘상이 하늘을 나타내는 건괘이고, 아래의 괘상이 땅을 나타내는 곤괘이다. 그리고 왼쪽 괘상은 태양을 나타내는 리괘이고, 오른쪽 괘상은 달을 나타내는 감괘이다. 즉, 괘의 이름으로는 건곤감리이고, 이는 천지일월을 나타내는 부호이다. 가운데 태극문양은 음양을 나타내는 것이고, 태극문양 바깥에 목화토금수는 오행을 나타낸 것이다. 즉, 음양과 음양을 더 세분한 오행을 나타낸 것이다. 오행을 더 구체적으로 나타낸 것이 천간지지의 오운육기이다.

우리나라 국기인 태극기문양에서 태극과 건곤감리의 괘가 나타내는 의미는 무엇인가? 앞에서 설명한 주역학적 학문의 인식모형과 비교하면 신의 세계를 제외하고는 같은 내용인데, 태극기문양에서는 음양오행으로 나타낸 것이 다르다. 태극기의 문양이 나타내는 의미를 알아보면 다음과 같다.

우주 삼라만상은 천지, 즉 천기와 지기를 중심(체)으로 해서 일월성신(日月星辰)(용)의 작용으로 모든 현상이 변화한다는 의미이다. 즉, 천지를 상징하는 건곤을 체로 하고, 일월을 상징하는 감리, 즉 일월을 용으로 해서 모든 우주의 변화가 나타난다는 것이다. 여기에서는 일월만 말했지만 더 확대하면 태양계의 오성과 북극성을 중심으로 28수와 북두칠성을 모두 포함한다. 다만 지구에 가장 많이 영향을 주는 별이 일월이므로 모든 별, 즉 일월성신을 대표해서 일월만을 나타낸 것이다. 우리나라에 전해오는 전통적인 말 중에 '천지일월의 조화'라는 말은 이를 두고 하는 말이다. 이 지구상의 만물 만사의 변화는 천지를 중심으로 일월성신이 운행하면서 나타나는 현상들이다. 이를 간단하게 나타낸 그림이 위의 태극기문양이다.

이 세상에는 수많은 자연현상과 국가·사회·인간의 현상이 있지만, 그러한 현상을 일으키는 근본적인 것은 천지를 중심으로 해서 일월성신이 운행하면서 우주의 기운, 즉 음양오행의 기운의 영향을 받아서 나타나는 현상들이라는 것이다.

고 한동석 선생은 『우주변화의 원리』에서 우주와 인간·사물의 관계를 다음과 같이 표현하고 있다.

"사람은 변화무쌍한 지구 위에서 살고 있다. 지구는 인간과 만물을 가득히 안고서 음양이 교차하는 일월과 서로 맞물려 돌아가고 있다. 특히 해와 달이 계속 뜨고 지는 운행을 번갈아 하면서 만물 만사의 변화가 나타나는 것이다." 일월의 운행을 나타낸 구체적인 내용이 태양력과 태음력이다.

이렇게 우주 삼라만상의 변화를 간단하고 본질적이며 그리고 정확하게 표현한 이론체계가 서양학문에는 어디 있는가? 동양학의 종합력과 포괄성에 놀라울 따름이다. 그리고 거대한 우주적 스케일로 모든 현상을 고찰하였다는 점에서 획기적으로, 즉 패러다임적으로 전혀 새로운 학문이다. 서양의 수많은 철학, 사상, 과학기술자들이 보이는 세세한 객관적 사실에 근거해서 백가쟁명식으로 혼란스럽게 헤매는 학문에 비하면 너무나 간결해서 믿어지지 않을 정도로 신기하다.

일월의 운행이란 표현은 자연현상을 그대로 표현한 것이고, 이를 이론적으로 나타낸 말이 음양오행의 작용이라고 볼 수 있다. 일월이 운행하면서 변화하는 지구의 기운, 즉 기후의 변화를 학문적으로 나타낸 이론체계가 음양오행론이다. 음양오행론을 더 구체화한 이론체계가 오운육기론이다. 즉, 달력의 연월일에 표시돼 있는 천간지지, 즉 육십갑자가 이를 나타낸 것이다.

위의 태극기문양에서 일월의 작용으로 나타난 시간적 자연의 변화를 나타내면, 먼저 하루로는 낮이 양이고 밤이 음이다. 오행으로 세분하면 낮 중에 새벽은 목이고, 오전은 화이고, 한낮은 토이며, 오후는 금이고, 밤중은 수가 된다. 한 달을 기준으로 하면 초하루부터 상현달까지가 목이고, 상현달부터 보름 전까지가 화이며, 보름달 전후가 토이며, 하현달까지 금이고, 그믐달까지가 수에 해당한다. 그다음 다시 초생달이 되면 목이 나타나면서 계속 순환 반복하는 것이다. 일 년을 기준으로 하면, 봄은 목이 되고, 여름은 화, 한여름은 토, 가을은 금, 겨울은 수이다.

그러므로 위의 태극도에 나타난 문양은 하루, 한 달, 일 년의 오운육기의 변화를 음양오행론으로 나타낸 것이다. 이는 거듭 말하지만 일월이 운행하면서 나타나는 시간과 계절의 변화이다. 일월의 운행은 음양오행의 순환을 의미하고, 이는 인간을 비롯한 만물 만사에 영향을 주면서 변화를 일으키고 있다. 동양학의 우주론적 순환론적 자연의 이치는 바로 일월의 운행으로 모든 만물 만사를 설명하는 이론체계이다.

인간사를 비롯해서 만물 만사가 변화하는 것은 '천도지사연(天道之使然), 즉 하늘의 도가 그렇게 시킨 것이다'고 한다. 그러니까 인간의 자유의지에 의해서 인위적으로 모든 것이 일어나고 변화하는 것 같지만, 사실은 천도의 운행원리, 즉 오운육기 줄여서 운에 의해서 인간도 그렇게 변화해간다는 것이다. 다만 동양학을 몰라서 우리가 모르고 있을 뿐이다.

따라서 이를 요약하면 역(易)은 역(曆)이요, 또한 그것은 역(歷)이다. 易은 우주의 변화 원리 또는 섭리를 나타낸 학문이고, 이는 우주의 기운, 즉 천도인 오운육기의 변화 원리로 구체적으로 나타낼 수 있으며, 이를 나타낸 것이 태음·태양력, 즉 역(曆)이다. 그리고 역의 변화, 즉 천도의 변화에 따라 나타난 것이 인간의 역사(歷史)이다. 인간의 역사는 우주의 변화 원리에 의해서 나타난, 즉 천도지사연(天道之使然) 하늘, 즉 운(오운육기)이 그렇게 시킨 것의 결과로 나타난 것에 불과하다는 것이다.

결국 우주의 변화 원리는 주역의 이치이고, 이는 또한 오운육기로 나타낸 태음태양력(太陰 太陽曆)이다. 그래서 역(易)은 역(曆)이며, 이는 또한 모든 만물 만사의 변화를 일으키는 근본적인 틀이므로 또한 역사(歷史)를 말한다.

인간 삶에 대한 주역학적 설명 사례(우주론적 합리성)

주역학의 학문적 인식모형의 이해를 돕기 위해서 인간을 중심으로 현실문제와 실제 연결하여 설명해보고자 한다.

인류가 탄생한 이래로 갖가지 문제에 부딪히면서 이를 해결하고 극복하기 위해 노력하면서 지금까지 존속해왔다. 아마도 인간의 역사와 문화의 발달은 인간이 부딪히는 문제를 해결하는 과정의 역사이고, 문화의 발달과정이라고 해도 과언이 아니다. 즉, 개인은 개인의 건강을 비롯한 길흉화복의 문제, 조직은 조직의 문제, 사회와 국가는 사회적, 국가적 문제를 해결하고 극복하면서 존속해 왔다. 이것이 곧 역사와 문화의 발달과정이라고 볼 수 있다.

그렇다면 그런 모든 문제는 어디에서 비롯되었는가? 문제가 발생한 근원을 정확하게 알아야 그에 대한 처방을 제대로 제시할 수 있다. 여기서는 이해를 돕기 위해서 조직, 사회, 국가적 문제는 다음으로 미루고 개인의 문제를 중심으로 설명하고자 한다.

위의 인식모형에 입각해서 볼 때, 인간의 문제는 인간 자신의 자유의지에 의한 행위와 인간과 상호관계가 있는 환경적 변수인 천기, 지기, 신, 사물과 관련하여 설명할 수 있다. 즉, 자신의 의지와 생각에 입각한 행위는 자유의지이고, 천기와 관련된 것이 운과 명이고, 지기와 관련된 내용이 풍수이고, 신과 관련된 내용이 하느님과 그 외의 신과 같은 종교이며, 사물과 관련된 것이 인간의 가정, 사회, 국가, 자연적 환경과 관련된 변수이다.

인간의 모든 문제는 위에서 서술한 다양한 변수와 관련되어서 나타나고 있음을 알 수 있다. 따라서 인간의 문제는 위에서 서술한 다양한 변수를 모두 고려해서 판단해야 정확하게 설명할 수 있으며, 또한 그것이 주역학적으로 합리적이다. 즉, 인간의 자유의지적 노력, 운명적(天氣) 변수, 풍수적(地氣) 요인, 영적인 세계(神)의 영향 그리고 자신이 처한 물질적 세계(器)의 환경적 변수가 복합적으로 작용하여 나타난 결과라고 볼 수 있다.

이것을 더 구체적으로 말하면 인식모형에서 천기에 해당하는 사주명리에서 명운이 좋고, 지기에 해당하는 풍수에서 조상을 명당에 모시고, 사는 생활공간인 주택이 명당이고, 영혼의 세계에서 도와주고, 기(器)의 세계인 자신이 처한 가정, 사회, 국가, 자연적 환경이 바람직하며, 본인이 자유의지에 의해 열심히 노력하면 모든 것이 가장 이상적인 만사형통의 생활이라고 할 수 있다.

그러나 현실적으로 모든 사람들의 문제는 모든 변수 중에서 좋은 것도 있고 그렇지 못한 것도 있어서 모두가 만사형통할 수 없다는 점이다. 따라서 모든 사람들은 만사형통이 되도록 여러 가지 노력을 하지만 그렇지 못함을 알 수 있다. 따라서 문제를 해결하기 위해 가장 우선적으로 고려해야 할 일이, 문제의 근원을 제대로 알고 대처하는 것이다. 즉, 천기, 지기, 신, 만물 만사, 인간의 자유의지적 노력 중에서 무엇이 문제인가를 먼저 분별하여 대처해야 문제를 효율적이고 합리적으로 해결할 수 있다. 즉, 문제에 따라서 천기, 지기, 영적인 문제인가 아니면 보이는 세계인 기(器)의 문제인가 아니면 인간 자유의지의 문제인가에 따라서 문제를 해결하는 대처방법이 다르다고 볼 수 있다. 만약 천기인 운의 문제를 기(器)로 해결하거나 영적인 문제를 기(器)로 대처하면 또 반대로 기(器)적인 문제를 영적으로 또는 천기인 운(運)으로 대처해도 그것은 동양학적 또는 우주론적으로 비합리적인 문제해결방법이다.

그런데 현재 제도권의 교육학문세계는 주로 개인의 자유의지적 행위와 기(器)의 세계인 가정적, 사회적, 국가적, 자연적 환경과 관련해서만 모든 것을 설명하고 이해하려고 한다. 즉, 개인 자신의 노력과 보이는 물질세계인 사물, 즉 기(器)적인 것과의 관계만을 고려하여 인간의 문제를 설명하려고 한다. 보이지 않는 천기, 지기, 영혼의 세계는 보이지 않는 세계라고 무시하고 있다. 그러나 주역학에서는 보이는 사물의 세계와 인간의 자유의지보다도 보이지 않는 천기와 지기 그리고 신의 세계를 더 중시한다. 따라서 주역학적 관점에서 볼 때 서양과학적 학문은 매우 부분적이고 피상적이고 비합리적인 학문이라고 볼 수 있다.

실제 위에서 서술한 내용을 직접 사례를 들어서 설명하고자 한다.

일본의 후나이 유키오

일본의 유명한 경영 컨설턴트의 한 사람인 후나이 유키오는 일본산업심리연구소와 일본매니지먼트협회를 거쳐, 현재 후나이 종합연구소의 총수로 4,800개 기업체의 고문을 맡고 있다. 기업을 성공적으로 이끄는 탁월한 지도력을 발휘하여 세계 제일의 경영 컨설턴트로 인정받고 있다. 그는 그의 저서 『지구의 운명과 인류의 미래』의 서문에서 다음과 같은 자신의 경험담을 말하고 있다.

"후나이 유키오가 20년 전에 자신이 고문을 맡고 있는 작은 기업이 새로운 점포를 내게 되었다. 그는 점포의 레이아웃이나 상품 구성, 개점일 등을 합리적으로 판단해서 정하고 사장을 비롯한 임원의 동의를 받았다.

그런데 개점 예정 며칠 전에 사장에게서 '어쩔 수 없는 사정으로 개점 일을 바꾸고 싶다'는 전화가 왔다. 그는 스케줄을 바꿀 수 없어서 개점 일에 그 점포에 갈 수 없었다. 개점 일주일이 지난 후에 그 가게에 가보니, 점포의 레이아웃이나 상품 구성도 그의 의견과는 전혀 다른 가게로 변해 있었다. 당시 그는 몹시 화가 나서 사장 이하 간부들에게 '분명히 나의 자문을 받아들인다고 해놓고 무엇 때문에 마음대로 바꾸어 버렸는가' 하고 따졌다.

결국 나중에 알았지만 사장이 늘 찾아가는 신들린 사람, 즉 무속인이 있었는데 그때도 그 무속인의 지시로 그의 자문을 받아들이지 않았던 것이다.

지금 생각해보면 그 당시의 그는 경영 컨설턴트로서 미숙했다는 생각이 들었다. 그때 그는 경영 컨설턴트는 역술인이나 신에게 이길 수 없으니까, 무슨 대책이 필요하다고 생각했던 때였다. 그래서 그는 바로 새로운 대책을 세운 것이다.

그 대책이란 구체적으로 컨설턴트 팀을 의뢰하는 소비자와 고문 계약을 체결할 때, "사장님, 미안하지만 사장님이 가장 위급할 때 상담하러 가는 신이나 영능력자, 역술인이 있으면 나에게 소개해주십시오. 그분과도 의논하여 자문을 하도록 하겠습니다"고 제안했다.

대부분의 사장은 기쁜 마음으로 절체절명의 순간에 조언을 해주는 신이나 영능력자, 역술인 등을 소개해주었다. 그 덕분에 수백 명에 달하는 이런 종류의 사람을 알게 되었다. 그중에는 정말 훌륭한 분들도 많아 그가 이 세상을 올바르게 이해하는 데 많은 힘이 되었다는 것이다.

그 결과 어떤 사람도 어떤 일에 대해서도 부정하거나 욕하지 않게 되었다. 그리고 무엇이든 포용하고 모든 것에 적용되는 논리를 발견하기 위해 노력했다."

후나이 유키오 이야기를 주역학의 인식모형의 구성요소와 비교해서 분석해보면 첫째, 자신의 경영에 관한 전문적 지식은 서양과학적인 객관적 사실에 근거한 주로 기적(器的)인 지식이고, 둘째, 신들린 사람 또는 영적능력자는 신(神)의 세계에 대한 전문가이며, 셋째, 역술인은 역학 역술의 기(氣)의 세계의 전문가이다.

후나이 유키오가 자신이 제도권 교육기관에서 배우고 습득한 서양과학적, 즉 기(器)적인 전문지식만을 가지고 판단했을 때보다 기(氣)와 신(神)의 세계의 전문가, 즉 역술인과 영적 전문가와 공동으로 연구하고 대책을 만들었을 때, 더 합리적이고 타당한 연구와 대책을 세울 수 있었을 것이라고 생각할 수 있다. 그렇게 종합적으로 연구하고 대책을 만들었으므로 더 현실에 적합한 대책과 판단을 할 수 있었음을 알 수 있다.

이러한 사례를 다른 말로 하면 제도권의 서양과학적 지식으로만 판단하는 것
보다는 주역학적 전문가 그리고 영능력자들과 공동으로 종합적이고 상호보완적
으로 연구하면, 더 정확한 판단을 내릴 수 있다는 것이다.

그 결과 '이 세상을 올바르게 이해하는 데 도움을 준다'는 말과 '무엇이든 포
용하고 모든 것에 적용되는 논리를 발견하기 위해 노력했다'는 말이 시사하는
바가 매우 크다. 이 세상을 올바르게 이해했다는 말은 우주론적 관점에서 관련
된 모든 변수, 즉 기(器)와 기(氣) 그리고 신의 세계를 모두 고려해서 종합적이
고 포괄적으로 이해했기 때문이고, 무엇이든 포용한다는 말은 열린 마음으로
사물에 영향을 미치는 모든 변수를 차별하거나 배척하지 않고 모두 고찰하였다
는 의미이다. 즉, 종합적인 방법과 열린 마음의 자세가 사물을 인식하는 데 더
과학적이고 타당한 방법이자 자세이다. 이것을 통해 우리나라 제도권 교육학문
세계가 보이는 객관적 세계만을 연구대상으로 하는 서양과학만을 영원한 진리
라고 여기는 것이 얼마나 답답하고 어리석고 부질없는 일인가를 알 수 있다. 그
래서 비제도권에서는 제도권의 서양과학자들을 '전문가 바보'라고 한다. 즉, 자
기의 좁은 영역의 학문을 영원한 진리라고 생각하면서 평생을 온몸을 받쳐서
연구하고 가르치는 것을 빗대서 표현한 것이라고 볼 수 있다.

**비제도권의 일반 국민들은 이미 오래전부터 동서양의 학문을 상호보완적으로
활용하고 있다**

위에서 일본의 사례를 들어서 설명했지만 우리나라의 경우도 비제도권의 일
반 국민들뿐만 아니라 정재계의 유명인들까지도 동서양의 학문을 이미 오래전
부터 상호보완적으로 활용하고 있음은 주지의 사실이다.

비제도권의 국민들은 자신의 문제를 해결하기 위해서 제도권에서 배운 서양
과학적 지식으로 어려우면, 아무 부담 없이 순수하고 열린 마음으로 동양과학
자들인 역학 역술인, 영적인 전문가, 기의 초능력자 그리고 각종 민간요법자들
을 찾아가서 상담하고, 그들이 하라는 대로 하는 것이 일반화되어 있다. 그렇게
해서 자신들의 문제해결에 도움이 되기 때문에 지금도 없어지기는커녕 계속 존
속하고 확산되는 것이 아니겠는가?

이것은 일반국민들이 자신들의 문제해결에 있어서 제도권의 서양과학자들보

다 앞서간다는 단적인 예이다. 따라서 일반국민들의 이러한 태도를 비판적으로 볼 것이 아니고, 이를 인정하고 이들에게서 제도권 교육학문세계가 편협한 서양과학기술에 예속되어 있는 것을 반성하고, 오히려 배우고 받아들이는 것이 더 올바른 과학적 태도이다.

따라서 국민들이 필요로 하는 지적 수요를 충족시키고, 서양과학 자체의 발전을 위해서도 주역학을 제도권에 들여와서 서양과학과 함께 연구하고 가르쳐야 한다. 이것이 이 시대의 진정한 교육개혁이요, 순수하고 열린 과학교육이라고 할 수 있다.

이것이 현실적으로 실현되기 위해서 국가 차원에서 국립동양과학대학과 동양과학기술원의 설립이 필요하다.

제2절 인식모형에서 본 동서양 학문 간의 관계

위의 <그림 10-1>에 입각하여 더 현실적으로 이해할 수 있도록 현존하는 모든 동서양의 학문 간의 관계를 설명해보고자 한다. 즉, 앞에서 서술한 동서양 학문을 모두 통합한 체계화 작업의 하나이다.

먼저 기(器)와 기(器)의 관계, 즉 사물 간의 관계, 기(器)와 인간 간의 관계 그리고 인간 상호 간의 관계와 현상을 고찰하여 개념과 이론으로 체계화하여 연구하고 가르치는 학문이 현 제도권의 서양과학에 해당된다고 볼 수 있다. 즉, <그림 10-1>의 점선으로 표시한 네모난 부분이 제도권 교육 학문세계의 지배적 학문인 서양과학에 해당하는 부분이다. 그 나머지 부분인 천기, 지기, 신의 세계는 주역학에서 강조하는 부분이다.

제도권의 서양과학은 객관적으로 파악이 가능한 사실, 즉 보이는 세계인 기적(器的)인 사물과 인간에 관한 학문이라고 볼 수 있다. 다시 말해서 객관적 사실에 근거해서 개념화, 이론화해서 체계화한 학문이다. 그러나 동양과학기술인 역학과 역술은 기(器)적인 사물과 인간을 포함한 천기, 지기, 신의 세계를 모두 포괄하는 종합적인 학문이다.

주역학은 서양과학의 학문적 범위를 포괄하고 있으나, 서양과학은 주역학의 학문적 범위를 포괄하지 못하고 있다.

이런 점에서 볼 때 주역학의 학문적 범위에는 서양과학의 학문적 범위를 포괄하고 있으나, 서양과학의 학문적 범위에는 주역학의 범위를 포괄하지 못하고 있다. 따라서 주역학이 더 우주론적으로 타당하고 과학적인 학문이며, 서양과학은 부분적인 것에 편향되어 있어서 사물을 인식하는 데 비과학적인 학문이다.

동도서기(東道西器)

주역학의 학문적 인식모형의 관점에서 동서양의 학문을 비교하면 다음과 같이 말할 수 있다.

주역에서는 모든 것의 논리적 근거를 우주론적인 관점에서 출발하는데 동양과 서양은 우주론적으로 볼 때 정반대 경향을 띤다. 즉, 우주론적으로 동양은 해가 뜨는 곳이고 서양은 해가 지는 곳이므로 동양은 근본적인 것을 강조하고 서양은 지엽적이고 결과를 중시한다. 그래서 일반적으로 동양과 서양을 비교하여 동도서기(東道西器)라는 말이 나왔다.

'하늘 天, 따 地'와 '바둑이, 철수'

학문도 그 영향을 받아서 동양학은 처음부터 배우는 것이 천자문인데, 천자문 첫째 말이 하늘 天, 따 地, 검을 玄, 누를 黃, 집 宇, 집 宙로 시작한다. 이것은 동양학이 우주론적·근원적·도적(道的) 학문이므로 그와 관련된 것으로 천지현황(天地玄黃)으로 시작하며 그래서 천자문을 동양학의 근원인 주역이라고도 한다. 서양과학은 처음 학교에 입학하면 배우는 것이 바둑이, 철수, 송아지와 같은 실증적이며 객관적이고 생활에 가까운 기적(器的)인 것들이다.

왜 동양학은 '하늘 천, 따 지'를 배우는 것으로부터 시작하고 서양학은 '바둑이, 철수'로부터 시작하는가? 동양학은 우주론적 학문이기 때문에 하늘 천, 따 지부터 배우고, 서양학은 개개의 사물에 근거한 학문이기 때문에 바둑이 철수부터 배운다. 하늘 천, 따 지 중심의 주역학은 일반인들에게는 보이지 않는 세계의 학문이고 바둑이 철수 중심의 서양학은 보이는 세계의 학문이다.

서양학의 바둑이 철수와 동양학의 하늘 천, 따 지를 비교하면 동서양 학문의 차이점을 알 수 있다. 이를 비교해보면 주역학이 서양학보다 위대한 학문임을 인식할 수 있다. 그 이유는 '바둑이 철수'는 없어도 '하늘 천, 따 지'는 존재하지만, 하늘 천, 따 지가 존재하지 않으면 바둑이 철수는 존재할 수가 없다. 그러므로 하늘 천, 따 지 중심의 주역학은 근본적이고 본질적인 학문이고 바둑이 철수 중심의 서양학은 피상적이고 지엽적인 학문이다.

그뿐만 아니라 하늘 천, 따 지는 대우주이고 바둑이, 철수는 소우주인데 소우주는 대우주에 지배 종속되어 있기 때문에 대우주인 하늘 천, 따 지의 근본이치를 모르면 바둑이, 철수의 사물을 근본적으로 알 수가 없다. 이는 무엇을 의미하는가 하면 '하늘 천, 따 지' 중심의 주역학은 근본적이고 본질적인 학문이고 '바둑이, 철수' 중심의 서양학은 피상적이고 지엽적인 학문이라는 의미한다.

또한 학문적 방법론으로 볼 때 근본적인 출발점 또는 접근방법이 아주 다르다. 즉, 동양학은 종합적이고 전체론적(holism)이며 인식 방법이 객관적인 것에 근거해서 분석한 것과 직관적이며 주관적인 깨달음을 모두 사용하는데 서양학은 개개 사물 간의 분석적, 환원주의적(reductionism), 객관적, 실증적 사실관계만을 근거로 출발한다.

주역학은 우주론적(하늘 천, 따 지) Top Down 학문이고, 서양학은 개개의 사물(바둑이, 철수)에 근거한 Bottom Up 학문이다

그뿐만 아니라 주역학과 서양과학의 가장 근본적인 패러다임(paradigm)적 차이점은 우주 삼라만상의 현상을 기술하고 설명하는 개념과 이론체계임은 말할 것도 없지만 더 근본적인 차이점은 인식론적 출발점인 접근방법에 가장 큰 차이점이 있다. 즉, 주역학에서는 우주론적 순환론의 관점에서 기(氣)와 신의 종합적인 작용과 변화 원리인 도적(道的)인 관점에 입각하여 개개의 사물(器)을 이해하고 설명하는 개념과 이론으로 체계화되어 있다. 이 점이 서양과학이 객관적인 개개의 사물인 기적(器的)인 것에만 근거하여 귀납적 연역적 방법으로 개념화 이론화하여 논리적으로 체계화한 학문이라는 점에서 근본적으로 다르다. 즉, 동양학은 우주론적 Top Down 학문이고 서양학은 개개의 사물에 근거한 Bottom Up 학문이다.

그런데 주역학 분야에는 현대 서양과학적 접근으로 체계화한 학문이 거의 보이지를 않는다. 그러면 왜 우리 조상들은 현대 서양과학적 학문을 발달시키지 못했는가에 대해서 생각해볼 필요가 있다. 다만 있다면 인간의 도리나 윤리적인 분야에만 있다. 즉, 현대서양과학과 같이 자연현상이나 사회현상의 객관적 사실에 근거한 개념과 이론에 의해서 논리적으로 체계화한 과학기술적 학문이 우리의 전통학문에서는 거의 보이지를 않고 발달시키지를 않았다. 그렇다면 우리 조상들, 즉 동양학자들은 현대 서양과학적 학문을 왜 연구하지 않았는지 의문을 갖게 된다. 지금 우리는 서양과학적 학문에 빠져 온통 서양과학에 빙의가 된 상태에 있어서 이러한 의문을 갖지도 못하는 것이 현실이지만 말이다.

자칫 모르는 사람들은 우리 조상을 비하하는 조로 미개한 야만인시대 또는 인지가 발달하지 않았던 시대라 그러한 학문이 발달할 수 없었다고 생각하기 쉽다. 즉, 서양과학은 문명사회나 발달할 수 있는 학문이지 미개한 옛사람들은 그러한 학문을 발달시킬 수 없었다고 무시하고 만다. 이렇다고 생각하면 참으로 무식한 생각이고 서양과학에 빙의된 체통머리 없는 막말이라고 해도 과언이 아니다.

동양에서는 서양과학에서 중시하는 보이는 세계의 사실적인 기(器)적인 현상은 근본적인 것이 아니고 종속적이고 피상적이며 지엽적인 것으로 여겨서 가볍게 보고 무시하여 학문적으로 중요시하지 않았다는 점을 우리가 유의할 필요가 있다. 즉, 우리 조상들이 현대 서양과학적 학문을 발전시키지 않은 것은 서양과학적 학문의 의미와 가치를 몰라서 그렇게 한 것이 아니다. 우리 조상들은 현대 서양과학적 학문이 중시하는 보이는 객관의 세계보다 보이지 않는 기와 신 그리고 심의 세계가 더 근본적이고 본질적이므로 이를 연구하고 발전시키지 않았기 때문이다.

그런데 제도권에서는 그러한 서양학문이 전부인 것인 양, 그리고 대단한 것인 양, 수많은 천재 수재들이 밤낮으로 머리를 싸매고 오늘도 엄청난 돈과 노력을 쏟아 붓고 있는 것이 현실이다. 동양과학의 관점에서 보면 한심스럽고 어처구니 없는 일이라고도 볼 수 있다. 특히 사회과학의 경우가 더욱 그렇다고 볼 수 있다.

지금까지 주역학의 학문적 인식모형을 주로 학문적으로만 고찰해보았다. 이해를 돕기 위해서 실제 현실적인 문제와 관련해서 구체적으로 서술해보고자 한다. 즉, 실제적인 문제인 인간의 건강을 비롯한 각종 문제와 국가적인 사회현상, 자연현상 등을 서술해보고자 한다.

먼저 개인의 문제의 경우 인간의 건강을 비롯한 여러 가지 문제, 예를 들면 취업, 결혼, 승진, 사업 등과 같은 문제에 있어서 본인의 노력에 의해서도 행해지지만 인간의 노력 외의 변수도 영향을 많이 준다. 즉, 그 사람의 타고난 명운인 사주팔자의 문제 인식모형에서 이는 천기에 해당하고, 사람이 살고 있는 주택과 조상들의 산소문제 이는 지기에 해당하고, 영혼의 세계에서 주는 영향력 그리고 그 사람의 가정환경과 사회적 국가적 환경인 기적((器的)인 환경이 영향을 준다. 따라서 개인의 삶의 성공과 실패 그리고 건강과 가정 등의 모든 문제는 개인의 노력과 마음가짐 그리고 보이지 않는 천기 지기 영혼의 세계 그리고 보이는 사물의 세계에 의하여 영향을 받으면서 총체적으로 행해지고 있다.

그런데 지금까지 제도권 교육학문세계에서는 주로 자신의 노력과 보이는 사물의 세계만을 중요시하고, 보이지 않는 천기 지기 영혼의 세계를 무시하였다. 그러다 보니 인간의 현실적인 모든 현상과 문제에 대한 정확한 설명과 이해할 수가 없는 불완전한 학문을 하였다. 뿐만 아니라 동양학에서는 보이지 않는 천기 지기 영혼의 세계를 더 중시하는 데 비해서 제도권 서양과학에서는 이를 무시하고 보이는 사물의 세계와 본인의 노력을 더 중시하였다는 점에서 더욱 어처구니없는 학문을 하였다고 볼 수 있다. 그러다 보니 주역학적 관점에서 볼 때 제도권 서양과학을 연구하고 배운 것은 삶에 그렇게 중요하지 않는 껍데기에 지나지 않는 피상적인 학문을 해왔다고 해도 과언이 아니다.

둘째, 국가 사회의 모든 조직 예를 들면 개인, 회사 그리고 국가적인 정치, 경제, 사회, 현상 등도 모두 개인에서와 마찬 가지로 보이는 사물의 세계와 보이지 않는 천기 지기 영혼의 세계의 영향을 받으면서 행해지고 있다. 개인 회사의 경우에 회사를 경영하는 경영자의 능력과 회사원들의 노력도 중요하지만 그보다 더 중요한 것은 보이지 않는 천기 지기 영혼의 세계의 영향을 더 많이 받으면서 행해지고 있다. 천기란 그 회사의 운을 말하고, 지기란 회사가 위치한 공간적 위치, 즉 풍수를 말하고, 영혼의 세계란 회사와 관련된 영혼의 영향력을 말한다.

국가 정치의 경우 정치인들과 국민들의 노력도 중요하지만 더 중요한 것은 정치의 운 또는 그 나라의 운과 정치가 행해지는 공간의 위치 그리고 국가와 관련된 영혼의 세계의 영향을 벗어날 수가 없다. 경제 사회 현상 등도 마찬가지로 볼 수 있다.

　　우리는 부분적으로 알고 부분적으로 예언하니, 온전한 것이 올 때에는 부분적으로 하던 것이 폐하리라(기독교 성경 고린도전서 13장)

　　지금까지 주역학의 학문적 인식모형에 입각하여 개인과 회사조직 그리고 국가사회의 정치, 경제, 사회 현상을 서술하였다. 그러면 서양과학과 비교해볼 때 누가 더 현명하게 학문하고, 판단하고 있는가? 두말할 것도 없이 동양과학인 역학 역술이 훨씬 정확하고 현명한 과학적 교육 학문을 한다.

　　따라서 현대서양과학의 학문적 발전을 위해서는 학문적 인식의 범위를 주역학에서 중시하는 천기, 지기, 영혼의 세계까지 확대해야 할 것이다.

　　이와 관련하여 나는 기독교 성경에서 매우 의미 있는 내용을 발견하였다.

　　기독교 성경의 고린도 전서 13장에 보면 "우리는 부분적으로 알고 부분적으로 예언하니, 온전한 것이 올 때에는 부분적으로 하던 것이 폐하리라"는 구절이 있다. 이 구절의 내용이 의미하고 시사하는 것이 무엇인가를 동양과학의 인식모형과 관련해서 생각해보았다.

　　'우리는 부분적으로 알고 부분적으로 예언하니'의 '부분적'이란 현대제도권 서양과학을 말하는 것 같고, '온전한 것'은 상대적으로 동양과학인 『주역』을 의미한다고 볼 수 있다. 서양과학은 학문적 인식모형에서 볼 때 연구범위가 보이는 객관적 사실만 대상으로 하기 때문에 아주 부분적인 학문이고, 주역학은 보이는 부분과 보이지 않는 부분까지 포함하기 때문에 훨씬 포괄적인 학문이므로 온전한 학문이라고 볼 수 있다. 그런데 현재는 부분적 학문인 서양과학기술이 온통 제도권의 교육학문세계를 지배하고 있다. 그러나 언젠가는 온전한 학문인 동양과학기술, 즉 주역이 나타나면 서양과학기술은 폐하여 물러날 수밖에 없다.

　　학문적으로 당연한 말이다. 부족한 것은 완전한 것이 나타나면 물러나는 것이 당연하다. 그날이 머지않아 오리라고 확신하면서 이 글을 쓴다.

　　현대사회의 진정한 해방과 자유는 정치적 육체적 속박으로부터 벗어나는 것보다도 학문적·문화적 종속으로부터 해방과 자유가 더 중요한 시대가 되었다.

　　인간은 배우고 느낀 대로 생각하고 행동하면서 생활한다.

　　우리는 초등학교부터 대학, 대학원에 이르기까지 서양과학기술만을 영원한 진리인 양 배우고, 연구하고, 생활하고 있다. 그러다 보니 보이는 객관적 사실을 근거로 체계화된 학문인 서양과학기술만 학문이고 진리인 것으로 착각하면서 생활하고 있다.

물론 서양과학기술만이 진리가 아니고 다른 데에 더 발달된 학문이 있을 수 있다고 말로는 가르치지만, 그런 학문을 전혀 가르치지 않아서 서양과학기술만이 영원한 진리로 착각하면서 생활하고 있는 것이 현실이다. 부처님 말씀 중에 '아는 만큼 보이지 않는다. 아는 것에 갇혀서'라는 말이 아주 의미 있게 다가온다.

서양과학은 우물 안 개구리, 동양학은 우주 비행선

현재 우리는 <그림 10-1>의 학문적 인식모형에서 서양과학기술에 해당하는 네모난 박스권의 학문인 기적(器的)인 학문에 집착하여 벗어나지 못하고 있다. 따라서 모든 문제와 현상을 네모난 박스권, 즉 기적(器的)인 동굴 속의 문제로만 인식하고 해결하려고 하는 것이 현 제도권 교육 학문적 세계의 경향이다. 이를 동양과학의 학문적 인식모형의 관점에서 보면, 현 제도권 교육학문기관은 인간을 소견머리 없는 편협한 인간으로 만들고 있다.

그러나 현실적인 모든 문제는 <그림 10-1>에서 보는 바와 같이 보이는 세계인 박스권의 세계와 보이지 않는 기와 신 그리고 심의 세계가 상호작용하면서 나타난 현상들인데 박스권의 객관적 사실인 기(器)의 세계로 한정해서 이해, 설명하려고 하니 그것이 온전한 학문이 되겠는가? 전혀 불가능하고 유치한 학문이다.

한마디로 서양과학은 우물 안 개구리식 교육학문이고, 주역학은 우주 비행선을 타고 사물을 인식하는 더 광범위하고 포괄적인 학문이다.

나는 주역학을 배우고 연구하면서 서양과학에 종속된 상태에서 벗어나 주역학의 의미와 가치를 새로이 볼 수 있는 눈을 갖게 되었다. 그러면서 새로운 과학관, 세계관, 우주관을 갖게 되었다. 즉, 이전에 네모난 박스권의 기(器)적인 학문적 틀 속에서 벗어나, 보이지 않는 기와 신의 세계에서 우주론적으로 사물을 볼 수 있는 주역학적 눈을 갖게 된 것을 여간 다행으로 생각지 않는다.

이는 콩이니 팥이니 분석적으로 따지며 '1+1=2다'는 식의 정신이 빠진 물질론적 기계론적이며 토닥토닥 퀴즈풀이식 단답형 갑론을박적인 학문을 하다가 우주론적 스케일이면서 정신을 차린 정신·물질 일원론적이며 궁극적이고 유기체론적이며 본질적이고 스케일이 큰 동양과학을 하는 맛은 마치 앞뒤가 꽉 막힌 갑갑한 골방으로부터 벗어나서 구름을 타고 무변광대한 우주로 날아가는 기분이다.

영광의 탈출(Exodus)

이것은 동양 사람들을 서양과학기술이 들어오면서 우리를 네모난 박스권의 답답한 세계에 꽁꽁 묶어 놓았던 사슬을 끊고 시원하고 후련한 본래의 궁극적 세계로 날아간 느낌이다. 마치 콩나물시루와 같은 갑갑한 골방에서 벗어나 시원하고 후련한 넓고 넓은 생명력 넘치는 푸른 들판으로 날아간 느낌이다.

동굴 속의 네모난 박스권에서 벗어나 무변광대한 우주론적 동양학을 배우고 연구하는 것은 학문하는 사람으로서 더없는 영광의 탈출이다. 하버드와 노벨상 중심의 서구적 학문의 사슬을 끊고 미아리철학관의 우리의 동양과학기술의 의미와 가치를 새롭게 인식하게 된 것은 궁극적 의미의 인간의 해방이고 자유이다. 따라서 이는 영광의 탈출이다.

기계론적·물질론적 인간으로부터 탈출하여 정신적 유기체론적 본래의 인간의 모습으로 나아가게 되었다. 이것은 생명력 없는 기계론적 학문의 세계에서 살아 있는 유기체론적 학문의 세계로 나아가게 되었으며, 이는 100여 년 동안 서구적 문화와 학문의 압박과 설움 속에서 벗어나서 진정으로 인간다운 모습을 찾을 수 있는 궁극적이면서 영원한 철학사상과 과학기술적 학문의 세계이다.

서구적 강박관념으로부터의 해방

그뿐만 아니라 학문적 관성 타성과 강박관념으로부터 벗어날 수 있다는 점에서 영광의 탈출이다. 우리는 제도권에서 미국 중심의 서구적 학문의 관점에서 모든 학문을 하는 습관과 강박관념에 젖어서 이들의 학문을 답습, 모방, 수입하려는 습관이 만연하고 있다.

그래서 스스로 독자적으로 사물을 인식하고 연구하는 주체적인 학문적 자세가 없어졌다. 그 결과 미국 중심의 서양과학자들에 의존해서 학문을 하지 못하면 불안하고, 또한 그렇게 해야 한다는 강박관념에서 벗어나지 못하는 학문적으로 정신병적인 경향이 있다. 그 결과 하버드·노벨상의 꼭두각시 같은 교육학문세계가 되고 말았다.

그렇다 보니 자연히 미국 중심의 서양과학기술의 지배종속을 벗어날 수 있는 학문적 태도가 생길 수 없다. 더욱이 제도권 교육학문적 평가가 제도적으로 미국 중심의 서양과학의 우수학회지에서 인정받아야 학문적 성과가 우수한 것으로 인정하기 때문에 더욱 그렇다. 그러니 서구적 학문의 영향을 벗어나 창의적인 새로운 학문의 발전이 요원함을 느낀다.

자신의 커뮤니티에 대한 독자적인 인지방식 없이 다른 사람들의 생각과 방식으로 자신의 커뮤니티에서 일어나는 현상을 인식하는 사회는 결국 다른 사람들의 사회를 위한 종속체와 기생체가 되고 만다. 이의 내용은 서구적 개념과 이론에 의존해서 자신의 문화와 생활을 설명해야 한다는 강박관념에 사로잡혀 있는 동양의 문화와 학문 연구자들에게 따끔한 일침을 가한 예라고 본다.

아직도 우리 주변에는 '동양의 문화는 동양인 스스로가 대변할 수 없으며 오직 서구에 의해서만 대변될 수 있다'고 여기는 제국주의적 시각에 세뇌당한 사람이 많으며, 한국의 지성계는 식민지적 종속에서 벗어나지 못하고 있다.

동양학에 이런 말이 있다. 처음에 배운 지식의 지배를 벗어나기 위해서 어느 정도 단계에 이르면, 지금까지 배운 지식이 걸림돌이 되어서 앞으로 나아갈 수 없다는 것이다. 그래서 지금까지 배운 모든 지식을 버려야 새로운 궁극적 깨달음의 경지에 도달한다는 것이다.

진정한 자유는 자신이 진리라고 믿고 배운 불완전하고 미완성된 학문으로부터 벗어날 때 누릴 수 있다고 본다. 이를 위해서는 현실적으로 주역학이 매우 의미 있는 학문이다. 왜냐하면 주역학은 제도권의 서양과학과 천지개벽과 같은, 즉 패러다임적으로 새롭고 앞선 학문이기 때문이다. 따라서 주역학은 서구적 학문과 문화의 지배종속에서 벗어날 수 있는 계기가 될 수 있다. 나아가 새로운 시각에서 서구학문을 볼 수 있는 능력이 생길 수 있다. 뿐만 아니라 서구적 학문을 비판하고 평가할 수 있는 사고가 생긴다. 그러면서 자기 존재에 대한 객관적이고 주체적인 자세가 생길 수 있다. 그리고 우리 것의 의미와 가치가 새롭고 앞선 것으로 다가오게 된다.

제3절 주역학 학문 간의 관계

위의 <그림 10-1>에서 인간을 중심으로 인간과 다른 변수와의 관계를 고찰하면 몇 가지로 나눠볼 수 있다.

첫째, 인간·사물과 천기와의 관계, 둘째, 인간·사물과 지기와의 관계, 셋째,

인간·사물과 신과의 관계, 넷째, 인간과 사물인 器와의 관계, 그리고 사물간의 관계, 다섯째, 인간 상호 간의 관계로 나눠볼 수 있다.

이들의 관계를 나타낸 구체적인 주역학의 학문을 서술하면 다음과 같다.

첫째, 인간·사물과 천기와의 관계를 나타낸 대표적인 학문으로는 천간지지론으로 체계화된 오운육기학에 바탕을 둔 동양오술과 농학, 자연과학, 천문, 기상 그리고 의리학 등이 있다.

동양오술 중 대표적인 학문인 명리학과 관련된 학문 분야는 다시 사주학, 하락리수, 육임, 자미두수, 구성학, 태을, 기문둔갑 등이 있다. 이 학문은 하늘의 운행의 변화, 즉 오운육기의 변화에 따라서 인간이 타고난 명의 관점에서 길흉화복과 건강과 생명이 변하는 것을 연구하는 학문이다. 여기서 인간의 명을 구체적으로 나타낸 것이 소위 사주팔자이다. 사주팔자란 인간이 태어난 연월일시의 천기를 의미하며, 이때의 천기가 그의 평생 하늘이 부여한 명인 천명이 된다. 이 사주팔자를 해석하면 하늘이 그 사람에게 부여한 사명인 일생의 모든 것을 알 수 있다.

인간의 타고난 사주팔자는 천명이며 변화하는 우주의 기운은 운이다. 그래서 이를 합쳐서 소위 운명 또는 명운이라고 한다.

하늘의 운행의 변화를 구체적으로 체계화해서 나타낸 이론체계가 오운육기, 즉 육십갑자이다. 육십갑자는 하늘의 별자리의 움직임에 따라서 천기가 변화하는 현상을 나타낸 우주의 기(氣) 코드, 즉 기의 상이다. 즉, 우주의 분위기를 나타낸 이론체계이다. 이는 현대첨단과학도 밝히지 못한 이론체계이다.

동양의학에는 하늘의 운행원리에 의해서 인간의 건강과 질병을 연구하는 분야가 있다. 이것은 운기체질이라고 한다. 태어난 연월일시에 의해서 인간의 질병을 진단하고, 운기의 변화에 따라서 인간의 건강과 질병을 예측하는 의학의 한 분야이다.

의리역은 하늘의 운행 이치(천도)에 입각하여 인간의 도리를 연구하는 학문이다. 인간은 자연의 이치에 맞게 살아야 한다는 말이 있다. 그 자연의 이치에 맞게 인간의 행동규범을 고찰하는 학문이 유가, 도가, 묵가, 제자백가와 성리학 등이 있다.

여기서 자연의 이치란 우주론적·순환론적 자연의 이치를 말한다. 예를 들면 우주론적·순환론적 자연의 이치를 나타낸 대표적인 말이 원형이정(元亨利貞)이다. 원형이정을 구체화한 이론이 오운육기이론이다.

원형이정이란 다른 말로 하면 봄, 여름, 가을, 겨울을 나타낸 말이다. 우리 국민들 사이에 경우 없이 마구 행동하는 사람에게 '사람이 원형이정으로 살아야지 그러면 되나' 하는 말이 있다. '원형이정으로 살아야지' 하는 말을 그대로 해석을 하면, '봄, 여름, 가을, 겨울로 살아야지'로 말할 수 있다. '봄, 여름, 가을, 겨울로 살아야지'를 윤리적으로 말하면 진실무망하게 살아야 한다는 말이다.

천도인 하늘의 운행은 수많은 세월이 흘러도 변함없이 망령을 부리지 않고 봄, 여름, 가을, 겨울이 정확하게 쉬지 않고 순환 반복하는 진실 무망하고 지공 무사한 것처럼, 인간도 이를 본받아 진실 무망하고 지공무사하게, 즉 성실하게 살아야 한다는 것이다. 그래서 봄, 여름, 가을, 겨울의 운행을 원형이정으로 대신해서 표현한 것뿐이다. 이러한 하늘의 원형이정의 천도운행의 원리에 의해서 인간의 도리와 윤리를 체계화한 학문이 성리학이다.

사물과 천기와의 관계이다. 천기는 인간에 영향을 줄 뿐만 아니라 모든 사물에도 영향을 준다. 사물을 다시 자연현상과 사회현상으로 나누면 이들에게도 천기의 영향으로 변화가 나타난다.

천기의 변화로 자연현상에 나타나는 변화를 고찰한 것이 24절기이며, 이에 따라서 옛사람들은 농사일을 해왔다. 천기가 자연에 미치는 영향을 고찰한 것이 자연, 즉 동식물의 운명론이라고 볼 수 있다.

사회·국가 현상과 천기의 관계를 고찰한 학문이 소위 국운론, 사운론 등이다. 인간 개인의 운명뿐만 아니라 모든 일에는 천기의 영향을 벗어날 수 없다. 따라서 모든 국가, 정치, 경제, 사회 및 조직 그리고 정책에도 운의 문제가 있다. 만사는 모두 때(時)가 있다. 그 때에 관한 것이 구체적으로 시간적 기운인 천기를 말한다. 따라서 국가, 조직, 개인은 모두 운에 맞게, 즉 다른 말로 하면 시의에 맞게 행동하면 바람직하나 운에 맞지 않게 행하면 그렇지 않다는 것이다.

둘째, 인간 사물과 지기와의 관계를 고찰하는 대표적인 동양과학이 풍수지리학이다. 땅의 기운이 인간과 사물에 미치는 영향을 고찰해서 체계화한 학문이다.

풍수지리학에는 음택론과 양택론이 있다.

① 음택론은 조상의 산소가 어떤 위치에 있느냐에 따라서 그 땅의 기운이 그

후손에 영향을 준다는 이론이다. 땅의 기운이 좋은 곳을 명당이라 하고, 반대로 나쁜 곳은 흉지라 한다. 이 이론은 두 가지 이론에 의해서 설명이 된다. 먼저 동기감응론(同氣感應論)에 의해서 설명이 가능하다. 부모와 자식은 유전적으로 기운이 같다. 기운이 같기 때문에 조상이 묻힌 땅의 기운이 그 조상에게 영향을 줄 것이고, 그 영향을 받은 조상의 기운이 다시 동기감응론에 의해서 후손에게 영향을 준다는 것이다. 또한 인간의 영혼백론에 의해서 설명된다. 인간에게는 혼백(魂魄)이 있는데, 인간이 죽으면 영혼은 하늘로 올라가고, 백은 뼈와 함께 뼈가 묻힌 땅으로 간다는 것이다. 그래서 백은 뼈가 묻힌 땅의 기운의 영향을 받아서 그 기운이 다시 동기감응론에 의해서 후손에게 영향을 준다는 것이다. 조상의 시신은 단순한 물체가 아니고, 그 후손과 영향을 주고받는 관계에 있는 살아 있는 유기체이다. 이런 관계를 가능케 하는 것이 기이다.

② 양택론은 인간이 거주하고 생활하는 공간의 위치가 어디냐에 따라서 인간의 건강과 생활에 영향을 준다는 이론이다. 즉, 인간이 거주하고 생활하는 땅의 기운이 어떠하냐에 따라서 인간의 건강에 영향을 주고, 생활상의 길흉에도 영향을 준다는 것이다. 뿐만 아니라 공간의 배치와 공간 내의 가구배치와 인테리어가 어떻게 설계되었느냐에 따라서 그 공간에 거주하고 생활하는 사람에게 영향을 준다. 양택론은 땅의 기운과 건물의 방향 그리고 건물 내의 공간배치 등이 그 건물에 생활하는 인간에게 영향을 준다는 풍수이론이다. 풍수 인테리어는 양택론을 현대적으로 개발한 공간구성론이다.

지기와 사물과의 관계를 고찰하면 다음과 같다. 사물과 풍수의 음택론과는 직접적인 관계는 없고, 사물이 행해지고 위치한 공간인 양택론과 관계가 있다.

양택론은 인간의 개인적인 관계뿐만 아니라 정치, 경제, 사업, 연구, 교육 등에 이르기까지 모든 일에 영향을 주기 때문에 아주 중요하다. 따라서 국가적, 사회적 일과 관련된 정치, 경제, 교육, 연구 등도 풍수를 고려해야 한다.

예를 들면 정치가 잘 행해지려면 정치가 행해지는 공간이 명당이어야 한다. 경제가 잘 되려면 경제와 관련된 일을 행하는 정부기관뿐만 아니라 기업의 공간이 명당이어야 한다.

셋째, 인간과 신의 관계, 신 상호 간의 관계에 관련된 학문과 의식들이 우리 조상들이 수천 년간 해왔던 민속신앙이며, 또한 각 종교신앙이라고 볼 수 있다.

즉, 인간의 문제에는 신의 영향을 받아서 나타나는 영적인 문제가 많으며, 따라서 이에 대응하여 나타난 것이 제도권에서는 미신이라고 무시하는 소위 샤머니즘이라고 볼 수 있다.

신의 세계에 대해서는 하느님과 상제와 같은 절대자적 위치에 있는 신의 개념이 있고, 샤머니즘, 토템, 애니미즘 같은 하급신의 개념이 있다. 동양에서 상제, 하느님은 인격적 신의 개념으로도 말하고 이치적 개념으로도 말을 한다.

이치적인 하느님과 상제의 개념에서는 우주의 섭리, 우주의 질서를 주재하고 통치하는 하느님이라고 할 때, 그 통치의 섭리와 원리를 하느님의 뜻 또는 의지의 표현이라고 말을 한다. 즉, 하느님은 우주를 주재하고 통치를 할 때, 주먹구구식으로 하는 것이 아니고 이치적으로 한다는 것이며 그 이치, 즉 도가 주역의 원리인 음양오행론이다.

샤머니즘은 미개한 야만인들의 미개한 행위가 아니고, 현대 첨단과학이 따라갈 수 없는 신의 세계에 대응하기 위한 인간의 지혜이다. 따라서 현대와 같이 첨단과학시대에도 여전히 없어지지 않고 존재하는 샤머니즘과 관련된 직업인 수많은 무속인들, 그리고 각 종교단체들이 현존하는 것을 보면 영적인 세계가 있음을 단적으로 나타내는 것이다. 첨단과학이 발달했다고 이를 부정하고 야만시하는 행위는 전혀 비과학적인 태도이다.

첨단과학도 인간의 문제를 일부(partial)만 해결해줄 뿐이지 영적인 문제는 전혀 해결을 못 해준다. 따라서 영적인 관점에서 보면 현대첨단과학도 아주 보잘 것없는 학문이다. 현대첨단과학의 발달과 영적인 세계의 존재하고는 아무런 관계가 없다.

현대첨단과학은 인간의 물질세계에 관한 기계론적 과학기술이지 영혼의 세계에 대한 학문이 아니다. 따라서 첨단과학기술이 아무리 발달해도 영혼의 세계와는 아무런 관계가 없고, 따라서 영혼 세계의 문제에 아무런 도움이 되지 않는다. 첨단과학기술이 발달했다고 영혼의 세계를 무시하고 샤머니즘을 무시하면 물질과학의 독선과 오만이라고 말할 수 있다.

그런데 오히려 서양에서는 영혼의 존재에 관한 과학적 검증을 이미 끝냈으며, 이 세계를 체계적으로 연구하여 법칙 내지 이론을 개발하여 인간생활에 도움을 주기 위한 심령과학회(心靈科學會)가 이미 19세기 중엽에 설립되었다.

서구에서는 신의 세계를 연구하는 심령과학회가 이미 1846년에 창설되었다

서구에서 심령과학회의 탄생과정을 살펴보면 다음과 같다.

1846년 미국 뉴욕 주의 앤드루 잭슨 데이비드는 최면상태에서 지금 영계로부터 부름이 쇄도하고 있고, 머지않아 영계(靈界)와 통신의 길이 열리리라고 말했는데, 이 예언이 들어맞아, 그로부터 2년 뒤인 1848년 3월 31일, 뉴욕 주의 한 초라한 마을 하이즈뷰에서 영계로부터 통신이 수신되었고, 이것이 도화선이 되어 마치 영계에서 이날을 고대하고 있었던 것처럼 수년에 걸쳐 약 5천 건의 심령현상이 미국 각지에서 계속 일어났다.

이로 말미암아 진보적인 기질이 풍부한 미국인들이 기독교에서는 가르치지 않는 살아 있는 사람과 똑같이 자유의지를 가진 인간의 영혼이 존재한다는 사실을 알게 되었다.

그 후 독일계 미국인이자 대장장이인 존 포크 씨 집안의 영적인 문제가 사건이 되어 일어났고, 그 사건 이후 객관적인 방법으로 또한 많은 사람들이 입회한 자리에서 사후의 영혼과 통신을 갖게 되었다. 이로 말미암아 죽은 뒤 영혼의 존재가 증명됨과 동시에 영혼에 관한 문제가 새로 과학적으로 연구되는 동기가 되었기 때문에 심령주의자들은 하이즈뷰 사건이 일어난 날, 즉 1848년 3월 31일을 심령과학의 날로 정한 것이다. 그리고 1851년 영국의 케임브리지 대학 안에 혼령학회가 결성되었으며, 후일에 캔터베리사원의 대사제가 된 에드워드 벤스 교수가 주도가 되어 신학교 교수인 라이드홋, 홀트, 마이야즈, 가아네이, 유명한 철학교수인 헨리 시지위크, 유명한 과학자이며 물리학 교수인 레레 경, 발포아 양 등이 참가하여 1882년에 심령연구회(Society for Psychic Research)가 창설되었다. 약간 뒤늦게 옥스퍼드 대학 안에 오스만 경을 주임으로 하여 옥스퍼드 현상학회(Oxford Phasmatological Society)가 발족되어 오늘에 이르고 있다.

넷째, 인간의 주관적인 심과 그 이외의 모든 것과의 관계를 연구하는 학문이 동양학의 마음을 닦는 수행공부라고 할 수 있다. 마음의 수행이 어느 정도에 이르렀느냐에 따라서 인간은 인간 외적인 자연변수에 대해 주체적으로 살 수 있는 정도가 다르다고 볼 수 있다.

우주와 나는 일체이므로 사람 마음의 태도가 어떠하냐에 따라서 우주의 주인이 될 수도 있고, 우주의 객체가 될 수도 있다. 이 관계를 인식하고 인간이 주체가 되기 위해서 수행하는 것이 소위 수련의 궁극적인 목표라고 본다.

최근에 발간된 인간 계발서들의 내용을 보면 인간의 마음자세가 어떠하냐에 따라서 인간의 미래가 결정된다는 내용이 많다. 그리고 양자역학이 발달하면서 인간의 의식에 의해서 만물이 창조되었다고 주장하고 있다. 이는 인간의 의식이 사물에 영향을 준다는 의미이다. 그뿐만 아니라 천기에도 영향을 준다는 연구결과가 양자물리학자들에 의해서 나타나고 있다. 중국에서는 기공수련자들을 대상으로 실험한 연구결과들을 보면, 기공사들이 비를 오게 하는 실험에 성공했다는 내용도 있다. 이는 마음이 천기에 영향을 준다는 내용을 입증한 사례들이라고 본다.

사서삼경 중의『중용』제1장에서 주자가 주해한 내용 중에서 "일반적으로 하늘땅과 만물은 본래 나와 한 몸이니, 나의 마음이 바르면 곧 하늘땅의 마음도 또한 바르게 될 것이고, 나의 기운(氣)이 순조로우면 하늘과 땅의 기운도 또한 순조롭게 될 것이다(盖天地萬物, 本吾一體, 吾之心, 正則天地之心, 亦正矣, 吾之氣, 順則天地之氣, 亦順矣)"라는 구절이 있다. 이 구절의 내용은 천인합일사상에 의해서 인간의 마음이 하늘의 기운, 즉 천기에 영향을 준다는 것을 나타낸 내용이다.

제4절 하버드와 미아리철학관

우리나라의 경우 현대사회의 교육학문기관을 크게 나누면 제도권과 비제도권의 교육학문기관으로 나눌 수 있다. 제도권의 교육학문기관이라고 하면 초등학교부터 중·고등·대학·대학원을 말하고, 비제도권의 교육학문기관이라고 하면 동양학 중심의 철학관과 각종 민간요법을 가르치고 연구하는 사설 교육학문기관을 말한다.

제도권과 비제도권의 교육학문기관의 특징을 비교하면 제도권은 서양과학기술 중심의 교육학문기관이며, 비제도권은 제도권에서 배척받고 있는 동양학, 그 중에서도 역학 역술과 각종 민간요법 중심의 교육학문기관이다.

상식적인 수준에서 제도권의 서양과학기술을 배우고 가르치며 연구하는 교육학문기관의 최고의 메카라고 하면 미국의 하버드 대학이고, 비제도권의 주역의 과학기술적 학문인 역학과 역술의 교육학문기관의 최고의 메카라고 하면 상징적 의미로 미아리철학관이다. 즉, 서양과학기술의 최고의 메카는 하버드이고, 동양과학기술인 역학과 역술의 최고의 메카는 미아리철학관이다.

두 교육학문기관에 대한 국민들의 일반적인 인식은 하버드는 최고의 교육학문적 그리고 사회적·국가적 명예와 권위를 인정받지만, 미아리철학관이라고 하면 우리의 전통적 교육학문기관이면서도 제도권에서 전혀 인정을 받지 못할 뿐만 아니라 가장 홀대하고 천시해온 교육학문기관이다.

현대사회의 젊은 신세대들은 하버드는 많이 알고 있는데 비해서, 미아리철학관이라고 하면 전혀 모르고 있다.

내가 학부 강의시간에 주역에서 비롯된 동양과학기술인 역학 역술이 서양과학기술보다 더 위대하다는 것을 강조하는 의미에서 학생들에게 '하버드·예일보다 미아리철학관 학문이 더 위대하다'고 하였더니, 학생들이 묻기를, "교수님, 미아리철학관이 뭐에요?" 하는 것이었다. 당연히 알고 있을 것이라고 생각하여 아무 의심 없이 말했는데 신세대, 즉 20~30대 이전 학생들은 전혀 모르고 있는 것을 뒤늦게 알게 되었다.

미아리철학관이라고 하면 상징적으로 동양과학기술인 역학과 역술, 즉 동양오술인 사주명리학·풍수·점술·의학·정신수련과 천문기상 등을 가르치고 연구하는 대표적인 교육학문기관이다. 우리가 사회적으로 천시하는 동양과학기술자들인 소위 점쟁이, 사주쟁이, 풍수쟁이들의 대표적인 교육학문기관의 원조가 상징적으로 미아리철학관이다. 서울의 미아리라고 하면 최근까지도 아주 이미지가 좋지 않았던 빈민가, 슬럼가를 연상하는 곳이다. 그런 곳에 우리가 천시하는 사주, 점술, 무속인들이 많이 거주하면서 국민들의 점을 본다. 허름한 판잣집 같은 골방에서 사회적으로 천시하는 소위 점쟁이라고 하는 사람들이 사주 운명을 보던 아주 낙후된 곳이라 그 외적인 이미지가 아주 좋지 않았다.

그래서 미아리철학관이라고 하면 그 학문적 의미와 가치를 떠나서 기성세대들은 무조건 눈살을 찌푸리고 알레르기적으로 혐오감을 갖고 기피하는 것이 현실이다. 이에 비해서 하버드는 학문적인 의미와 가치를 떠나서 무조건 모두가 선망하는 최고의 명예와 권위를 인정받는 교육학문기관이다.

우리는 어쩌면 진정성을 가지고 순수한 학문적 관점에서 학문을 하기보다는 외적인 표면적 문화에 더 관심을 갖고 지금까지 서구적인 것에 몰두해왔다고 볼 수 있다.

그러나 학문적으로 볼 때 서양과학기술에 비해 미아리철학관의 동양과학기술인 역학과 역술이 질적으로 뒤떨어진 것이 아니고, 오히려 훨씬 높은 차원의 과학기술이다. 그리고 국민 생활에 더 실용적으로 도움을 주고, 뿐만 아니라 많은 국민들이 실제생활에 활용하고 있다. 우리나라 성인인구의 60~70%가 철학관을 활용하고, 의학 분야, 소위 민간요법이라는 수지침 오행생식 생체자기 경락요법 그리고 그 외의 민간요법 등을 이용하는 국민들이 우리 주변에 수없이 많다. 뿐만 아니라 풍수·요가·명상·정신수련·점 그리고 천문기상 등을 배우고 연구하는 사람들이 수없이 많음을 우리 주변에서 조금만 관심을 갖고 보면 바로 알 수 있다. 이런 점에서 볼 때 동양과학기술인 역학과 역술은 우리 국민들 생활에 널리 퍼져 일반화되어 있다.

그런데도 미아리철학관은 천시와 멸시를 받고 있다.

왜 그런가를 생각해보자. 결론적으로 말하면 학문적·질적인 우수성을 떠나서 첫째, 우리의 제도권 지도층과 식자층들이 서양과학기술에 빙의가 되어 제정신이 아니어서 방치하여 그렇게 되었다. 즉, 부자나라 강대국이 하는 모습과 똑같이 그대로 하면 우리도 부국강대국이 된다고 생각을 하여 무조건 모방을 하려고 하는 행태 때문이다. 둘째, 현실적으로 교육학문의 표면적인 문화적 차이 때문이다. 셋째, 사회적 국가적 보상체계의 차이 때문이다. 이를 보다 자세하게 진술하면 다음과 같다.

첫째, 동양과학기술인 역학과 역술은 우리 조상들이 수백 수천 년 동안 배우고 연구해오며 우리의 전통 생활문화 저변에 종교적 의미와 같이 널리 퍼져 있는 가장 한국적인 과학기술이고 학문인데도 불구하고 현대인들이 가장 무시하고 천시하는 학문이다. 이렇게 된 것은 국민교육을 주도하는 제도권의 지도층과 식자층들이 부유하고 강대국인 미국 중심의 서양과학기술에 빙의가 되어 서구우월주의와 비민주적 입장에서 우리의 전통적 학문에 대해서 보고도 그 의미와 가치를 모르고 무조건 멸시를 하고 방치를 하여 돌보지를 않아서 그렇게 되었다. 그리고 비제도권의 일반국민들은 자신들의 교육학문적 권익을 위해서 정치적으로 주장하지 못하고 국민교육을 주도하는 제도권 지도층과 식자층들의 주장을 아무 비판 없이 무조건 받아들여서 그렇게 되었다.

둘째, 교육학문의 표면적인 문화적 관점에서 하버드와 미아리철학관을 비교해보자. 결론적으로 말하면 하버드는 교육학문적 표면적 문화가 선진화되었는데 비해서, 미아리철학관은 아주 낙후되어 있다.

표면적인 교육학문적 문화를 비교해보자. 하버드는 교육 학문하는 공간인 캠퍼스와 건물이 그럴듯하고, 교육 학문하는 방법과 체계가 그럴듯하다. 뿐만 아니라 세계적인 천재 수재와 유명인들이 모두 그곳에 모여 있다. 그래서 외적인 교육학문적 문화가 화려하고 쟁쟁하다. 이에 비해서 미아리철학관은 교육 학문하는 공간이 그럴듯한가, 아니면 교육 학문하는 방법과 체계가 그럴듯한가? 허름한 골목집의 골방에서 호롱불 켜놓고 몇몇 사람들이 모여서 배우고 연구하는 궁상맞은 모습이다. 그리고 세계적인 천재수재들이 전혀 가지 않고 사회적으로 뒤떨어진 사람들이 소일거리로 궁상맞게 배우고 연구한다.

셋째, 사회적 국가적 보상체계를 비교해보자.

하버드는 사회적 국가적 보상체계가 가장 최고이다. 그래서 교육학문의 최고의 명예와 권위를 인정받고 있다. 미아리철학관은 사회 국가적 보상체계가 전혀 없을 뿐만 아니라 오히려 역보상체계를 받고 있다. 역보상체계라면 우리의 동양과학기술을 하면은 사회적으로 대우를 받는 것이 아니고 오히려 천시를 받는 것을 의미한다.

그런데 아이러니하게도 하버드 출신의 최고의 엘리트들이 미아리철학관에 찾아가서 상담을 하고 자문을 구한다. 이에 비해서 미아리철학관의 동양학자들은 하버드 출신들에게 찾아가서 도움을 받는 경우가 거의 없다. 그럼에도 불구하고 하버드를 미아리철학관보다 더 위대하게 생각한다. 왜 그럴까? 미아리철학관은 교육 학문하는 문화가 낙후되고 보상체계가 전혀 없을 뿐만 아니라 오히려 역보상체계를 이루고 있기 때문이다. 즉, 학문 자체의 질적인 관점에서 판단을 하는 것이 아니고 표면적 피상적 외적인 문화적 모습과 사회적 보상체계 때문이다. 마치 상품의 내용물보다는 겉포장만을 보고 판단하는 것과 같은 얼빠진 지도층과 식자층들 때문이다.

그러나 만약 미아리철학관에서 하는 역학과 역술을 하버드에서 가르치고, 하버드의 서양과학기술을 미아리철학관에서 가르치고 연구하면 어떻게 될까? 그

리고 사회적 국가적 보상체계를 하버드보다 미아리철학관을 더 잘해주면, 그래
도 동양과학기술이 천시를 받고 서양과학기술이 우대를 받을까? 결국 학문적으
로 질적인 것보다도 외적인 문제로 평가하는 것이 얼빠진 우리의 현 제도권 교
육학문세계의 실상이다.

그러나 학문적 평가는 외적인 겉모습이나 보상체계보다도 학문 본래의 인간
의 삶에 도움을 주는 학문적 질과 의미의 관점에서 평가해야 한다. 최고의 지성
을 자랑하는 교육 학문하는 사람들이 표면적인 외적인 간판과 권위 위주로 평
가를 하면 그것은 지성인으로서의 가치와 의미 그리고 자격이 없는 것이다. 오
히려 비제도권의 일반 국민들이 더 순수하고 열린 마음으로 현명하게도 미아리
철학관을 더 높이 인정하여 하버드보다 더 많이 활용을 한다. 이는 비제도권의
국민들이 제도권의 지도층과 식자층들보다도 더 잘 학문적 우수성을 순수하고
열린 마음으로 판단을 한다.

그런데 재미있는 것은 이상하게 비제도권의 국민들도 제도권 지도층이나 식
자층과 같이 미아리철학관을 미신이고 비과학이라고 멸시를 한다. 즉 무의식적
으로는 우리 것인 철학관 학문을 더 높이 인정을 하기 때문에 찾아가서 활용을
하면서도, 의식적으로는 그렇지 않다고 한다.

이는 교육학문에 대한 사회 국가적 제도의 이해관계와 사회적 체면의식에서
나타난 왜곡된 현상이라고 생각된다. 즉, 하버드는 위대하고 미아리철학관은 홀
대를 해야 교육 학문적으로 인정을 받고 사회적으로 떳떳하기 때문이다. 그리
고 제도권에서 잘못 가르치고 잘못 배운 지식 때문이다. 즉, 하버드는 위대하고
우리 것은 무조건 미신이고 비과학이라고 멸시하고 홀대해온 교육학문세계의
풍토 때문이다.

서양과학 우민화

제도권 지도층과 식자층에서 하버드와 노벨상을 얼마나 철저하고 위대하게
해놓았는지 현대사회에서는 거의 하버드와 노벨상을 우상화 신격화해 놓았다.
그 결과 국민들을 '서양과학 우민화'로 만들어놓았다.

서양과학 우민화란 서양과학만이 유일한 최고의 진리라고 하는 서양과학주의
교육에 의해서 서양과학에 완전히 노예가 되어, 그 결과 서양과학기술보다도

더 새롭고 앞선 과학기술인 우리의 전통과학기술을 보고도 그 의미와 가치를 몰라서 생활에 활용을 못하여 해결할 수 있는 문제를 해결을 못하는 안타까운 상태를 말한다. 즉, 무조건 미국중심의 서구적 학문은 과학이고 우리 것은 무조건 비과학이고 미신시하여 하버드와 노벨상을 학문적으로 신격화해서 나타나는 바람직하지 못한 현상을 말한다.

과학이란 중립적이고 객관적이어야 하는데도 불구하고 학문적 인종적 문화적 국가적 편견에 의해서 편향된 판단과 이러한 학문의 기득권세력들이 자신들의 기득권을 보호하기 위하여 국민들에게 자신들의 학문만 과학이고 그 외의 특히 우리 전통과학은 무조건 비과학이고 미신이라고 몰아치는 행위를 말한다.

이는 정치적 독재 권력자가 자신의 권력 유지를 위해서 자신 외의 다른 권력자들을 비하하고 자신은 신격화하여 도전하지 못하도록 국민들을 정치교육으로 세뇌를 시켜서 국민들의 정치적 판단능력을 잃어버리게 만드는 정치우민화정책과 다른 것이 무엇이 있는가?

참으로 안타까운 상황을 나는 수없이 보았다. 이것도 제도권의 서양과학을 일방적으로 강조하는 교육학문의 지도층과 식자층들의 악업이다. 선량한 국민들을 잘못 가르치고 지도를 하여 과학우민화로 피해를 보는 국민들을 나는 수없이 보아 왔다.

서양과학기술보다도 동양과학기술인 역학과 역술이 질적으로 차원이 높은 과학기술인데도 불구하고 말이다. 학문은 새롭고 앞선 것을 하는 것이 진정으로 학문을 하는 행위이다. 우리의 5000년 역사에서 서양과학기술보다도 새롭고 앞선 과학기술이 하나도 없고 오직 서양과학기술만이 유일한 새롭고 앞선 과학기술인가? 과학은 서구의 전유물이고 우리 것에는 전혀 없다는 말인가?

이런 점에서 하루빨리 교육학문세계를 과학화와 민주화시켜서 국민들에게 진정으로 다가가는 열린 그리고 깨어 있는 영혼이 살아 있는 교육학문이 되어야 한다. 지금과 같이 일방적 서양과학적 엘리트를 위한 교육학문세계는 지양하여야 한다. 몇몇 서양과학적 엘리트들에게는 그들의 지위 유지와 이익을 위해서는 서양과학 일방적 교육학문세계가 바람직할는지는 모르지만, 서양과학을 체질적으로 싫어하고 관심이 없는 일반국민들에게는 크게 유익한 교육학문이 아니다.

교육학문 따로, 생활 따로

그러다 보니 제도권 교육학문세계에 대한 문제제기는 못하면서 어쩔 수 없이 사회적 진출을 위해서 배우지만 실제 사회에 나와서는 동양학의 도움을 더 많이 활용을 하고 도움을 받는 것 같다. 즉, 일반국민들은 정치권력의 비호를 받는 제도권의 서양과학적 교육학문에 저항할 수 없을 정도로 서양과학에 무조건 순응할 수밖에 없을 정도로 세뇌가 되어 자신들의 권리를 주장 보호할 수 없을 정도로 멍텅구리가 되어버렸다. 이것은 하버드와 노벨상을 신격화시켜 놓고 국민들을 서양과학으로 우민화시킨 정책의 결과라고 볼 수 있다.

정치, 경제, 사회의 민주화와 자율화를 위해서는 목숨을 걸고 그렇게 투쟁을 하고 외치면서 그것보다도 국민들 개개인에게 더 영향을 주고 의미 있는 교육학문세계에 대해서는 왜 꼼짝을 못하고 제도권 서양과학적 엘리트들 위주의 학문적 독재체제의 교육학문세계에 대해서는 정치적 요구와 저항할 것을 전혀 생각조차 하지 못하는가 말이다. 이것은 모든 국민들을 서양과학만이 최고의 학문이고 진리라고 수십 년간 교육을 잘못시킨 결과 나타난 해괴한 현상이다. 이러한 현상은 국민들을 서양과학 우민화의 교육결과로 나타난 기이한 현상이라고 볼 수 있다.

우리는 서구적인 유명한 철학가, 문학가, 사상가 그리고 과학자들의 위대성에 대해서 피부에 와 닿게 또는 가슴에 와 닿게 느껴서 마음에서 우러나와 감화를 받아서 스스로 받아들이는 주체적인 것이 없이 무조건 위대하다는 것을 강요당해 왔다.

예를 들면 칸트, 헤겔, 소크라테스, 플라톤, 뉴턴, 아인슈타인 등과 같은 위대한 사상 철학 과학자들의 구체적인 연구내용들을 제대로 이해하고 인식을 하고 그것을 바탕으로 위대하다고 스스로 느껴서 인정을 하기보다는 지도층과 식자층이 그렇다고 하니까 그렇다고 인정하고 있다. 이는 간판과 권위에 의해 무조건적으로 위대하다고 강요당해 왔다고 볼 수 있다.

이는 마치 정치 독재자가 정권 유지 차원에서 독재자를 정치선전으로 또는 정치교육으로 '위대하다고' 강요하고 이를 우상 숭배하는 것과 무엇이 다른가?

칸트가 위대한 철학자라고 하면 칸트의 철학을 직접 배우고 이해를 바탕으로 그것을 가슴에 와 닿도록 위대하다는 것을 주체적으로 느끼고서 받아들이게 될 때 칸트에 대한 철학적 위대성을 진정으로 인정할 수가 있다. 그런데 그런 것이 없이 지도층과 식자층들이 위대하다고 하니까 그리고 교육학문기관에서 위대하다고 교육을 하니까 교육학문적 이해관계로 또는 사회적 제도적 체면과 이해관계로 형식적이고 꼭두각시적으로 위대하다고 말하고 있다. 이는 정치 독재자가 자가 정권유지 차원에서 정치선전으로 정치 독재자를 우상화 세뇌교육을 하는 것과 다른 것이 무엇인가?

국민들의 입장에서는 전혀 가슴에 와 닿지도 않고 느끼지도 못하는데 제도권 지도층과 식자층이 그렇다고 하니까 "스스로 그렇다고 느끼지도 못하면서" 간판과 권위에 눌려서 또는 교육학문적 이해관계로 그렇다고 형식적이고 꼭두각시적으로 인정을 하고 받아들이고 있다.

그러나 많은 국민들은 비제도권의 미아리철학관에서 보다 훌륭한 철학적·과학적·학문적 도움을 가슴에 와 닿게 느끼고 있다. 그래서 제도권에서 그렇게 천시하고 멸시해도 자발적으로 찾아가고 배우고 상담을 한다. 그러면서도 하버드와 칸트를 위대하다고 하면서 미아리철학관을 멸시한다는 것은 이상하다.

이는 실질적으로 마음에 느끼는 진실과 형식적으로 제도권에서 배운 지식과 차이가 나는 허구적 비과학적 인식과 판단의 결과이다.

나는 일반국민들 사이에서 하버드와 노벨상을 무색케 하는 철학과 과학기술적인 것을 많이 보아 왔다. 그런데 그 가치와 의미를 의식적으로는 모르고 있다. 그런데 무의식적으로는 인식을 하여 하버드와 노벨상 중심의 학문에는 관심을 두지 않으면서 우리 것을 우선적으로 이용한다. 그런데도 불구하고 의식적으로는 우리 것을 무시하고 있다. 앞뒤가 맞지 않는 이야기이다.

하버드에서 하는 서양과학기술과 미아리철학관의 동양과학기술의 학문을 비교해보자.

서양과학기술은 정신 물질 이원론적 정신 빠진 물질론적 기계론적인 학문이고 학문의 궁극적 목적은 글로벌라이제이션(globalization)을 통한 물질적 가치의 극대화와 제도적인 민주화와 효율화를 위한 교육학문이다. 즉, 지구 차원의 국제적 감각 속에서 생명과 물질적 가치 그리고 제도적인 것을 연구하는 최고의 교육학문이다.

미아리철학관의 교육학문은 정신 물질 일원론적 정신 차린 유기체론적이며,

학문의 궁극적 목적은 유니버설라이제이션(universalization)의 시각에서 정신세계와 물질세계의 가치를 극대화하는 데 있다. 우주론적 차원과 우주적 감각에서 인류와 지구를 살리기 위한 연구와 교육을 한다. 그리고 인간의 삶의 궁극적 의미와 가치를 교육하고 연구한다. 우주적 감각이 있을 때 인간의 궁극적인 본질적 문제를 알 수 있다. 즉, 우주의 수수께끼를 알아야만 인간의 정신세계와 물질세계의 근본적인 수수께끼가 풀린다.

위에서 언급한 바와 같이 동양과학기술이 서양과학기술보다도 질적으로 차원 높은 학문이고, 인간생활에 더 실제적으로 도움을 주는 학문인데도 불구하고, 표면적인 문화적 낙후와 제도권 지도층과 식자층의 인식의 잘못으로 억울하게 폄하되고 홀대를 받고 있다.

이를 벗어나기 위해서 하루빨리 미아리철학관의 근대화의 일환으로 동양과학대학을 만들어서 동양과학기술을 현대서양 첨단과학기술과 응용 접목하여 체계적으로 연구하고 가르치는 대학을 만들자. 그래서 하버드에 맞먹는 대학으로 발전시키자. 이런 날이 올 때 우리는 제정신을 차리게 되고 그렇게 되면 지금보다 새로운 차원의 인류 문명의 발전이 있을 것이고, 우리의 주체성과 정체성, 민족혼과 민족정기도 회복하게 되며, 그렇게 되면 서양과학적 물질문명이 주도하는 현대사회가 안고 있는 모든 문제가 거의 완화되고 해결의 실마리를 찾게 될 것이며 그렇게 되면 21세기 정신과 물질이 조화를 이룬 새로운 문명사회가 될 것이라고 생각된다.

조상님들께 석고대죄를 하여야 한다.

인공위성과 사주명리학

하버드 중심의 서양과학기술의 가장 대표적인 최고의 발명품이 인공위성이라고 하면, 미아리철학관의 동양과학기술의 가장 대표적인 과학기술이 사주명리학이라고 볼 수 있다.

인공위성은 1+1=2라는 식의 정신 물질 이원론적 정신 빠진 물질론적 기계론적이며 분석적 환원주의적 학문이 최고의 경지에 도달하여 발명한 것이나, 그 근본적 본질적 이치는 '화살로 과녁을 맞히는' 아주 간단한 이치이다. 사주명리학은 1+1=2로 설명할 수 없는 정신물질 일원론적 정신 차린 유기체론적이며 종합적이며 전체론적 학문으로 이치적으로는 상상을 할 수 없는 신비스러운 우주론적 학문이다.

인공위성을 발사해서 달과 화성 등의 별에 갖다 와서 하는 말이 화성에 물이 있다, 동굴이 있다, 홍수가 난 흔적이 있다는 것을 알려주고 한다. 그리고 우주가 몇십억 년 전에 어떻고 몇십억 년 후에 어떻고, 또 별과 별사이의 거리가 빛이 일 년간 간 거리를 일 광년이라고 하는데 몇백만 몇억만 광년 동안 간 거리에서 빛이 오고하는 식의 어마어마한 말을 하지만, 그래서 어쨌다는 거냐(so what)? 100년도 못 사는 인간이 몇십억 전후의 일을 알아서 무엇을 하나? 그리고 100킬로미터 일도 모르는데 몇천만 광년의 거리를 알아서 무엇하나? 요란하고 화려한 데 비해서 내용이 없고 빈껍데기이다. 그리고 이를 연구하기 위해서 엄청난 돈을 투자한 데 비해서는 우리에게 의미 있는 내용이 없다. 이에 비해서 미아리철학관에서는 운칠기삼이라는 논리에 의해서 내가 사업을 해서 돈을 벌수 있는가, 인간의 궁극적 삶의 의미가 무엇인가, 또 언제 승진을 하고, 언제 결혼을 할 수 있는가 등의 우리가 생활에 가장 의미 있는 알고 싶고 궁금한 내용이면서 실용적인 내용이 풍부하다.

하버드 중심의 서양과학 기술문명은 자연을 정복한다고 하지만 사실은 그렇지도 못하면서 허세적 허풍적 이야기만 말한다. 미아리철학관 중심의 동양학은 우주론적 자연에서 배운다. 서양은 지구 밖으로 떠나거나 고배율 허블 망원경을 동원해서 우주를 이해하지만 동양은 자기 손바닥의 손금으로도 우주를 이해한다고 말한다. 그래서 우리의 말들 중에 '우주가 내 손안에 있다'고 하는 말이 전해왔다. 서양의 우주이해방식은 엄청난 돈과 노력이 필요하지만 동양의 이해방식은 돈과 노력이 거의 들지 않고 간단하고 쉽다. 그러나 그 내용 면에서 서양의 우주적 관점에서 고찰한 내용은 생활에 별로 의미가 없는데 비해서, 손바닥 손금으로 우주를 이해하는 동양학의 내용은 우리의 건강을 비롯한 물질과 정신적 생활에 매우 의미 있는 내용들이 많다.

필자의 입장에서 인생철학의 경우 제도권 교육학문기관에서 동서양의 철학을 수십 년 배우고 듣고 한 것보다도 미아리철학관에서 한 달 동안 배우고 들은 것이 훨씬 가슴에 와 닿고 의미가 있었다.

뉴턴이 만유인력의 법칙을 발견하여 엄청난 위대한 학자라고 영웅적 대우를 해주지만 내용 면에서 별것 없다. 사과가 나무에서 떨어지는 것을 보고 만유인력의 법칙을 발견했다지만 그 내용은 세 살짜리 아이도 알 수 있는 내용이다. 만유인력의 법칙이라는 그 학문적 내용, 즉 『자연철학의 수학적 원리』에 대한 내용을 학술적으로는 모르지만 사과가 위에서 아래로 떨어진다는 내용은 세 살짜리도 아는 별것도 아닌 내용이다. 만유인력의 법칙이라는 그 학문적 학술적 내용을 모른다고 사과가 위로 날아가고 옆으로 날아가나, 아래로 떨어진다는 사실만 알면 됐지 뭐 그렇게 형식적인 복잡한 학술적 내용을 가지고 자랑을 하는가? 세 살짜리 아이도 아는 내용을 가지고 말이다.

또한 그러한 내용을 엄청나다고 모든 동양의 지도층과 식자층들이 침이 마르도록 뉴턴을 위대한 과학자라고 하는가. 그런데 갑자을축 하면서 손바닥으로 육갑을 짚어 가면서 내년에 비가 많이 오고, 바람이 많으니, 또는 개인의 경우 관운이 좋으니 승진할 운이고 재운이 좋으니 돈 벌 운이라고 하는 미아리철학관의 동양과학기술은 내용도 의미가 있고 실용적이며 국민들의 건강과 생활에 많은 도움을 주는데 이들에 대해서는 뉴턴 이상의 과학자라고 평가도 하지 않을 뿐만 아니라 미신이고 비과학이라고 홀대를 하고 멸시를 하는가?

마치 정치 독재자가 자신의 권력 유지를 위해서 독재자를 신격화 우상화시켜 놓고 국민들을 지배하기 위해서 정치적으로 우민화시켜 놓은 것과 무엇이 다른가? 국민들을 이렇게 서양과학 우민화를 시킨 사람들이 제도권의 지도층과 식자층들이다.

국립박물관과 미아리철학관

우리나라의 전통적인 역사적 문화재를 관리보관하고 진열하며 계승 발전시키는 기관으로 말하면 상징적으로 볼 때 제도권의 국립박물관과 비제도권의 미아리철학관이라고 할 수 있다.

국가에서 우리의 전통적인 문화재를 발굴하고 보존하며 관리하기 위해 매년 많은 예산을 투자하고 있다. 공공부분에서는 주로 유형문화재와 예술적 문화의 기능 보유자를 발굴 보존 관리하기 위해서 많은 국가예산을 투자하고 있다.

국립박물관이라고 하면 주로 예술품을 중심으로 유형문화재가 주를 이루고 있다. 그 진열된 문화재는 우리 생활에 별로 도움을 주는 것들도 아니다. 그런데 무슨 의미와 가치 때문인지는 모르지만 여하간 매년 많은 예산을 투자하여 발굴하여 모아서 진열하고 전시를 하여 역사적 문화적 가치에 대해서 전문가들은 말을 하고는 있다. 그러나 나뿐만 아니라 일반 국민들은 그런가 보다 하고 듣고만 있지 전문가들과 같이 그 의미와 가치를 실감을 하지는 못하고 있다. 그래서 문화재를 보고 감상하기 위해서 박물관에 자발적으로 찾아가는 국민들이 매우 적다. 그 결과 매년 박물관 수입이 적어서 운영에 적자를 면치 못하고 있는 것 같다. 그래서 이를 보완하기 위해서 초·중·고교생들을 역사교육이라는 명목으로 강제로 동원을 하여 입장료를 받고 관람시킨다.

미아리철학관은 우리의 전통적 학문인 주역의 과학기술적 학문을 연구하여 계승 발전시켜서 국민들에게 궁금하고 필요한 인간의 여러 가지 일, 즉 건강과 길흉화복에 대한 상담과 조언을 해주는 교육연구기관이다. 지금과 같이 서양과학기술이 엄청나게 발달하였다고 해도 인간이 살아가면서 부딪히는 문제들 중에는 현대첨단 과학기술로 이해 설명이 안 되고 그래서 뚜렷한 해결방안을 제시하지 못하는 경우가 많다. 그래서 답답하고 궁금한 문제가 많이 있다. 그런데 그러한 문제를 설명을 해주고 해결방안을 제시해주는 곳이 미아리철학관이다. 즉, 서양첨단 과학기술로도 설명하고 해결할 수 없는 문제를 설명 해결해주는 곳이 미아리철학관이다. 그래서 많은 국민들은 건강을 비롯하여 갖가지 생활 속의 문제를 알아보기 위해서 돈을 직접 지불하면서 자발적으로 찾아가서 상담을 하고 있다.

국립박물관의 입장료와 미아리철학관의 상담료를 비교하면 미아리철학관의 상담료가 훨씬 비싸다. 그리고 국립박물관은 화려하고 현대적이며 예술적으로 그럴듯한 데 비해서, 미아리철학관은 허름하고 궁상맞고 들어가기에는 뒤통수가 부끄러울 정도이다.

그런데 국립박물관은 가는 사람이 많지 않아서 건물만 덩그러니 썰렁하다. 그러나 미아리철학관은 문전성시다. 그 으슥하고 허름한 골목길에 있는 볼품없는 미아리철학관이 문전성시를 이루고 있는 것은 무엇을 의미하는가?

동북공정과 미아리철학관

최근에 중국에서 우리의 고구려 역사를 중국의 역사로 편입시키려는 계획으로 중국이 많은 예산을 투자하여 동북공정이라는 역사 연구작업을 펼치고 있다고 신문에 대서특필로 보도를 하고 이에 역사학계와 교육관계기관에서 요란스럽게 이에 대응하는 글과 소리가 보도되었다. 정치권에서도 이에 적극적으로 반응을 나타내면서 급기야는 노무현 대통령까지 직접 중국의 총리에게 이에 대한 문제를 제기하기까지 하는 초유의 역사적 문제에 대한 거국적 대응을 하였다. 이는 우리가 고구려 역사에 대해서 소홀히 하는 사이에 저들이 자기들 나라의 역사에 편입시키려는 공작을 한 것이라고 볼 수 있다. 그래서 역사학계에서 이를 빼앗기지 않으려고 뒤늦게 이에 대해 대응하기 위한 노력의 일환으로 고구려 역사 연구를 위한 무슨 연구소인가를 만들고 하였다는 것을 신문을 통해서 보았다. 늦었지만 우리의 고구려 역사를 저들에게 빼앗기지 않기 위한 거국적인 역사학계의 대응이라고 볼 수 있다. 이는 우리가 고구려 역사에 대해 소홀히 하는 사이에 저들이 우리의 역사를 빼앗아 가려고 하는 역사적 사건이라고 할 수 있다.

이는 마치 우리가 고구려 역사에 대해 소홀히 하면서 잠자고 있는 동안 저들이 몰래 깊은 밤중에 담을 넘어와서 역사를 도둑질해가는 일이라고 볼 수 있다.

이와 비슷한 현상으로 우리의 전통과학기술이며 국민과학기술인 동양과학기술은 서구의 과학기술보다도 차원 높은 보다 새롭고 앞선 과학기술이기 때문에 모든 국민들이 현재 지배적 위치에 있는 제도권 서양과학기술보다도 훨씬 선호하고 국민들의 건강과 생활에 많은 도움을 주고 있다. 그런데도 불구하고 이를 제도권 지도층과 식자층이 홀대를 하고 폄하하고 방치를 하여서 완전히 제도권 교육학문세계에서 배척하여 미아리철학관의 초라하고 볼품없는 교육학문기관으로 전락당하고 있다. 그래서 지금은 서양과학기술이 완전히 우리의 안방격인 교육학문세계인 초·중등부터 대학·대학원까지 정복하여 초·중등은 서양교육기관이고 대학은 서양과학대학이 되어 버렸다. 우리나라 대학이 전문대학까지 포함하면 모두 수백여 개의 대학이 있다고 하는데 이들 대학은 모두 한마디로 말하면 서양과학대학이다.

서양과학기술보다도 차원 높은 새롭고 앞선 과학기술이며 국민들의 건강과 생활에 더 많은 도움을 주면서도 제도권에서 완전히 추방을 당하고 억울하게 천덕꾸러기 취급을 받고 있다. 이는 무엇을 의미하는가? 한마디로 '벌건 대낮에 눈 뜨고 도둑을 맞은 격'이다.

동북공정으로 고구려 역사를 도둑맞은 것이 우리가 잠자고 있는 깊은 밤중에 몰래 담 넘어와서 도둑질해 간 것이라면, 우리의 전통과학기술인 역학과 역술이 서양과학기술에 의해서 완전히 무시를 당하여 제도권에서 완전히 추방을 당하여 미아리철학관으로 전락한 것은, 벌건 대낮에 눈 뜨고 도둑질당한 격이다.

우리가 잠자고 있는 깊은 밤중에 도둑맞은 고구려 역사가 더 억울한가? 벌건 대낮에 눈 뜨고 도둑맞은 우리의 전통과학기술인 역학 역술이 추방당한 것이 더 억울한가? 그런데 제도권에서는 깊은 밤중에 도둑맞은 동북공정에 대해서는 온갖 수단을 다해서 대항하면서, 벌건 대낮에 눈 뜨고 도둑맞은 우리의 교육학문에 대해서는 왜 한마디 말도 못하고 있는가? 과거의 우리의 고구려 역사도 중요하지만 우리의 전통과학기술인 교육학문이 더 중요하다. 왜냐하면 역사는 아무리 화려하고 의미가 있다 해도 과거의 일이다.

과거의 역사에 너무 집착을 하고 지나치게 이를 자랑을 하고 이를 뽐내고 하는 것도 일종의 허세이다. 지구상에 어느 나라 어느 민족 치고 과거 역사의 무대에 크게 행세를 하지 않은 나라와 민족이 있었던가? 우리 민족, 즉 고구려 역사만이 세계의 역사 무대에서 두각을 나타낸 역사인가? 즉, 왕년만 생각을 하면 왕따당하기 쉽다. 과거 얘기를 지나치게 자꾸 하는 사람치고 바쁜 사람 있는가? 과거를 얘기하는 사람은 현재가 형편없거나 미래에 대한 희망이 없는 사람이 대부분이다. 중요한 것은 과거가 아니고 현재와 미래이다. 현재와 미래를 위해 가장 중요한 역사 연구는 과거의 역사적 사건을 자랑하는 허세적 역사연구보다는 현재와 미래에 실질적으로 국민들에게 도움을 주는 교육학문이라고 생각된다. 교육학문 중에서도 용도 폐기된 시대에 뒤떨어진 성리학 위주의 도덕윤리적 학문과 경학 위주의 철학사상 연구보다 국민 생활에 실질적으로 도움을 주는 서양과학기술보다도 새롭고 앞선 과학기술인 역학과 역술이다.

지금과 같은 과학기술이 주도해가는 자본주의 세계화 시대에 맞게 우리가 실질적으로 세계에 자랑스럽게 내놓을 수 있는 우리 것은 성리학 위주의 윤리도덕과 공허한 철학사상도 아니고 과거의 우리의 화려했던 역사적 사건도 아니며, 바로 미아리철학관 중심의 역학과 역술이다. 세계인들이 아무리 우리의 과거의 역사가 화려해도 그리고 윤리도덕 철학사상이 훌륭하다 해도 그것을 배우기 위해서 코가 큰 서구인들이 배우려고 우리나라에 유학을 오지 않을 것이다. 그러나 서양과학기술보다도 새롭고 앞선 과학기술이 우리나라에 있다고 하면 그것을 배우려고 물밀 듯이 몰려올 것이다.

만일 동양과학대학을 설립하여 서구인들이 동양과학기술을 배우려고 돈을 싸들고 물밀 듯이 몰려오면 이것이야말로 신나는 일이 아니겠는가? 이것이야말로 수많은 역사를 연구하는 허세적 연구보다도 실질적으로 물밀듯이 몰려올 것이다 민족 얼을 살리기 위한 살아 있는 그리고 정신을 차린 역동적인 역사연구가 아니겠는가?

우리 조상님들이 물려준 새롭고 앞선 과학기술을 서양과학기술에 빙의가 되어 제대로 알아보지 못하고 미신이고 비과학이라고 제도권에서 추방하고 우리 것만 못한 서양과학기술을 무슨 유토피아 건설을 위한 유일한 학문으로 도배한 것도 일종의 민족문화 말살행위라고 해도 지나친 말이 아니다.

제5절 현대사회의 학문적 통섭·통합·융합론과 동양과학의 학문적 인식 모형

주역학은 우주론적 차원의 통섭(統攝: Consilience)적 학문이다. 이는 현 제도권에서 최근에 대두되고 있는 지구 차원 학문의 통섭과 종합 개념인 High Concept 보다 차원이 훨씬 큰 우주론적 초특급 개념인 Universal Super high concept이다.

현재 제도권의 교육학문세계에서 새롭게 일어나고 있는 학문적 특징 중의 하나가 학문적 통섭(consiliance), 통합(integretion), 융합(convergence) 노력들이다. 세 가지 개념은 엄밀하게 말하면 다르지만 여기서는 유사한 개념으로 보겠다.

이는 지난 300여 년 동안 주도해왔던 뉴턴·데카르트적 물질론적, 기계론적, 분석적, 환원주의적 학문적 접근방법의 문제점과 한계점을 인식하고, 이를 극복하고 보완하기 위해 새로이 나타나는 학문적 조류이다.

이러한 최근의 학문적 통합·통섭·융합 노력을 소개하면서 동양학의 학문적 특징과 비교설명하고, 그 안에서 동양학의 학문적 의미와 가치를 살펴보고자 한다.

먼저 결론적으로 말하면 학문적 통합(통섭·융합) 노력은 지구 차원의 보이는 세계, 즉 물질세계 위주의 학문적 통합을 지향하고 있다. 그러나 동양과학기술에서는 이미 수천 년 전에 지구(global) 차원의 물질세계뿐만 아니라 정신세계까지도 포괄하는 우주론적(universal) 종합적 학문을 발전시킨 학문이 주역과 주역에서 비롯된 역학과 역술이다. 즉, 주역과 역학 역술은 지구 차원의 물질세계를 넘어서 우주와 정신세계를 포괄하여 우주론적으로 발전시킨 통섭·통합·융합 학문이다.

최근에 미국 하버드대학교 생물학과 펠레그리노 석좌교수인 윌슨(Edward Osborne Wilson)의 저서 중에 지식의 대통합(The Unity of Knwoledge)을 주제로 쓴 『통섭(Consilience)』이라는 책이 국내에 번역 출판되었다.

이 책의 주제는 저자가 서문에 밝힌 바와 같이, 지식이 갖고 있는 본유의 통일성이다. 본래 지식은 인간이 인위적으로 만들어놓은 칸막이식의 분파적 또는 파편적 지식이 아니다. 그런데 인간이 연구의 편의에 따라서 쪼개고 쪼개서 만들어놓은 학문적 영역 내에서 지식은 본래의 진리가 아니라는 의미라고 볼 수 있다. 따라서 본래 하나인 통일적 지식이 진정한 지식이다. 통일적 지식이란 동일 학문 영역 내의 각 전문분야의 통합뿐만 아니라 인문, 사회, 자연현상에 통용될 수 있는 통합적 지식을 의미한다고 볼 수 있다.

역자인 최재천 이화여자대학교 석좌교수는 옮긴이 서문에서 현대서양학문이 지나치게 세분화된 문제점에 대해서 지적하면서 학문적 통섭의 필요성을 강조하고 있다.

진리의 행보는 우리가 애써 만들어 놓은 학문의 경계를 존중해주지 않는다. 학문의 구획은 자연에 실재하는 것이 아니기 때문이다. 진리의 궤적을 추적하기 위해 우리 인간이 그때그때 편의대로 만든 것일 뿐이다. 우리는 우리가 만들어 놓은 학문의 울타리 안에서 진리의 한 부분만을 붙들고 평생 씨름하고 있다.

대체로 지식은 16세기를 기점으로 하여 쪼개지기 시작했다. 엄밀하게 말하면 지식 자체가 쪼개진 것이 아니라, 지식을 탐구하는 방법과 사람들이 쪼개졌다고 생각하는 것이 더 옳을지도 모른다.

이 같은 추세를 부채질한 환원주의(reductionism)가 엄청난 양의 지식을 발굴해내는 데 기여했음을 부인할 수는 없다. 그러나 20세기를 마감하며 우리가 그토록 열심히 찾아낸 부분들을 한데 묶어도 좀처럼 전체를 이루지 못한다는 사실을 발견했다.

21세기에 들어서며 거의 모든 학문 분야에 통합(integration) 바람이 거세게 불고 있다. 그동안 분석적 환원주의 일변도로 나아가던 생물학이 드디어 종합 차원으로 접어든 것이다.

이제 우리는 진리의 행보를 따라 과감히 그리고 자유롭게 학문의 국경을 넘나들 때가 되었다. 진정한 세계화는 진리를 추구하는 학문 영역들에서 먼저 일어나야 한다. 그러나 현재 전 세계적으로 일어나는 세계화는 서구 중심의 물질적 세계안의 세계화이다. 그런데 학문적 세계에서는 동서양의 학문이 완전히 벽을 쌓고 상호 간의 교류가 전혀 이루어지지 않고 있다.

그동안 우리는 학제적(interdisciplinary) 연구라는 걸 한답시고 적지 않은 시도를 해왔다. 하지만 우리 노력의 대부분은 단순히 여러 학문 분야의 연구자들이 제각각 자기 영역의 목소리만 전체에 보태는 다학문적(multidisciplinary) 유희에 지나지 않았다. 이제는 진정 학문의 경계를 허물고 일관된 개념과 이론의 실로 모두를 꿰는 범학문적(transdisciplinary) 접근을 할 때가 되었다. 이것이 바로 통섭의 시대를 맞이하는 것이다.

기와 음양오행은 우주론적 Super High Concept

위 내용 중에서 "학문의 경계를 허물고 '일관된 개념과 이론'의 실로 모두를 꿰는 범학문적 접근"의 의미에 해당하는 개념과 이론이 동양학의 경우 기와 음양오행론이다. 즉, 동양학이 우주 삼라만상을 하나로 보는 천인합일과 우아일체의 관점에서 우주론적 순환원리적 자연의 이치인 기와 음양오행론으로 모든 사물을 고찰한 동양과학기술의 범학문적 접근이다. 다시 말하면 기와 음양오행론은 범학문적 접근이 하고자 하는 학문의 경계를 허물고 일관된 개념과 이론의 실로 모두를 꿰는 구체적인 개념과 이론이다. 여기에서 '일관된 개념과 이론의 실'이 다름 아닌 동양학의 기와 음양오행론이다.

최첨단 과학기술시대에 지나친 분과학문의 문제점을 극복하기 위해 새롭게 대두되는 최근의 학문적 노력이 이미 수천 년 전에 동양에서 이미 완성되어 전해오고 있음을 발견한 것은 참으로 흥미 있고, 이를 발견한 나는 가슴이 뛴다. 그것도 가장 천시하고 홀대해온 미아리철학관에서 발견하였다는 점이 더욱 그렇다.

2009년 4월 4~5일자 조선일보 土日섹션 Cover Story의 세계적 미래학자 3

인이 보는 '메가 트렌드'에서 미국발 금융위기에서 비롯된 현대사회의 경제적 혼란을 야기한 근본적 원인을 분석한 내용이 보도되었다.

미래학자 3인이 소개한 기사내용 그대로 옮기면, 미래학의 거목인 세계적 석학 앨빈 토플러(Toffler), IBM·맥킨지·코카콜라 등 주요 글로벌 기업에 미래 트렌드를 컨설팅하는 리처드 왓슨(Waston), 떠오르는 차세대 미래학자 다니엘 핑크(Pink)이다.

세 미래학자들은 나이도 활동무대도 각각 다르지만 세 미래학자의 전망은 주요 키워드에서 교집합을 이뤘다. 그들은 대체로 다음과 같은 밑그림에서 서로 교직했다.

"너무 빨라지고 너무 복잡해진 세계 …… 그래서 위기가 왔다. 그래도 미래는 낙관한다. 인간은 늘 위기를 이겨왔다. 도저히 양립하지 않을 것 같은 극단들이 공존하는 미래가 머지않아 열릴 것이다.

정치든 경제든 사회든 점점 하이콘셉트(high-concept)가 각광받을 것이다. 감성과 예술까지 아우르면서 전체를 조망하는 통섭과 종합 능력을 뜻한다. 인간의 오른쪽 뇌가 주로 관장하는 영역들이어서, 우뇌 시대의 개막이라고 표현할 수도 있다.

특히 세 미래 학자들은 인류가 겪고 있는 이례적 글로벌 경제 위기가 '하이콘셉트(high concept)의 시대', '우뇌의 시대', '통섭의 시대'의 도래를 더욱 가속화시킬 것이라는 전망에서 이견이 없었다. 그 이유는 현재의 위기가 한 분야만 깊게 파고 들어간 전문가들의 전체에 대한 조망(眺望) 능력 결여에서 비롯됐다고 진단하기 때문이다.

기사 서론 부분의 큰 타이틀을 그대로 나타내면 '미래가 궁금하다고? 당신의 우뇌에 답이 있다', 작은 타이틀로 '한 분야만 너무 깊이 파던 좌뇌형 천재들이 유례없는 금융위기 불렀다. 이젠 전체를 조망하고 아우르는 우뇌형 인재가 각광받을 거야 …… 교육제도 완전히 뜯어고쳐야'라고 제시하고 있다.

뒷면에는 본문이 소개되었는데 큰 타이틀로 'High Concept'가 있고 작은 타이틀 중에는 '너무 빠르고(Speed) 너무 복잡한(Complexity) 세계, 그래서 위기가 왔다'고 제시하고 있다. '전체를 조망하는 통섭과 종합의 high concept의 능력이 각광받는다.'

하이 콘셉트란 나무만 보고 숲을 못 보는 분석과학의 문제점에 대해 전체를 조망하는 통섭과 종합, 즉 숲을 볼 수 있는 개념이다. 숲을 보기 위해서는 높은 (high) 곳에서 보아야 하기 때문에 통섭, 종합의 개념을 비유적으로 하이 콘셉트 (hign concept)라고 표현한 것 같다.

특히 기와 음양오행론은 물질세계뿐만 아니라 정신세계 그리고 우주론적 범위를 포괄한다는 점에서 위에서 서술한 물질세계에 한정된 통섭 통합 융합적 개념보다 훨씬 스케일이 큰 개념과 이론이다.

최근에 성신여대 최민자 교수의 저서인 『통섭의 기술』에서 에드워드 윌슨의 통섭의 개념이 주로 다양한 지식세계를 넘나드는 지식 차원의 언어적 기술이라고 하는데 대하여 그는 아(我)와 비아(非我)의 두 대립되는 자의식을 융섭하는 지성 차원의 영적 기술임을 밝히고 있다. 즉, 물질계와 정신계를 포괄하는 관점에서 통섭 개념을 강조하고 있다. 지식 차원의 통섭 개념을 넘어서는 궁극적인 지성 차원의 통섭개념을 강조하였다는 점에서 의미는 있으나 구체적인 통섭의 개념을 제시하고는 있지 않다. 즉, 기존의 개념에 대한 비판과 함께 새로운 차원의 개념을 제시하면서 방향제시적인 것으로 끝나고 있다.

그런데 기와 음양오행론은 물질세계와 정신세계를 모두 포괄하는 통섭 개념이라는 점에서 궁극적 세계의 통섭 개념이라고 볼 수 있다. 즉, 천지인과 물질계 정신계를 구체적이고 일관적으로 통괄하는 우주론적 Super High Concept 개념과 이론이라는 점에서 더욱 의미 있는 통섭 개념이다. 뿐만 아니라 기와 음양오행론을 생활에 접목 응용한 과학기술적 학문으로 역학과 역술이 있다는 점에서 생활 속에 살아 있는 영원한 통섭개념이다.

The Systems Science와 음양오행론

근래에 현대 학문이 극도로 분화되고 전문화되면서 개별 학문 간의 상호교류를 위한 커뮤니케이션이 거의 불가능한 상태여서 학문적 발전에 문제가 많다는 것을 인식하게 되었다. 그래서 학제 간 학문적 교류와 협조를 위한 통합적 연구의 필요로 나타난 이론이 일반 체계론(general system theory: G. S. T)이다.

시스템 과학이 여러 학문 간의 소통이 가능하게 하기 위한 일반용어(genreal language)를 제공하고 그 노력의 결과 법칙들의 법칙(law of laws)을 만들어서 보편적 과학(universal science)을 달성하기 위한 것이다. 그래서 시스템과학은 자연 사회 인문과학뿐만 아니라 과학 철학 종교까지도 더 이상 분리된 것이 아니고 하나로 통합시키기 위한 학문적 노력이다(L. Skyttner, 『General System Theory』).

일반체계론의 주요 학문적 목적은 실증 세계(empirical world)의 일반적 관계 (general relationship)를 서술하기 위한 체계적이고 이론적인 틀(framework)을 개발하는 데 있다. 즉, 일반체계론의 궁극적 목적은 모든 학문을 의미 있는 관계로 엮을 수 있는, 또는 통합할 수 있는 이론적 틀을 만드는 데 있다. 여기서 모든 학문이란 자연과학, 사회과학, 그리고 인문학 모두를 말한다. 즉, 일반체계론의 목적은 자연과학 사회과학 인문학까지 모두 통합적으로 활용할 수 있는 이론적 틀을 만드는 데 있다.

1930년대 오스트리아의 생물학자 루트비히 폰 베르탈란피(Ludwig von Bertalanffy)는 그의 '전체성의 일반과학'에 대한 관점은 시스템이라는 개념과 원리를 다른 연구 분야에도 적용할 수 있다는 그의 관찰에 기반을 두고 있었다. 그는 이렇게 설명했다. "여러 다른 분야들 속에서 일반 개념들, 심지어는 특수한 법칙들까지도 유사하게 나타난다는 사실은 그것들이 '시스템'과 연관되어 있고, 그 특정한 일반원리들을 그 성질과는 무관하게 시스템에 적용할 수 있다는 사실의 결과이다." 살아 있는 시스템이 생물 개체에서 그 부분, 사회적 시스템, 생태계에 이르기까지 매우 폭넓은 현상들의 범위에 걸쳐 있기 때문에, 베르탈란피는 일반 시스템 이론이 지금까지 고립되고 단편화되어 왔던 여러 과학 분야들을 하나로 통합시키는 이상적인 개념적 틀을 제공할 것이라고 확신했다.

그러나 일반체계론이 앞에서 언급한 문제의식에서 출발을 했는데 현실적으로 구체적인 통합적 틀을 제시해주지는 못하고 있다.

그런데 동양학을 배우고 연구를 하면서 발견한 것이, 현대 일반체계론이 하고자 하는 목적으로 탄생한 것이 동양학의 기와 음양오행론이다. 기와 음양오행론은 모든 학문을 통섭할 수 있는 일반용어(general language)이고 보편적 과학(universal science)이며 법칙들의 법칙(law of laws)이고 개념들의 개념(concept of concepts)뿐만 아니라 기와 음양오행론의 통섭 통합의 정도가 인문 사회 자연 과학뿐만 아니라 과학, 철학, 종교까지를 모두 포괄하는 개념과 이론이라는 점에서 더욱 의미가 있다. 그리고 현실적으로 많은 문제를 이해 설명하고 나름대로 문제 해결을 위한 처방도 제시해주는 구체적이고 실용적인 과학기술이라는 점이다. 더욱 새롭고 의미 있는 것은 기와 음양오행론은 천문(天文)과 지리(地理) 및 인사(人事)의 질서를 종합적이고 체계적으로 상호 연관하여 이해 서술 설명해주고 있다는 점이다. 즉, 현대 서양과학기술 차원뿐만 아니라 서양과학기술이 관여할 수 없는 보이지 않는 세계인 천문 지리 정신세계까지를 포괄한다는 점에서 더욱 새롭고 앞선 과학기술이다.

미국의 경제학자인 보올딩(Kenneth Boulding)은 그의 일반체계이론에서 시스템의 관점에서 모든 현상의 시스템을 분류하였는데, 시스템의 복잡성의 정도에 따라서 시스템의 수준(level)의 계층을 9단계로 나누고 그중에서 마지막 계층인 제9단계 수준을 초상적(超常的) 시스템(transcendental system)이라고 하였다.

그는 제9층에 해당하는 초상적 시스템이 모든 그 이하의 시스템보다 훨씬 중요하다는 것을 대단히 강조하였다. 즉 시스템의 구조를 완성하기 위해서는 비록 이 시점에서 구름 속에 바벨탑을 짓는다고 비난을 받을지라도, 마지막 초상적 시스템을 추가하여야 한다고 강조를 하였다. 그러나 초상적 시스템은 궁극적(ultimate)이고 절대적(absolute)이며 피할 수 없을(inescapable) 정도로 중요하지만 불행하게도 알 수 없는(unknowable) 시스템이다. 그리고 그들은 체계적인 구조(sytematic structure)와 상호관계(relationship)를 나타내고 있다.

그런데 주역학에서 우주론적 자연의 이치의 관점에서 보이지 않는 기(氣)와 신(神)의 작용과 변화 원리에 입각하여 모든 사물을 이해 설명하기 위하여 접근하였다는 것은 보올딩의 제9층의 초상적 시스템을 가장 중시한 것과 동일한 것으로 볼 수 있다. 뿐만 아니라 궁극적이고 절대적이며 피할 수 없을 정도로 중요하다고 표현한 것은 동양학이 중시한 보이지 않는 세계가 얼마나 중요한가를 알 수 있다. 그리고 이것을 인지하고 이미 수천 년 전에 이를 발전시킨 우리의 조상님들이 얼마나 위대한 식견을 가졌는가를 알 수 있다. 주역학에서 중요시한 접근법과 보올딩이 가장 중시한 초상적 시스템이 일치한다는 점에서 매우 흥미 있는 일이다. 다만 차이점은 보올딩은 초상적 시스템의 작용을 알 수가 없다고 하였는데 비해서 주역학에서는 그 세계를 나타내는 체계화된 학문이 이미 수천 년 전에서부터 개발되어 지금까지 전해오고 있다는 데 있다.

주역학에서 '기와 음양오행론'은 범학문적으로 통용될 수 있는 일반체계이론이다. 즉, 모든 자연 사회 인문학뿐만 아니라 종교 철학 과학기술까지도 통합적으로 학문의 경계를 허물고 일관된 이론의 실로 모두를 꿰는 범학문적으로 접근할 수 있는 개념과 이론이다.

헤겔의 Holism과 주역의 학문적 인식모형

헤겔(Hegel)은 일반체계론이 제기하는 문제들 중 하나는 연구대상이 되는 특정체계를 우주의 나머지 부분으로부터 어떻게 분리해내는가 하는 것이다. 헤겔은 모든 것은 '전체'의 하위체계라고 주장한다. 그래서 한 사물의 전체를 알지 못한다면, 우리는 그 사물을 알지 못하는 것이다. 비록 헤겔이 '전체'를 알기 위한 체계를 발전시키려고 시도했지만, 그 질문에 대한 대답은 일반적으로 수용되지 않았다. 결과적으로 우리가 생각하는 체계는 '우주' 안의 하위체계들에 초점을 두어 왔다.

전체에 초점을 맞추는 변증법적 사고를 이용할 때 나타나는 문제는 전체를 에워싸고 있는 범위를 어떻게 정할 것인가 하는 점이다. 극단적인 입장은 모든 것은 전체의 한 부분이라는 주장이다. 이 입장은 미국과 영국의 네오헤겔리안들, 특히 1890년부터 1920년대까지 브래들리(Francis H. Bradley), 테일러(Alfred E. Taylor), 보산케(Bernard Bosanquet)와 그 밖의 많은 연구자들에 의해 받아들여졌다(도날드 폴킹혼, 『사회과학방법론』). 이 입장을 지지하는 사람들에게 있어 모든 관계는 내적-즉, '우주' 안에서-이며 따라서 실체를 어떻게 다루더라도 '전체' 가운데서 나타나는 새로운 속성(emergent property)을 놓치게 된다. 왜냐하면 부분들은 전체로부터 분리시켜서 이해될 수 없으며, 실재의 어떤 한 측면으로부터 도출된 모든 지식은 불완전(defective)하기 때문이다.

그런데 주역학에서 우주론적 자연의 이치의 관점에서 보이지 않는 기(氣)와 신(神)의 작용과 변화 원리에 입각하여 모든 사물을 이해 설명하기 위하여 접근하였다는 것은 보올딩의 제9층의 초상적 시스템을 가장 중시한 것과 헤겔의 '우주론적 전체'를 알고자 노력한 것과 동일한 것으로 볼 수 있다. 뿐만 아니라 보올딩은 궁극적이고 절대적이며 피할 수 없을 정도로 중요하다고 표현한 것과 헤겔이 우주론적 전체를 무시한 모든 지식은 불완전하다고 한 것은 주역학이 중시한 우주론적 보이지 않는 세계가 얼마나 중요한가를 알 수 있다. 그리고 이것을 인지하고 이미 수천 년 전에 이를 발전시킨 우리의 조상님들이 얼마나 위대한 식견을 가졌는가를 알 수 있다. 주역학에서 중요시한 접근법과 보올딩과 헤겔이 가장 중시한 초상적 시스템이 일치한다는 점에서 매우 흥미 있는 일이다. 다만 차이점은 보올딩은 초상적 시스템의 작용을 알 수가 없고 헤겔이 우주론적 전체를 알고자 노력한 것이 받아들여지지 않았다고 하였는 데 비해서 주역학에서는 그 세계를 나타내는 체계화된 학문이 이미 수천 년 전에서부터 개발되어 지금까지 전해오고 있다는 데 있다.

주역학에서 '기와 음양오행론'은 범학문적으로 통용될 수 있는 일반체계이론이 구축하고자 하는 일반용어(general language)이고 법칙들의 법칙(law of laws)이며 개념들의 개념(concept of concepts)이다. 즉, 모든 자연 사회 인문학뿐만 아니라 종교 철학 과학기술까지도 통합적으로 학문의 경계를 허물고 일관된 이론의 실로 모두를 꿰는 범학문적으로 접근할 수 있는 개념과 이론이다.

그런데 주역학의 기와 음양오행론과 현대학문들이 제기한 통섭 통합 융합의 개념과 근본적인 차이점이 있다.

첫째, 주역학에서 통합 융합 통섭의 범위가 보이는 객관의 세계와 보이지 않는 기와 신의 정신세계까지를 포괄하고 있는 학문이라는 점이다. 현대학문이 주로 보이는 객관의 세계인 기(器)의 세계를 중심으로 통섭 융합 통합하려는 점에서 다르다.

둘째, 현대학문은 현대사회의 분석적 환원주의적 학문의 문제점과 한계점을 인식하고 이를 개선하기 위해서 학문적 통합 통섭 융합적 노력을 하여야 한다는 방향제시적이지 구체적인 개념과 이론의 틀은 제시하고 있지 못하다. 즉, '학문의 경계를 허물고 일관된 이론의 실로 모두를 꿰는 범학문적 접근'을 할 수 있는 구체적인 개념과 이론을 제시하고 있지 못하다. 그러나 동양학에서는 이미 수천 년 전부터 범학문적으로 접근할 수 있는 개념과 이론이 기와 음양오행론으로 전해오고 있다는 점이다. 뿐만 아니라 체계화된 학문으로써 철학과 구체적이고 실용적인 과학기술도 있다.

현대사회의 학문적 조류가 시스템과학으로 발전해가는 경향이 주역학과 일치하는 것은 어떻게 보면 21세기는 주역에서 비롯된 동양학이 주도해갈 수밖에 없는 조짐의 하나로 보이는 것도 같다.

하기는 21세기는 동아시아 문화권 시대이고, 21세기라는 천년의 세기가 바뀌는 밀레니엄 시대이며, 서양과학기술에 비해서 새롭고 앞선 과학기술이고, 또한 서양과학기술의 한계점과 문제점에 의한 현대사회의 위기가 고조되고 있으니 주역학이 새롭게 대두될 수밖에 없다고 생각된다.

3

제3부 주역학의 기본개념과 이론

여기서는 천도에 해당하는 구체적인 개념과 이론에 대한 내용을 살펴보고자 한다.

주역이 동양의 역사와 문화 그리고 학문의 근원적인 학문이지만 주역 원문을 보면 64괘에 대한 괘사와 효사가 주 내용이고 그다음 공자가 역경을 보고 연구한 해설서인 계사전인 십익이 있다. 이 모든 것들의 기본적인 구성내용은 상수리 점(象數理占)인데 그 기본원리는 음양오행의 원리로 되어 있다.

주역의 구성원리가 음양오행으로 되어 있다는 것은 천도의 운행원리가 음양오행이므로 주역이 천지를 본받아 지었기 때문이라고 볼 수 있다. 그런데 주역의 경문이나 십익인 주역전의 내용만을 보고 그 이치와 의미만을 해석하고 이해하는 의리적 연구만 하면 과학기술이 주도하는 현대사회에 큰 의미가 없다.

즉, 대만의 남회근 국사가 그의 저서인 『역경잡설』에서 "주역의 테두리 내에만 집착해서 해석하려는 것은 아무 쓸모가 없다. 단지 이런 식이라면 죽도록 연구해야 아무런 공헌도 할 수 없을 것이다. 유일한 용도가 있다면 할 일 없는 사람의 소일거리 정도일 것이다. 진정으로 활용되기 위해서는 과학적 정신이 있어야 한다. 실용성 없는 사상은 공허한 내용이다. 역경을 연구하면서 결코 해결될 수 없는 문제를 붙들고 늘어져서는 안 된다. 옛사람들의 태도 역시 이러했다. 역경이라는 저작은 훌륭한 것이지만 먹어봐야 배도 부르지 않다. 송대의 성리학자들처럼 역경의 도리만을 말하는 데 그쳐서는 안 된다."

또한 우리나라의 주역의 대가이신 대산 김석진 선생의 스승이신 야산 이달 선생께서도 주역을 연구하는 방향에 대해서 "주역을 아무리 배웠더라도 그것을 점과 술로 풀이하여 내놓지 않는다면 아무 소용이 없는 것이다. 주역의 이치가 오묘하다 할지라도 점과 술로써 내놓지 않는다면, 몇몇 통한 사람의 전유물일 뿐 일반인에게는 아무 소용이 없다"라고 언급한 바와 같이 큰 의미가 없다.

위의 두 분의 주역의 대가의 말씀 중에 주역을 연구하는 태도와 방향에 있어서, 남회근 국사의 '과학적 정신'과 야산 이달 선생의 '점과 술'은 모든 인간생활에 구체적이고 실용적으로 접목 응용한 과학기술적으로 주역을 연구하는 것을 강조하였다고 볼 수 있다. 이것이 지금과 같이 과학기술이 주도해가는 지식산업시대에 걸맞은 수시변역(隨時變易)적 주역의 연구태도 또는 방향이라고 볼 수 있다. 즉, 주역 연구가 국민들의 생활상에 부딪히는 건강과 각종 문제에 대처하고 슬기롭게 극복하는 데 도움을 주는 그러한 연구를 하는 것을 강조하는 표현이라고 본다. 과거 조선시대와 같이 성리학 중심의 의리적 연구는 현대사회에는 바람직한 연구가 아니라는 것이다.

따라서 주역이 과학기술적으로 인간생활에 구체적이고 실용적으로 응용이 되기 위해서 연구하는데 가장 의미 있는 개념과 이론이 기와 음양오행론이다. 물론 주역의 각 괘사와 효사 및 계사전의 의리적 내용도 인간의 삶에 도움을 주는 이치적 교훈적인 내용도 많이 있지만 가장 우선적으로 생활에 과학기술적으로 접목 응용할 수 있는 실용적인 개념과 이론은 기와 음양오행론이라고 볼 수 있다.

기와 음양오행론을 보다 구체적이고 실용적으로 응용하여 발달한 학문이 상수역인 역학과 역술이다. 역학과 역술에서 기와 음양오행론이 어떻게 구체적으로 생활에 접목 응용되고 있는가를 살펴보고자 한다.

대산 김석진 선생의 저서인 『주역강해』에서 역의 뜻을 다음과 같이 언급하고 있다.

"역은 자연을 그대로 본받은 학문이므로, 자연의 운행질서 및 인류사회의 근본원리를 모두 포함하고 있다. 대자연에 있어서는 모든 것이 상호작용을 한다. 하늘의 기운에 따라 땅의 형상이 이루어졌지만, 하늘의 형상도 이 땅의 기운에 따라 모양이 바뀌게 된다. 다시 말해 하늘의 운행이 땅에 영향을 주고, 땅은 그 영향을 받아 자신을 변화하는 동시에 하늘에 영향을 주어 변화시킨다. 하늘은 이것을 받아들여 변화하고, 그 변화를 다시 땅에게 주는 순환의 연속이며, 그 가운데 사람으로 대표되는 만물이 하늘과 땅의 교감작용에 영향을 받고, 다시 자연에 그 영향을 미치게 된다. 이러한 상호교감작용을 끊임없이 되풀이하는 것이 자연의 도이며, 그 과정을 64괘라는 틀 속에 넣은 것이 바로 주역이므로, 주역 안에 우주 삼라만상의 변화가 존재하는 것이다. 우주 속에 벌어지는 자연현상을 한마디로 한다면, 한 번 양하고 한 번 음하는 과정의 순환이라고 할 수 있다."

위의 글은 주역의 가장 기본적인 구성원리인 천지인 간의 관계를 나타낸 것이다. 다른 말로 하면 천도와 인간을 비롯한 만물 만사 간의 관계를 표현한 글이다. 위의 글을 보다 구체적으로 요약하면, 첫째, 주역은 천지(天地) 사이의 모든 변화 이치를 포함하고 있으며, 둘째, 하늘의 기운과 땅의 기운이 상호작용을 하면서 모든 변화를 주관하고, 셋째, 인간을 비롯한 만물 만사가 천지의 기운에 영향을 받아서 변화를 하고 또한 천지자연에 영향을 준다는 의미이다. 넷째, 천지인 간의 상호작용을 하는 구체적인 이치가 음양론적 변화관인 '한 번 양하고 한 번 음하는' 순환이다.

여기서 천도란 단순히 하늘의 변화 이치만을 나타낸 것이 아니라, 하늘과 땅의 변화 이치인 천지의 변화 이치이며, 따라서 엄격히 말하면 '천지의 도'라고 할 수 있다. 그런데 천과 지의 관계에서 천이 주이고 지가 종의 위치에 있다고 볼 수 있다. 즉, 천이 독립변수이고 지가 종속변수이다. 그래서 공자가 주역을 해설한 『계사전』 제1장에서 다음과 같이 표현을 하였다.

"재천성상(在天成象)코 재지성형(在地成形)하니 변화현의(變化見矣)라: 하늘에 있어서는 상을 이루고 땅에 있어서는 형을 이루니 변화가 나타난다", "건지대시(乾之大始)오 곤작성물(坤作成物)이라: 건은 크게 시작하는 것을 주장하고, 곤은 물건을 이름을 지으니라."

위의 공자의 말씀에 대해 주자가 해석한 주를 보면 象者, 日月星辰之屬, 形者, 山川動植之屬(상이란 일월성신의 붙이고, 형이란 산과 내 및 동식물의 붙이며)이라고 하였으며 乾, 主始物, 坤, 作成之(건은 물의 시작함을 주관하고, 곤은 그것을 이루는 것이다)라고 하였다. 따라서 재천성상이란 하늘의 별의 위치와 색깔의 변함으로써 기운의 변화, 즉 상의 변화를 의미하고 재지성형이란 하늘의 기운이 땅에 영향을 주어 산천동식물인 형의 변화를 의미하고, 변화현의란 구체적인 산천동식물의 변화를 의미한 것이다. 이것은 하늘이 먼저 변화하면 땅이 이를 받아서 이룬다는 의미이다.

결국 먼저 하늘의 변화가 일어나고 그 후에 땅에 변화가 일어난다는 것을 나타낸 것이며 하늘과 땅의 변화는 천시 사이에 있는 인간을 비롯한 만물 만사에 영향을 주어 모든 변화가 나타난다. 이러한 천지와 인간을 비롯한 만물 만사 간의 일어나는 현상을 체계적으로 나타낸 구체적인 개념과 이론이 기와 음양오행론이다.

위의 내용을 개념과 이론으로 간단하게 표현을 하면 기와 음양에 관한 것이고 음양을 보다 구체적으로 표현하면 오행이므로 기와 음양오행이 천지의 도를 나타낸 것이다. 물론 위의 글에서는 오행이라고는 표현하지 않았지만 음양을 보다 구체적으로 표현하면 오행이라고 볼 수 있다. 즉, 음양이 오행이고 오행이 음양이기 때문에 음양의 개념 속에 오행이 있고 오행의 개념 속에 음양이 있다.

위의 내용 중에서 하늘의 기운 땅의 기운은 기의 실체를 나타낸 것이고 이의 작용과 변화를 나타낸 개념과 이론이 음양오행이다. 결론적으로 천지의 도인 천도는 구체적으로 표현을 하면 기의 작용과 변화 원리인 음양오행이라고 볼 수 있다.

따라서 음양오행론은 기의 작용과 변화를 나타낸 천지의 도를 나타낸 구체적인 개념과 이론이고, 뿐만 아니라 기를 매체로 해서 천지인 간의 상호작용을 설명하는 구체적인 이론체계이다. 즉, 기로 구성되어 있는 천도의 운행에 따라 인간을 비롯한 만물 만사의 변화현상을 설명해 주는 구체적인 이론체계가 음양오행론이다.

주역학에서 기의 개념과 기의 작용과 변화 원리를 나타낸 구체적인 개념과 이론체계를 서술하고자 한다.

제11장 태극론

앞에서 누차 언급한 바와 같이 동양의 역사와 문화 그리고 학문의 가장 근본이 되고 기본적인 학문이 『주역』이라고 하면, 주역의 가장 기본이 되는 근본적 출발점이 태극이다. 주역이 우주학이라고 하면, 우주를 나타내는 상징이 태극이고, 이는 다른 말로 우주의 홀로그램이다.

대산 김석진 선생의 스승이신 야산 선사께서는 "주역은 모든 도와 교를 초월해 태극사상으로 귀일하는 것이며, 천지인 삼합이 일체이고 선불유(仙佛儒) 삼도가 일체로서 모두 주역에 귀일하는 것이다"고 말했다는 것이다.

결국 태극은 우주 삼라만상뿐만 아니라 인간의 정신세계까지를 모두 포괄하는 가장 기본적인 개념이다. 태극 하나의 개념으로 이렇게 광범위한 세계를 포괄하여 나타낼 수 있다니 믿어지지 않을 정도로 엄청난 개념이다.

동양학이 서양 분석과학적 학문과 다른, 가장 매력적인 학문적 멋과 맛이라고 하면, 복잡하고 광범위한 세계를 간단하게 종합적으로 표현하는 종합력이라고 볼 수 있다.

제1절 우리 문화 속의 태극론

88올림픽 개막식을 본 사람은 누구나 다 기억할 것이다. 혼돈을 암시하는 가지가지 형상을 나타낸 놀이마당이 끝나고, 고요한 적막 속에서 한쪽 모서리에서 대각선 방향으로 한 소년이 흰 모자를 쓰고 굴렁쇠를 굴리며 지나가는 모습을 말이다. 내가 어린 시절 시골 골목길에서 굴렸던 굴렁쇠이다.

세계 각국에서 뽑힌 선수와 임원들, 우리 국민뿐만 아니라 세계의 모든 사람이 지켜보던 그 순간에 왜 하필이면 굴렁쇠를 굴리며 지나갔을까? 그것이 의미하는 것이 구체적으로 무엇인가? 그 굴렁쇠는 시작도 끝도 없이 순환 반복하는 우주 본래의 모습을 잘 표현한 태극을 상징적으로 나타낸 놀이였다. 하루의 시작은 0시에 시작되어서 0시에 끝이 나고, 끝이 남과 동시에 다시 0시에 시작된다. 또 일 년의 시작은 동짓날 시작했다가 봄, 여름, 가을, 겨울을 거쳐 다시 동짓날 끝나며, 끝나는 동시에 다시 일 년이 시작된다. 24절기가 입춘으로 시작한다 해도 일 년의 순환은 동일하다.

이 우주 삼라만상에서 모두 순환 반복하는 이치를 벗어나는 현상은 하나도 없다는 것이다. 그러한 순환 반복하는 우주의 변화 이치를 체계적으로 나타낸 학문이 주역이고, 그 순환 반복하는 현상을 나타낸 심벌마크가 곧 태극이다. 즉 우주 삼라만상의 변화 이치를 나타낸 학문이 주역이고, 주역의 핵심사상이 음양의 순환 반복이며, 이를 나타낸 심벌 문양이 태극이다.

우리 인생도 태어남이 시작이요, 죽는 것이 끝이다. 그러나 죽는 것은 바로 태어남을 의미하기에 시작은 끝이요, 끝은 시작이 되는 것임을 알 수 있다. 'O'은 시작과 끝이 같이 있어서, 태극을 가장 잘 표현했다.

시작과 끝이 하나이며, 하나는 전부이며, 전부는 하나이다. 이러한 이치를 나타낸 것이 태극이다. 이러한 태극원리를 무엇보다도 가장 쉽고 명확하게 상징적으로 표현한 것이 바로 88올림픽 때 어린이가 굴리던 굴렁쇠의 동그라미이다.

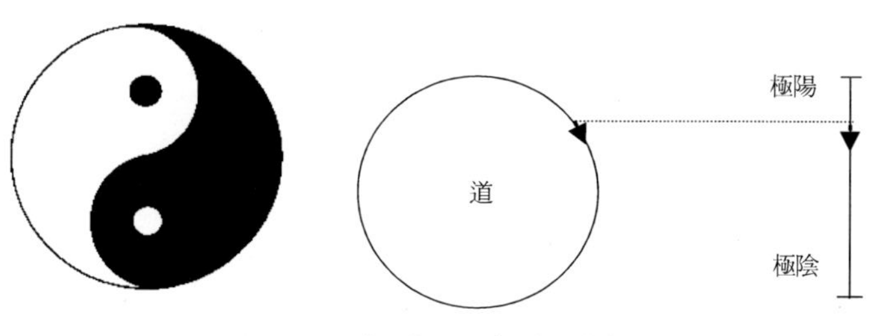

〈그림 11-1〉 태극도   〈그림 11-2〉 양극적인 대립자의 역동적 통일

<그림 11-2>는 <그림 11-1>의 태극운동을 구체적으로 나타낸 것이다. 즉, <그림 11-2>에서 동그라미는 태극의 음양이 순환 반복하는 현상을 나타낸 것이고, 오른쪽 <그림 11-2>의 직선은 음양이 순환하면서 음극과 양극에서 다시 반대로 돌아오는 모습을 직선으로 표시한 것이다. 동그라미에서 음양이 순환 반복하는 현상은 직선에서 극즉반(極則反)이라는 현상으로 나타낸 것이다.

우리나라의 전통놀이 중 굴렁쇠놀이는 태극운동을 나타내는 <그림 11-1>의 모양을 본떠 만든 놀이다. 즉, 굴렁쇠놀이에는 동그라미 쇠와 동그라미 쇠를 굴리는 직선 막대기가 있는데, 동그라미 쇠는 <그림 11-2>의 왼쪽 동그라미를 본떠 만

든 것이고, 직선 막대기는 <그림 11-2>의 오른쪽 직선을 본떠 만든 것이다.

누구나 다 알다시피 우리나라를 나타낸 상징이 태극이며, 또 한국의 심벌마크이다. 그래서 대한민국의 국기는 태극기라고 한다. 태극기가 우리나라 국기인 것은 만물의 시작과 끝남을 나타내는 태극의 의미와 일치하는 지역이 동북(東北) 간방(艮方)인 우리나라이며, 또한 주역을 처음 지으신 분인 복희씨가 우리나라 사람이라는 것과 의미 있게 일치한다. 그러므로 우리나라의 국기가 태극기인 것은 우연이 아니고, 필연적으로 우리나라를 상징하는 국기가 되었다고 본다.

우리나라의 국기가 우주 삼라만상의 변화 이치를 나타낸 주역의 핵심인 태극을 나타내는 태극기라는 점에서 내 자신이 글로 표현할 수 없는 엄청난 의미가 있음을 가슴으로 느낀다.

그뿐만 아니라 주역에서 우리나라를 후천팔괘의 동북 간방으로 보는데 간방(艮方)은 주역을 해설한 설괘전 제5장에서 '간(艮)은 東北之卦也니 萬物之所成終而成始也일세 故로曰成言乎艮이라(간은 동북의 괘니, 만물이 마침을 이루는 바요, 시작함을 이루는 바이니, 성언호간이라고 하니라)', 그리고 제6장에서 '終萬物始萬物者莫盛乎艮이니(만물이 끝나고 시작하는 것이 간보다 성한 것이 없으니)'에서 보는 바와 같이 모든 만물은 간방에서 시작하고 끝나고, 종즉유시(終則有始) 다시 또 끝나는 데에서 시작을 한다는 것이다. 따라서 동북 간방인 우리나라에서 모든 만물이 시작해서 끝나고 다시 또 끝나는 데서 시작한다. 이는 <그림 11-1>의 태극도의 양이 극해서 끝나는 곳에서 음이 시작하고 음이 극한데서 양이 시작하는 것을 나타내는 이치와 같은 것이므로 우리나라 국기가 태극기인 것은 우연이 아니고 필연인 것이다.

낫 놓고 기역자도 모른다

우리는 어린 시절 또는 텔레비전 연속 사극에서 대갓집 양반집 대문의 태극 문양을 보았으며, 가장 흔하게는 우리나라 국기에서 태극문양을 종종 보아 왔다. 뿐만 아니라 최근에는 우리나라를 대표하는 올림픽 출전 선수들을 '태극전사'라고 표현하는 것을 종종 듣는다. 그만큼 우리는 태극과 매우 친숙한 관계에 있음을 알 수 있다. 그러나 그 태극이 무엇을 의미하고 우리 민족과는 어떤 관계가 있는가를 물어보면 아는 사람이 얼마나 있을까?

이 엄청난 의미와 사상을 서구적인 것에 빙의가 되어서 모르고 있다니 참으로 안타까울 뿐이다.

제2절 태극의 연원

공자가 쓴 『주역』 계사전에 "易有太極하니 是生兩儀하고 兩儀 生四象하고 四象이 生八卦하니(역에 태극이 있으니, 이것이 양의를 내고, 양의가 사상을 내고, 사상이 팔괘를 내니)"라는 말이 있다. 주역의 이론체계가 음양론인데 음양은 태극에서 나왔으며 따라서 태극은 주역의 근원이다. 여기서 역이란 책으로서의 역(書易)일 뿐만 아니라, 우주자연으로서의 역(天易)을 나타낸 것이다. 천역으로서 역에서 태극은 우주 삼라만상의 모든 변화 이치를 나타내는 것이다. 그러므로 태극은 우주를 나타낸 심벌이다.

주자가 썼다는 일설에는 정자가 썼다는 설도 있지만 『주역』의 서문에 "散之在理則有萬殊하고 統之在道則無二致니 所以易有太極하니 始生兩儀라(흩어서 이치로 보면 만 가지로 다르고, 모아서 도로 보면 두 가지가 아니니, 그렇기 때문에 역에 태극이 있으니 이것이 양의를 낸다)"는 말이 있다. 이 글은 우주 삼라만상을 나타낸 것은 역이고, 역의 도가 태극이며, 태극에서 음양이 나온다는 의미이다. 주역이 우주 삼라만상의 수많은 이치를 나타낸 학문이지만 그 수많은 변화 이치를 나타낸 핵심이 태극이다.

주역이 나타나기 이전인 우리나라 상고사 시대의 경전인 천부경에 처음으로 태극사상이 나타났다. 그러므로 태극의 뿌리는 천부경이며 천부경은 한국에서 구전되어 전해온 것이라 하니, 이를 따르면 그 기원은 한민족 역사의 시원인 기원전 7197년경으로 태극사상은 지금으로부터 9200여 년의 역사를 가진 한민족 고유의 사상이라 할 수 있다는 것이다.

결국 태극은 우주의 존재 원리를 일컫는 가장 핵심적인 말로서 고대부터 동양철학의 근본바탕이 되어 왔고, 현금에 이르러서는 한국의 국기인 태극기에 그 모습을 나타내고 있다. 즉, 우주의 근본바탕이 되고 근본원리가 되는 사상을 나타내는 태극이 우리 사상이고, 그것을 나타내는 심벌이 우리의 국기가 되었다는 것은 엄청난 의미를 갖고 있다는 것을 알아야 한다.

제3절 현대사회에서 태극

　근래 한국적인 소재의 캐릭터가 한국뿐만 아니라 세계를 휩쓸고 있다. 물론 꼭 태극모양은 아니라도 한국적인 것을 말한다. 10여 년 전만 해도 우리 것, 우리 역사는 왠지 촌스럽다고 생각한 사람이 많았다. 그러나 이제는 한국적인 것이 오히려 고상하고 품위 있어 보이기 시작했다. 그중에서도 가장 한국적인 것이 태극이다. 그 태극은 전체가 원으로 되어 있지만 자세히 깨달아 보면 삼라만상이 갖추어져 있다.

　최용희는 중국에 유학하여 태극권과 철학을 연구하면서 태극관을 정립하여 쓴 『태극으로의 여행』에서, 태극에 대한 중국인과 한국인의 인식을 비교해보면 커다란 차이를 보이고 있다고 하였다. 중국인은 태극을 어떤 현상에 대한 원리와 작용으로 보는 시각이 주류를 이루는 반면, 한국인은 태극을 고리타분하고 실속 없는 형이상학적인 것으로 여기는 시각이 주류를 이루어 대화나 토론조차 기피하는 현상을 보이고 있다.

　그런데 태극은 그렇게 고리타분하게 생각할 것이 아니라, 계승 발전시키는 것이 이 시대 우리가 할 일이다. 태극은 인간사를 비롯해서 모든 현상 세계를 태극으로 설명이 가능하다는 것이다. 즉, 우주론적 이론(universal grand theory)이다.

　그러면 현재 한국인은 태극으로 현상 세계를 설명하고 있는가? 그리고 태극을 현실생활에 반영하고 있는가? 현상 세계의 존재 원리를 밝히는 과학을 태극의 관점에서 풀이하고 있는가?

　중국에서는 태극의 원리를 무술에 응용하여 만든 태극권이 대중 스포츠로 자리 잡아 심신을 단련하는 실체로서 살아 움직이고 있다. 그리고 서구에서는 태극이라는 명칭을 사용하지는 않지만 음양의 원리를 이용한 전기를 만들어 과학기술을 발달시켰으며, 음과 양으로 대변할 수 있는 0과 1의 원리를 응용하여 컴퓨터를 만들어 첨단문명을 이끌고 있다.

　한국인은 태극을 천 조각에 그려 놓고 국기로만 사용할 뿐, 생활에 응용하여 실제로 사용하고 있는 것을 찾아보기 어렵다. 단지 태극기 하나뿐이다. 태극을 국기로 내세우고 있는 나라에 태극에 관한 다양한 문화가 없다는 것은 참으로 이해가 되지 않는 일이다.

태극을 아무리 부르짖어도 현실과 동떨어져 있다면 허무맹랑한 꿈속의 이야기와 다를 바 없다. 태극은 우리의 삶 그 자체를 중심으로 논해지고 해석되어야 한다. 또한 이를 바탕으로 우리의 삶에 능히 태극의 원리를 응용하여 그 존재와 가치를 몸으로 직접 느끼고 실감할 수 있을 때라야, 감히 태극을 안다고 할 수 있는 것이다. 이는 곧 주역의 이치를 생활에 접목 응용하여 인식 내지 체험을 통해 실제 그 과학성과 적실성을 인지하여야 그 의미와 가치를 피부에 와 닿게 느낄 수 있다.

제4절 태극의 의미

태극에는 두 가지 서로 다른 태극의 개념이 있다. 첫째는 우주가 나타나기 이전의 최초의 세계를 나타낸 태극, 즉 일기(一氣)의 상태가 있고, 둘째, 우주 삼라만상의 음양론적 특성을 나타낸 태극이 있다.

전자는 천지가 나타나기 전 단계로서 우주만물이 생기기 이전의 공허하고 혼돈된 상태를 태극이라고 한다. 즉, 음양으로 분화되기 이전의 일기(一氣) 상태를 의미한다. 태극이란 '클 태: 太, 덩어리 극: 極'이니 공간적으로는 '큰 덩어리'라는 뜻이다. 또 '처음 태, 끝 극'이라고도 하니, 시간적으로는 처음부터 끝까지란 뜻이다. 이것은 한도 끝도 없어서 무극(無極)이라고도 한다. 주역에서는 우주의 운행을 태극에서 만물이 분화되어 나와서 생장소멸의 단계를 거쳐 다시 태극으로 돌아가는 순환체계라고 본다.

태극을 근본으로 해서 우주만물이 나왔기 때문에 태극은 모든 일의 시작이고 으뜸이자 중심이 되며, 인격을 부여할 때는 만물을 다스리는 상제로 보기도 한다. 또 첫머리로 시작한다는 뜻으로 춘하추동의 사계절에서는 봄이, 동서남북의 사방에서는 동방이, 시작하고 끝난다는 뜻에서는 해가 뜨고 만물이 시작되는 간방(艮方: 동북방)이 태극이 되며, 그 간방은 바로 우리나라에 해당한다. 다른 나라에 없는 태극기를 우리나라만이 갖고 있는 것도 우리나라가 간방에 위치하며 간방이 태극방위이기 때문이다.

태극에는 시공의 이치가 내포되어 있으니 만물을 모두 포함한다는 공간적인 뜻과 처음부터 끝까지를 포함하는, 즉 태초부터 궁극에 이르는 시간적 뜻이 함께 있다. 우주만물이 생기기 이전의 공허하고 혼돈된 상태를 태극이라고 한다. 태극을 근본으로 해서 우주만물이 나왔기 때문에 태극은 모든 일의 시작이고 으뜸이자 중심이 되며 인격을 부여할 때는 만물을 다스리는 상제로 보기도 한다.

후자의 태극은 우주 삼라만상의 현상을 음양론적으로 나타낸 태극이다. 세상의 모든 것은 태극에서 나왔기 때문에 그 속에는 태극운동이 들어 있다. 태극운동은 다른 말로 음양 순환운동이다. 크게는 우주 전체가 그렇고, 은하계가 그러하며, 태풍운동이 그러하다. 작게는 소립자의 운동부터 전자, 양자 등의 운동이 그러하다. 뿐만 아니라 인간사도 모두 태극운동을 벗어나지 않는다는 것이다. 왜냐하면 인간도 우주론적 자연의 일부이고, 그래서 우주론적 순환론적 자연적 이치의 지배를 받고, 그렇기 때문에 우주론적 순환론적 자연의 이치인 태극운동인 음양운동을 벗어날 수 없다는 것이다.

먼저 태극을 나타내는 문양이 구체적으로 무엇을 나타내는 것인지부터 알아보고자 한다. 태극의 모양은 동그라미 속에 S자 모양으로 나누어 한쪽은 양을 상징하는 짙은 색으로 다른 한쪽은 음을 상징하는 엷은 색으로 나타내고 있다. 동그라미는 하나의 지구일 수 있고, 또 우주일 수도 있으며, 하나의 사람일 수도 있다. 또한 하나의 세포일 수도 있다. 즉, 임의의 사물이나 생명체를 대신한다고 보면 된다. 심지어 어떤 집단이나 단체를 대입해서 생각해도 무방하다. 소위 이를 일물일태극(一物一太極)이라고 한다.

이 동그라미는 우주만물을 대변하는 것이다. 우주만물의 특성은 움직이는 것이므로 이 도형을 살아서 움직이는 구체로 보면 된다. 또한 탄성을 가지고 팽창과 수축을 하며 호흡하고 있는 것으로 보면 더욱 바람직하다. 즉, 태극의 가장 큰 특성인 스스로 움직이는 '동(動)'의 속성을 가지고 있는 것으로 보아야 한다.

이처럼 태극도는 고정된 평면도형이 아니라 끊임없이 움직이는 입체적 운동체로 보아야 한다. 지구처럼 살아 움직이는 구체와 같이 말이다. 그럼 이 구체는 어떤 동력원을 사용해 움직이고 있을까?

첫째, 이 태극도형은 음양의 특성으로 움직이고 있다. 즉, 태극은 음과 양이 병존 병립하면서 서로에게 영향을 주기도 하고 받기도 하면서 움직이는 것이다. 그래서 태극도의 음양을 S자로 그려서 나타냈다. S자는 음양의 변화 현상을 나타내는 의미로 그려진 것이다. 즉, 음이 극하면 양이 나타나기 시작해서 그다음양이 점점 커지며 그리고 음이 상대적으로 적어지는 현상을 나타낸 것이며, 반대로 양이 극하면 음이 나타나기 시작해서 그다음 음이 점점 커지며 그리고 반대로 양이 상대적으로 적어지는 현상을 나타낸 것이다.

둘째, 태극도 전체 그림에서 볼 때 음과 양의 면적이 동일한 것은 음양 간의 상호평등, 병존, 병립, 공존의 관계와 조화를 나타낸 것이다. 음양이 변화 순환하는 과정에서 어느 시점에서는 음이 많고 양이 상대적으로 적고, 반대로 양이 많고 음이 상대적으로 적다해도 궁극적으로는 음과 양의 관계가 대등하고 평등한 관계라는 것을 의미한다.

셋째, 태극의 음양적 현상이 하나의 동그라미 속에서 나타나는 현상은 둘이면서 하나라는 것을 나타낸 것이다. 음양론적으로 볼 때 음과 양은 상호 반대개념이기 때문에 상호 배타적이고 이질적이지만, 그래도 하나의 동그라미 속에 있기 때문에 둘이면서도 하나인 일체라는 것이다. 그래서 서로 반대이기 때문에 갈등관계이지만, 상호조화와 협조를 필요로 하는 관계라는 것이다. 마치 한 집안의 부부가 남녀라는 이질적 관계이지만 서로 화합하고 협조하면서 살아갈 수밖에 없는 관계인 것과 같다.

태극은 서로 반대되는 음과 양의 관계가 변화를 거듭하고, 그러한 반대관계가 크게는 우주로부터 작게는 미세한 세계에 이르기까지 동일한 현상으로 존재하기 때문에, 모든 세계는 갈등하면서도 협조와 조화 그리고 통일을 이뤄야 하는 숙명에 있다는 것이다. 그러면서 우주 삼라만상은 변화 발전해 나간다는 것이다.

태극은 음양을 함유한 양면성의 통일체이다. 태극은 음양의 상호작용에 의해 항상 움직인다. 태극은 음양에 의해 변화 발전한다. 태극은 이러한 특징으로 우주만물을 생성 발전시킨다.

태극의 시사점

이러한 태극이 시사하는 점을 간단히 요약하면 다음 몇 가지로 말할 수 있다.

먼저 우주만물은 항상 움직이고 변화하며 창조되고 있음을 일깨운다. 태극의 움직임은 우리에게 이 세상에는 움직이지 않는 존재는 없으며, 움직이지 않으면 생존할 수 없다는 현실을 알리며, 따라서 부지런함과 근면함, 즉 자강불식(自彊不息)을 일깨운다. 주역의 하늘을 나타낸 중천건괘의 상전에 보면 "天行이 健하니 君子 以하야 自彊不息하나니라(하늘의 운행이 굳건하니, 군자가 이로써 스스로 굳세어 쉬지 않느니라)”고 하였다. 이는 하늘의 운행이 쉼 없이 굳건하게 돌아가는 것을 군자가 본받아 끊임없이 굳건한 마음으로 노력하는 것이다.

둘째, 태극의 음과 양은 안과 밖은 물론 종과 횡으로 두루 살피며 최상의 해결책을 찾아 조화를 이루고 있다. 이는 우리에게 음과 양이 조화롭게 공존하듯 인간관계에 있어서나 자연계에 있어서나 항상 조화롭게 처세하는 지혜로운 인간이 될 것을 제시한다. 이런 조화와 관련된 말은 우리 주변에서 다양하게 표현되고 있다. 예를 들면 상생, 공생, 공존, 박애, 사랑, 화합, 평화, 통일, 중용 등이 바로 그것이다. 태극은 우리에게 이러한 조화들을 실천할 것을 시사하고 있다.

셋째, 태극도의 음양은 ‘평등’을 의미한다. 병립 공존하는 음과 양은 우리에게 우주의 모든 생명체는 다 평등하므로 평등을 실천할 것을 제시하고 있다. 이는 우리에게 어느 것이 우위이고, 어느 것이 열등하냐는 것을 구분하는 것이 어리석은 행위임을 일깨우고 있다. 우리나라의 건국이념인 홍익인간 사상이 여기에서 비롯된 것으로 생각된다.

넷째, 태극도의 곡선은 우주의 모든 존재가 곡선과 원형으로 이루어져 있음을 상징하고 있다. 이는 우리에게 원만한 삶을 살 것을 제시한다. 현실적으로도 자연계의 곡선은 인간의 정서를 안정시키는 역할을 하고 있다.

다섯째, 태극도의 음양 순환은 우주만물이 순환하고 있음을 나타낸다. 자전과 공전, 사계절, 낮과 밤, 생태계, 신진대사 등 우주와 자연의 질서정연한 움직임은 순환이라는 특성을 가지고 있다. 이는 우리에게 자연의 순환적 특성을 잘 이해하여 다가올 일을 미연에 예측하여 준비하는 지혜를 가질 것을 제시한다. 또한 순환은 변화와 움직임에 순응하고 굳이 역행하지 말 것을 의미하기도 한다.

여섯째, 태극도는 인간인 내가 수많은 태극으로 이루어졌고, 또 몸 밖의 수많은 태극들과 하나로 관계하고 있음을 일깨운다. 이는 우리에게 자연을 사랑하는 것이 곧 나를 사랑하는 것이고, 자연을 파괴하는 것이 곧 나 자신을 파괴하는 행위, 우아일체(宇我一體)라는 사실을 깨닫게 한다. 따라서 태극도는 인간의 존재는 자연의 일부이기에 자연과 더불어 사는 지혜를 가질 것을 나타내고 있다.

결국 태극은 음양론의 특성을 그림으로 상징적으로 나타낸 것이다. 그러므로 궁극적으로는 음양론과 태극론은 내용 면에서는 같다고 볼 수 있다. 다만 음양론적 변화 현상을 상징적으로 나타낸 것이 태극문양으로 표현된 것일 뿐이다. 그래서 태극현상은 음양론적 현상이라고 볼 수 있다.

외국 사람이 본 태극기

외국 사람으로서 우리나라 국기인 태극기를 보고 연구한 결과를 다음과 같이 소개한다(www.stb.co.kr).

첫째, 미국 코넬대학의 천문학자이며 우주과학자인 칼 세이건 교수는 "한국의 태극기는 우주 그 자체를 상징하고 있다"고 표현했다.

둘째, 25시 작가이며 루마니아 망명 작가이며 신부인 게오르규는 태극기를 보고 다음과 같이 언급하였다.

"한국의 국기는 유일하다. 어느 나라의 국기와도 닮지 않았다. 그러나 거기에는 세계 모든 철학의 요약 같은 것이 새겨져 있다. 태극기는 멋지다. 거기에는 우주의 대질서, 인간의 조건과 생과 사의 모든 운명이 선, 점, 원, 붉은색, 흰색 그리고 파란색으로 그려져 있다."

태극기가 암시하고 있는 홍익인간 사상이 21세기를 주도할 사상이다.

제5절 태극과 홍익인간(弘益人間)사상

우리가 어린 시절부터 지도층과 식자층들로부터 흔하게 들어왔던 말 중에 '가장 한국적인 것이 가장 세계적인 것이다', 그리고 '반만년의 유구한 역사와 찬란한 문화'라는 말을 많이 들어왔다. 그러면서 우리 문화를 자랑하는 것으로 내놓는 것들이 주로 신라시대 금관, 고려시대 청자, 이조시대 백자, 한글, 그리고 불상들과 같은 주로 언어와 예술적인 골동품들이었다. 그러나 그 당시 나는 한글과 골동품들에서 별로 세계인들에게 자랑할 수 있는 내용 있는 문화라고는 생각지 못하고 의문을 갖고 지금까지 지내왔다. 그래서 그 당시는 우리가 세계인들에게 정말로 자랑할 수 있는 문화유산으로 구체적인 내용이 무엇인지도 모르고 막연히 지도층들이 우리 국민들의 사기앙양을 위한 립서비스적으로 나타낸 구호적인 것으로만 생각해왔다. 그래서 지도층과 식자층이 그렇다고 하니까 그렇다고 느끼지 못하면서 형식적으로 알고 지내왔다.

그런데 그동안 동양학, 특히 주역을 비롯한 역학역술을 배우고 연구하면서
느낀 경험을 토대로 종합해볼 때 '가장 한국적인 것이 가장 세계적이다'는 말과
'반만년 유구한 역사와 찬란한 문화'에 걸맞게 세계인에게 내놓을 수 있는 구체
적인 우리의 전통 문화적 내용이 우리나라의 건국이념인 '홍익인간'사상이 아닌
가 생각된다. 경전으로는 홍익인간사상의 발원처인 『천부경』과 『주역』이 가장
위대한 문화유산이라고 생각된다.

그뿐만 아니라 중국에 유학하여 태극권과 철학을 공부하고 돌아와서 『태극을
찾아서』를 저술한 최용희에 의하면 한국의 일부 지식인들 중에는 한국에는 한
국의 주체적 정신이 없으니 그 주체성을 찾기 힘써야 한다고 주장하고 있는 것
과 한국에는 고유한 민족정신이 없기 때문에 다른 나라로부터 정신적으로나 문
화적으로 쉽게 침식당하는 것이라고 단정 짓는 그들의 경박한 태도가 잘못되었
다고 지적하였음을 미아리철학관 중심의 동양학을 배우고 연구하면서 나도 동
감하게 되었다.

우리나라의 주체성과 고유한 민족정신은 태극에서 나온 홍익인간사상임을 확
신하게 되었다. 그런데 홍익인간사상은 워낙 그 사상적 범위가 크고 깊기 때문
에 마치 없는 것과 같이 보인다. 즉, 우주의식 차원에서 나온 사상이고 이념이
기 때문에 지구 차원의 세계의 모든 종교와 철학사상 그리고 학문을 모두 포용
하는 그러한 무변광대한 의식을 갖고 있는데 바둑이 철수와 같은 개개의 사물
과 같은 차원의 학문인 현대서양 분석과학적 자잘한 학문에 길들어진 시각에서
볼 때 전혀 보이지 않을 뿐만 아니라 볼 수가 없고 이해가 되지 않는다. 왜냐하
면 현대 서양학적 학문이란 바둑이 철수와 같은 생활에 가까운 개개의 사물에
근거한 세분화되고 전문화된 분석적 학문이다 보니 현대인들은 근시안적이고
편협해져 있기 때문이다. 막말로 밴댕이 소갈딱지로 만들어 놓았다. 그래서 우
주론적 차원의 사상과 이념을 말하면 황당무계하다거나 미신이고 비과학이라고
하면서 전혀 거들떠보지 않게 되도록 편협하고 근시안적 인간으로 전락되어 버
렸다. 뿐만 아니라 서구 우월주의에 편승해서 오만스러워져 있다. 그래서 우리
것을 비하하고 홀대하는 데 과감해져 있다. 참으로 어처구니없는 일이라고 보
지 않을 수 없다.

따라서 한국인은 주체성이 없다거나 고유한 민족정신이 없어서 외국의 문화

와 정신에 침식당한다고 한 일부 식자층들의 말들은 잘못된 생각이다. 주체성이 없고 외국의 문화와 정신에 침식당하는 것이 아니고 우리 민족의 집단무의식 차원의 홍익인간사상 이념이 워낙 우주론적 차원의 무변광대하고 깊다 보니 주체성이 없는 것 같이 보이고, 또한 우주의식 차원에서 무변광대하여 나와 너를 가리지 않고 포용하다 보니 외국의 정신과 문화를 모두 저항 없이 포용하는 아량으로 받아들이는 것이 문화와 정신이 침식당하는 것으로 잘못 보일 뿐이다. 인간의 생각은 모두 제 눈에 안경이라는 말과 같이 우리들 모두 바둑이 철수 중심의 서구적인 학문에 길들여져서 우리 것에 대해서 잘 알지도 못하면서 어처구니없는 생각과 행동을 하고 있다.

홍익인간은 태극의 우주의식에서 나온 우리 민족의 건국이념이다. 홍익인간은 너, 나가 하나 되는 마음이고 하나는 '큰' 것이다. 세상은 하나에서 시작해서 하나에서 끝난다. 하나를 이루는 건 사랑이다. 사랑으로 이루고 통하는 세상이 홍익인간이다.

우리 민족의 최초의 경전인 천부경의 81자 내용이 '일시무시일석삼극(一始無始一析三極)'으로부터 시작하여 '일종무종일(一終無終一)'로 끝을 맺는다. 하나에서 시작(一始)을 하여 하나에서 끝난다(終一)는 것으로 되어 있다. 여기에 '일(一)'이 태극을 의미한다. 이는 주역의 태초에 태극에서 양의(음양)인 천지가 나오고 그다음 만물 만사를 대표하는 인이 나와서 천지인(天地人) 삼극이 되는 것과 같은 이치이다.

우주의식에서 볼 때 우주 삼라만상은 하나이다. 이에 따라 동양학에서는 '우아일체적 전일적(全一的) 학문'이란 표현으로 나타내고 있다. 우아일체란 인간을 비롯해서 우주 삼라만상의 모든 것은 태극일기에서 나왔으므로 모든 것은 기(氣)라는 하나의 실체로 구성되어 있으며, 어느 것도 독립된 것이 없고 상호 영향을 주고받는 관계에 있다는 것을 나타낸 것이다.

이 우주 삼라만상이 매우 복잡다단하나 태초에 태극이라는 하나의 氣에서 출발하여 수없는 세월이 흐르면서 기(氣)가 취산(聚散), 즉 모이고 흩어져서 된 것이므로 그 기본적인 실체는 기(氣) 하나일 뿐이다. 그리고 모든 삼라만상은 상호 영향을 주고받는 관계에 있으며, 그 영향을 주고받는 것이 가능하게 하는 매체 또한 기이다.

그러므로 우주 삼라만상은 결국 하나이기 때문에 너와 나의 분별이 의미가 없으며, 모두가 같은 동포이고, 같은 기체(氣體)다. 양자물리학에서는 에너지일체라고 하는데 그 에너지 개념은 동양의 기의 개념과 같다고 볼 수 있다.

태극(홍익인간), 자비, 인, 사랑

그래서 우리 민족의 건국이념인 홍익인간(弘益人間)은 단순히 머리에서 나온 것이 아니라, 태극일기 정신에서 나온 우주 삼라만상뿐만 아니라 조상이 하나이기에 모두가 대등한 형제자매라는 의미이다. 우아일체적 우주론적 관점에서 나온 우주정신은 태극정신이고 이는 홍익인간사상이고 이는 다른 말로 하면 모든 것에 차별 없는 사랑의 정신이다. 유학의 인(仁)과 이상적 세계를 대동사회라고 한 것도 이에서 연유된 것이라고 본다. 따라서 우리 민족의 홍익인간사상은 주역의 태극사상이고 이는 그리스도교의 사랑, 불교의 자비, 유학의 인과 같은 개념이라고 볼 수 있다. 그러므로 태극은 그리스도교의 하느님과 불교의 부처와 같은 개념이라고 볼 수 있다.

그리스도교 성경의 첫 페이지의 창세기 편 천지창조의 첫 번째 글에 "태초에 하나님이 천지를 창조하시니라"의 구절은 『주역』 계사전의 "태극에서 양의인 음양이 나왔다(易有太極始生兩儀)"는 글과 같은 내용이다. 주역의 양의인 음양은 천지를 나타낸 것이다. 즉, 천지(天地)는 우주가 탄생하기 최초의 음양이라고 할 수 있다. 주역에서 최초의 음양인 천지(天地)는 성경의 태초의 하나님이 천지를 창조한 것과 표현은 다르지만 같은 내용이다.

성경의 천지를 하나님이 창조하셨다면 천지에는 하나님의 정신 또는 마음이 깃들어 있듯이 태극에서 천지가 나왔다는 것은 천지에 태극의 정신이 있는 것과 같다. 사실상 성경의 하나님과 주역의 태극은 같은 개념이다. 뿐만 아니라 불교의 부처와 주역의 태극과 같은 내용이라는 것이다. 탄허 스님은 태극을 우주만유를 자아내는 근본 자리라고 하였으며 태극을 아는 것을 깨달음(覺)이라고 하였다. 그것이 불교의 근본사상이며 해탈의 경지라는 것이다.

홍익인간은 우주의식인 태극정신에서 나왔다면 홍익인간정신을 보다 구체적으로 나타내면 태극에서 음양인 천지가 나왔으므로 천지의 정신과 같은 개념이다. 이는 곧 성경의 하나님의 마음이다. 즉, 태극은 천지를 하나로 보았기 때문에 천지정신을 종합하여 홍익인간사상이 나왔다고 볼 수 있다. 그러나 태극은 다시 음양인 천지로 나눠지기 때문에 음양천지의 정신 또는 덕성을 각각 고찰하는 것이 태극의 홍익인간정신을 보다 구체적으로 알 수 있는 내용이 된다고 볼 수 있다.

천지의 덕성에 대해 나타낸 글은 공자가 지은 주역 중천건괘와 중지곤괘의 대상전(大象傳)에 잘 나타나 있다. 먼저 하늘의 덕성을 나타낸 글은 중천건괘 大象傳 첫 번째 문장에서 "天行은 健하니 君子 以하야 自彊不息하나니라(하늘의 운행이 굳건하니, 군자가 이로써 스스로 굳세어 쉬지 않느니라)"라고 나타냈다. 그리고 땅의 덕성을 나타낸 글은 중지곤괘 대상전에서 "地勢 坤이니 君子 以하야 厚德으로 載物하나니라(땅의 형세가 곤이니, 군자가 이로써 두터운 덕으로 만물을 싣느니라)"라고 나타냈다.

천의 덕성은 자강불식, 스스로 굳세어 쉬지 않는 것으로 간단히 나타낼 수 있고, 땅의 덕성은 후덕재물, 두터운 덕으로 만물을 싣는다는 의미이다. 스스로 굳세어 쉬지 않는 자주 자립 자조하는 하늘의 정신과 덕이 후해서 만물을 모두 포용하는 땅의 정신을 합해서 홍익인간 정신이 아닌가 생각된다. 따라서 홍익인간의 모든 인간을 넓게 이롭게 하는 사랑의 정신에는 만물을 모두 포용하는 땅의 정신과 스스로 굳세고 쉬지 않는 자주 자립 자조하는 하늘의 정신도 함의하고 있다고 볼 수 있다.

이는 곧 주역에서 음양의 역동적 균형의 상태를 바람직한 도의 상태로 보는 우주관과 같은 맥락으로 볼 수 있다. 즉, 후덕재물의 사랑만 있고 자강불식이 없어도 바람직한 도의 상태가 아니고 자강불식만 있고 사랑의 후덕함이 없어도 바람직한 도의 상태가 아니다. 두 가지 음양의 역동적 평형을 이뤄야 바람직한 홍익인간적 도의 상태라고 볼 수 있다.

21세기와 홍익인간(弘益人間)사상

최근(2009)에 대산 김석진 선생은 『우리의 미래』에서 세계의 중심이 대한민국으로 이동했고 10년 이내에 자본주의도 아니고 공산주의도 아닌 너와 내가 하나라는 '홍익인간'사상이 다시 일어나 아시아가 부흥한다. 지금의 혼란은 새 문명이 탄생하기 위한 꽃샘추위라는 희망의 메시지를 나타냈다. 이를 극복하기 위해서 우리 민족의 건국이념인 잠들어 있는 홍익인간 DNA를 깨워내기만 하면 된다는 것이다.

선생은 서문에서 현대사회의 혼란스러운 변화에 대해서 주역학적 시각에서 다음과 같이 진술하였다.

"세상의 변화는 음양의 변화에서 벗어나지 않는다. 수많은 사건이 발생하고 정신 못 차릴 변화가 일어난다 하더라도 그 역시 음양의 변화일 뿐이다.

환한 낮이 되면 어느새 어두운 밤이 되고, 그랬나 싶으면 어느새 다시 낮이 찾아오는 것이 바로 음양의 변화다. 밝고 따뜻한 것은 양이고 어둡고 추운 것은 음의 작용이다. 봄·여름·가을·겨울의 변화도 그렇고, 나라의 흥망성쇠도 그렇고, 인간의 생로변사도 그렇다. 모두가 한 번은 양이 되었다가 한 번은 음이 되는 음양변화의 과정이다.

금융권에서 시작된 거짓과 부정으로 세계적인 경제위기가 오고, 젊은이들이 패륜을 저지르고 폭력이 난무하여 법망이 더욱 치밀해지고, 나라와 나라끼리 전쟁을 벌이고, 남의 것을 빼앗아 나의 부유함을 채우는 등 차마 눈뜨고 볼 수 없는 참상은 한 문명이 다하고 새 문명이 오기 전의 현상이다.

여름이 다하고 가을이 되는 현상이요, 양이 다하고 음의 시대로 가는 과정이다. 그래서 천했던 것이 귀하게 되고, 낮았던 것이 높아지고, 감춰졌던 것이 드러나게 되고, 지하자원이 다 드러나고, 남성우위시대에서 여성우위시대로 변천하고, 군림의 정치에서 화합의 정치로 바뀌는 것이다.

그러면 새 시대를 여는 철학은 무엇이고 제도는 무엇일까? 그것은 바로 나와 너가 하나 되고, 귀하고 천한 것이 하나 되는 사회를 이루려는 철학! 바로 '홍익인간'사상인 것이다. 나의 이익을 위해 남을 해치는 것이 아니고, 내가 잘살기 위해서는 남도 잘살아야 가능하다는 철학이고, 우리 민족만 잘살겠다는 것이 아니고 다른 민족도 잘살아야 된다는 사상이며, 사람뿐이 아니고 모든 생물을 비롯해 무생물까지도 사랑해야 한다는 이념이다. 이것이 바로 단군이 통치하던 조선이 아시아의 광대한 지역을 수천 년 다스릴 수 있었던 철학의 모체다.

바로 이러한 철학을 알고 삶의 근간으로 삼아 수천 년을 이어온 민족이기에 새 시대를 주관할 권리와 의무가 부여된 것이다. 이제 전개될 새로운 문명은 나와 너의 분리가 아닌 '우리'라는 말로 이어질 대화합의 문명이다. 그 문명이 전개되기 위해 종만물(終萬物) 시만물(始萬物)의 땅 간방(艮方) 나의 조국에서 세상의 모든 종교 철학 제도가 다 경험되었고, 이제 그들을 하나로 용융할 용광로에 불이 지펴진 것이다.

그 용광로 속에 끝 간 데를 모르는 패륜이 넣어졌고, 경제 정치 종교 등 온갖 문제가 넣어졌다. 현 문명이 갖고 있는 모든 모순을 다 넣고 끓이는 것이다. 과연 무엇이 나올까?

시뻘겋게 타오르는 용광로의 불빛을 바라보는 나의 가슴이 희망으로 고동친다. '다시는 이 땅에서 서로 해치고 빼앗는 것을 가르치지 말아야 한다. 다시는 이 땅에서 나의 이익을 위해 상대를 해치는 사람이 나오지 않도록 해야 한다!'고 다짐해본다."

또한 이 글은 지금 왜 우리가 이렇게 혼란한 세상을 살아가는가, 혼란을 다스리기 위해서 우리는 무엇을 해야 하나, 혼란은 언제쯤 안정되는가, 그 후에는 어떤 세상이 전개되는가의 네 가지 의문에 대해 다음과 같이 밝혔다.

첫 번째는 세계의 중심은 대한민국으로 이동하고 있다는 것이고, 둘째는 새로운 문명과 제도가 탄생할 때가 되었다는 것이며, 셋째로 주역적으로 볼 때 새 제도의 탄생은 앞으로 10년 이내이고, 그것은 홍익인간 사상의 재탄생을 의미하며, 넷째로 그 전 단계로 한국·일본·중국의 3개국이 연방제에 근접하는 수준의 친밀성을 유지해야 하고, 이를 바탕으로 우리나라에 세계적인 금융시장을 유치하고, 한글을 세계화시키고, 상수역학 한의학 등 소프트웨어가 될 학문을 발전시켜야 한다는 것이다.

선생은 '지금 우리나라에서 벌어지고 있는 혼란은 새 세상을 열기 위한 꽃샘추위이고, 그러한 혼란을 모두 경험하여 새로운 사상과 제도를 만들라는 역사적 사명이라'고 하였다.

이러한 진단이 나온 근거를 선생은 음양론적 관점에서 다음과 같이 언급하였다. '음과 양은 한 뿌리에서 나왔고, 이것이 균형을 이루어야 우주가 존재할 수 있다. 따라서 모든 것에 우선하는 선(선)은 음과 양의 균형인데, 현재의 혼란은 양이 음보다 월등히 성해졌기 때문에 그 균형을 맞추기 위한 용틀임이다. 이 시대에 사는 우리의 사명은 그 균형을 이룰 수 있도록 돕는 데 있고, 그 방법은 홍익인간철학에서 찾을 수 있다'는 것이다.

제12장 삼재론

　주역학에서 삼재(三才)란 천지인(天地人) 셋을 의미한다. 즉, 우주를 구성하고 있는 구체적인 가장 큰 시공간적 범주로서 하늘(天)과 땅(地) 그리고 인간(人) 셋을 말한다. 이는 우주 삼라만상을 구성하고 있는 세 가지 큰 시공간적 틀 또는 범주를 의미한다.

　주역학이 우주학이라고 하면, 구체적인 범주는 천지인 삼재라고 볼 수 있다. 즉, 우주 삼라만상의 우주는 시간과 공간을 의미하고, 삼라만상은 인간을 비롯한 만물 만사를 의미한다. 이는 또한 천지인을 의미한다. 천지는 우주이고, 인은 하늘과 땅 사이에 존재하는 인간을 포함한 삼라만상을 의미한다.

　우주가 탄생하기 이전에는 태극일기의 상태에 있었다. 태극이 분화하여 맑고 가벼운 기운이 올라가서 하늘이 되었고, 무겁고 탁한 기운이 아래로 내려와서 땅이 되었다. 그리고 하늘과 땅의 상호작용 속에 인간을 비롯한 만물 만사가 이루어지고 있다.

　이들 세 범주는 서로 간에 독립된 상태로 존재하는 것이 아니고, 상호 영향을 주고받는 인과관계에 있다. 그래서 천지인 삼재로 범주화한 것의 의미가 있다. 단지 기계적, 독립적으로 분류를 위해 범주화한 것이 아니다. 즉, 시공간과 인간을 포함한 만물 만사 간에 상호 영향을 주고받는 인과관계가 있기 때문에 천지인 삼재의 범주화가 학문적으로 의미가 있다.

　하늘(天)의 운행이 땅(地)에 영향을 주고, 땅은 그 영향을 받아 자신을 변화하는 동시에 그 영향을 하늘에 다시 미친다. 하늘은 이것을 받아들여 변화하고, 그 변화를 다시 땅에 주는 순환을 연속한다. 그 가운데 사람(人)으로 대표되는 만물 만사가 기(氣)라는 매체를 통해서 하늘과 땅의 우주적 자연현상과 상호 교감하며 변화하는 과정을 음양오행론으로 설명하는 것이 동양학이다.

　서양과학에서도 천지인 삼재라는 개념은 없어도 실제적으로는 천지인 간의 관계를 인과관계로 나타내고 있음은 사실이다. 예를 들면 하늘의 기후변화가 인간과 사물에 미치는 영향 그리고 땅에 의한 인간생활의 변화와 같은 내용이 있다. 그러나 서양과학에서는 주로 자연과학적, 물리적, 기계론적(mechanism) 인과관계로만 보는 데 비해서, 동양학에서는 자연과학적 인과관계뿐만 아니라 인문적 인과관계, 즉 정신세계까지도 포괄하는 유기체론적(organism) 관계로 본다는 의미에서 다르다.

동양학의 천지인 삼재론(三才論)에서는 천지인 삼재를 하나로 본다. 하나라는 의미는 태극일기에서 분화되어서 천지가 먼저 나타나고, 그다음 인간을 비롯한 만물 만사가 나타났으므로, 그 본질에 있어서는 하나이다.

천지인이 하나라는 의미는 단순히 관념적 추상적인 철학적 이념만 의미하고, 현실적, 구체적, 과학적 근거가 없는 허구는 아니다. 천지인이 하나라는 구체적이고 과학적인 근거는 기(氣)라는 하나의 실체로 구성되어 있다는 데 있다. 즉, 동양학의 가장 기본적 실체적 개념이 기라는 의미에서 천지인 삼재는 기라는 실체로 이뤄진 하나이다. 하늘이라는 시간적 의미와 땅이라는 공간적 의미 그리고 시공간상에서 구체적으로 나타나는 인간을 비롯한 만물 만사가 모두 기라는 하나의 실체의 소행이다. 시간의 흐름까지도 기의 흐름이라는 것이다.

천지인 삼재를 하나로 볼 때 이들 간의 상호관계는 천지를 독립변수로 보고, 인간과 만물 만사를 종속변수로 본다. 그래서 천지를 대우주로 보고 인간과 만물 만사는 소우주로 본다. 그런데 소우주인 인간과 만물 만사는 대우주인 천지에 지배 종속되어 있다. 따라서 동양학에서는 천지의 천기와 지기를 더 중요하게 생각한다.

인문적 인과관계란 윤리 도덕적 내용뿐만 아니라 인간생활의 길흉화복에 대한 내용을 의미한다. 윤리 도덕적 내용에 해당하는 대표적인 학문이 성리학이다. 성리학은 천도의 운행원리를 모범으로 해서 인간의 윤리적 규범을 추론하였다. 동양오술은 천도의 운행원리에 의하여 인간의 길흉화복을 논한 학문이다. 이에 관련된 학문이 명리학, 점술학, 풍수지리학, 관상학, 의학, 기 수련학이 있고 그 외에 과학기술적 학문이 있다.

제13장 천인관계론(천인합일론)

주역학의 가장 기본적인 출발이 태극에서 비롯되었다고 하면 태극에서 맑고 가벼운 기운인 양의 기운은 하늘이 되었고, 무겁고 탁한 음의 기운은 아래로 내려와서 땅이 되었다. 그리고 하늘과 땅의 기운의 상호작용 속에서 인간을 비롯한 만물 만사가 나타나서 천지인 삼재가 형성되게 된 것이다. 뿐만 아니라 하늘과 땅의 상호작용 속에서 인간을 비롯한 만물 만사가 생멸하고 있는 것이다.

주역학에서는 천지는 대우주, 인간은 소우주로 보고 있다. 따라서 소우주인 인간은 대우주인 천지에 지배 종속되어 있다. 그러므로 인간의 문제와 모순, 부조리, 갈등 등과 같은 모든 문제는 단순히 인간 자체의 문제라기보다는 근본적으로는 대우주의 문제로 나타난 현상으로 볼 수 있다.

이처럼 인간은 우주의 운동법칙에 따라 모든 역사적 사건을 일으키고, 천재지변, 환란, 전쟁, 살상 등이 뒤엉키는 상황에서 살아갈 수밖에 없는데, 이러한 길흉의 발단은 사람들의 사상, 행위, 의사결정 등에 의해서 생기지만, 이러한 생각이나 행동들은 사실 천도지사연(天道之使然), 즉 하늘이 그렇게 시킨 것이지 인간 스스로에 의해서 발달된 것이 아니다. 다시 말해서 인간사에서 일어나는 크고 작은 모든 사건들은 바로 천체의 운행에서 생겨나는 우주의 섭리가 인간에 의해서 표출된다는 뜻이다. 그렇기 때문에 고금을 막론하고 인간으로서는 어찌할 수 없는 불가항력의 사태에 부딪쳤을 때, 하늘의 섭리라고 체념할 수밖에 없었던 것이다. 공자께서 주역을 우환지서(憂患之書)라고 한 것은 이런 이유 때문이다. 주역을 알아야 이러한 환란과 우환에서 벗어나 추길피흉할 수 있다는 깊은 의미를 말씀하신 것이다.

따라서 인간의 모든 문제는 대우주인 천지의 이치와 문제를 이해하여야 근본적으로 이해할 수 있다. 그것이 우주변화의 원리이고 우주변화의 원리는 구체적으로 음양오행의 원리이다.

하늘이라는 천은 인간과 어떤 관계가 있는가를 연구하는 분야가 천인관계론이다. 우리의 전통적인 문화를 나타내는 말과 의식 속에는 우리가 어린 시절 어른들께 그리고 이야기책 속에서 '천'에 대한 말을 많이 들어왔다. 예를 들면

‘천지신명’, ‘천제’, ‘하늘이 무섭지 않느냐’, ‘천명’, ‘모사는 재인이요 성사는 재천이다’ 등등의 말을 많이 들어 왔다. 그만큼 우리는 하늘과 관련된 내용이 많은 문화민족이라고도 말할 수 있다. 어떤 학파에서는 우리 민족을 천손(天孫) 민족이라고 할 정도로 우리 민족과 하늘과는 밀접한 연관이 있다.

또한 다른 동양학에도 천에 대한 개념이 많이 있다. 우선 사서삼경 중에서 동양학의 가장 근원적인 학문인 주역의 첫머리에 하늘을 상징하는 중천건괘가 나오고 그다음 땅을 나타내는 중지곤괘가 나온다. 이것만 보아도 동양학의 사물에 대한 인식의 가장 근본적인 출발은 우주론적 천지의 개념에서 출발한다고 볼 수 있다. 뿐만 아니라 유교사상의 중심문제를 집약적으로 나타낸 중용(中庸)의 첫머리에도 ‘천명지위성(天命之謂性)이요’라는 구절에 천이 나온다.

차상원 선생은 동양학에서 천을 나타낸 내용을 네 가지로 분류해 나타내고 있다. 첫째, 물리적인 현상으로서의 상천하지(上天下地)의 상천을 가리킨다. 둘째, 우주만물의 절대적인 주재자로서 인격신을 나타내는 천제(天帝), 천신(天神), 상제(上帝) 등의 의미이다. 이것은 동양의 상고 때부터 상천이 천재의 거소라는 생각과 결부된 것으로, 주로 원시신앙의 대상이 되어 왔으며, 서양의 신(God)에 해당한다. 셋째, 운명, 숙명의 뜻으로서 천의 섭리가 바로 천으로 불린 경우이다. 넷째, 리(理)의 근원으로서 의미를 가진 천의 개념이다.

현대 중국의 저명한 철학자 웅십력(熊十力)은 중국철학사에는 두 개의 ‘도깨비 같은 것’이 있다고 말하였는데, 그가 지적한 두 가지 가운데 하나는 ‘하늘(天)’이고, 다른 하나는 ‘기(氣)’이다. 무엇 때문에 그는 이 두 가지를 ‘도깨비 같은 것’이라고 비유하였을까? 의미가 너무 복잡하고, 너무 풍부하여, 시대나 사상가에 따라서 해석이 매우 달라지며, 심지어는 완전히 상반될 수도 있어서 번역자들이 하늘이라는 말 앞에서 곤혹을 느끼고 해석하지 못한다든지 어찌할 바를 모르기 때문이라는 것이다.

중국을 위시한 동아시아의 전통철학에서 천인 관계의 문제는 매우 큰 영향력을 가진 분야이다. 그러므로 중국 전통문화를 이해하거나 그 문화를 비판적으로 계승하고자 한다면, 동양 역사 속의 천인관계론을 깊이 연구하고 총체적으로 개괄하지 않으면 안 된다.

북경대 장대년 교수는 천인관계론은 인생론의 논의를 연 실마리라고 했다. 그리고 우주론에서 인생론에 이르기까지 가장 최초의 논의는 천인관계론이다.

천인관계론은 사람과 자연 또는 사람과 우주의 관계에 관한 탐구이다.

지금은 거의 없어졌지만 과거 우리가 어렸을 때 우리 어머니께서 장독대에 정한수를 떠다 놓고, "천지 신명이시여……" 하고 정성을 다하여 비는 모습을 본 기억이 난다. 그리고 우리나라 말에 '원형이정은 천도지상이요 인의예지는 인륜지성이다'는 말이 있다. 이 말은 주역에서 비롯되었지만, 명심보감 첫 페이지에 나온 말이다. 원형이정은 하늘의 운행원리를 말하고, 이는 다른 말로 하면 천명을 의미하고, 이에 의하여 인간의 성에는 인의예지가 있다는 것이다. 이것이 성리학이 인간의 성을 하늘의 천도와 연관하여 체계화한 근거가 된다. 즉, 성리학에서는 하늘의 원형이정이라는 천명에 의하여 의리역적인 인간의 윤리적 행동규범의 근거를 제시하였다. 그리고 명리학에서는 원형이정의 천도의 운행에 의하여 인간 삶의 길흉화복에 관한 상수역인 운명학을 발전시켰다.

이러한 예에서 보는 바와 같이 동양학에서는 하늘의 운행인 천도에 근거하여 인간의 윤리적 규범을 제시하고, 또한 인간 삶의 길흉화복의 근거를 찾았다. 그만큼 우리의 윤리적 행동 규범뿐만 아니라 삶의 길흉화복에 대한 근원도 하늘, 즉 천도에 근거하여 생각하였다. 이것이 곧 동양학의 가장 기본이 되고 근본이 되는 출발점인 천인합일사상의 구체적인 사례이다.

동양학의 근원인 주역의 천인관계론은 천지인 삼재론을 나타내는 구체적인 근거로서 주역 상경괘의 순서로서 이를 나타내주고 있다.

주역의 상경은 천도, 즉 자연의 이치를 나타낸 부분인데, 그 첫 번째가 하늘을 나타내는 중천건괘이고, 그다음이 땅을 나타내는 중지곤괘이다. 그리고 하늘과 땅의 조화로 만물 만사가 처음 탄생할 때, 어려움과 조심스러움을 나타내는 수뢰둔(水雷屯)괘가 세 번째이다. 즉, 하늘과 땅이 문을 연 뒤에 만물 만사가 생겨나며, 그것이 처음 탄생하는 초창기(草創期)에는 어려움을 겪기 마련이므로 하늘을 나타내는 건괘와 땅을 나타내는 곤괘 다음에 어렵다는 뜻의 둔괘를 놓았다.

여기서 둔괘는 만물 만사를 대표적으로 나타내는 人을 나타내는 괘로 보아도 된다. 즉, 하늘이 제일 먼저 생기고, 그리고 땅이 생기고, 그다음 인으로 대표되는 만물 만사가 나타난다는 것을 의미한다.

주역의 계사상전 제1장에 '재천성상(在天成象)코 재지성형(在地成形)하니 변화(變化) 현의(見矣)라(하늘은 상을 이루고 땅은 형을 이루니 변화가 나타난다)'

로 시작하고, 계속해서 천과 지의 작용에 의해서 만물이 생멸하고 길흉회린이 나타난다는 말이 나오고 있다.

더욱이 성인이 주역의 가장 기본이 되는 팔괘를 만든 그 방법론도 천지인 삼재를 두루 관찰해서 만들었다고 한다. 계사하전 제2장에 보면 "고자포희씨지왕천하에 앙즉관상어천하고 부즉관법어지하며 관조수지문과 여지지의하며 근치제신하고 원취제물하야 어시에 시작팔괘하야 이통신명지덕하며 이류만물지정하니(古者包犧氏之王天下也에 仰則觀象於天하고 俯則觀法於地하며 觀鳥獸之文과 與地之宜하며 近取諸身하고 遠取諸物하야 於是에 始作八卦하야 以通神明之德하며 以類萬物之情하니)"에서 보면 팔괘를 만든 천지인 삼재의 근거를 나타내고 있다. 즉, '앙즉관상어천'은 하늘을 관찰한 것을 의미하고, '부즉관법어지'는 땅을 관찰한 것을 의미하며, '관조수지문과 여지지의하며 근취제신하고 원취제물'은 인에 해당하는 것을 나타낸다. 여기서 인이란 단순히 인간만을 나타낸 것이 아니고 만물 만사를 모두 포함하여 인으로 대표해서 나타낸 것이다.

천지인 간의 관계

주역학에서는 천지인 삼재의 상호작용 속에서 모든 만물 만사의 변화를 고찰한다고 볼 수 있다. 그런데 천지인 중에서 더 근본적이고 독립변수적인 요인이 천이고, 그다음 땅이고, 마지막이 인이다. 즉, 인보다는 천과 지가 인에게 큰 영향을 준다는 것이다. 그리고 천과 지의 관계에서는 천이 더 근본적이고 독립변수적 위치에 있다. 인은 천과 지의 종속변수적 입장에 있다는 것이다. 천지인 중에서 인이 가장 종속적 위치에 있다고 본다. 그래서 우리말에 인간사 알 수 없는 일이 일어나면, '모두 천지 조화 속으로 그런 것이다'는 말이 있다.

천지조화로 인간에 영향을 주는 구체적인 성명(性命)의 이론체계에는 대표적으로 성리학과 명리학이 있다. 성리학은 천지의 영향으로 인간의 심·성·정의 관계를 체계화하여, 인간의 도리와 수양 문제를 전개하고 제시한 학문이다. 명리학은 천지가 순환하면서 나타나는 변화기운을 나타낸 이론체계로, 인간의 길흉화복에 대해서 전개하고 제시한 학문이다. 그리고 성리학과 명리학의 기본이되는 천지의 순환을 구체적으로 나타낸 개념과 이론이 음양오행론이고 사상팔괘론이며, 더 구체적인 천지기운의 흐름을 나타낸 이론체계가 천간지지론이다.

여기서 천인관계론이란 단순히 천과 인의 관계를 나타낸 것이 아니라 천지인 관계로 보는 것이 마땅하다고 본다. 천인관계론의 천은 천지를 줄여서 천으로 표현한 것이라고 본다. 이러한 천인관계론의 가장 큰 특징은 천인합일사상이다.

천인관계론(天人關係論)에는 천인합일론과 천인상분론이 있으나, 전통적인 동양사상의 주류는 천인합일론이다.

천인상분론은 하늘과 인간의 구별을 강조한다. 대표적인 학자는 순자이다. 그는 하늘과 사람은 구분되는 것이며, 사회의 다스려짐과 혼란해짐은 사람에 달렸지 하늘에 있는 것이 아니다. 하늘과 사람은 각각 맡은 직분이 있으며, 사람은 마땅히 힘을 다하여 자기의 직분을 완성하고, 하늘의 직분은 고려할 필요가 없다고 보았다.

천인합일론은 우아일체론적 동양사상에서 비롯된 이론으로서, 인간과 자연계를 하나의 통일체로 간주하였다. 즉, 천지인 삼재는 서로 분리된 존재가 아니고 태극일기에서 분화된 일체로서 통일적으로 본다. 그러므로 천지인은 서로 분리된 존재가 아니고, 서로 영향을 주고받는 상호의존관계로 본다.

중국 인민대학 철학계 교수인 풍우는 그의 『천인관계론』에서 중국의 천과 인의 관계에 대하여 여섯 가지 학설을 제시하고 있다.

중국을 비롯한 동아시아 역사 속에 내재된 하늘과 인간의 범주와 의미를 귀납적 방법에 따라 가장 중요한 것들을 뽑아 보면 다음과 같은 여섯 가지의 문제, 혹은 여섯 가지의 기본 방향으로 귀결됨을 알 수 있다.

첫째, 하늘과 인간 사이에는 '감응'이 존재하는가? 그리고 어떻게 감응하는가?

둘째, '천명'과 '인력'의 관계는 어떻게 보아야 하는가?

셋째, 천도와 인도의 관계는 어떠한가?

넷째, 천성과 인위의 관계는 어떠한가?

다섯째, 천리와 인욕의 관계는 어떠한가?

여섯째, 하늘이 인간을 지배하는가, 아니면 인간이 하늘을 지배하는가? 바꿔 말하면 하늘과 인간이라는 두 대립적 요소 가운데 어느 것이 주도적인가?

위의 몇 가지 문제는 각각 독립적인 의미를 가지고 있으며, 현실에 대한 영향도 다르지만, 또 서로 연관되어 있기도 한다. 그리고 천지와 인간의 관계를 설명하는 데 있어서 천지라는 하나의 범주는 여러 가지 측면과 방향에서 신(神)·수(數)·기(氣)·성(性)·도(道) 등의 범주와 연관하여 서술하고 있다.

제14장 오운육기론

　원래 주역철학과 과학은 모든 사물을 천인합일사상에 입각하여 '우주론적 순환원리적 자연의 이치'에서 개개의 사물을 이해, 설명한다는 데 가장 큰 특징이 있다. '우주론적 순환론적 자연의 이치'를 나타낸 구체적인 개념과 이론체계가 오운육기론이다. 음양오행론은 우주 삼라만상을 음양과 오행으로 추상화한 가장 대표적인 개념과 이론이고, 오운육기론은 음양오행론의 하나의 이론체계로서 우주론적 순환원리를 구체적이고 실제적으로 표현한 개념과 이론체계다.

　우주론적 순환론적 자연의 이치를 보다 쉽게 표현을 하면, 하루의 경우 낮과 밤이 순환반복을 하고, 한 달은 달이 초승달과 보름달 그리고 하현 그믐달로 순환 반복한다. 일 년의 경우는 봄, 여름과 가을, 겨울이 계속 이어지면서 순환 반복하는 현상을 말한다. 이러한 순환 반복은 다른 말로 표현하면 달과 태양, 즉 일월이 계속 지구를 중심으로 순환을 하면서 나타나는 규칙적인 기운의 변화 현상들이다.

　달과 태양이 지구를 중심으로 순환하면서 나타나는 것은 기운, 즉 우주 분위기의 변화이고 그 기운의 변화를 나타낸 이론체계가 음양오행론이며, 이를 더 구체적이고 실제적으로 표현한 이론체계가 오운육기론이다.

　'우주론적 순환론적 자연의 변화 이치'를 구체적이고 실제적으로 나타낸 이론 체계가 10천간(甲乙丙丁戊己庚辛壬癸), 12지지(子丑寅卯辰巳午未申酉戌亥)이고, 이를 오운육기라고 한다. 즉, 오운육기란 우주가 순환하면서, 즉 일월이 운행하면서 나타나는 기의 성질의 변화를 더 구체적이고 사실적으로 나타낸 것이다.

　10천간을 음양오행으로 분류하면 갑을은 목에 해당하고, 갑을을 다시 음양으로 나누면 갑은 양목, 을은 음목이 된다. 병정은 오행의 화에 해당하고, 병정을 다시 음양으로 나누면 병은 양화 정은 음화가 된다. 나머지 천간도 이와 같이 분류하며 이를 표로 나타내면 <표 14-1>과 같다.

〈표 14-1〉 천간의 음양오행 분류

음양＼오행	목	화	토	금	수
양	갑(甲)	병(丙)	무(戊)	경(庚)	임(壬)
음	을(乙)	정(丁)	기(己)	신(辛)	계(癸)

12지지를 음양오행으로 분류하면 인묘는 목에 해당하고, 인묘를 다시 음양으로 나누면 인은 양목, 묘는 음목이 된다. 사오는 화에 해당하고, 사오를 음양으로 나누면 사는 양화이고, 오는 음화가 된다. 나머지 지지도 이와 같이 분류하며 이를 표로 나타내면 <표 14-2>와 같다.

〈표 14-2〉 지지의 음양오행분류

음양＼오행	목	화	토	금	수
양	인(寅)	오(午)	진(辰)술(戌)	신(申)	자(子)
음	묘(卯)	사(巳)	축(丑)미(未)	유(酉)	해(亥)

10천간은 하늘의 다섯 가지 기운, 즉 오운을 의미하고 12지지는 지구의 여섯 가지 기, 즉 육기를 말한다. 지구의 육기와 하늘의 오운이 차이가 나는 이유는 지구가 23도 7분 기울어져 있기 때문에, 땅에는 무근지화(無根之火), 즉 뿌리없는 화(火)인 인신상화(寅申相火)라는 새로운 불(火)이 하나 더 불어나서 오운(五運)＋상화(相火)＝육기(六氣)로서 나타난 것이다. 그리고 10천간 12지지를 차례대로 배합하면 육십갑자(六十甲子)가 된다. 이 육십갑자는 다른 말로 하면, 달이 지구를 돌고 지구가 자전하면서 태양을 중심으로 공전하며 9성이 순환하고, 그리고 북극성을 중심으로 28수의 별들이 지구에 영향을 미치는 기의 흐름과 기의 성격이 변화하는 패턴을 나타낸 것이다.

이러한 기의 흐름과 기의 성격의 변화 패턴이 지구의 만물 만사, 즉 보이는 물질세계뿐만 아니라 보이지 않는 정신세계까지 영향을 주면서 나타나는 현상을 체계화한 학문이 운기학이고 이를 각 전문분야에 접목 응용한 학문이 역학, 역술이다. 따라서 오운 육기의 법칙 또는 음양오행의 운동법칙이란 우주의 변화법칙이며 만물의 생사법칙이고 정신의 생성법칙이므로 우주의 모든 변화가 이 법칙 밖에서 일어날 수는 없다(한동석, 『우주변화의 원리』).

결국 주역학에서 우주의 운동은 오운육기의 운동이라고 볼 수 있다. 즉, 하늘의 오운과 지구의 육기가 상호작용함으로써 우주에서 일어나는 모든 천변만화의 기본이 된다. 즉, 운은 五이고 기는 六이기 때문에 언제든지 어긋나면서 운행하게 마련이고 변화란 바로 여기에서 일어나는 것이다.

우주의 운동과 인간사를 구체적으로 나타내면 우주의 운동은 간단하게 표현하면 음양 상태로써 나타나는바 그것이 분열(양)과 통일(음)을 반복하면서 사물의 변화를 일으키는 것이다. 그러므로 우주의 변화가 질서정연하면 사물의 변화도 그 질서를 따라서 일어날 것이지만 만일 우주가 질서를 잃게 된다면 모든 변화가 무질서상태에 빠지게 되므로 우주에 일대 혼란을 일어날 것은 물론이거니와 우리가 또한 그 변화상태를 알 수가 없는 것이다.

그렇지만 우주운동은 규칙적인 가운데 불규칙이 있고 질서적인 속에 무질서가 있다. 이것은 운의 태과부족(太過不足)이라고도 하며 기의 승부(勝負)라고도 한다. 그런데 운의 태과부족과 기의 승부는 지축의 경사 때문에 일어나는 것인즉 이것은 현실세계에만 있는 것이다. 그러므로 현실의 변화는 정상성이 어느 정도 침해를 받게 되는 것이니 이것을 변고(變故)라고 한다. 변고란 개념은, 즉 우주의 본질이 변한다는 말이다. 다시 말하면 우주의 목적은 변화하려는 데 있는 것인바 소위 변화란 것은 정상적인 음양운동을 의미하는 것인데 기의 승부와 운의 태과부족(太過不足) 때문에 그 정상운동의 바탕인 음양작용에 고장이 생기게 된 것을 변고라고 하는 것이다.

이와 같이 우주운동의 변화가 변고로 된다고 할지라도 이것을 대우주의 규모나 성능으로 보면 극히 경미한 것이다. 그런데 이처럼 경미한 우주의 변고가 그 영향을 지구에 미칠 때에는 그 반응은 너무나 크게 일어난다. 왜 그런가 하면 그것은 바로 현실세계는 천체에 비하면 구우일모(九牛一毛)도 안 되는 존재인 까닭이다.

지구의 지축이 기울어져 있기 때문에 성덕군자를 배반하고 편벽된 소인배가 등극하고 있으므로 천도에는 모순과 대립을 일으킬 요인이 있고 人道에서는 사치와 타락의 시운이 흐르게 되는 것이니 이것은 천체운동의 불완전에서 오는 것이다. 천도가 이러하거늘 천지에서 정신과 육체를 받았고, 또한 그 기운에서 호흡하고 살아가는 인간이 어찌 천운의 지배를 받지 않을 것인가? 아마도 봉건 제후의 부패나 현대문명의 핵심을 잃은 타락은 이러한 시운의 영향이리라(한동석, 『우주변화의 원리』).

주역 철학사상의 근본적인 사상이 천인합일사상이라면 천인합일사상을 구체적으로 체계화하여 나타내고 실용화한 이론체계가 오운육기라고 볼 수 있다. 동양학을 연구하는 제도권의 동양학자들이 동양사상을 천인합일사상이라고 공공연히 이야기하지만, 그 구체적인 내용은 말하지 않고 막연히 사상철학으로만 말하니까 공허하게 들린다.

그 천인합일사상을 구체화한 학문에 의하여 일반국민들의 실제 생활에 필요한 지적 수요를 충족시켜주면, 막연히 말하는 것보다 훨씬 힘이 있고 가슴에 와 닿게 이해할 수 있게 된다. 더욱이 서양첨단과학으로 설명할 수 없는 부분을 설명해주고, 해결할 수 없는 문제를 해결해주면 더욱 의미가 있고 또한 민족적 자부심도 저절로 생기지 말라고 해도 생긴다. 그런데 그러한 학문은 모두 비제도권인 철학관에서만 하고 그것마저도 제도권의 천인합일사상을 연구하는 동양학자들은 비과학이고 미신이라고 멸시하는 경향이 많다. 전혀 앞뒤가 맞지 않는 이야기이다.

오운육기이론 체계에 의하여 인간생활에 미치는 영향을 접목 응용을 하여 발달한 구체적인 학문이 역술이다. 제도권에서는 동양사상은 천인합일사상이라고 하면서 그 사상을 구체화하고 실용화한 응용과학기술에 해당되는 학문을 계승하고 발전시켜서 가르치고 연구할 생각을 왜 못하느냐 말이다.

운기란 기가 운행하면서 변화하는 것으로 ‘우주론적 자연의 궁극적인 질서’라는 추상적인 개념뿐만 아니라 ‘계절에 따른 기후변화의 질서’라는 개념도 포함하고 있다.

운기론이란 ‘기에 의하여 변화하는 법칙적인 질서를 수학적 계산에 의해 추측함으로써, 자연의 질서에 순응하는 방법을 모색하였던 고대 동양의 자연관을 연구하는 분야’라 할 수 있다. 옛사람들이 그들 나름대로 합리적인 자연의 법칙을 파악함으로써, 자연의 변화와 함께 호흡하고, 자연의 변화에 순응하고자 하였던 고대 동양인들의 지혜로운 자연관이 반영되어 있다. 또한 그 활용을 통해 파악한 자연법칙을 다른 분야에도 적용함으로써, 결국 자연의 법칙과 동떨어진 세계를 생각하지 않고, 실재 존재하는 자연 속에서 인간사를 해석하였다는 점에서 운기론은 그 의의를 찾을 수 있으리라 생각한다.

예를 들면 음력으로 2012년 5월 29일 오후 8시를 오운육기의 육십갑자로 나타내면 壬辰年, 丙午月, 庚辰日, 丙戌時이다. 이것이 소위 사주팔자이다. 이 사주팔자를 음양오행으로 분석하면, 그 시간 우주의 기운 또는 분위기를 알 수 있다. 이는 그 시간대의 태양계와 북극성을 중심으로 하는 자미원 28수의 별의 위치를 나타낸 것이라고도 볼 수 있다.

태양계와 자미원의 별의 위치가 어떻게 배열되어 있느냐에 따라서 기화(氣化), 즉 우주의 분위기가 다르고 그것에 따라서 지구에 미치는 기운이 또한 다르며 그에 따라서 지구의 모든 만물 만사에 미치는 영향이 다르다고 볼 수 있다. 그렇게 다르게 영향을 받으면 지구의 만물 만사는 변화를 일으키게 된다. 이러한 변화를 연구하는 학문이 동양과학인 역학과 역술이다.

오운육기는 흔히 '운기'라고 약칭한다. 옛사람들은 우주의 사물변화는 모두 기화(氣化)의 끊임없는 운행에 기인한다고 인식하였다. 기화를 자연계에서 말하면 바로 기후의 변화를 말한다. 오운육기는 기후변화의 규칙을 연구하는 학문이다.

그러면 오운은 무엇이며, 육기는 무엇인가? 오운은 목·화·토·금·수라는 오행의 속성을 말하는데, 바로 목/풍, 화/열, 토/습, 금/조, 수/한이 서로 연속적으로 운행되는 것이다. 그리고 육기는 풍, 열, 화, 습, 조, 한이 연속적으로 운행되는 것을 말한다. 육기는 오운에 비해서 화, 즉 상화가 하나 더 있어서 육기이다. 이렇게 지구에는 하늘에 비해서 하나의 기, 즉 상화가 하나 더 많은 것은 앞에서 말한 바와 같이 지구가 23도 7분 기울어져 있기 때문이다.

그러면 우리들이 어떻게 오운·육기 운행의 변화규칙을 파악할 수 있을까? 옛사람들은 장기간의 실천을 바탕으로 10천간(天干)의 음·양간(干)을 오행에 배합하고, 12지지(地支)의 음·양지(支)를 육기에 배합하여, 음양오행의 작용과 변화원리에 의해서 기후 변화를 예측하고 그 규칙을 파악해냄으로써 질병의 예방과 치료라는 목적을 달성하였다. 또한 인간사를 예측하는 역학과 역술을 발전시켰다.

오운 육기는 모두 오행이 변화하여 이루어지므로, 천간지지는 우리들이 오운육기를 파악하고 활용함에 있어서 도구가 된다. 그러므로 오운육기를 공부하고 연구하기 위해서는 가장 먼저 오운육기, 그리고 천간지지의 내용과 의미를 반드시 이해해야 한다.

10천간 12지지를 음양오행으로 분류한 것이 <표 14-1>, <표 14-2>와 같다. 그리고 10천간 12지지를 차례대로 배합하여 만든 60갑자는 <표 14-3>과 같다.

<표 14-3> 육십갑자(六十甲子)

甲子	乙丑	丙寅	丁卯	戊辰	己巳	庚午	辛未	壬申	癸酉	甲戌	乙亥
丙子	丁丑	戊寅	己卯	庚辰	辛巳	壬午	癸未	甲申	乙酉	丙戌	丁亥
戊子	己丑	庚寅	辛卯	壬辰	癸巳	甲午	乙未	丙申	丁酉	戊戌	己亥
庚子	辛丑	壬寅	癸卯	甲辰	乙巳	丙午	丁未	戊申	己酉	庚戌	辛亥
壬子	癸丑	甲寅	乙卯	丙辰	丁巳	戊午	己未	庚申	辛酉	壬戌	癸亥

『황제내경』 운기편의 오운육기론에 입각하여 우주 삼라만상의 변화 이치를 한글세대인 현대인들이 이해할 수 있게, 현대적 의미로 분석적으로 쓴 대표적인 저서가 고 한동석(1911~1968) 선생의 『우주변화의 원리』이다.

「한동석 선생의 생애에 관한 연구」로 석사논문을 쓴 대전대학 한의학과 대학원 권경인은 논문 서문에서 『우주변화의 원리』의 연구 업적에 대한 내용을 다음과 같이 소개하고 있다.

"전해오는 이야기로는 한동석 선생이 『우주변화의 원리』를 쓰기 위해서 연구한 책들이 『주역』을 비롯해서 많으나, 가장 인상적인 것은 동양의학의 최고 경전인 『황제내경』을 삼천 독을 하고, 『황제내경 운기편』을 만독하고 깨우쳐서 이 책을 썼다는 것이다.

두암 한동석 선생은 『우주변화의 원리』를 통해서 그동안 명확하게 해명되지 못했던 음양오행의 신비를 밝혀내 발표함으로써 수천 년간 이어져 온 음양오행의 원리를 일이관지하는 업적을 남겼다. 이 저서는 우리 민족뿐만 아니라 전 인류에게 남겨주고 간 우주의 비밀을 풀 수 있는 열쇠와도 같은 것이다.

『우주변화의 원리』는 그 부제가 '음양오행원리'로서, 우주운동의 법칙이 되는 음양오행에 대한 이치를 밝히고 있는데, 이것은 동양철학 육천 년의 연구업적을 일거에 매듭짓는 쾌거라 할 수 있다."

실로 엄청난 독서량과 연구업적이다. 한동석 선생은 책의 서문에서 음양오행론의 의미에 대해서 다음과 같이 언급하고 있다.

"오늘날 세계의 관심은 우주는 어떻게 움직이며 인간과 만물은 어떻게 그 속에서 변화하면서 생멸하는가 하는 문제에 집중하기 시작하고 있다. 생각건대 오늘의 철학(서양철학)은 우주의 본체와 변화를 탐색하는 바탕인 본질적인 능력을 거의 상실하고 다만 피상적인 개념에만 집착한 나머지 철학 본연의 자세에 신비 개발의 임무를 단념할 수밖에 없이 되고 말았다.

위 내용 중에서 맨 앞부분의 내용인 “오늘날 세계의 관심은 우주는 어떻게 움직이며 인간과 만물은 어떻게 그 속에서 변화하면서 생멸하는가 하는 문제에 집중하기 시작하고 있다”는 동서양의 모든 학문이 우주의 변화와 인간과 만물 만사가 어떻게 상호변화하고 있는가에 관심을 갖고 있다는 표현이다. 그런데 그다음 “오늘의 철학(서양철학)은 우주의 본체와 변화를 탐색하는 바탕인 본질적인 능력을 거의 상실하고 다만 피상적인 개념에만 집착한 나머지 철학 본연의 자세에 신비개발의 임무를 단념할 수밖에 없이 되고 말았다”는 내용에서는 현대 서양철학이 우주 본체와 변화의 본질적인 연구는 하지 않고, 피상적인 개념에만 집착하여 철학 본연의 신비개발의 임무를 단념했다고 비판하였다.

그러나 인간의 신비개발의 의욕은 없어지지 않고, 다시 도전 의욕으로 나타난 것이니, 그것이 음양오행의 법칙이다. 이는 우주의 변화법칙이며, 만물의 생사법칙이며, 정신의 생성법칙이므로, 우주의 모든 변화가 이 법칙 밖에서 일어날 수는 없다. 즉, 물질세계뿐만 아니라 정신세계에까지도 영향을 준다는 점이다. 특히 정신세계까지도 영향을 주기 때문에 인문 사회 종교적 의미의 이론이다. 따라서 우주의 모든 변화가 이 법칙 밖에서 일어날 수 없다는 의미에서 볼 때 이는 상대적 진리가 아니라 절대적 진리라는 것이다. 절대적 진리라고 표현한 것은 이 이론이 얼마나 중요하고 의미와 가치가 있는가를 나타낸 표현이라고 볼 수 있다.

서구에서의 천기(오운육기) 연구

서구에서도 동양의 오운육기와 유사한 내용의 연구가 있다. 동양학의 오운육기와 같이 학문적으로 체계화되지는 않았지만 원리적으로 유사한 내용이 있어서 소개한다. 여기에서 소개한 내용은 한국표준과학연구원의 방건웅 박사가 『기가 세상을 움직인다』는 저서에서 인용한 내용이다.

방건웅 박사의 저서는 동양의 고전, 특히 우리나라의 『한단고기』 등을 중심으로 소개된 내용을 근거로 하여 기의 개념을 도출함과 동시에, 그 결과를 현대과학의 연구 성과들과 비교하면서 차이점과 유사점을 탐구한 내용이다. 이 저서의 가장 특징적인 것은 고전적 기의 개념과 현대과학을 연결시켜서 기의 실체를 밝히고자 하였다는 점에서 시대적으로 조상들의 학문적 연구결과를 계승 발전시킨 가장 의미 있는 연구결과이다.

유럽에서도 동양의 기와 비슷한 개념을 인식하고 있었다. 대표적인 학자들의 연구결과를 소개한다. 서양에서 약물요법(drug theraphy)을 처음 도입한 파라켈수스(Paracelsus, 1493~1541)는 감응요법(感應療法, sympathetic system of medicine)의 기초도 다졌다. 감응요법의 내용은 모든 공간에 가득 차 있는 유체(流體)를 통해 하늘의 별들과 자석이 인체에 영향을 미친다는 것으로써, 이 때문에 그는 자연의 자기생명력(magnetic vital force)을 주장한 사람으로 기록되고 있다. 생명력은 인체 내에서만 한정된 것이 아니라, 인체 주위에서 밖으로 방사되어 먼 거리에서도 작용한다고 주장하였다.

그 후 300년 뒤인 19세기에 메스머(Fraz Anton Mesmer, 1734~1815)가 파라켈수스의 생명력에 관심을 갖고 연구를 시작하였다. 메스머는 31살 때 비엔나 의대에서 의학박사학위를 받았으며, 이 당시 이미 두 개 이상의 학위를 받은 상태였다. 학위 논문의 내용은 별들이 인체에 미치는 영향에 관한 것으로써, 이 주제를 설정하는데 파라켈수스의 영향을 받았다고 전한다. 별들의 운동이 지구의 자연현상과 생물체에 영향을 미치는데, 인간도 생명체의 일부이므로 그 영향을 받지 않을 수 없다는 것이 그의 주장이다. 그는 별들의 영향이 어떤 매체를 통해 전달될 것이라고 보고, 이를 '유자(流子, fluidum)'라고 이름 붙였다.

메스머는 자신이 유자라고 이름 붙인 우주의 에너지를 이용하여 환자의 믿음 여부와 관계없이 치료할 수 있다고 하여 큰 관심을 끌었다. 그는 유자가 우주를 가득 채우고 있는 미세한 실체(subtle physical body)로서, 보이지 않는 실체이며, 사람을 포함하여 모든 만물을 연결하고 있다고 주장하였다. 이 유자는 매우 미세하기 때문에 에너지 손실이 없이 신경계에 은밀하게 침윤하여 생물체에 경향을 미친다고 하면서, 자기적 특성을 지니고 있다고 주장하였다. 이것을 광물에서 나타나는 자장과 구분하기 위해 동물자기(動物磁氣, animal magnetism)라고 이름 지었다.

위의 내용 중에서 주역학의 오운육기론과 매우 유사한 원리가 두 가지 있다. 첫째, 별들의 운동이 지구의 자연현상과 생물체에 영향을 미치는데 인간도 생명체의 일부이므로 그 영향을 받지 않을 수 없다는 것이다. 별들의 운동에 따라서 우주의 기운이 주기적으로 변화하는 현상을 나타낸 이론체계가 동양학의 오운육기론이다. 즉, 오운육기론은 지구에 영향을 주는 일월과 그 밖의 별들의 움직임에 따라서 나타나는 기운의 패턴을 학문적으로 나타낸 것이다. 둘째, 유자가 우주를 가득 채우고 있는 미세한 실체(subtle physical body)로서 보이지 않는 실체이며, 사람을 포함하여 모든 만물을 연결하고 있다. 유자가 우주를 가득 채우고 인간을 포함하여 모든 만물을 연결하고 있다는 것은 동양학의 가장 기본 개념인 기(氣)와 아주 유사하다.

18세기에 이루어진 메스머의 연구결과들을 살펴보면 오늘날 알려지고 있는 기의 특성과 유사한 면을 많이 발견할 수 있다. 그는 자신이 유자, 혹은 동물자기라고 불렀지만 실제로는 동양학의 기(氣)에 해당하는 개념의 에너지를 연구하고 있었던 것으로 추정된다.

주역학에서 별들의 운동변화에 따라서 이 유자의 변화 패턴을 체계적으로 나타낸 학문이 오운육기론이다. 메스머는 별들의 운동이 지구의 모든 사물에 영향을 준다는 원리적인 것만 언급했지, 구체적으로 어떻게 영향을 주는지에 대한 체계적인 설명은 없다. 그러나 주역학에서는 수천 년 전부터 이에 대해 체계적으로 연구한 학문이 오운육기론이다.

제15장 기(氣)·기(器)·신·도·리·심

한국인들의 언어습관 중에서 가장 많이 사용하는 말이 기(氣)와 천(天)이 아닌가 생각한다. 앞에서 서술한 바와 같이 중국의 현대 저명한 철학자 웅십력(熊十力)은 중국철학사에는 두 개의 '도깨비 같은 것'이 있다고 말하였는데, 그가 지적한 두 가지 가운데 하나는 '하늘(天)'이고 다른 하나는 '기(氣)'다고 말한 바와 같이, 천과 기는 중국을 비롯한 동아시아 문화권에서 가장 많이 사용하는 용어라고 볼 수 있다.

뿐만 아니라 필자가 지금까지 주역학과 관련된 여러 전공 분야를 공부하면서 가장 특징적으로 느낀 점은, 기와 천의 실체를 이해하면 동양학은 거의 이해가 된다는 것이다. 그만큼 동양학 특히 역학 역술의 핵심적인 실체는 기와 천의 개념이라고 생각된다.

이 우주 삼라만상의 구성요소와 상호작용 그리고 모든 것은 기의 작용과 변화 원리로 설명하고 있다. 그러므로 동양학에서 기는 만능적인 실체로 볼 수 있다. 즉, 기 하나의 실체로 설명되지 않는 것이 없다. 보이는 세계와 보이지 않는 세계뿐만 아니라 심지어 인간의 윤리적 개념까지 모두를 포괄해서 기 하나의 개념으로 설명하고 이해할 수 있다. 참으로 기 하나의 개념은 거듭 말하지만 만능적인 개념이다.

이 엄청난 개념을 현대인들은 단순히 미개했던 시대의 언어 습관적으로 사용하는 일상적인 용어로 대수롭지 않게 생각하고 있다. 그러나 기의 개념은 지금의 첨단과학도 밝힐 수 없는 가장 근본적이고, 가장 기본적인 실체이다. 이 기에 대한 개념의 실체를 이해하면 동양학 전체를 이해했다고 해도 과언이 아니라고 생각된다. 왜냐하면 동양학의 모든 것은 기 하나의 실체로 귀결되기 때문이다.

그런데 현대인들은 그 말의 뜻이 무엇인지 제대로 알고서 사용하는 사람은 거의 없을 것이라고 본다. 단지 오랫동안 언어 습관적으로만 사용되어 왔기 때문에 그냥 의미도 모르고 사용한다고 볼 수 있다. 그런데 그 하나하나 사용하는 뜻을 살펴보면 대단한 의미와 내용이 있다. 서양과학의 개념 중에는 동양학의 기 개념에 대적할 것이 없다. 그러나 사용하는 한국인들은 그 하나하나의 의미를 생각하며 사용하는 것이 아니고 그냥 단지 습관적으로 무의식적으로 사용한다.

이렇게 된 것은 기 개념과 관련된 학문인 역학과 역술이 제도권에서 거의 사라져버려 공식적으로 배우고, 가르치지 않아서 그렇게 되었다. 그런데 우리 민족의 문화, 특히 학문을 이해하기 위해서는 기(氣)와 천(天)에 대한 개념을 모르고는 근본적인 이해가 어렵다.

서양 사람들이 동양문화를 접하면서 쉽사리 이해하기 어려운 용어 중에 하나가 기일 것이다. 그리고 동양학이 서양과학적 시각에서 잘 이해되지 않고 신비스럽게 느껴지는 가장 큰 이유 중의 하나가 기 개념의 속성에서 비롯되었다고 볼 수 있다. 따라서 동양학을 제대로 이해하려면 서양과학의 물질론적 기계론적 시각에서 벗어나, 기 개념의 속성을 정확하게 알고 고찰하여야 한다.

다행히 최근에 이르러 젊은 첨단 자연과학자들이 주도가 되어 기 개념을 더 과학적으로 밝히고 연구하기 위한 학회가 제도권에 설립되었는데 그것이 한국정신과학회이다.

우리 언어 습관 속의 기(氣)

우리는 말을 배우면서부터 기라는 단어를 익혀왔기 때문에 정확하게 그 뜻을 몰라도 심정적으로 누구에게나 그 뜻이 통한다. 우리가 일상생활 속에 사용하는 기와 관련된 말들을 인용해보면 매우 다양하게 사용하고 있다. 그리고 그러한 내용이 무슨 의미이냐가 매우 중요하다.

예를 들어 우리가 기와 관련하여 일상적으로 사용하는 말들을 찾아보기로 하자. 기가 차다, 기가 막히다, 기가 살다, 기가 죽다, 상기되다, 기운이 없다, 기력이 넘치다, 기진맥진하다, 기승을 부린다, 기골이 장대하다, 기절하다, 기급하여 까무러치다, 기품이 있다. 심지어 인간의 덕성을 나타내는 용기, 패기, 총기, 덕기 등 기에 대한 참으로 많은 말을 우리는 일상생활에서 사용하고 있다.

그런데 이런 말들의 의미를 하나하나 살펴보고 생각해보면, 기 개념의 속성을 이해하는 데 매우 의미가 있다. 그리고 단순한 표현이 아니고 그 근거가 있는 표현이라는 데 실증적, 과학적인 성격을 가지고 있다.

그런데 기에 대한 내용은 흔히 서양과학적 관점에서는 미신이고 비과학적이며 신비주의적으로 보는데 단순히 그렇게만 볼 수 없다고 본다. 왜냐하면 기에 대한 최근의 연구결과들을 보면 현대첨단과학이 따라올 수 없는 엄청난 비밀이 숨어 있으며, 앞으로의 연구결과에 주목할 만한 내용이 굉장히 많다고 본다.

여기에는 기에 대한 개념을 동양의 고전부터 현대에 이르기까지 어떻게 이해하고, 설명하고 있는가를, 일본의 기학 연구가로서 국제적 명성을 얻고 있는 마루아마 도시아키의 저서 『기란 무엇인가』를 중심으로 차례대로 서술하고자 한다.

지금까지 기의 개념을 고찰한 내용을 중심으로 필자 나름대로 결론을 내리면, 요컨대 기란 동양학의 '모든 것'이었다. 기란 '현상계에서 일체의 존재 또는 기능의 근원'이며 물질·생명·마음·에너지·정보 오계(五界)를 이루는 본바탕이다.

예를 들면 우리나라 말 중에 마음과 기에 관련된 말에 정신적으로 허약하거나 불안할 때 사용하는 심기(心氣)가 불편하다는 말이 있다. 이는 인간의 마음과 기를 상호 관련하여 표현한 것으로 볼 수 있다. 그리고 생명이 잠시 끊어진 상태를 기절이라고 할 때, 이는 기를 생명으로 본 개념이다. 사람의 성격이나 품행을 말할 때, 기질, 기품이 어떻다고 표현한다. 이때의 기는 물질의 특성을 나타낸 의미로 볼 수 있다. 그리고 사람이 힘이 세거나 힘이 다 소진되면 기력이 대단하다거나, 기진맥진이라고 말한다. 이때의 기 개념은 에너지의 개념이라고 볼 수 있다.

우리가 일상적으로 아무 생각 없이 사용하는 기 개념의 사용 예에서 보는 바와 같이, 기 개념에는 물질적 개념, 생명의 개념, 마음의 개념, 에너지 개념까지 포함하고 있음을 알 수 있다. 그러므로 기란 동양에서는 거의 '모든 것'이라고 해도 과언이 아니다. 그러므로 기란 만물 만사를 구성하고 있는 가장 기본이 되는 구극, 극미의 원자적 요소인 구성체이다.

기에는 현상계에서 근원적인 존재로서의 의미가 포함되어 있음과 동시에 근원적인 기능으로서의 의미도 포함되어 있다. 또 음양의 기나, 오행의 예에서 보는 것과 같이 현상을 설명하는 원리, 혹은 이론체계 자체에도 기라는 용어가 사용되고 있다.

근대과학에서는 존재와 기능과 이론이 각각 별개의 개념이기 때문에 이들 모두에게 공통적으로 사용되는 기 개념을 이해하기는 매우 어려운 일이다. 그래서 근대과학에서는 '기'를 오랫동안 비과학이고 시대에 뒤떨어진 개념으로 무시해왔다. 그 하나의 이유는 기 개념을 중심으로 하는 중국의 자연관이나 동양의

학 등이 서양과학의 발상과는 너무도 달라서, 근대과학의 입장에서 도저히 이해할 수 없는 것처럼 보였기 때문일 것이다. 그러나 여기서 주의할 것은 서구 근대과학의 입장에서 이해가 어려울 뿐이지, 이것이 거짓이다, 아니다는 별개이다. 서구 학문 자체가 한계가 있고 전지전능한 학문이 아닌데, 그런 학문의 기준으로 우리의 기 개념을 판단하는 것도 비과학적이고 서구우월적 편향된 판단이다. 그러므로 우리의 고유한 학문적 이론과 개념은 서구적 학문을 벗어나서 우리들 자신의 주체적 관점에서 복원하고 되찾아야 하는 것이 이 시대의 사명이라고 본다.

기가 응집하거나 확산을 거듭하며 끊임없는 운동과 흐름을 계속하는 사이 모든 현상이 일어난다. 그리고 그 기가 바탕이 되고 여러 방면으로 침투함으로써 찬란한 중국 문명을 꽃피웠다. 그러면 현대는 기를 어떻게 이해하고 어떻게 받아들이며, 어떻게 평가하고 있는가? 또한 서양과학과 접점이 되는 부분이 있는지를 찾아보아야 한다. 이와 관련하여 요즈음 새롭게 나타난 이른바 '신과학(New Age Science)'의 동향을 근거로 생각해보고자 한다.

제1절 사물(器)로서의 기

사물의 형상이 있기 전의 것을 도(道)라 하고, 형상이 갖추어진 이후의 것을 도를 담아 놓은 그릇, 즉 기(器)라 한다.

눈에 보이는 개개의 사물에는 그런 사물이 나타나게 된 소이연(所以然), 즉 까닭이 있다. 그 까닭(리)이 도에 해당하고, 나타난 현상과 물질(器)은 기(氣)의 취합체이다. 즉, 器란 일정한 형체를 갖춘 개개의 사물을 말하고, 이것은 기의 취합체이지 다른 것이 아니다.

도란 『노자』에서 말하는 것처럼 무형 무상하면서 개물을 개물이게 하는 존재의 근거 또는 현상의 배후에 있으면서 온갖 현상을 일어나게 하는 원인이다. 그리고 그러한 도에 근거하여 나타난 사물은 기(氣)의 취합체인 기(器)라는 것이다.

중용의 제일장 삼강령인 "천명지위성이오 솔성지위도오 수도지위교니라(天命之謂性이오 率性之謂道오 修道之謂敎니라)"를 주자가 해설한 주해에 다음과 같은 내용이 있다.

위의 글에서 '氣以成形而理亦賦焉'라는 구절 중에 '기이성형(氣以成形)'의 기로서 형체를 이루고는 기(氣)의 취합에 의해서 형체를 이루고, 여기서 형체는 다른 말로 기(器)(만물 만사)가 탄생한다는 뜻이며 '리역부언(理亦賦焉)'은 그러한 만물의 탄생에는 또한 동시에 이치(理)가 부여된다는 것이다.

이는 기에 의해서 형체가 있는 기(器)인 만물 만사가 나타나고, 그 사물의 탄생에는 그 탄생의 소이연인 까닭, 즉 리(理)가 반드시 있다는 의미이다. 여기서 이치(理)를 다른 말로 도라고도 하며, 그것은 곧 음양오행이다. 즉, 음양오행의 이치 또는 도에 의해서 만물 만사가 나타나게 된다는 의미이다.

동양학에서 만물 만사의 가장 기본적인 구성인자는 기라는 것이다. 서양과학이 모든 물체의 근본적인 구성인자들 분자, 원자, 전자로 나타내는데 비해서 동양학에서는 기로 나타내고 있다. 그러면 서양과학이 밝힌 원자, 전자, 아원자, 쿼크가 맞느냐, 아니면 동양학의 기가 맞느냐 하고 의문을 가질 수 있다. 그런데 현대첨단 서양과학이 밝히지 못한 실체가 또 있다는 것이다. 그것이 무언지 모르지만 말이다. 그것이 아마도 동양학에서 말하는 기의 실체와 동일한 것이 아니겠느냐고 추측해볼 수 있다. 그런데 그 실체는 단순히 기계론적 물체가 아니고, 인간의 의식에 의해서도 영향받는 그런 물질이라는 것이다. 즉, 의식을 가진 물질이라고도 볼 수 있다. 그런 물질을 연구하는 학문을 정신물리학이라고도 한다.

그것은 수천 년 전에 이미 우리 조상들이 발견한 기 개념과 매우 유사한 것이라고 볼 수 있다. 과거에 우리 것을 미신이고 비과학이라고 치부하여 무시하였는데, 오히려 현대첨단과학이 발전하면서 우리의 과학기술적 개념과 이론들이 밝혀지고 인정받게 되었다는 것이다.

모든 눈에 보이는 현상도 기의 작용과 변화 원리로 나타난 결과이다. 예를 들면 국가적으로는 정치, 경제, 사회 현상과 문제 그리고 개인의 여러 가지 행동 현상과 문제(器)는 기의 작용과 변화 원리로 나타난 결과라는 것이다. 다른 말로 하면 보이는 세계의 여러 가지 현상과 문제는 모두 기의 소행으로 나타난 현상이고 문제라는 것이다. 그 기의 구체적인 작용과 변화 원리를 나타낸 이론과 개념이 음양오행론이다.

따라서 기의 속성을 잘 이해하면 기를 우리가 적극적으로 통제할 수 있다고 본다. 다음에 설명하겠지만 기는 의식을 가진 물체이므로 인간의 의식과 서로 영향을 주고받는다. 이것은 다른 말로 하면 보이는 세계의 사물인 기가 인간의 의식에 영향을 줄 뿐만 아니라, 인간 의식의 기도 사물에 영향을 줄 수 있다는 것이다. 그러므로 이 우주 삼라만상의 현상과 인간의 의식은 매우 밀접한 관계에 있으며, 하나이다.

이러한 기의 이치를 알게 되면 인간은 우주 삼라만상이라는 현상에 일방적으로 지배, 종속되는 것이 아니라, 인간이 적극적으로 우주 삼라만상을 지배, 조종할 수도 있다는 것이다. 즉, 현재 눈앞에 있는 물체를 인간 의식의 기로 움직일 수 있을 뿐만 아니라, 눈앞에 나타난 자연현상과 사회현상도 인간의 의식으로 바꿔 놓을 수가 있다는 것이다. 또한 그 사회, 국가를 구성하고 있는 개개 국민의 의식이 어떠냐에 따라서 국가, 사회의 운명도 결정되고, 더 나아가 바꿔 놓을 수도 있다는 것이다.

최근에 미국의 작가이자 정신치료 전문가인 뇔르 C. 넬슨과 임상전문분석의인 지니 르메이 칼라바가 공동으로 쓴 『감사의 힘』이라는 저서에서 다음과 같은 동양의 기 개념과 매우 유사한 에너지 개념을 나타내고 있다.

> "감사의 힘을 이해하려면 먼저 우리의 삶이 에너지로 이루어졌다는 사실을 깨달아야 한다. 의자나 강아지, 우리의 감정 등 모든 것은 형태만 다를 뿐 에너지라는 공통점을 가지고 있다. 단지 의자는 무생물, 강아지는 생명체 그리고 감정은 마음의 상태로, 에너지가 존재하는 형태만 다른 것이다. …… 모든 사물은 근본적으로 에너지 자체이기 때문에 서로 교류가 가능하다. …… 진심으로 감사하는 마음은 감사할 일들을 자꾸 끌어들이는 마력을 지니고 있다."

위의 인용문에서 의자, 강아지, 그리고 우리의 감정은 형태만 다르지 에너지라는 말은 동양학의 만물 만사(器)는 기(氣)로 형성되어 있다는 말과 일치하는 내용이며, 감사하는 마음은 감사할 일들을 끌어들인다는 말은 주역의 동기상구(同氣相求), 즉 같은 기운은 서로 구한다는 말과 같은 내용이다.

이 외에도 서구 사람들의 저서 중에서 기 개념과 성격이 매우 유사한 내용의 저서들이 자기계발서로 많이 나타나고 있다. 예를 들면 "『마인드 파워』, 성경의 믿는 대로 될지어다, 믿는 것이 보는 것이다, 『가슴 뛰는 삶을 살아라』, 생각대로 된다, 세상만사 마음먹기에 달렸다, 『긍정의 힘』, 『시크릿』" 등은 사물과 인간 의식의 기운과 외적인 사물의 관계를 나타낸 대표적인 말들이고 저서이다.

형이상이라는 것은 현상수준에서 상대적인 위치관계가 아니다. 어디까지나 존재론적인 논리구조를 표현한 것이며, 개물과 현상이 있는 한 그 존재를 존재이게 하는 배후의 어떤 무엇인가가(道) 있어서, 양자는 상즉불리(相卽不離)의 관계에 있다는 것을 의미한다. 송대 유학에서는 도에 갈음하여 리(理)가 형이상자로 세워졌다.

도와 리의 개념에 대해서 진순(1159~1223)은 『북계자의(北溪字義)』에서 다음과 같이 언급하고 구별하였다.

도(道)와 리(理)는 대체로 같은 것이다. 그러나 두 개의 글자로 나뉘어 있으므로 구별이 있음이 틀림없다. 도는 사람들이 두루 다닌다는 측면에서 용어를 상정한 것이다. 리와 비교해볼 때 도는 비교적 넓고, 리는 비교적 실질적이다. 리는 확고하여 바뀌지 않는다는 뜻을 가지고 있다. 그러므로 영원히 통하는 것이 도이고, 영원히 변하지 않는 것이 리이다. 리는 형상이 없는데 어떻게 볼 수 있는가? 그저 사물이 그러해야 하는 법칙이 바로 리이다.

제2절 마음(의식)으로서의 기

기 개념을 설명하는 말 중에 인간의 의식과 기의 관계를 나타낸 표현으로 '사즉기(思則氣) 기즉사(氣則思) 심생기(心生氣) 기생심(氣生心)'이라는 말이 있다. '사즉기 심생기'는 인간의 의식작용에 의하여 기가 나오고, 반대로 '기즉사 기생심'은 외부의 기에 의하여 마음이 영향을 받는다는 의미이다. 다른 말로 하면 인간의 생각에 의하여 기가 발생하고, 반대로 외부의 기, 좀 더 쉽게 표현하면 외적인 분위기에 의해서 인간의 의식이 영향을 받는다는 의미라고 볼 수 있다.

여기서 '사즉기 심생기'는 인간의 주체적이고 적극적인 면을 말하고, '기즉사 기생심'은 인간이 기에 의하여 영향을 받는 종속적 입장을 나타낸 것이라고 볼 수 있다.

1. 사즉기 심생기(思則氣 心生氣)

　사즉기 심생기의 관점에서 기를 설명하면 인간의 의식이나 생각에 의해서 기가 발생하고, 그 발생하는 기가 어떠냐에 따라서, 사물에 영향을 주는 것이 다르다는 의미라고 볼 수 있다. 그러므로 의식에 의해서 사물을 조절할 수가 있다. 사물을 조절하는 구체적인 매체는 인간의 의식에 의해서 발생하는 기다. 여기서 사물이란 물질적인 것뿐만 아니라 자연현상, 사회현상, 인간의 모든 것을 다 포함한다.

　예를 들면 눈앞에 있는 돌멩이를 인간의 의식에 의해서 움직일 수 있다는 것이다. 인간의 의식에 의해서 기가 나오고, 그 기의 힘으로 돌멩이를 움직일 수 있다는 것이다. 이런 관점에서 보면 '인간의 신념은 태산도 움직일 수 있다'는 말이 그냥 교훈적으로 비유해서 말한 것이 아니다. 인간의 정신적 의식으로 실제 가능한 일이다. 옛날 우리 조상들 중에 도인이라는 분들이 신비스러운 능력을 발휘한 신출귀몰한 이야기는 미신도 비과학도 아니다. 기의 관점에서 이해되고 설명된다.

　현대물리학이 발달하면서 양자물리학에서는 물질을 구성하는 입자가 항상 물질적인 성질만 나타내는 것이 아니라, 측정자의 의사에 따라서 에너지인 파동의 성질을 나타낼 수도 있다는 사실이 밝혀졌다. 이 개념은 지금도 이해하기가 힘든 것으로 서양에서는 물질적인 입자와 에너지의 파동이 양립할 수 있다는 사실로 인해서 불경이나 힌두교의 경전 등을 통해 이를 이해하고자 하는 문헌들이 여러 편 발표되었다. 여기서 더 나아가 모든 물체의 독립성, 즉 개체성도 의심을 받아 흔들리게 되었고, 모든 입자들은 떨어져 있어도 서로 보이지 않는 끈으로 연결되어 있다고 보는 견해로까지 변화하였다.

　윗글에서 중요한 점은 첫째, 측정자의 의사가 물질에 영향을 준다는 사실, 둘째, 서로 반대되는 것이 동시에 존재한다는 사실, 셋째, 모든 사물은 보이지 않는 끈으로 서로 연결이 되어 있다는 사실이다.

　현대물리학이 새롭게 발견한 사실들을 동양학과 연관하여 유추해서 상호 유사성을 살펴보면, 측정자의 의사가 물질에 영향을 준다는 사실과 모든 사물은 모두가 보이지 않는 끈에 의해서 연결되어 있다는 것은 기의 속성을 나타낸 것과 유사하고, 서로 반대되는 것이 동시에 존재한다는 사실은 음양론을 나타낸 말이라고 볼 수 있다. 특히 측정자의 의사가 물질에 영향을 준다는 사실은, 동양학에서 이미 수 천 년 전부터 인정한 기의 속성과 유사하다는 점에서 매우 흥미 있는 일이라고 본다. 양자물리학자에 의하면 이 우주 삼라만상의 기본구성 단위는 앞에서 누차 말한 바와 같이 에너지이고, 이 우주는 에너지 바다라는 것이다. 그런데 현대물리학자들이 말하는 에너지의 속성과 동양학의 기 개념이 아주 유사하다. 이것은 현대물리학이 발달하면서 그동안 비과학적이고 미신이라는 동양학의 핵심 개념인 기의 실체가 오히려 입증이 되려고 한다는 점에서 매우 고무적인 사건이라고 본다.

서구에서 물질과 마음의 상관관계를 입증한 실험 사례를 또 나타내면 다음과 같다. 미국 프린스턴 공과대학의 얀(Robert G. Jahn) 교수팀은 인간의 의식이 물질계에 영향을 미칠 수 있음을 실험으로 증명하였다. 이 연구팀은 기초 실험으로 수많은 막대를 박은 장치의 한가운데 쇠구슬을 계속해서 떨어뜨리면 그 떨어지는 위치가 통계적으로 가우스 분포(정상분포)를 이룬다는 사실을 확인한 다음, 이 장치 앞에 사람이 앉아서 어느 한쪽으로 더 많이 떨어지라고 생각했을 때 강구의 분포도가 영향을 받는지에 대하여 연구한 결과, 통계적으로 유의한 결과를 얻었다. 이에 고무된 연구팀은 컴퓨터를 이용해서 유사한 실험을 했는데, 역시 같은 결과를 얻었다. 그런데 흥미 있는 사실은 실험에 참여했던 사람들이 실험과정에서 기계를 제어하는 것이 아니라 기계와 하나가 된 듯하다는, 즉 기계와 공명을 일으켰음을 시사하고 있는데, 그 경험담이 꼭 선(禪)을 하다가 삼매경에 든 것과 같았다는 것이다. 이 실험결과는 인간의 의식이 물질세계에 영향을 주고 있음을 분명하게 나타낸 실험결과라고 본다. 그런데 인간의 의식이 물질세계에 영향을 주는, 위 실험에서 떨어지는 강구에 영향을 주는 구체적인 매체는 나타내고 있지 않지만, 동양학적으로는 기라고 볼 수 있다. 즉, 인간의 의식에 의해서 나타난 기가 그 실험장치의 떨어지는 강구에 직접적으로 작용해서 그러한 결과가 나타났다고 볼 수 있다.

미국에서 활동 중인 뉴에이지 명상 분야의 중요 인물인 다릴 앙카가 쓴 『가슴 뛰는 삶을 살아라』에 다음과 같은 내용의 글이 있다.

이상의 서술에서 말한 바와 같이 인간의 의식이 주체적으로 사물에 영향을 줄 수 있다는 것을 입증하였으며, 그것을 가능케 하는 구체적인 매체는 다릴 앙카는 우주에너지라고 했지만, 동양학적으로는 기이다. 즉, 의식에 의해서 기가 발생하고, 그 기에 의하여 사물에 영향을 줄 수 있다. 우리나라 말에 '생각대로 된다, 인간사 마음먹기에 달려 있다, 정신일도 하사불성, 그리고 주역의 동기상구원리' 등이 위의 사례와 같은 내용이라고 볼 수 있다. 그리고 이를 가능케 하는 실체는 의식의 기이다.

최근 전문가들 사이에서 염려하고 있는 것이 지구에서 일어날 가능성이 큰 '극이동'과 '지자기 이변'이다. 극이동이란 북극이나 남극의 위치가 바뀌어 지축이 변화하는 것을 말한다. 이 극이동의 원인이 지구의 지자기의 변화가 주요 원인이라는 것이다. 최근 과학자들의 연구에 의하면 이 지자기의 힘이 감소하여 마침내 소멸하면, 상공의 자기권과 밴앨런대(Van Allen帶) 등의 베일이 사라지는 것은 물론이고, 나아가 지구의 역전이라는 극이동이 일어난다는 것이다.

최근의 연구에서 지자기는 2,000년 동안 반감하였고, 특히 지난 100년 동안 5퍼센트 이상 감소하고 있다고 한다. 게다가 지자기를 감소시키는 요인은 인간의 스트레스 등 부정적 의식이라는 사실도 알게 되었다. 스트레스에 의해 지자기와 역 방향의 자기가 발생하게 되는 것이다. 여하튼 인간의 정신력으로 자계와 전계에 큰 변화를 일으킬 수 있다는 것은 많은 실험을 통해 밝혀진 사실이다.

1979년 7월 12일 밤 7시부터 경이적인 세계 시리즈 '초능력의 수수께끼 해명'이라는 일본 텔레비전 프로그램에서 정신파가 자계(磁界)에 변화를 일으키는 실험이 행해졌다. 실험결과 인간의 정신력으로 자계가 변화한다는 것이 텔레비전 프로그램에 의해 증명된 것이다. 만일 이것이 사실이라면 세계 수십억에 달하는 인간의 정신 에너지의 총화는 지자기에 막대한 영향력을 끼칠 것이다.

더 깊이 들어가면 전문적인 분야가 되므로 여기서는 설명을 생략하겠지만, 우리 지구인들이 계속 에고이즘에 빠져 있거나, 경쟁을 긍정하고 스트레스를 느끼면, 바로 그 때문에 극이동이나 지자기 이변이 일어날 것이란 사실을 알아야 한다.

우리나라의 경우 입시철에 매년 나타나는 한파는 시험을 치르는 수험생들과 가족들의 긴장과 두려움, 스트레스가 기상에 부분적으로 반영된 것으로 생각해 볼 수 있다. 그러나 최근 입시철에 한파가 사라진 이유는 수시모집이나 정규대학에 진학하여도 취업이 잘 안 되는 등 다른 이유 때문에 대학입시에서 수학능력시험의 비중이 많이 떨어진 것에 기인한다고 보인다.

결국 이상의 연구결과에 의하면 지금 우리가 할 수 있는 일이란, 한 사람 한 사람이 평화로운 마음을 가지고 비뚤어진 정신 에너지를 발하지 않는 것이 매우 중요하다. 인간의 의식에 의해서 기가 발생하고, 그 기가 우주에 꽉 차 있는 기에 영향을 줄 것이라는 것은 명약관화한 이야기이다. 그런데 인간 의식의 특성에 따라 발하는 기의 특성도 다르고, 그에 따라서 우주의 기에 영향을 주는 것이 다르다고 본다. 인간이 부정적, 어둠, 불평불만, 오만, 원한, 저주, 비뚤어짐, 횡포 등으로 인한 스트레스가 많아지면 지구를 둘러싼 우주의 기에 바람직하지 못한 영향을 줄 것이다. 그 결과 위에서 언급한 바와 같이 지자기의 감소현상과 같은 문제가 발생하고, 극이동이 일어날 가능성을 배제할 수 없다고 생각된다.

그러나 인류의 미래는 대다수 사람들의 의식이 '에고 중심에서 더 거시적인 선한 발상'으로 바뀌고, 거기에 따른 양심적인 행동을 취하지 않으면 파멸로 나아가고 말 것이다.

『대학』 제1장에 주자가 쓴 주석에 "심자(心者), 신지소주야(身之所主也)(인간의 마음이란 몸의 주인이다)"라는 말이 있다.

인간이 어떤 생각, 어떤 의식을 갖느냐에 따라서 그런 기가 발생하고 그런 기운이 나타나면 인간의 몸에 영향을 주게 되고 또한 외적으로는 그런 분위기가 만들어진다. 예를 들면 어떤 사람이 화를 내면 화에 관련된 기가 나오고, 그 결과 몸에 화의 기운이 영향을 주어서 바람직하지 못한 영향을 주고 외적으로 그 기가 주변에 많이 모이면, 그런 분위기가 만들어지고, 기감이 예민한 다른 사람이 그 분위기를 감지하면 그 사람이 화를 낸 것을 알 수 있다.

우리나라 말에 '생각대로 된다, 마음먹기 달렸다, 말이 씨가 된다, 정신일도 하사불성, 믿는 대로 된다. 하늘은 스스로 돕는 자를 돕는다,『가슴 뛰는 삶을 살아라』,『마인드 파워』,『시크릿』' 등은 모두가 인간의 의식작용으로 외부세계에 영향을 줄 수 있다는 말이고, 그 영향을 주는 구체적인 작용의 실체는 기라고 볼 수 있다.

2. 기생심 기즉사(氣生心 氣則思)

'기생심'과 '기즉사'의 관점에서 의식과 기의 관계를 설명하고자 한다. 심생기와 사즉기는 인간이 주체적으로 외부 사물을 인간의 의식에 의해서 창조하는 관점이라면, '기생심'과 '기즉사'는 인간의 의식이 외적인 기에 의하여 영향을 받아서 변화해가는 피동적인 상태를 말한다.

여기서 기를 더 구체적으로 말하면 인간의 의식에 영향을 주는 환경적인 분위기에 해당하는 기를 의미한다. 환경적인 분위기에 해당하는 기의 종류와 성격에 따라서 인간의 의식에 미치는 결과가 다르다고 볼 수 있다. 먼저 환경적인 분위기에 관련된 기를 크게 분류하면, 우주론적 하늘의 기운, 풍수지리적 땅의 기운, 주변 사람(人)과 사물(器)로부터 오는 기운으로 나눠볼 수 있다.

첫째, 우주론적 하늘의 기운이란 하늘의 지구와 달과 태양 그리고 별자리가 바뀜에 따라서 우주의 분위기가 변함을 의미한다. 이를 체계적으로 나타낸 학문이 오운육기, 즉 육십갑자이며 이는 소위 운의 기운을 말한다. 우주론적 하늘의 기운인 운의 기가 바뀜에 따라서 기생심과 기즉사의 이치에 의하여 인간의 의식에 영향을 주고 그에 따라서 인간의 사고와 태도가 바뀌게 된다. 그리고 인간의 건강에도 영향을 준다. 운이 좋을 때는 자신에게 유리한 쪽으로 올바른 판단을 하게 되고, 그래서 자신에게 좋은 행운의 결과가 나타나고, 그래서 하는 일마다 잘 풀리고 건강도 좋지만, 운이 나쁠 때는 불리한 쪽의 판단을 하여 하는 일마다 일이 잘 풀리지 않아서 불운을 겪게 되고, 건강도 좋지 않게 된다.

이를 체계적으로 밝힌 학문이 사주명리학이다.

하늘의 떠돌이 별인 혜성이 뜨면 그 영향이 짧게는 3개월 안에 나타나고, 길게는 3년까지 간다고 한다. 지구는 수많은 별로 둘러싸여 있는데, 특히 북극성이 있는 자미원은 수많은 성운이 집중되어 있는 별들의 보고다. 그 많은 별들이 지구가 탄생했을 때부터 영향을 주었고, 그래서 지구상의 생명체들은 별들이 보내는 빛과 파장에 익숙해져 있다.

인간의 두뇌는 전기적인 작용을 화학적으로 바꾸면서 생각을 전개한다고 한다. 그러므로 우주에서 보내는 전자파에 민감하기 마련이다. 우주에서 오는 파장(기)들은 아주 미세한 것 같이 보인다. 그러나 그것이 인류의 사고에 미치는 영향은 지대하다. 평소 같으면 얌전하게 말을 잘 들었을 아랫사람이 상사에게 대드는 것도 일종의 파장 간섭현상의 영향이다. 상대방의 변화가 감지될 정도로 크다면 미리 대비하면 된다. 그러나 아주 미세하여 잘 감지하지 못하고 있다가 상대방의 변화된 행동이 나타나서야 비로소 깨달을 수 있게 되니 더욱 잘못될 소지가 높은 것이다.

우리가 TV를 볼 때 기차나 자동차 등이 지나가면 '지지직' 현상이 일어난다. 전자파가 파장을 간섭하기 때문이다. 떠돌이 혜성이 하늘을 지나가면서 우주로부터 오는 파장을 간섭하면 그것이 인류의 신체에 미치는 시기가 3개월에서 3년 사이라는 것이 동양 천문 점의 시각이다.

둘째, 풍수지리적 땅의 기운도 인간의 모든 문제에 크고 작게 영향을 주는 주요한 변수이다. 그래서 우리 조상들은 항상 풍수적으로 명당에 조상을 모시고, 명당 터에 집을 짓고 사는 것을 대단히 중시하였다. 왜냐하면 명당에 조상을 모시고 명당에서 살아야 그 터의 기운을 받아서 건강하고 운이 좋아진다고 믿었기 때문이다. 즉, 땅의 기운이 인간의 신체와 의식에 영향을 주고 그에 따라서 신체적 건강과 의식적인 옳고 그름의 판단에 영향을 주고 그 결과 행불행이 나타난다고 볼 수 있다. 그리고 건강에도 영향을 준다. 터의 기운이 어떠하냐에 따라서 의식의 변화가 일어나고, 의식이 변화하면 신체에도 변화가 일어난다. 『대학』 제1장에 보면 '심자 신지소주야'란 말이 있다. 문자 그대로 인간의 의식이 인간의 신체를 지배하고 있는 주인이라는 것이다. 이는 인간의 의식이 어떠하냐에 따라서 신체의 건강을 결정한다는 것이다. 인간의 건강과 좋은 행운을 위해서는 명당에서 살아야 한다.

　풍수와 관련된 우리나라 말에 '탈신공 개천명(奪神工 改天命)'이라는 말이 있다. 문자 그대로 해석하면 '신의 조화를 찾아서 자신의 천명을 바꿀 수 있다'는 것이다. 소위 팔자를 바꿀 수 있다는 말이다. 그만큼 우리 조상들은 풍수를 중시하였다. 그래서 인간은 명당에 조상을 모시고, 사는 장소는 명당에서 살아야 한다. 명당이란 문자 그대로 표현하면 밝은 기운이 있는 곳을 의미한다. 밝은 기운의 영향을 받으면, 기생심 기즉사의 이치에 의해서 밝은 생각을 하게 되고 그렇게 되면 밝은 판단과 밝은 생활을 하게 되고 그렇게 되면 좋은 일과 건강한 생활을 하게 된다는 것이다.

　셋째, 타인과 사물의 기가 인간의 신체와 의식에 영향을 준다. 모든 사물과 인간으로부터는 그에 관련된 고유한 기가 발생한다. 그 기의 종류, 즉 음양오행에 따라서 개개인에게 이로운 기가 있고, 해로운 기가 있다. 기의 종류에 따라서 인간의 신체와 의식에 영향 미치는 것이 다르고, 그에 따라서 인간의 의식이 영향을 받는다. 뿐만 아니라 인간의 육체에도 영향을 준다. 인간의 육체도 기로 구성되어 있기 때문에 그 개인의 육체를 구성하고 있는 기의 성격이 어떠하냐에 따라서 외부 사물에서 오는 기가 이로울 수도 있고 해로울 수도 있다. 예를 들면 풍수적 환경 면에서 볼 때 건물의 위치와 생김새, 건축자재 그리고 가구의 모양과 재료 등에서 나오는 기가 인간의 신체와 의식에 영향을 준다. 따라서 그 이치에 맞게 가구를 선택하고 배열하는 것과 관련한 학문이 서구 특히 프랑스에서 크게 인기를 얻고 있는 풍수 인테리어이다.

　다른 예로 사회적 국가적으로 어떤 일이 있으면 국민 개개인의 정신적 신체적 기에 영향을 준다. 즉, 사회적 국가적 어떤 현상에서 나오는 기운이 국민 개개인의 정신적 신체적 기운에 싫든 좋은 영향을 준다. 그리고 개개인의 인간들에게서 나오는 기운은 서로 상호작용 하면서 기의 영향을 주고받고 있다. 그 기운이 서로 좋으면 상호 간의 관계가 원만하고 부드럽게 되나, 그렇지 않고 나쁘면 관계가 좋지 않고 상호 간에 갈등과 불신의 관계가 나타나게 된다. 그래서 우리 조상들은 남녀 간의 배우자를 선택할 때 궁합을 중시한 것이 이런 연유에서이다. 개개인이 갖고 있는 고유한 기운이 인간 상호 간에 어떻게 영향을 주고받는가를 연구하는 학문이 사주명리학에서 궁합론이다. 배우자 간의 관계뿐만 아니라 직장 동료 또는 사회적 정치적인 인간 상호 간에 기운이 맞느냐 맞지 않느냐에 따라서 영향을 준다고 볼 수 있다.

제3절 생명으로서의 기

동양의학에서는 인간의 생명은 기에 의해서 유지되고 보존된다고 본다. 우리나라 말에 사람이 갑자기 정신을 잃고 쓰러지면 '기절했다'고 표현하는 것이 이를 나타낸 것이다.

인간이 생명을 유지하기 위해서 음식을 먹고, 호흡하는 모든 것은 기를 흡수하기 위한 행위이다. 그러므로 동양의학의 핵심이론은 기미론(氣味論)이 핵심이다. 기와 맛이 인간의 건강과 질병에 절대적인 영향을 준다고 본다. 기미론의 미, 즉 맛도 결국은 기이다. 그렇다고 하면 동양의학의 핵심개념은 기일원론이다.

인간의 건강문제를 서양의학에서는 5대 영양소 중심으로 설명하고 있으나, 동양의학에서는 기를 중심으로 설명한다. 인간이 섭취하고 호흡하는 음식과 공기의 기가(氣價)가 어떠하냐에 따라서 건강문제가 결정된다는 것이다.

살아 있는 동식물 생명체의 근원은 동양학에서는 기의 소행으로 본다. 즉, 모든 동식물이 살고 죽는 것은 단지 기의 취(聚)와 산(散)의 결과로 본다. 인간이 태어나는 것은 기가 모여서 나타나는 것이고, 죽는 것은 기가 흩어지는 것으로 본다. 그래서 인간의 생과 사는 기의 취와 산에 지나지 않는다는 것이다. 흔히 우리는 사람은 죽으면 흙으로 돌아간다고 하는데, 동양학의 관점에서는 틀린 말이다. 기의 관점에서 보면 흙으로 돌아가는 것이 아니고 기로 흩어지는 것이다. 즉, 인간의 신체는 죽으면 흙으로 변화하는 것이 아니고, 기로 흩어지는 것이 더 정확한 표현이다.

기가 모여서 인간이 태어나지만 또한 그 태어난 인간의 생명을 주관하는 것도 기이다. 한의학에서 가장 중요한 인체의 생리적 현상을 기의 작용으로 본다. 즉, 인체를 구성하는 기본인자는 기로 이루어져 있지만, 그 인체의 생명을 좌우하는 것도 기이다. 그래서 우리나라 말에 갑자기 숨을 쉬지 못하고 정신을 잃은 상태를 '기절했다'고 하는 말이 여기에서 나온 말이다.

동양의학에서는 인간의 신체와 생명을 주관하는 기의 흐름을 나타내는 학설로 경락학설이 있다. 인간의 몸에는 생리적으로 기와 혈의 통로인 경락이 존재한다. 이 경락의 흐름 체계인 경맥에 의해 인간의 생사가 결정되고, 백병이 치료된다는 것이다. 경락은 인체 생명 메커니즘으로 그 주요작용은 정보전달이며, 기혈은 정보 운반체이다. 인체의 혈도 기의 흐름에 의해서 영향을 받는다는 것이다. 그래서 인간의 질병과 건강은 기가 경맥을 통해서 원활하게 소통이 되느냐 여부에 의해서 결정된다.

동양의학에서는 경락의 이상 그 자체가 질병의 본태이고, 경락의 이상을 인식하는 것이 질병의 진단이며, 그 이상을 개선하는 것이 치료이다. 이는 다른 말로 기의 흐름을 소통시켜 주는 것이다. 기가 정체하여 흐르지 않거나 기의 흐름에 문제가 있으면, 이것이 인간의 건강과 질병의 원인과 결과이다.

그런데 이 생명의 기는 인간의 생명에만 관계가 있는 것이 아니고 모든 살아 있는 동식물도 기와 관계가 있다는 것이다. 그래서 동식물에도 각기 생명을 주관하는 기가 다니는 경락이 모두 있다는 것이다.

인간과 모든 동식물에 존재하는 기는 그 생명체에 독립적으로 존재하는 것이 아니고, 우주의 기운과 상호작용을 한다. 이것은 모든 생명체는 우주의 순환원리에 따라 운행하는 오운육기에 의하여 직간접으로 영향을 받는다는 뜻이다. 그에 따라 인간의 체질을 구별하는 이론을 운기체질이라고 한다. 이것은 우리가 평소에 느끼는 사실에서도 쉽게 이해할 수 있다. 사람에 따라서 하루에도 아침에 컨디션이 좋은 사람이 있고, 저녁에 좋은 사람이 있으며, 일 년 중에도 사계절에 따라 몸의 상태가 다르다. 이는 우주의 기운변화가 인체에 직간접으로 영향을 주는 것을 나타낸 실증적인 사실이다. 이 영향을 주는 것을 더 과학적으로 체계화한 학문이 운기체질론이다.

제4절 에너지로서의 기

기는 또한 에너지적 힘을 나타내는 데도 사용된다. 우리나라 말에 '기력이 쇠했다'는 말이 이를 대변하는 말이다. 인간이 힘이 세다는 것을 표현할 때 '기운이 세다'는 말도 이를 나타낸 말이라고 본다.

우리가 어렸을 때 병을 앓고 일어나면 기운을 차리기 위해서 가장 중요한 음식으로 밥을 먹을 것을 강조한다. 즉, 사람은 곡기가 들어가야 기운을 차린다는 말이다. 곡식의 기를 먹어야 신체적 기력을 회복한다는 것이다. 『황제내경』에서는 식물의 곡기(穀氣), 즉 곡식의 기운을 최고 약으로 또한 음식으로 강조한다.

최근에 첨단 자연과학자들이 기 개념의 실체를 밝히고자 하는 연구가 많이 나타나고 있다. 대표적인 학자 중의 한 사람인 한국표준과학연구소의 방건웅 박사는 우주에너지 연구와 기의 속성을 유사하게 관련하여 연구한 사실들을 다음과 같이 서술하고 있다.

동양에서 기에너지에 대한 연구는 일본과 중국에서 활발하게 진행되고 있으며, 일본에서는 통상산업성의 지원 아래 '기에너지 응용기술 실용화 연구위원회'가 구성되어 있고, 학문적으로는 '인체과학연구원'이 설립된 지 20여 년이 된다.

서구에서는 화석연료의 고갈과 환경오염 문제로 대체에너지 개발이 많이 이루어지고 있다. 그러나 현재 태양에너지와 풍력 에너지 등을 이용한 대체에너지 연구개발은 느리게 진행되고 있으며, 차지하는 비율도 매우 미미하다.

최근 들어 우주에서 그대로 에너지를 뽑아 쓰는 기술의 연구개발이 활발히 진행되고 있으며, 1991년에는 미국에서 매년 열리는 '에너지변환공학학회'에서 처음으로 우주에너지를 이용한 기술에 대한 공식적인 발표와 토론의 장이 마련되었다. 이것은 미국의 정통과학학회가 우주에너지 및 우주에너지 발전기를 공인했다는 의미에서 획기적인 일이다. 이 에너지는 기존의 열에너지와는 다른 개념의 에너지원을 활용하기 때문에 영점에너지(zero point energy)라고도 한다. 이 에너지원을 실용화하여 발명한 것으로는 M-L 변환기를 들 수 있다.

일본 후나이 유키오의 『지구의 운명과 인류의 미래』라는 저서에 의하면 이 우주에너지는 우리 주변의 공간으로부터 무진장한 상태로 존재하고, 심지어 진공상태에도 이 에너지는 존재한다는 것이다. 과거에 진공 속의 무진장한 에너지에 착안하여 이 에너지를 추출하여 이용하는 기술-이른바 입력보다는 출력 쪽이 더 큰 우주에너지(영구적) 발전기-을 개발한 사람이 많았다.

우리가 그 존재를 모르고 있었던 것은 지금까지 우주에너지 발전기가 개발되자마자 화석에너지 지배세력에 의해 모두 사장되고 말았기 때문이다.

앞에서 기의 에너지적 속성을 서술한 내용 중에서 동양학자들의 기에너지와 서구의 우주에너지 개념은 사실상 동일한 개념으로 봐도 무리가 없을 듯하다.

동양에서는 이미 수천 년 전부터 이 우주는 기로 꽉 차 있는 기의 바다(氣海)라고 해왔다. 그리고 기일원론의 관점에서 우주 삼라만상을 고찰하고 있다.

제5절 정보로서의 기

인간의 의식으로부터 기가 나온다는 말은 앞의 의식으로서의 기 부분에서 서술했다. 의식에서 나오는 기는 두 가지 의미로 나누어볼 수 있다. 즉, 에너지로서의 기와 정보로서의 기를 나누어볼 수 있다. 인간은 정신이라는 의식으로 생각하고, 생각을 하면 그에 따라서 에너지가 나오며, 그 에너지는 단순한 에너지가 아니고 생각의 내용, 즉 정보가 담겨 있는 에너지이다. 정보가 실려 있는 에너지이기 때문에 의식의 내용이 무엇이냐에 따라서 정보가 다르고 정보가 다름에 따라서 에너지의 질과 성격이 다르다고 볼 수 있다.

기는 정보가 실려 있는 실체이기 때문에 그 정보가 기의 발송자로부터 수신자에게 전해진다. 그러므로 기를 발송하는 자의 마음 정보가 어떠하냐에 따라서 그 기를 수신하는 자에 미치는 영향이 다르다고 볼 수 있다.

마음 정보가 기에 같이 실려간다는 것을 뒷받침하는 실험결과가 중국의 기공사들을 대상으로 실험한 결과 나타났다. 기공사가 환자를 기공으로 치료하는 경우에 기공사의 마음이나 의지에 따라서 결과가 반대로 된다는 것이다. 여기서 '기공사의 마음이나 의지'는 기의 정보를 말하고, 이의 내용이 어떠하냐에 따라서 치료의 결과가 다르다는 것이다.

마찬가지로 미국의 연구결과에서도 박테리아의 성장에 있어 치유사의 마음에 따라 성장이 촉진되기도 하고 반대가 되기도 하였다는 것이다. 예를 들면 기공사가 A, B 두 개의 군으로 나눈 박테리아 군에, 한 곳에는 부정적이고 미워하는 마음을 계속 보내고(A), 다른 한 곳에는 밝고 긍정적이며 사랑의 마음을 계속 보냈더니(B), B군의 박테리아는 성장이 촉진되는데 비하여, A군은 성장이 억제되는 결과로 나타났다는 것이다.

흔히 제도권의 서양과학자들이 초상현상에 대한 논의에서 재현성이 거의 없다는 점을 들어 초상현상이 과학적 연구의 대상이 될 수 없다고 주장하는 논거로 삼는 경우가 많으나, 인간사회를 연구대상으로 하는 사회과학에서 자연과학

수준의 재현성을 요구한다면 미친 사람 취급을 받을 것이다. 초상현상은 그 속성상 어느 정도의 경계 영역 안에서 되풀이 되는 카오스현상과 매우 유사하다는 것이다.

양자역학자들은 소립자세계에 들어가면 물질은 물질이 아니고 의식과 개념과 정보라는 것이다. 극미의 세계인 양자의 세계에서는 물질은 없고, 의식과 정보와 개념만이 있다는 것이다. 이것은 동양학의 기 개념과 같은 내용이라고 볼 수 있다.

제6절 기와 도·리 간의 관계

중국 전국시대의 도가(道家)는 도(道)를 우주의 본체로 여겼으나, 또한 "천하는 하나의 기로 통한다(通天下一氣)"는 관점도 있었으니, 道와 氣의 二元論의 경향을 지니고 있었다고 말할 수 있다. 도와 기에 관한 이원론을 주장한 後漢의 王符의 잠부론(潛夫論) 본훈(本訓)을 보면 도와 기에 대해 다음과 같이 서술하고 있다.

上古之世 太素之時 元氣幽冥 未有形兆 萬精合幷 混而爲一 莫制莫御 若斯久之 翻然自化 淸濁分別 變成陰陽 陰陽有體 實生兩儀 天地壹鬱 萬物化淳 …… 道德之用 莫大于氣 道者氣之根也 氣者道之使也 必有其根 其氣乃生 必有其使 變化乃成 是故道之爲物也 至神以妙 其爲功也 至疆以大 天地以動 地之以靜 日之以光 月之以明 四時五行 鬼神人民 億兆醜類 變易吉凶 何非氣然

▶ 아주 옛날 물질이 최초로 생성되기 시작할 때에 원기가 어렴풋하여 형체의 조짐이 있기 전에, 온갖 정기가 합쳐져 두루 섞이고 하나가 되어서 그것을 제어할 수 없었다. 그것이 오랜 뒤에 엎치락뒤치락 스스로 변화하여 맑은 것과 탁한 것이 나누어 구별되고, 변화작용으로 인하여 음양이 이루어졌다. 음양에는 중심의 체가 있어서 실제로 양의가 생기고, 천지에 기가 가득 차서 온갖 사물이 변화하고 생성되었다. …… 도와 덕의 작용은 氣보다 큰 것이 없다. 도는 기의 뿌리이며 기는 도가 부리는 것이다. 반드시 그 뿌리가 있고 나서야 그 기가 생겨난다. 반드시 그 부리는 바가 있어서 변화가 이루어진다. 이 때문에 도가 사물을 낳음에 지극히 신묘함으로 하여 그 사물을 낳는 공적이 지극히 넓고 크다. 움직임이 하늘이 되고, 고요함이 땅이 되고, 빛이 해가 되고, 밝음이 달이 된다. 사계절과 오행 귀신과 사람들 수많은 무리들 길흉화복이 어찌 기의 작용이 그러한 것이 아니겠는가?

위에서 보는 바와 같이 천지의 온갖 사물은 모두 원기(元氣)가 변화되어 생성된 것이지만, 도(道) 또한 기(氣)의 뿌리이다. 도는 제1본체이며 기는 제2본체이다. 도가 없으면 기가 생성될 수 없고, 기가 없으면 도가 변화를 일으킬 수 없다.

북송시대에 이르러서는 리기이원론(理氣二元論)이 정호(程顥)·정이(程頤) 형제에 의해서 언급되었다. 여기에서 리란 생성하고 생성하는 이치를 말하며, 기의 원리를 가리킨다. 그래서 이치를 궁극적인 본체로 여겼고, 기는 그다음으로 여겼다. 정이의 이치 관념은 실제로 고대 도가의 도 관념이지만, 도 관념에 비해서 더 순수하다. 주자가 황도부(黃道夫)에 보낸 편지에 의하면, 朱文公文集 제58권 答黃道夫第一書에서

> "天地之間 有理有氣 理也者 形而上之道也 生物之本也, 氣也者 形而下之器也 生物之具也 是以人物之生 必
> 稟此理 然後有性, 必稟此氣 然後有形
> ▶ 경험계의 모든 구체적 존재는 모두 리와 기가 합하여 구성된다. 理란 시간과 공간을 초월하며 형체를
> 초월한 것(形而上者)으로 생물의 근본이 된다. 氣란 시간과 공간에 내게 하며 형체를 갖춘 것(形而下者)
> 으로 생물의 질료(具)가 된다. 이 질료란 경험계의 모든 구체적 존재물의 구성재료를 가리킨다. 그러므
> 로 사람과 사물의 존재는 반드시 이 리를 품은 후에 비로소 그 사물의 성이 있게 되고, 반드시 이 기를
> 품은 후에 비로소 그 사물의 형체가 있게 된다."

결국 리(理)란 한 사물로 하여금 그 사물이 될 수 있게 하는 존재 근거이며 바로 그 사물의 내재 원리가 되는 것이며, 기(氣)란 곧 어떤 구체 사물의 존재를 결정하는 외재형식을 말한다. 그러므로 리는 사물의 궁극적인 본체이므로 사물을 낳는 근본이다. 그러나 이치만 가지고 사물을 낳을 수 있는 것이 아니고 기가 있어야 사물을 낳을 수 있다. 그래서 기는 사물을 낳는 바탕도구이다.

또한 주자는 성(性)과 형체를 구분하여 둘로 보았는데, 성은 이치에 근원하고 형체는 기에 근원한다. 이치는 기의 원인 또는 원리이다. 기는 형체와 모습이 있지만 기의 원리인 이치는 소리도 없다는 것이다. 즉, 형체와 모양이 있는 것은 물질적인 기(器)이고(凡有形有象者卽器也), 물질적인 것의 원리가 되는 것은 도이다(所以爲是器之理者則道也).

이러한 리와 기는 실제로 떨어지지 않는다. 그러나 서로 떨어지지 않으나 두 개이다. 즉, 우주에 이치 없는 기는 없으며, 기 없는 이치도 없다(天下未有無理 之氣 亦未有無氣之理). 이치와 기는 분명히 두 개의 존재이지만, 사물의 입장 에서 보면 두 존재는 서로 섞여서 각각의 장소에 나누어 있을 수 없다. 그러나 두 존재가 각각의 한 존재라는 사실이 손상되지는 않는다(所謂理與氣 決是二 物 但在物上看 則二物渾淪 不可分開各在一處 然不害二物之各爲一物也).

그러나 이치는 궁극적 본체이며 기는 그다음의 것이다. 이치와 기는 서로 떨어질 수 없으나, 우주에는 기가 존재하기 전에 실제로 이미 이치가 있다. 이치

는 영원히 존재하며 어떤 사물도 존재하기 전에 그 이치는 이미 먼저 있는 것이다. 주희는 말했다. 이치는 영구적이며 본래부터 있기 때문에 없다고 논의할수 있는 것이 아니다. 어떤 사물이 있기 전에 그 이치는 모두 이미 존재한다. 단지 자연사물만 이와 같은 것이 아니고, 사람의 일에서도 역시 먼저 이치가 있은 후에 그 일이 있다. 모든 일이 있기 전에 앞서 오직 이치가 존재한다. 이치가 있으면 곧 기가 있으니 온갖 사물이 다 의지하여 발생한다.

제7절 기와 신의 관계

신(神)이란 『주역』 계사전과 설괘전에서 '陰陽不測之謂神', '神也者 妙萬物而爲言者也' 라는 말이 있는데, 이것에 대하여 한강백의 주역정의에서는 신이라는 것은 변화의 극치니 '만물을 묘하게 함'을 말한 것이므로 형체로서 따져물을 수가 없기 때문에 '음양불측지위신'이라고 한 것이다(神也者 變化之極 妙萬物而爲言 不可以形詰者也 故曰陰陽不測)고 설명하고 있다.

기(氣)와 신(神)의 관계를 구별해보면 기의 작용과 변화 원리인 도는 '한 번음하면 다음에는 반드시 양하고, 한 번 양하면 반드시 음한다'고 하는 규칙적이며 필연적인 음양적 질서로서 측량할 수 있는 세계를 의미한다. 반면에 신이란음이 되기도 하고 양이 되기도 하는 등 음양운동의 불규칙적, 우연적 측면으로서 인간의 합리적인 지성으로 측량할 수 없는 영역이다.

일반적으로 우리가 생활 속에서 알고 있는 신이라고 하면, 하나님처럼 전지전능하고 절대적인 권세를 가진 분과 흔히 귀신이라 일컫는 저급한 존재까지를 총망라하는 개념이다. 그 권세와 역할에 관계없이 육을 갖지 않았으되 그 형상과 각각에 맞는 힘을 갖고 존재하는 실체를 신이라고 한다.

이 우주에는 신으로 가득 차 있다. 그리고 모든 것에는 신성이 깃들어 있다는 것이다. 그래서 인간이 살아가면서 신과 관련된 일이 많이 있다는 것이다. 사람은 삶의 모든 부분에서 100% 신과 연관된다 해도 과언이 아니다. 기독교에서는 모든 것을 신의 역사로 보고 있다. 때문에 신을 모르고서는 사람의 삶을 진정으로 이해한다고 말할 수 없는 것이다. 주역도 곳곳에 신에 관한 내용이 많이 나타나 있다. 그것은 인간의 삶은 신의 문제를 배제하고는 말할 수 없다는 것과 같다고 본다. 왜냐하면 주역은 보이는 기(器)의 세계와 보이지 않는 신과 기의 세계를 모두 포괄해서 종합적으로 나타낸 학문이기 때문이다.

천지를 가득 메우고 있는 신을 그 성격에 따라 크게 나누면 자연신과 인격신으로 구분할 수 있다. 인간으로 살다가 죽어서 신으로 남아 있는 인격신이 있고, 신의 본성으로서 존재하는 자연신이 있다.

그런데 신의 모습은 일정한 모습을 지녔으나 물질이 아닌 기의 형체로 이루어진 것이다. 즉, 만물의 구성인자가 되는 기가 특정한 형체를 가질 때 그것을 신이라 한다. 물론 기가 모여서 보이는 물체를 형성하나, 눈으로 보이지 않는 기가 특정한 형체로 되어 있을 때 이를 신이라고 한다. 기는 일반 사람의 눈으로는 보이지 않기 때문에 기가 뭉쳐서 하나의 덩어리를 이룬 신도 사람의 눈에는 보이지 않는다.

이상의 글에서 보는 바와 같이 도·신·리·기(氣)·기(器)의 관계를 간단히 정리해서 살펴보면, 氣는 정신과 물질적인 실체를 구성하는 가장 기본적인 요소를 의미하고, 이것이 형상을 이루면 기(器)라고 하고, 기(氣)의 작용과 기가 변화하는 보편적 법칙이나 원리를 도 또는 리라고 할 수 있다. 그런데 신은 규칙적인 운동질서로 포착될 수 없는 존재로서 초합리적이고 우연적인 측면을 의미한다.

결국 기는 정신과 물질적인 실체를 구성하는 가장 기본적 요소를 의미하고 이것이 형상을 이루면 기(器)라 하며, 기(氣)가 작용, 변화하는 보편적 법칙이나 원리를 도 또는 리라 할 수 있다. 그리고 보편적 법칙이나 원리로 표현이 불가능한 작용은 신의 소행으로 보았다.

제8절 기의 작용과 변화 원리

기(氣)의 작용과 변화 원리를 나타낸 구체적이고 기본적인 이론을 살펴보고자 한다. 여기서 작용과 변화 원리는 다른 말로 하면 리이고 도라고 할 수 있다. 먼저 동양사상, 동양철학 그리고 동양과학의 가장 기본적인 출발점은 태극 이론이다.

程子가 일설에는 朱子가 썼다는 『周易』 序文에 "散之在理則有萬殊하고 統之在道無二致니 所以易有太極하니 始生兩儀라. 太極者는 道也요 兩儀者는

陰陽也니 陰陽은 一道也요 太極者는 無極也라(흩어져 이치로 보면 만 가지로 다르고, 모아서 도로 보면 두 가지가 아니니, 그렇기 때문에 역에 태극이 있으니 이것이 양의를 낸다. 태극은 도이고, 양의는 음과 양이니, 음양은 한 도이며 태극은 무극이다)"는 말이 있다. 이는 주역의 가장 기본이론이 태극이라는 것이다.

『주역』의 계사상전(繫辭上傳) 제11장에 "역에 태극(☯)이 있으니 이것이 양의(兩儀), 즉 음양을 낳고, 양의가 사상을 낳고, 사상이 팔괘를 낳는다(易有太極 是生兩儀 兩儀生四象 四象生八卦)"고 하였으니, 역은 일생이법의 원리에 의해서 이루어졌음을 알 수 있다. 즉, 만물의 근원인 태극이 한 번 동(動)하고 한 번 정(靜)한 것이 '양의(兩儀)'이고, 이 음과 양이 서로 교합하여 사상을 낳고, 사상은 다시 팔괘를 이루게 된다. 여기서 먼저 태극은 만유의 본바탕으로서 만물이 나오고 들어감이 모두 이로 말미암음이다. 태극은 시공의 이치가 내포되어 있으니 만물을 모두 포함한다는 공간적인 뜻과 처음부터 끝까지를 포함하는, 즉 태초부터 궁극에 이르는 시간적 뜻이 함께 있다.

태극과 관련된 개념으로 송대의 주렴계(1017~1073) 선생은 태극도설(太極圖說)에서 "무극이 곧 태극(無極而太極)"임을 주장하였으니, 이는 태극 이전에 무극[無極(○)]이 있음을 강조하였다기보다는 태극의 무한한 이치를 말한 내용으로 보인다. 무극은 뜻 그대로 중심이 없어 두미(頭尾)를 잡을 수 없고, 한 획의 둥근 상으로 공허하여 시종(始終)이 없는 태극의 모체이다. 태극은 상하의 극점을 중심으로 하여 한 획을 이루니 시종이 분명하고, 하나로 말미암아 두 밭(陰陽)이 좌우로 형성되어 一生二의 이치가 나타난다.

둘째, 음양론이다. 양의는 두 가지의 양태(거동이나 모습)를 뜻하는 것이니, 태극이 한 번은 양이 되고(變) 한 번은 음이 되는(化) 시간성과 태극이 음양으로 나뉘었다는 동시적인 공간성을 포함하는 말이다. 즉, 양의는 태극의 양과 음의 두 가지 양태로서 실제적인 운동을 하니 양의 경청한 기운이 위로 올라 하늘의 체를 이루고, 음의 중탁한 기운이 안으로 엉겨 땅의 형을 갖추어 천지가 창조되며, 음이 변해 양이 되고 양이 화(化)해 음이 되는 순환과정으로 낮과 밤 나아가서 사시가 이루어진다. 그리고 음양론은 자연계의 모든 사물을 음류와 양류로 나누고 이들 간의 관계, 즉 상호의존((相互依存), 상호소장(相互消長), 상호전화(相互轉化) 그리고 상호대대(相互對待) 등의 관점에서 보는 이론이다.

셋째, 사상론(四象論)이다. 음양이 태극으로부터 분화한 후(一變), 다시 재변하여 나온 것이 사상이다. 즉, 양의(陽儀)를 본체로 하여 양으로 분화된 것이 태양(太陽)이고 음으로 분화된 것이 소음(少陰)이며, 음의(陰儀)를 본체로 하여 양으로 분화된 것이 소양(少陽)이고, 음으로 분화된 것이 태음이다. 그 象의 성격을 보면, 태양은 견실하니 강건불식(剛健不息)하고, 태음은 공허하니 유순안정(柔順安靜)하며, 소음은 내실외허(內實外虛)하니 위로 나아가 생장하고, 소양은 내허외실(內虛外實)하니 아래로 들어가 수축한다. 이를 작용 면에서 사시로써 설명하면 소음은 안의 양이 자라는 상이므로 봄(아침)이요, 태양은 양이 자라서 마침내 극성한 상이므로 여름(낮)이며, 소양은 안의 음이 자라는 상이므로 가을(저녁)이요, 태음은 음이 자라서 마침내 극성한 상이므로 겨울(밤)에 해당한다.

넷째, 팔괘론(八卦論)이다. 태극이 양의가 되고(一變), 양의가 사상이 되고(二變), 사상이 팔괘를 이룸으로써(三變), 변화의 기본과정이 이루어진다(三變成道). 그 분화하는 방법은 이분법이나 삼변(三變)으로 완성하여 삼재를 이루니, 역은 음양과 삼재(天・地・人)를 기본바탕으로 하는 것이다. 사상에서 분화한 것이 팔괘이므로 팔괘는 그 분화된 체를 따라 사상으로 분류된다. 즉, 太陰(==)에서 분화된 것이 坤卦(☷) 艮卦(☶)이고, 小陽(==)에서 분화된 것이 坎卦(☵) 巽卦(☴)이고, 少陰(==)에서 분화된 것이 震卦(☳) 離卦(☲)이고, 太陽(=)에서 분화된 것이 兌卦(☱) 乾卦(☰)이다.

이러한 팔괘는 우주만물의 음양운동의 상징이기 때문에 우주의 만물 만사는 모두 태극과 팔괘에 종합정보가 존재한다. 팔괘의 종합정보법칙은 미시적 세계든 거시적 세계든 모든 곳에서 구체적으로 나타난다는 것이다.

이상의 태극에서 팔괘까지 일생이법에 의해 분화되는 과정을 간단하게 표로 나타내면 아래 <표 15-1>과 같다.

〈표 15-1〉 태극분화도

坤(8)	艮(7)	坎(6)	巽(5)	震(4)	離(3)	兌(2)	乾(1)	괘명 및 팔괘
☷	☶	☵	☴	☳	☲	☱	☰	팔괘(三變)
⚏		⚎		⚍		⚌		사상(二變)
--				—				양의(一變)
☯								태극

다섯째, 오행론(五行論)이다. 오행설은 우주 삼라만상 간에 운행하는 원기(元氣)로서 만물을 낳게 한다는 다섯 종류의 원소(元素), 즉 木·火·土·金·水 오종물질(五種物質)의 운동과 상호작용으로 우주의 모든 현상과 만물의 생존을 관찰하여 설명한 일종의 사상체계이다.

중국 주렴계(1017~1073)의 태극도설(太極圖說)에 의하면 우주의 본체를 태극이라 하고 거기에는 음과 양 두 가지의 기가 있고, 거기에서 목화토금수 다섯 가지의 기가 생기고, 그러한 것들의 배합에 의하여 우주만물이 생성된다는 것이다. 즉, 오행은 만물을 구성하는 다섯 가지의 기본적인 원소로 이들의 상호관계, 즉 생극제화(生克制化)를 통해서 정치와 사회, 인생과 자연 각 방면에서 일어나는 현상의 변화를 설명한다.

따라서 삼라만상을 木火土金水의 오대 범주로 귀납시켜서 오행학설을 성립시키는데, 이 학설은 사물의 계통성을 파악하는 데 있어서나 사물에 내재한 연계성, 즉 상생상극을 반영하는 데 있어서 중요한 의미를 가지고 있다.

제16장 음양론

　동양의 문화와 학문의 배경이 되는 근원적인 학문이 『주역』이라는 말을 수없이 많이 했다. 그런데 주역이라는 학문을 대표하는 가장 기본이 되는 개념과 이론이 음양오행론이다. 즉, 음양오행론에 입각하여 주역이라는 학문이 체계화되어 있다.

　따라서 주역의 영향을 받아서 형성된 우리 민족, 아니 동양의 정신세계와 물질세계 및 문화를 이루는 사상 철학적 기초는 다름 아닌 음양오행설이다. 음양오행설은 거대한 사상적 근원일 뿐만 아니라 오랜 세월 우리의 풍속, 도덕, 신앙, 의학 등 모든 분야에 깊숙이 침투하여 삶의 근간을 이루고 있어서, 음양오행설과 이를 바탕으로 한 역학을 빼놓고는 동양의 사상과 문화를 근본적으로 논할 수 없다.

　하지만 우리 민족은 지난 백여 년간 근대화의 물결, 즉 자본주의, 서양과학, 서구 민주주의 그리고 기독교로 대표되는 서양문화와 서양문명에 휩쓸리면서 오랜 세월 전승되어온 가치체계 대신 맹목적인 물질 중심의 사고를 받아들였고, 그 결과 선대에게서 물려받은 모든 유산에 대해 무지의 차원을 넘어 미신이라는 혐오감마저 일으키게 되었다. 그러나 음양오행설과 역학은 그 자체가 우주론적 순환론적 자연의 이치이며, 인간이 살아가는 삶의 조건에 대한 총체적인 자연과학이면서 인문학이다. 즉, 음양오행설과 역학은 천체 운행과 천지간 기운변화가 어떻게 일어나는지, 이것이 인체 내부에 어떤 생리적인 변화를 일으키고, 인간사 길흉화복에 어떤 영향을 주는지 등을 규명해주는 과학이고 철학이다.

　역학의 음양오행설은 우주론적 순환론적 자연의 이치로서 보이는 물질세계뿐만 아니라 보이지 않는 정신세계까지도 기의 작용과 변화 원리로서 일관되게 설명하는 이론체계이다. 이것은 다른 말로 하면 철학, 과학, 종교를 모두 설명하는 이론체계라고 볼 수 있다. 즉 인문학과, 자연과학 그리고 종교가 만나는 세계를 가능케 한다.

　바로 이런 점에서 시대정신에 맞게 복원될 절실한 필요성이 있는 것이다. 여기서 시대정신이란 현대사회의 모든 학문이 쪼개고 쪼개서 칸막이식으로 전문화되고 분화되면서 실제 현실세계를 왜곡시키는 문제점을 개선하고자 하는 학문적 노력을 의미한다. 우주 삼라만상은 원래는 하나인데도 불구하고 분리하고 분화시켜 쪼개고 쪼개서 칸막이식으로 따로따로 연구한다는 자체가 실제 세계를 벗어난 비과학적 연구이다.

앞 절에서는 동양과학의 가장 기본적인 개념을 개괄적으로 서술했다. 그런데 그 개념들 중 기(氣)의 구체적인 작용과 변화 원리를 나타낸 리와 도에 해당하는 이론체계가 음양오행론이다. 즉, 보이는 세계인 기(器)의 세계뿐만 아니라 보이지 않는 기(氣)와 신의 세계의 모든 작용과 변화 원리는 음양오행론으로 이해, 설명이 가능하다는 것이다. 그리고 우주가 순환하는 변화 원리를 더 구체적으로 나타낸 이론체계가 오운육기(五運六氣)인 육십갑자이다. 우리가 일상적으로 많이 사용하는 '병신 육갑떤다'는 말의 육갑은 육십갑자를 줄인 말이다. 여기서 육십갑자의 구체적인 의미는 달이 지구를 돌고 지구가 자전하면서 태양 주위를 돌며 순환하는 과정에서 지구를 둘러싼 우주의 분위기, 즉 기운의 변화를 나타낸 이론체계이다.

사상, 팔괘, 육십사괘론은 사실상 음양에서 일생이법의 법칙에 의해서 더 분화된 것이므로 그 근본 출발점은 음양론이다. 동양과학, 철학사상의 가장 기본적인 이론체계는 음양오행론이라고 볼 수 있다. 동양학에서 기와 음양오행론만 달통하면 동양학 전반을 달통했다고 해도 지나친 말은 아니라고 본다. 음양오행이 우리 인간을 비롯한 만물 만사에 미치는 영향을 구체적으로 설명한 글이 『황제내경』의 운기편인데, 음양오행론의 의미와 중요성을 천원기대론 첫머리에 다음과 같이 나타나 있다.

음양오행은 천지간의 모든 조화, 교체의 도리이고, 삼라만상을 규제하는 규율이며, 만물의 변화의 아버지와 어머니로도 비할 수 있고, 생명을 주기도 하고 빼앗기도 하는 근본이며, 자연을 지배하는 창조주의 영묘(靈廟)이다.

이 음양오행론의 개념적 의미는 인간을 비롯한 만물 만사 그리고 신명세계까지를 모두 지배하는 법칙이요, 원리라는 말이다. 이는 인문, 사회, 자연과학과 철학, 종교까지를 모두 포괄하는 개념과 이론이라는 의미이다. 즉, 물질계와 정신계를 두루 아우르는 보편적인 개념과 이론이다. 고 한동석 선생은 1960년대에 한의학자로서 『황제내경 운기편』을 만독하고 깨우쳐 썼다는 그의 유명한 저서인 『우주변화 원리』 머리말에서 음양오행을 다음과 같이 나타냈다.

> "음양오행의 법칙이란 우주의 변화법칙이며, 만물의 생사법칙이며, 정신의 생성법칙이므로 우주의 모든 변화가 이 법칙 밖에서 일어날 수는 없다. 그러므로 이를 우주변화의 원리라고 한다. 이 우주변화의 원리인 음양오행론은 상대적 진리가 아니고 절대적 진리이다."

음양오행론은 우주의 법칙이며 따라서 우주 속에서 일어나는 모든 것은 이 법칙의 지배를 벗어날 수 없는 절대적 법칙이라는 것이다. 우주운행의 법칙이 음양오행론이니 이것은 상대적 진리가 아니고, 절대적 진리라고까지 강조하고 있다. 어마어마한 이야기이다. 아마도 이런 말을 하면 서양과학기술에 빙의된 제도권의 지도층이나 식자층들은 무슨 소리냐고 하면서 정신 나간 사람이라고 일고의 가치도 없다고 무시할 것이다.

그런데 나는 이 말이 의미 있게 다가온다. 결코 과장된 황당무계한 말이 아니고 그만한 충분한 의미와 가치가 있다고 말이다. 이 음양오행론은 한마디로 우주의 주재자인 하느님이 우주를 통치하는 통치원리이다. 성경에서는 하느님의 뜻을 말씀으로 전했지만 주역에서는 이치, 즉 음양오행론으로 하느님의 뜻을 나타내고 있다.

대만의 세계적인 주역 연구가인 남회근(1918~　) 국사는 『주역강의』에서 『역경』의 입장에서 서양의 종교를 언급하였다.

『성경』에서는 하나님이 자신의 모습을 본떠 만물을 창조했다고 한다. 여기서 말하는 하나님, 또는 천(天)은 천지의 천이 아니라 형이상학적 법칙이다. 만물의 다양한 모습은 형이하적 현상이다. 이 구체적인 현상은 형이상적인 알 수도 없고 설명할 수도 없는 어떤 것으로부터 변화되어 나와 그 고유한 형태를 갖추게 된 것이다. 단도직입적으로 말하면 하나님이란 자연법칙일 뿐이다. 주역에서는 하나님의 뜻을 자연법칙으로 나타내고 있다는 의미이다. 이때 자연법칙이란 다름 아닌 음양오행론이다. 주자도 『주자어류』에서 "제시리위주(帝是理爲主), 상제는 이치로 세상을 주재하신다"고 하였다. 여기에서 리는 다름 아닌 음양오행이다.

음양론과 오행론의 관계

음양오행론이라는 개념은 글자 그대로 음양론과 오행론을 합쳐서 나타낸 말이다. 음양론과 오행론의 근원적 출발은 주역팔괘의 출발점이 되는 하도낙서에서 비롯되었으므로 동일하다. 그러나 학문으로 나타난 것은 음양론이 주역에서 먼저 나오고, 오행론이 그다음 홍범구주에서 비롯되었다.

음양론과 오행론은 유사한 개념인데 또 자세하게 고찰하면 다른 점도 있다. 무극에서 태극, 태극에서 음양, 음양에서 오행이 나왔으므로 사실상 음양론과 오행론은 같은 개념이라고 볼 수 있다. 즉, 음양이 오행이요, 오행이 음양이라고 볼 수 있다. 그러나 자세하게 고찰해보면 다른 점도 있다.

음양론은 만물을 상대적으로 대비되는 둘로 나누어 하나는 음으로, 다른 하나는 양으로 분류하여 이들 간의 관계를 연구하는 이론체계이다. 이에 비해서 오행론은 음양론을 더 세분하여 다섯 가지, 즉 목화토금수로 분류하여 이들 간의 관계를 고찰하는 이론체계이다. 오행의 목화토금수를 음양으로 크게 둘로 나누면 목화는 양이고, 금수는 음에 해당한다. 그런데 토는 음도 양도 아닌 중에 해당된다. 즉, 이것은 오행을 크게 분류하면 음양으로만 나눌 수 없고, 음양과 중으로 나눌 수밖에 없다. 그렇다면 오행에는 음양 외에 중의 개념이 있다. 음양론이 음과 양으로만 존재하는데 오행에는 중의 개념이 있다는 점에서 음양론과 오행론은 다르다.

우리나라의 고대 사상 중에 삼태극이 음양중을 나타낸 문양으로 볼 수 있다. 이런 점에서 주역의 음양론과 우리나라 고대 전통사상의 삼태극 사상이 다소 다르나 오행론의 음양중과는 같은 것으로 볼 수 있다.

제1절 음양론

음양의 개념

주역의 음양학설은 각종 우주 자연현상을 무수히 많은 관찰을 통하여 얻은 것으로써, 자연계의 모든 사물은 음류와 양류로 나누어지고 또한 어떤 사물일 지라도 그 자체 내부에 음적인 면과 양적인 면을 동시에 공유함과 동시에 음과 양 사이에 상호관계를 형성하고 있다고 보고 그런 관점에서 우주 삼라만상의 변화현상을 설명하는 이론이다. 여기서 음과 양의 개념적 차이는 한자에서 볼 때 '陰'자와 '陽'자에는 모두 'ß' 변이 있는데, 陰은 언덕(ß: 언덕 부)이 그늘 짐(陰)을 뜻하고, '陽'은 언덕에 햇빛(昜)이 비쳐 볕이 듦을 말하니, 한쪽에 볕이 들면 반대편은 그늘지게 마련인 것처럼 서로 뗄 수 없는 양면인 것이다. 그래서 음양이란 말의 기원은 햇볕의 향배에 따라서 일광을 받아서 햇볕이 충만한 곳 을 양이라 하고, 일광을 등져서 햇볕이 적은 그늘진 곳을 음이라고 한다. 이렇 게 글자의 뜻을 볼 때 음양의 개념적 특징은 양은 밝고 적극적이고 동적인 속 성을 의미하고, 음은 소극적이고 정적인 상태의 표현이라는 것이다. 가장 대표 적인 예로서 『주역』 계사전에서 "음양의 뜻이란 일월과 같은 것이다(陰陽之義 配日月)"고 표현한 것과 같다.

그리고 사물들 가운데 상호 대립적 관계에 있을 때, 어느 한쪽을 양으로 정 하면 반대쪽은 자연히 음이라는 것이다. 이때는 음양 본래의 개념에 일치하여 반드시 음양으로 나눠지는 것은 아니다. 예를 들면 좌우를 음양으로 나누는데, 좌를 양으로 정하면 우가 음이 된다는 것이다. 이때 좌우는 음양 본래의 개념 속성으로 나눈 것이 아니지만 상호 대립적 관계에서 어느 한쪽을 인위적으로 양(좌)으로 정하면, 그 나머지는 자연히 음(우)이 된다는 것이다. 반대로 모두가 약속하기를 우를 양으로 정하면, 자연히 대립관계에 있는 좌는 음이 된다는 것 이다. 그러므로 음양관계를 정하는 것은 음양의 본래의 개념 속성에 의해서 결 정하는 것이 원칙이나 시대에 따라서 그렇지 않고 인위적으로 개념 속성을 떠 나서 정하는 경우도 있다. 예를 들면 조선시대 양반제도에서 문반을 양으로, 무 반을 음으로 정한 것은 문무 본래의 속성에 따라서 양음으로 정한 것이 아니고 인위적으로 정한 것이라고 볼 수 있다.

음양의 개념적인 구별은 절대적으로 구분되는 것이 아니고 비교되는 대상에 따라서 상대적으로 결정된다. 예를 들면 밤이 음이면 밤에 비해서 새벽은 양이지만 새벽은 다시 아침과 비교하면 음이 되고 아침은 다시 한낮과 비교하면 다시 음이 된다. 또한 지구가 태양에 비해서는 음이지만 달에 비해서는 양이 된다. 그러므로 음양의 구별은 비교기준에 따라서 음양의 구분이 달라진다고 볼 수 있다.

결론적으로 음양 개념의 특징은 대비되는 사물의 상대적 표현일 뿐이다. 그리고 모든 사물은 음과 양의 두 면만이 있는 것이 아니라 음양의 내부에도 음양을 또 포함하고 있다. 『황제내경』 소문(素問)의 금궤진언론에서 음 중에 음이 있고, 양 중에 양이 있는데 낮 중의 정오는 하늘의 양, 양 중의 양이라 하였고, 일과 중에서 오후와 저녁은 하늘의 양에서 양 중의 음이라 하였다. 그리고 밤중의 초저녁은 깊은 밤에 비해서 음 중의 양이 되고, 밤 중의 깊은 밤은 초저녁에 비해 음 중의 음이 된다. 즉, 모든 사물은 음과 양 두 부분으로 구분할 수 있을 뿐만 아니라 음과 양 중에서 다시 음양으로 나눌 수가 있는데, 이를 음양의 분화라고 한다. 즉, 음 중에도 다시 음양으로 구분할 수 있고 양 중에서도 다시 음양으로 나눌 수 있으며 이런 식으로 무궁무진하게 음양으로 나눌 수 있다.

이러한 음양론은 자연계와 인간계의 사물을 그 시(時)·위(位)·처(處) 등에 따라서 모두 음양의 두 가지로 짝 맞춘 것이라고 볼 수 있다. 이를 구체적으로 나타내면 다음과 같이 열거해볼 수 있다.

自然: 陽: 天 動 乾 高 大 日 晝 暑 外 奇 前 左 東 左··················
      陰: 地 靜 坤 低 小 月 夜 寒 內 于 後 右 西 右··················
人事: 陽: 君 父 生 吉 福 功 道 眞 是 貴 男 神 氣 進··················
      陰: 臣 母 亡 凶 禍 過 器 僞 非 賤 女 鬼 血 退··················

결국 음양론은 우주 대자연의 모든 사물을 음양의 이분법으로 나누어서 이들 간의 상호관계를 나타낸 이론체계이다. 음양의 개념 속성은 절대적이고 엄격한 분류기준에 의해서 나누는 것이 아니고, 대비되는 사물을 상대적으로 나눈 것이며, 어느 하나의 사물을 고정적으로 대표하는 것이 아니라, 사물의 대립 면에서 변화에 따라서 음양의 판단기준이 바뀌게 되며 인위적인 것도 있는 것이 특징이다.

제2절 음양론의 변화관

음양론의 중요성과 의미는 우주 삼라만상을 음양으로 분류하는 것보다는 이렇게 분류한 음양 간의 상호관계를 밝히는 이론에 있다고 본다. 즉, 음양은 대립되는 것을 고정하여 관찰하는 것일 뿐만 아니라 변화하는 것으로써 관찰된다. 『주역』 계사전(繫辭傳)에 "한 번 음(陰)이 되고 한 번 양(陽)이 되어 서로 전환하여 운동하는 것을 道라고 한다(一陰一陽之謂道)"는 말은 주역의 음양관의 변화를 잘 나타내주고 있다.

음양은 서로가 변하니 음이 변하면 양이 되고, 양이 변하면 음이 된다. 즉, 낮이 변하면 밤이 되고, 밤이 변하면 낮이 되는 이치이다. 음은 양을 밀어내고 양은 음을 밀어내며, 음이 오면 양이 물러나고 양이 오면 음이 물러난다. 그러니까 음의 전성기에는 양이 꿈틀거리고, 양의 전성기에는 음이 시작된다. 그래서 음이라고 늘 음일 수 없고, 양이라고 늘 양일 수 없는 것이다.

역에서는 세상의 모든 일이 음양관계로 설명된다. 양은 밖으로 발산팽창작용을 하고, 음은 안으로 응축수렴작용을 하는데, 이러한 음과 양의 두 운동에 따라 천지사방에 음과 양이 퍼져서 지역에 따라 많고 적음이 생긴다. 또 이렇게 분포된 음과 양은 다시 시간에 따라 한 번은 양이 성행하고 음이 쇠퇴하며, 한 번은 음이 성행하고 양이 쇠퇴하게 된다. 그리고 삼라만상은 양이 성행하나 음이 성행하냐에 따라 생장소멸을 한다고 보는 것이다.

우주는 단순히 음과 양이 변화하며 순환운동을 함으로써 음과 양이 많고 적은 장소를 만드는 동시에 낮과 밤을 만들고 사계절을 만들며 우주의 시작과 끝을 만든다. 여기에 무슨 사심이 있어서 특정한 장소나 시간에 음 또는 양을 더하고 덜어 변화를 바꾸고자 함은 없는 것이다.

그러나 만물에게는 음양이 순환하는 과정에서 각기 합당하고 합당하지 않은 자리가 있고, 자신에게 좋은 때와 좋지 않은 때가 있으며, 자신을 도와주는 환경이 있고 미워하는 환경이 있게 되므로 자신이 처한 경우에 따라 길함과 흉함이 있게 된다.

옛사람은 바로 이 음양의 순환과정을 깨달아 낮과 밤의 운행을 알고, 사계절 24절후의 변화를 알게 되었으며, 남쪽은 따뜻하여 동물과 식물이 많고, 북쪽은 추워서 살기가 힘들다는 것도 알게 되었다. 그래서 이 예측능력을 활용하여 자신의 생활주기에 적용시켰으며 이러한 지혜가 바로 천지의 운행과 변화에 통하는 학문인 역으로 발전하게 된 것이다.

'건(乾)' 하면 우주의 온갖 만물을 생기게 하는 하늘이 열리고, '곤(坤)' 하면 온갖 만물을 실어 포용하는 땅이 열리며, 건괘 첫머리에 '원형이정(元亨利貞)'이라는 문구가 나온다. 이는 천도의 운행을 나타낸 것으로, '元'코 하면 따뜻한 봄기운에 만물이 파릇파릇 싹이 트며, '亨'코 하면 여름의 더운 기운에 만물이 무럭무럭 자라나고, '利'코 하면 가을의 서늘한 기운에 열매를 맺고, '貞' 하니라 하면 겨울의 추위로 인해 밖으로는 모든 만물이 모습을 감추지만, 그 속에 봄을 기다리는 씨알을 간직한다는 내용으로 시작하는 『주역』까지 배우게 되면 유학의 최대 경전이며 철학으로도 최고의 철학을 익히게 되어 인격이 그 안에서 완성되는 것이고 따라서 사서삼경의 모든 가르침도 여기에 귀착되게 된다.

주역의 태극 8괘의 종합정보법칙이 구현하는 원리도 음양이론이다. 전 우주 자연계의 모든 사물에는 음양소장이론이 존재하며 간단에서 복잡으로, 저급에서 고급으로, 미시에서 거시까지, 모두 음양의 상호작용에 의해 이루어진다. 즉, 우주의 만물 만사는 모두 이 법칙, 즉 음양의 대립제약(對立制約), 상호의존(相互依存), 소장평형(消長平衡) 및 상호전화(相互轉化)의 규칙을 함축하고 있다. 이 음양학설의 내용을 구체적으로 나타내면 다음 4가지로 말할 수 있다.

첫째, 상호대립과 제약(대대합일)관계를 말할 수 있다. 이것은 자연계의 일체 사물이나 현상은 모두 상호 대립하는 음양의 두 방면으로 존재한다는 인식이다. 예를 들면 天地, 日月, 上下, 左右, 出入, 動靜, 晝夜 등의 관계이다. 음양의 대립적인 면은 통일적인 균형관계를 유지하는 데 중요하다. 왜냐하면 통일은 대립갈등의 결과로 나오기 때문이다. 바꾸어 말하면 대립은 둘 사이의 상반적인 일면이고, 통일(균형)은 둘 사이의 상대적인 일면이다. 이는 대립이 없다면 통일이 있을 수 없고, 상반적인 면이 없다면 상성관계를 이룰 수 없다는 것을 의미한다. 이를 상반상성의 법칙이라고도 한다. 즉, 서로 반대되는 또는 상호 모순적인 관계를 상호 배척적인 관계로 보는 것이 아니라 상호 성취의 관계, 더 나아가 운동의 추동력의 근거로 본다.

따라서 음과 양 두 방면의 상호대립은 주로 그들 사이의 상호제약과 상호소장의 결과, 통일을 이루어 동적 평형을 이루게 된다는 것이다.

이를 다른 말로는 대대관계라고도 한다. 대대관계란 독립적으로는 아무런 의미가 없고 상대를 자기 존재성을 확보하기 위한 필수적인 전제로서 요구하는 관계를 말한다. 주역에서는 대대(對待)하는 것의 차이에 의해 변화가 일어난다고 본다. 이 대대관계는 양강음유(陽剛陰柔)로 나타나고, 이들이 조화를 향해 끊임없이 진퇴하는 과정이 변화이다(『주역』 계사전 상 2장: 剛柔相推移生變化).

음양의 상호제약 과정은 바로 상호소장으로 나타나는데, 소장이 없다면 제약도 있을 수 없다. 음양이 상호대립 관계에서 서로 간에 제약관계가 있을 때 소장관계가 형성된다. 즉, 양과 음이 대립관계에 있다 해도 양이 음을 음이, 양을 견제 제약하려고 할 때 소장관계가 형성되어 사물은 변화 발전할 수 있고 자연계는 생생불식(生生不息)할 수 있다는 것이다.

만약 음양 간에 상호 형식적으로 대립관계만 있고 상호견제·제약관계가 없다면, 상호 간에 협조·평형상태, 즉 음양 조화의 상태를 유지할 수 없다는 것이다. 따라서 음양의 상호제약과 상호 소장관계가 존재함으로써 사물은 항상 협조·평형상태, 즉 음양조화의 상태를 유지한다는 것이다. 음양이 서로 대립하고 의존한다는 것은 이들이 정지 불변의 상태에 있지 않고 부단한 소장과 운동 및 변화를 거듭하고 있음을 나타낸다.

둘째, 음양 간의 상호호근(相互互根) 관계이다. 음과 양은 대립적이면서도 통일된 상태를 유지하고 있는데, 둘 사이는 비록 상호대립하고 있지만 또한 상호 의존하고 있어서 어느 한쪽이든 다른 쪽을 떠나서는 홀로 존재할 수 없다는 것이다. 즉, 양이 존재하므로 음이 존재하고 음이 존재하므로 양이 성립된다는 것이다. 따라서 음양은 서로 떨어져서 독립적으로 존재할 수 없고 반드시 서로 동시에 존재한다고 볼 수 있다.

그러므로 "陽根于陰, 陰根于陽", "無陰則陽無以化, 無陽則陰無以化", "孤陰不生, 獨陽不長"이라고 옛사람들은 말한 것이다. 예를 들면 위는 양이고 아래는 음이라고 할 때, 위가 없으면 아래가 있을 수 없고, 역시 아래가 없으면, 위가 없다. 또한 뜨거운 것은 양, 찬 것은 음이라고 할 때, 뜨거운 것이 없으면 찬 것도 있을 수 없고, 찬 것이 없으면 뜨거운 것도 있을 수 없는 것과 같은 이치이다. 그래서 양은 음에 의존하고 음은 양에 의존하며, 이는 상대방의 존재를 자기 존재의 조건을 규정하는 데 활용하고 있는 것을 의미한다. 결국 음은 양에 의존하여 존재하고, 양은 음에 의존하여 존재하므로 음이 없다면 양을 말할 수 없고, 양이 없다면 역시 음을 말할 수 없다. 만약 어떤 이유로 음과 양 사이에 이러한 호근의존(互根依存) 관계가 깨지면, 곧 고음불생(孤陰不生) 음 혼자서는 낳지 못하고, 고양부장(孤陽不長) 양 홀로는 자라지 못하는 상태를 이루게 된다.

음양의 상호의존관계는 또 음양전화(陰陽轉化)의 내재적인 근거가 된다. 음과 양이라는 것은 관련된 사물의 대립적인 양면 혹은 하나의 사물 내부에 있어서 대립적인 양면이므로, 음양은 일정한 조건 아래에서 각각 상대방으로 전화할 수 있다. 만약 음양 사이에 호근호용의 관계가 없다거나 음과 양이 하나의 통일체 중에 존재하지 않는다면 상호전화의 관계가 발생하는 것이 불가능하다는 것이다.

노벨상을 수상한 덴마크의 양자물리학자인 닐스 보어는 양자이론은 사실 '철학의 보고'이며 지혜의 보석이 묻혀 있는 새로운 과학이라고 했다. 그러면서 보어는 비서구 문명의 전통이라는 또 다른 보고도 지적했다.

그는 1920년대 말 양자가 입자와 파동의 성질을 동시에 보이고 있다는 역설을 설명할 방법을 찾던 중 '상보성'이란 용어를 만들어냈다. 즉, 고전물리학을 지배하고 있는 이원론을 배격하면서 서로 다른 두 물질이 짝을 이뤄 의지하고 있다고 주장한 것이다. 자신의 개념이 인정받을 길을 찾던 중 이것이야말로 고대 중국 사상의 기본원리임을 발견했다. 그래서 보어는 의미심장하게도 말년에 덴마크 왕실로부터 서훈을 받았을 때, 자신의 紋章으로 음과 양이라는 상반된 두 힘을 포괄하는 역동적인 원, 즉 역의 태극을 선택했다.

보어가 부딪혔던 문제는 문화적인 선입관을 뚫고 새로운 이해로 나아가기가 얼마나 지난한 일인가 하는 문제를 상기하게 만든다. 이것이냐, 저것이냐, 이분법적인 양자택일적 분석과학적 사고가 오랫동안 지배했기 때문에 이것도 저것도 모두 상보적이라는 상반된 것이 결합해 전체를 이룬다는 생각을 하기가 몹시 어려운 것이다.

음양론의 상호 호근관계에서 볼 때 모순이라는 말을 우리는 받아들여야 한다. 어떤 창도 뚫을 수 없는 방패와 어떤 방패도 뚫을 수 있는 창이 같이 존재하는 것이다. 창은 어떤 방패도 뚫을 수 있고 막을 수 있는 방패가 없다면 창만 존재하게 된다. 또 어떤 창도 막을 수 있는 방패가 있다면 방패만 존재하는 것이다. 창 없는 방패가 무슨 소용이 있느냐 말이다. 물과 불은 서로 상극이면서 같이 존재한다. 이런 점에서 우주는 모순 속에 존재한다는 것이다. 지구도 원심력과 구심력, 팽팽한 두 상극 때문에 우주공간에 떠 있는 것과 같다. 얄팍한 지식인들이 표피적인 것만 가지고 모순이라고 공격한다. 이분법으로 갈라놓고 하나로 만들려는 것이 인간의 이기와 착각이다. 동양에서는 여백이 있다. 여백도 있고 모순을 수용한다. 서양에서는 뭐든지 2개로 갈라놓고 하나로 만들려고 한다.

요즘 흔히 무한경쟁이라는 말을 한다. 무한경쟁이 얼마나 무서운 말인가? 무한경쟁의 끝이 어디냐 하면 하나만 남는다는 이야기이다. 둘만 있어도 경쟁하는 것이다. 하나만 남으면 결국에 종자가 없어진다. 2개가 있어야 종자가 남는다. 그러니까 무한경쟁은 결국에는 멸망을 의미하는 것이다.

셋째, 음양의 소장(消長)과 평형(平衡)관계이다. 음과 양 사이에 대립제약, 호근호용은 결코 정지되고 불변하는 상태에서 일어나는 것이 아니고, 항상 끊임없이 변화하는 가운데서 발생하므로 이를 특히 소장평형(消長平衡)이라고 부른다. 소장평형이란 음양의 평형상태가 정지된 상태에서 발생한 절대적 평형을 말하는 것이 아니고, 일정한 한도와 일정한 시간 내의 음소양장(陰消陽長)과 양소음장(陽消陰長) 가운데 유지되는 상대적 평형을 의미한다. 음양의 소장평형(消長平衡)은 사물의 운동은 절대적인데 정지는 상대적이며, 소장은 절대적인데 평형은 상대적이라는 기본 규율에 근거하고 있다. 이는 또한 절대적인 운동 가운데는 상대적 정지를 포함하고 있고, 상대적인 정지 가운데는 또 절대적인 운동이 잠복해 있으며, 절대적인 소장 가운데서 상대적 평형을 유지하고 있고, 상대적 평형 가운데는 또 절대적 소장이 존재하고 있음을 의미한다. 따라서 사물은 절대적 운동과 상대적 정지, 절대적 소장과 상대적 평형 가운데 생화불식(生化不息)하여 발생과 발전을 이루고 있다.

결국 음양소장(陰陽消長)과 평형이란 음양 간의 관계가 정지 불변의 상태에 있지 않고, 부단한 소장과 운동 및 변화를 거듭하고 있음을 의미한다. 음양의 소장이 비록 절대적이고 평형은 상대적인 것이지만, 상대평형의 중요성과 필요성은 결코 소홀히 해서는 안 된다. 왜냐하면 부단한 소장과 평형이 있어야만 사물의 정상적인 발전을 유지할 수 있으며, 인체에 대해서 말하면 정상적인 생명활동을 유지할 수가 있다. 만약 음소양장(陰消陽長)만 있고 양소음장(陽消陰長)이 없다면, 음양의 상대 평형은 파괴되어 음 또는 양의 편성편쇄(偏性偏衰)를 야기하며 음양의 소장(消長)에 실조(失調)를 초래하게 된다.

넷째, 음양의 상호전화(相互轉化) 관계이다. 음양 간의 관계에서 가장 중요한 관계가 음양 간의 상호전화 관계라고 볼 수 있다. 주역이 우주 삼라만상의 변화 이치를 음양론에 입각해서 64괘라는 틀 속에 밝혀놓은 인류최대의 경전이라면 우주 속에 벌어지는 자연의 변화현상은 한마디로 한다면, '한 번 양하고 한 번 음이 되어(一陰一陽之謂道)' 서로 전화하며 운동하는 것이다. 이는 주역 학설의 확고부동한 원칙으로서 주역철학의 기본원리이며, 또한 64괘 구조의 기본원칙이기도 하다. '한 번 음이 되고 한 번 양이 되어 전화하며 운동한다'는 것은 음양의 대립과 통일관계를 표현한 것이다. 주역의 음양 대립과 통일은 괘사와 효사에서 말로 밝혀져 있기도 하지만, 음효와 양효를 그리는 데 나타나기도 한다. 이를테면 '--'는 음효가 되고, '—'는 양효가 되는데, 64괘의 변화는 바로 이 음효와 양효의 변화 속에서 이루어진다. '道'는 법칙을 뜻하므로 주역이 음과 양이 전화하며 운동하는 것을 도라 한 것은 음양 두 기(氣)의 변화가 우주의 기본법칙임을 분명히 밝힌 것이다.

여기에서 한 번 음하고 한 번 양이 되는 것이 도라는 말은 음양 간의 관계에서 볼 때 영원한 양도 영원한 음도 없다는 것이며, 반드시 시간이 흐름에 따라서 음이 양으로 변하고, 양이 음으로 변한다는 것이다. 이러한 음양의 전화 또는 순환이란 음양이 대립하는 양쪽에서 일정한 조건 아래에서 반대방향으로 전화하는 것을 말한다.

서양에도 이런 이론이 있는데 서양에서는 그것을 자연섭리의 하나로 '역정의의 법칙(reverse justice)'이라고 한다. 이는 두 개의 사회, 예를 들면 사회 A와 사회 B의 관계에서 A가 B를 오랫동안 지배하면, 어느 시기에 이르러서는 반대로 역전하여 B가 A를 지배할 날이 반드시 온다는 법칙이다. 여기서 A가 B를 지배하는 관계는 음양론으로 볼 때, A는 양의 위치이고 B는 음의 위치로 볼 수 있으며, 반대로 역전하여 B가 A를 지배하게 되면, B가 음에서 양이 되었고, A는 양에서 음으로 전화되었다고 볼 수 있다. 이는 시간이 흐르면서 양은 음으로 변하고, 음은 양으로 변한다는 음양론의 전화법칙과 동일한 현상이다. 예를 들면 일본이 미국으로부터 비참한 패망의 경험을 맛보았지만, 지금에 와서는 미국이 일본에게 지배당하고 있는 상황, 또는 긴 안목으로 볼 때 동양과 서양의 관계에서도 역정의 법칙이 적용되어 현재까지는 서양이 동양에 우위를 점하고 있으나 이제 그 관계가 역전되려 하고 있다. 여기서 일정한 조건이란 '물극(物極)'을 의미하고 이때에 음양 간의 상호전화가 이뤄지고, 이를 '물극필반(物極必反)'이라 한다. 이를 다른 말로 하면 아래 <그림 16-1>의 태극도에서 보는 바와 같이, 음이 극하면 양이 시생을 하고(陰極陽始生), 양이 극하면 음이 시생한다(陽極陰始生)는 것이다. 음양의 소장을 양적(量的)인 변화의 과정이라고 말한다면 음양의 전화는 양적 변화의 기초 위에서 발생하는 질적 변화라고 말할 수 있다. 따라서 음양의 전화는 비록 돌연히 발생하지만 흔히 양적인 변화에서 질적인 변화에 이르는 과정이다.

이렇게 음양이 상호 전화하려면 반드시 일정한 조건이 구비되어야 한다는 것이다. 즉, 음양의 전화에 대해 黃帝內徑 靈樞 論疾診尺編에서는 "四時之變 寒暑之勝 重陰必陽 重陽必陰 故 陰主寒 陽主熱 故 寒甚則熱 熱甚則寒 故 寒生熱 熱生寒 此陰陽之變也"라 하였고, 소문·응상대론에서는 "重陰必陽 重陽必陰 寒極生熱 熱極生寒"이라 하였다. 여기에서 중(重)과 극(極)은 전화(轉化)를 촉진시키는 조건으로 음에 중이라는 조건이 있어야 양으로 전화할 수 있고, 양에서 중이라는 조건이 있어야 음으로 전화할 수 있다. 또한 한(寒)은 극의 조건 아래서 열(熱)로 전화할 수 있고, 열은 극의 조건 아래서 한으로 전화할 수 있다. 여기서 조건이 중요한데 만약 일정한 조건이 없다면 상대방으로 전화할 수 없다는 것을 의미한다. F. Capra는 이런 현상을 그림으로 그려서 아래 <그림 16-2>와 같이 나타내기도 하였다.

이 음양 전화의 법칙은 모든 만물과 현상이 고정되거나 정체하지 않으며 부단히 흐르고 바뀐다는 것이다. 밤과 낮이 바뀌고, 춘하추동 사계절이 바뀜은 음양의 변전으로 말미암음이다. 주역에서 말하는 음양론의 변화론은 모든 만물의 현상은 궁극에 도달하면 변화가 생기고, 변화가 생기면 새로운 국면이 전개되어 시작한다는 데 있다.

『주역』 계사에 보면 窮則變 變則通 通則久(궁극에 이르면 변하고, 변하면 통하고, 통하면 오래간다)라고 하는데, 이는 주역이 변화를 주요 명제로 삼고

있다는 것을 강조한 것이다. 그래서 서양 사람들은 음양론에 의해 우주 삼라만
상의 변화 이치를 밝혀 놓은 『주역』을 'The Book of Changes'라고 번역한다.

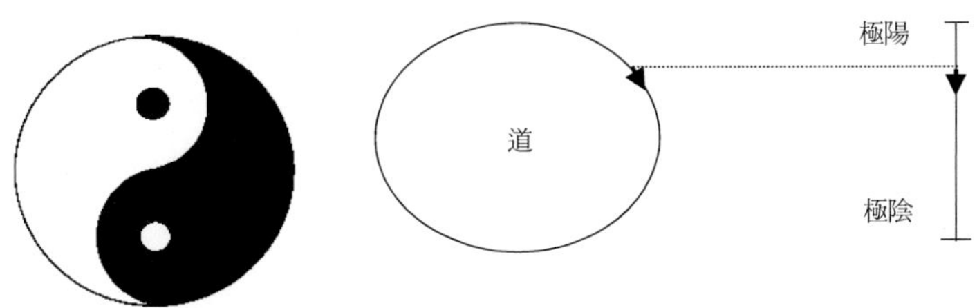

〈그림 16-1〉 태극도　　　　〈그림 16-2〉 양극적인 대립자의 역동적 통일

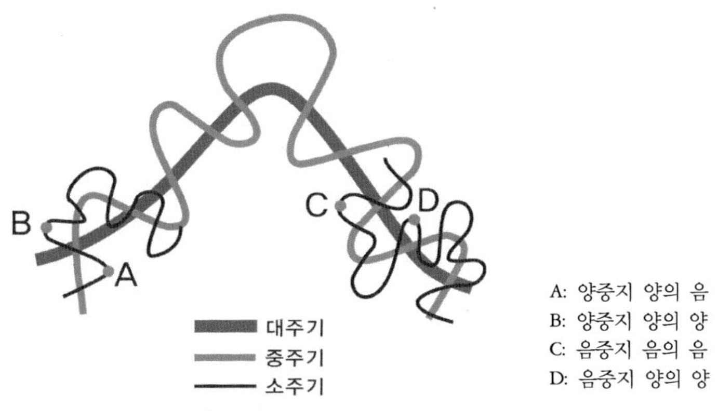

〈그림 16-3〉 음양론의 변화주기

온갖 힘을 기울여 정상에 올라가면 다음에 오는 것은 내리막길이 있을 뿐이
다. 봄에 새싹이 움터 뜨거운 여름철에는 한껏 산과 들에서 무성함을 자랑하는
나무들이 그 번영 속에 이미 가을의 조락(凋落)이 담겨 있는 것이다. 한껏 둥글
어진 달은 이지러질 수밖에 없고, 겨울의 등걸처럼 굳어진 앙상한 나목의 내면
에는 봄의 움틈과 여름의 무성한 번영을 위한 준비가 축적되어 있는 것이다. 이
렇듯 항상 흐르고 바뀌면서 서로 작용하여 한순간의 상황은 다른 장시간의 상
황을 낳는 것이 음양의 법칙이다. 그리하여 우주에 일어나는 모든 현상은 항상
생성되고, 생성되며, 새롭고 새로워져서, 발전과 번영을 영원히 계속한다는 것
이다(生生之謂易).

현대물리학자의 한 사람인 미국의 F. Capra는 그의 저서에서 주역을 연구하고, 음양론에 대하여 음과 양은 결코 윤리적 가치와 연결되는 것이 아니며, 좋은 것은 음도 양도 아니며 다만 그들의 역동적 평형(dynamic balance)이다. 나쁘거나 해로운 것은 비평형(imbalance)이라고 했다.

도란 음과 양 사이에 부단한 운동의 주기성에 있다. 즉, 물리계뿐만 아니라 심리적, 사회적 영역에서도 자연의 모든 발전은 주기적 형태를 나타낸다. 변화의 주기를 한정하는 것으로써 상반하는 양극, 즉 음과 양을 도입함으로써 이 주기 형태의 관념에 일정한 구조를 부여했다. 즉, 양이 극에 달하면 음을 위해 물러나고, 음이 극에 달하면 양을 위해 물러난다. 음양론에서는 이 양극의 역동적 상호관계에서 도는 발현하는 것이며, 양극은 자연과 사회생활 속의 상반적인 많은 이미지와 연관되어 있다. 이 상반적인 것들이 서로 다른 범주에 속하는 것이 아니라 전일한 것의 양극이다. 따라서 음뿐이거나 양뿐인 것은 없다. 모든 자연현상은 양극 사이에 연속적 진동의 표현이며, 모든 변화는 점진적으로 단절 없이 진행된다. 자연의 질서는 음과 양 사이의 역동적 변화 속의 하나이다.

음양 간의 이러한 전환주기를 구체적인 그림으로 나타내면 <그림 16-3>과 같다.

제3절 음양관계의 특성

한국인이면서 미국 드류드대학의 신학교수이면서 『역의 신학』의 저자인 이정용 박사는 동아시아의 특유의 고유한 사고방식을 음양 상징적 사고(yin-yang symbolic thinking)라고 하였다. 이 특유의 자생적인 사유방식은 동아시아 문화를 구성하는 핵심으로 동아시아의 종교적, 철학적, 문화적인 경향을 결정하는 역할을 해온 것이다.

동아시아 사람들의 세계관, 특별히 우주론은 본성의 양극성(biopolarity of nature)으로 가장 잘 요약될 수 있다. 세상의 모든 것들은 본질적으로 양극적인 특성을 갖는데, 사물 안에서 필연적으로 나타나는 양극성의 반대적인 성질들이 음과 양이라는 용어로 알려져 있다. 이 음양은 비록 서로 반대되는 성질이지만 그것들은 분리될 수 없는 것들이다. 달리 말하면 그것들은 실존적으로 반대되지만 근원적으로 통일되어 있는 것이다.

음양관계에서 본질적인 것은 음양의 실체나 존재가 아니라 변화(change)라는 것이다. 다시 말해 음양관계에서 변화는 존재에 우선한다. 즉, 음양관계에서 존재는 변화에 상대적이다. 이런 변화의 활동들 가운데 관계성은 실체나 본질에 우선한다.

이 음양의 상징은 변화가 모든 존재의 근원이라는 사상에 의거한 것이다. 음양의 상징은 변화의 과정을 설명하기 위한 일종의 범주를 나타내는 상징인 것이다. 음양은 세계의 모든 것을 범주화시키는 상징체계나 암호(code)로 이해될 수 있다. 변화는 음양 상징적 세계관에서 궁극적 실재이다.

음양 상징적 사유구조의 특징은 음양관계가 내포하고 있는 포괄적, 관계적, 그리고 상보적 특징을 그대로 반영하고 있다. 음양관계의 특징을 살펴보면 다음 몇 가지로 나타낼 수 있다.

첫째, 음양관계의 특징은 포괄성(inclusiveness)이다. 음양관계에서 음은 음일 뿐만 아니라 양이며, 양 역시 양일 뿐만 아니라 음이기도 하다. 반대되는 성질을 포괄하는 이런 특성은 음양 상징이 전체론적(holistic)이라는 것을 보여준다. 그러나 동시에 음양은 그들의 포괄성 때문에 서로에게 제한된다. 즉, 음양관계를 통해서 표현된 변화의 양식은 주어진 한계, 즉 음양은 최대치와 최소치의 한계 내에서 반대 성질이 부분적으로 교체되는 것이다. 음과 양은 영원히 확장되거나 수축되는 것이 아니며, 각각의 음양은 그들에게 주어진 가능성의 한계 내에서 확장과 수축하는 활동을 할 뿐이다. 그러므로 음양관계에서 음은 양을 완전히 정복할 수 없으며, 양 역시 결코 음을 철저히 지배할 수 없다. 양이 그 최대치에 도달하는 순간 양은 수축하기 시작하는데, 그것은 최대치의 순간 최소치로 있던 음이 팽창하기 때문이다. 양이 늘어나면 음은 줄어들고, 음이 확장되면 양은 수축하는 이런 방식으로 음양은 서로에게 포괄적이나 동시에 서로에게 제한된다.

둘째, 음양관계의 특징은 상대적(relative)이다. 음양관계는 음양이 각각 홀로 존재할 수 없으며, 단지 서로의 관계 속에서만 존재한다. 즉 양은 음과의 관계 속에서 양으로 알려지며, 음은 양과의 관계 속에서 음으로 알려진다. 이런 측면에서 음양은 서로에게 상대적일 뿐만 아니라 음양이 합해진 전체에도 상대적이다. 만약 그 전체가 역(易)이면 역은 음양의 힘 이외의 다른 것이 아니며, 음양

사이의 상호 상대성은 또한 전체에 대해서 상대적이다. 음양이 본래적으로 실체나 본질이 아닌, 변화의 상태를 관계적으로 규정하는 상징이기 때문에 하나의 사건이나 사물은 관계에 따라서 동시에 음이며 양일 수 있다.

셋째, 음양관계의 특성으로 상보성(complementarity)을 지적할 수 있다. 음양관계에서 반대되는 특성들의 조화가 가능한 것은 상보적 관계성 때문이다. 음과 양이 서로에게 상보적인 이유는 그들이 서로 제한적일 뿐만 아니라 상대적이기도 하기 때문이다. 음이 불완전할 때 음은 자신을 완성시키기 위해 양이 필요하며, 양 역시 반대로 마찬가지다. 음양관계에서 음양은 서로 상반되나 또한 동시에 서로를 실현시켜준다. 양은 음에 반대되나 그것은 음에 의해서 실현되며 그 반대의 경우도 마찬가지이다. 이러한 반대의 상보적인 관계성은 통전적인 전체를 일차적으로 삼는 상보적 이원론인 것이다. 즉 음양관계는 갈등하는 이원론(conflicting dualism)이 아니라 상보적인 이원론(complimentary dualism)이다. 갈등하는 이원론은 서구인들의 마음에 깊이 뿌리내린 양자택일의 사유방식(ether/or thinking)으로 널리 나타난다. 그러나 상보적 이원론에서 반대편과의 충돌에서 싸움이 전제되지 않는데, 왜냐하면 반대편은 본질적으로 자신의 일부분이기 때문이다. 상보적 이원론에서는 반대편을 제거하는 것은 바로 자기 자신을 제거하는 것을 의미하기 때문이다. 포괄적이고 전체론적인 접근방식을 취하는 음양 상징적 사유방식은 양자택일의 사고방식이라기보다는 양자 모두(both/and)의 사유방식이다. 전자가 실재(reality)를 대하는 서구의 전형적인 사유방식이라면, 후자는 동 양인의 정서와 세계관을 지배하는 것이다.

제17장 오행론

　오행(五行)이란 음양의 변화작용을 더 구체적으로 표현한 용어로서 매우 많은 내용이 담겨져 있으며, 사물을 판단할 때 이 오행을 이용하고 있다.

　오행설은 우주 삼라만상 간에 운행하는 원기(元氣)로써 만물을 낳게 한다는 다섯 가지의 원소(元素), 즉 木火土金水 운동과 상호작용으로 우주의 모든 현상과 만물의 생존을 관찰하여 설명한 일종의 사상 철학체계이자 과학의 원리이다. 즉, 오행은 만물을 구성하는 다섯 가지의 기본적인 원소로서 이들의 상호연관을 통해서 정치와 사회, 인생과 자연의 각 방면에서 일어나는 변화를 설명하는 이론체계이다. 따라서 삼라만상을 木火土金水의 오대 범주로 귀납시켜서 오행학설이 성립하는데, 이 학설은 사물의 계통성을 파악하거나 사물에 내재한 연계성을 반영하는 데 중요한 의미를 가지고 있다. 결국 오행설은 인간생활과 어떤 관련이 있는 현상과 물질을 木火土金水라는 다섯 가지의 기본적 성격 또는 요소로 분류하여 그 상호관계를 설명하고 해석하려는 방법론이다. 오행설의 다섯 가지 원소인 목화토금수의 성격적 특징을 간단히 서술하면 다음과 같다.

제1절 오행의 개념과 특성

　오행의 개념적 특성을 더 구체적으로 서술하면 다음과 같다. 원래 오행의 개념은 주역의 출발점인 하도낙서에서 비롯되었으나, 문자로 개념을 나타낸 것은 서경의 홍범구주에서 처음이다. 그래서 홍범구주의 오행개념을 중심으로 개략적으로 나타내고자 한다.

　첫째, 木의 특성은 서경(書經)의 홍범(洪範)에서 목왈곡직(木曰曲直)이라고 하였다. 곡직(曲直)이란 생명력이 일어나는 모습을 그린 말이다. 즉, 목이란 생명력이 대지를 뚫고 한줄기로 뻗어 오를 때(直) 힘을 효율적으로 활용하기 위하여 몸을 뒤틀며(曲) 일어나는 것을 말한다. 다른 말로 하면 강한 압력을 뚫고 나오며 용출(湧出)하는 기운을 말한다. 이런 까닭에 목기(木氣)란 압력과 반발의 투쟁에서 생겨나는 원소라고 할 수 있다. 따라서 목기는 반발하여 튀어 오르거나 용솟음치는 힘으로 상징되며, 만물의 시작을 의미한다. 영어에서 Spring이라는 단어는 '봄', '용심철(湧心鐵)' 등을 표현하는데, 이것이 바로 목기를 가장 잘 나타낸 말이라고 볼 수 있다. 사람에게서 욕심이 생기는 것도 바로 목기발생의 원리를 그대로 본뜬 것이다. 목성(木性)은 발생과 조달(條達)을 특징으로 하므로, 이런 특성을 가진 것들은 모두 '木'으로 개괄한다. 木의 성격은 외유내강한 상으로 겉으로는 굽혀지나 안으로 곧게 뻗는 강건한 성정이 있다.

둘째, 화(火)는 서경의 홍범에서 화왈염상(火曰炎上)이라고 하였다. 염상이란 불길이 위로 타오르는 모습을 의미한다. 불은 가까이 할 수 없을 정도로 뜨겁고 밝으며 강렬하지만, 만져보면 아무것도 잡히지 않는 빈껍데기일 뿐이다. 화기(火氣)란 하나가 둘로 나누어진, 즉 분산된 기운을 말한다. 모든 물질의 변화는 木으로 시작되지만, 木의 기운은 자라면서 분산하는 기운으로 발전하게 된다. 木에서 화기로 발전하게 되면 木의 특성은 없어지고, 분열과 성장이라는 새로운 특성이 나타나게 되는데 솟아오르는 힘으로 성장하던 것(木氣)이 외관으로는 화려해지면서 내부로는 부실해지는 현상이 나타나게 된다. 그러므로 '木'일 때의 특성이었던 힘이나 내용은 외관적인 수려와 허식으로 바뀐다. 인생에서는 청년기를 의미하고, 계절로는 여름에 해당된다. 여름은 외형은 무성하지만 내면은 공허해지는 때이므로 생장의 역원(力源)은 끝나고 노쇠의 바탕이 시작되는 때이다.

셋째, 토(土)는 서경(書經)의 홍범(洪範)에서 토완가색(土爰家穡)이라고 하였다. '가색(家穡)'이란 심고(家) 거두는(穡) 농사라는 의미를 가지고 있다. 즉, 토란 사계절의 시간변화를 좇아 만물을 일구는 농사꾼의 농심과 같은 것이다. 그러므로 이미 '가색(家穡)'이라는 의미 속에는 자연 속에서 만물의 생성변화를 주관하여 생명의 입김을 불어넣는 주재자의 뜻이 나타나 있다는 것이다. 지금까지 목화의 과정은 생장의 과정으로써 만물을 발전시키는 데 중점을 두는 것이었다면, 토의 작용은 더 이상의 외형적 발전을 중지시키고 내용을 살찌우는 역할을 말하는 것으로 결실을 위한 준비과정이 되는 것이다. 토의 성정(性情)은 내양외음(內陽外陰)의 상(象)으로 두터운 흙으로 이루어져 내실하되, 밖으로 고요히 그쳐 안정하고 있는 상이다. 土의 역할은 첫째, 생장(生長)을 정지시키고 성숙하려는 것과 둘째, 목화의 생장과 금수(金水)의 통일 사이에서 벌어지는 화와 금의 투쟁을 적절하게 중재하는 것이다. 따라서 土의 성격을 성숙과 중재 또는 중화적 특성이 있다고 본다. 그래서 토기란 그 성질이 화순하여서 불편부당한 절대 중화지기를 말하는 것이다. 다시 말하면 생장인 발전의 편도 아니고, 수장인 성수(成遂)의 편도 아니다. 그런즉 土는 동적인 양 작용을 하는 것도 아니고, 정적인 음 작용을 하는 것도 아닌 성질이므로, 이것을 중작용이라고 한다.

넷째, 금을 書經의 洪範에서 금왈종혁(金曰從革)이라고 하였다. 종혁(從革)이란 따르고(從) 변화하는 것(革)을 의미한다. 종혁이란 새로이 생긴 질서에 순종하는 것을 의미한다. 특히 가을 '金'의 질서는 반항하지 않고 순종하여 스스로 열매 맺는 특징이 있다. 가령 나무를 보면 여름의 흩어지던 힘으로 생긴 잎사귀가 가을이 되면 전혀 새로운 열매로 바뀌고, 스스로는 조락(凋落)하는 것과 같다. 그리고 숙살기운(肅殺氣運)이 있다. 따라서 목화토의 오행변화는 생장과 성숙 과정이었지만, 금은 새롭게 통일해 가는 과정의 첫마디로서 金은 木과 반대되는 기질을 지니고 있다. 왜냐하면 木氣는 내부에 있는 것을 외부로 용출하는 기운이지만 金氣는 이와는 반대로 외부의 것을 내부로 끌어들이는 성질을 가지고 있기 때문이다. 따라서 金은 이제까지 木火에서 생장한 것을, 土의 과정에서 살찌우고 이것을 포장해 내부로 끌어들여 통일하려는 첫 과정이 된다. 金의 성격은 외강내유한 상으로 표면은 비록 단단하나 안으로는 삭아 부스러지는 유약한 성정이 있다.

다섯째, 水는 書經 洪範에서 수왈윤하(水曰潤下)라고 하였다. 윤하(潤下)란 만물을 촉촉이 적시며 아래로 흘러들어가는 것을 의미한다. 즉, 水란 만물을 모두 포용하고 감싸 안고 숨어드는 것을 의미한다. 오행의 마지막 단계이지만 그러면서 새로이 시작하는 곳이다. 만물의 수장(收藏)작용은 목화의 과정을 거쳐 생장하며 토기와 금기의 도움을 받아 수에 이르러 완수되는 것인데, 금기는 외부를 통일해가는 기운이지만 수기는 내부의 깊은 곳까지 응고시켜 양을 완전하게 수장(收藏)함으로써 생명을 창조하는 기본을 이룬다. 이것은 인간에 있어서는 정(精)이라 하고, 식물계에 있어서는 핵이라고 하는 것이다. 수의 성격은 내양외음의 상으로 속이 실(陽)하여 맑은 성정이 있으나 밖으로는 어둡고 음험하다. 그래서 수의 계절로는 응고작용이 있는 겨울에 비유되고, 방위로는 북방에 위치하며, 색으로는 흑색이 되고, 인생에서는 황혼기로 새로운 탄생을 준비하는 노년기에 해당된다.

이상의 오행의 속성과 관련해서 모든 것을 분류한 것이 아래 <표 17-1> 오행속성표이다. 오행속성표를 보면 우주 삼라만상을 오행의 속성으로 분류할 수 있고 따라서 오행의 상생상극의 원리와 작용으로도 설명이 가능하다. 오행의 원리는 모든 만물 만사의 원리와 법칙들의 법칙(law of laws)이라고 볼 수 있다. 현대사회 System Science가 개발하고자 한 보편적 법칙이 음양오행론이다.

제2절 오행 간의 관계

오행설은 우주 안의 모든 사물은 다섯 가지 원소의 상호작용, 상호변화에 의하여 구성된다고 본다. 이들 다섯 가지 원소 간의 관계를 상생(相生), 상극(相剋), 상승(相乘), 상모(相侮)라는 개념으로 나타내고 있다. 오행의 상생 상극관계는 각종 사물 사이에는 상호자생(상생)과 상호제약(상극)의 관계가 존재한다고 봄으로써 전체 자연계가 하나로 연결된 전체라고 본다.

『類經圖翼』에서 "造化之氣, 不可無生, 亦不可無制, 無生즉發育無由, 無制즉亢而爲害(낳음이 없으면 발육하는데 이유가 없고, 억제가 없으면 항진(亢進)하여 해(害)가 된다)"라고 말한 것과 같다. 또한 "생중유극(生中有克)과 극중유생(克中有生)(낳음 중에 억제가 있고, 억제 중에 낳음이 있다)"이 있다고 한다. 만약 서로 낳아주는 상생만 있고 억제하는 상극이 없으면 정상적 평형상태를 유지할 수 없으며, 또 억제하는 상극만 있고 낳아주는 상생이 없다면 만물의 번식이 없을 것이다. 그러므로 상생상극은 모든 사물이 평형을 유지하기 위해서 없어서는 안 될 두 가지 중요한 기능이다. 이는 우주 삼라만상이 근본적으로 존재할 수 있는 기본원리이다. 즉, 상생만 있으면 넘치고 상극만 있으면 모든 것이 멸망하기 때문에 문제이다. 따라서 상생 속에 상극이 존재하고 상극 속에 상생이 존재함으로써 우주의 질서는 유지가 되고 조화와 평형을 이룰 수가 있다.

상승(相乘), 상모(相侮)는 실제로는 비정상적인 상황에서의 상극현상을 의미한다. 먼저 상생관계란 하도(河圖)에서 비롯된 것으로 오행 간에 서로 낳고 낳아 무궁히 순환하는 관계를 의미한다. 구체적으로 기술하면 水가 木을 낳고(水生木), 木은 火를 낳고(木生火), 火는 土를 낳고(火生土), 土는 金을(土生金), 金은 水를(金生水) 낳아 하나의 주기과정을 이룬다는 것이다. 즉, 물로 인해서 초목(草木)이 자라고, 나무가 마찰되어 불이 일어나며, 소진된 재가 쌓여 흙을 이루며, 땅속에 물질들이 융합되어 금속이 되며, 열매가 맺히면 물이 생기고, 응고된 것이 풀리면 수액(水液)이 흐르는 이치이다.

오행의 상생이란 순서와 차례로서 보면 모자(母子)관계와 같다. 차례대로 선이 후를 밀어주고 생기를 자의로 주면서 자신은 설기(泄氣)하므로, 어머니는 노쇠하고 다음 세대는 자라며 기운이 왕성해진다. 상생의 경우 생기를 받을 때와 줄 때가 있듯이 주는 쪽과 받는 쪽이 있다. 예를 들면 목은 木生火하며(木으로써 火에게 생기를 주면서) 자신은 설기(泄氣)되고, 즉 빼앗기고 또한 水生木하므로 木은 水로부터 생기를 받고 있다. 즉, 木이 생기를 받기도 하고 자신의 기운을 주기도 하듯이 다른 오행들도 마찬가지로 두 가지 경우가 있다. 예를 들면 어릴 때 부모의 도움으로 성장하여 자신이 결혼한 후 부모가 되면 자신의 자식에게 또한 도움을 주기도 하는 것이다.

상극관계는 낙서(洛書)에서 처음 비롯된 것으로 오행 간의 상호제약을 통제 억제관계를 나타낸 것이다. 구체적으로 말하면 물은 불을 끄고(水克火), 불은 쇠를 녹이고(火克金), 쇠는 나무를 끊고(金克木), 나무는 흙을 파고들며(木克土), 흙은 물을 가두어(土克水) 서로를 견제하고 조절한다. 그러나 극한다는 것은 그 묘용을 다하게 한다는 뜻도 되니, 나무가 다 자라면 쇠나 톱으로 끊어 재목을 만들며(金克木), 草木이 흙에 뿌리내려 생장함으로써 땅의 황폐함을 막아 흙이 만물을 생육하게 하며(木克土), 흙으로 제방을 쌓아 홍수나 가뭄에 대비하며(土克水), 뜨거운 열기에 의하여 타는 것을 물로써 적셔 끄며(水克火), 캐낸 금속을 화기의 고열로 녹여 주조 제작하니(火克金), 만물이 그 묘용을 다하고 도를 이룸은 모두 상극의 이치에 바탕 한 것이다.

상생이 보존과 압력에서 벗어나기 위한 투쟁이라면 상극은 이질적인 기운이 서로를 '용납하지 못하여 일으키는 현상'이라고 할 수 있다. 또한 어느 한 오행이라도 지나치게 태과하여 오행의 균형을 무너뜨린다면, 우주의 질서는 무너지고 만물은 소멸될 것이므로 천도는 이런 변화를 방관하지 않고 기운을 조정하는 것이니 그중의 하나가 상극작용이다.

따라서 이러한 상극정신은 상대 오행을 말살하려는 것이 아니고 발전적인 변화를 위한 상극인 경우도 있다는 것이다. 즉, 목은 토를 극하지만 황무지를 개간하는 이유와 같은 목적으로 극하며, 토는 수를 극하지만 댐을 만들어 물을 가두어 두는 이유와 같이 서로의 발전을 위한 상극의 이치이다. 오행의 상생 상극 관계를 그림으로 나타내면 <그림 17-1>과 같다.

상승 상모관계는 실제로 비정상적인 상황에서의 상극현상을 의미한다. 먼저 상승관계란 오행 중 어느 일행 자체가 부족(쇠약)하여 원래 이것을 극하는 一行이 승허침습(乘虛侵襲), 즉 허한 틈을 타고 침입함으로써 그것을 더욱 부족하게 하는 것을 가리킨다. 예컨대 목(木)은 원래 토(土)를 극하지만(목극토), 토 자체가 부족하여 목이 토의 허(虛)를 틈타서 이를 극함으로써 토를 지나치게 허하게 하는 것이다. 상모(相侮)관계란 오행 중의 어느 一行 자체가 너무 강성하여(太過) 원래 그것을 극하는 일행이 그것을 제약하지 못하고, 도리어 그것에 의하여 극제됨을 가리킨다. 예컨대 금은 원래 목을 극하는 것이지만(금극목) 목이 너무 강성하여 금이 목을 극하지 못할 뿐만 아니라 도리어 목에 의하여 극제당하여 금을 손상하게 된다.

상승 상모관계를 그림으로 나타내면 <그림 17-2>와 같다. 먼저 홍범구주에 나타난 내용을 중심으로 기술하면, 木은 목왈곡직이라 하여 생장승발의 특성을 가지고 있고, 화왈염상이라 하여 火는 염열상향(炎熱上向)의 특성을 가지고 있으며, 토완가색(土爰家穡)이라 하여 土는 농작물을 심고 만물을 생화하는 특성이 있고, 금왈종혁(金曰從革)이라 하여 금은 숙살(肅殺)·변혁(變革)의 특성을 가지고 있으며, 수왈윤하(水曰潤下)라 하여 수는 자윤(滋潤)·하향(下向)·한냉(寒冷)의 특성을 가지고 있다.

오행의 특성에 입각하여 여러 가지를 오행으로 분류한 것이 <표 17-1> 오행속성표와 같다.

오행설은 우주 안에 모든 사물은 다섯 가지의 원소의 상호작용·상호변화에 의하여 구성된다고 보았다. 이들 다섯 가지의 원소 간의 관계를 상생(相生)·상극(相剋)·상승(相乘)·상모(相侮)라는 개념으로 나타내고 있다. 오행의 상생(相生)·상극(相剋)관계는 각종의 사물 사이에는 상호자생(相生)과 상호제약(相剋)의 관계가 존재한다고 봄으로써 전체 자연계가 하나의 연결된 전체라고 본다. 즉, 생중유극(生中有克) 낳은 중에 억제가 있고, 극중유생(克中有生) 억제 중에 낳음이 있다고 한다. 이는 만약 일방적으로 서로 낳아주는 상생만이 있고 억제하는 상극이 없으면 정상적 평형이 유지되지 못할 것이며, 또 억제하는 상극만 있고 낳아주는 상생이 없다면 만물의 번식이 없을 것이다. 그러므로 상생상극은 모든 사물이 평형을 유지하기 위해서 없어서는 안 될 두 가지 중요한 조건이다.

오행관계의 상승(相乘)·상모(相侮)관계는 실제로는 비정상적인 상황 아래서의 상극현상을 의미한다. 먼저 상생관계란 하도(河圖)에서 비롯된 것으로 오행 간에 서로 낳고 낳아 무궁히 순환하는 관계를 의미한다. 구체적으로 기술하면 水가 木을 낳고(水生木), 木은 火를 낳고(木生火), 火는 土를 낳고(火生土), 土는 金을(土生金), 金은 水를(金生水) 낳아 하나의 주기과정을 이룬다는 것이다. 즉, 물로 인해서 초목이 자라고, 나무가 마찰되어 불이 일어나며, 소진된 재가 쌓여 흙을 이루며, 땅속에 물질들이 융합되어 금속이 되며, 열매가 맺히면 물이 생기고, 응고된 것이 풀리면 수액(水液)이 흐르는 이치이다.

상극관계는 낙서(洛書)에서 처음 비롯된 것으로 오행 간의 상호제약과 통제·억제관계를 나타낸 것이다. 구체적으로 말하면 물은 불을 끄고(水克火), 불은 쇠를 녹이고(火克金), 쇠는 나무를 끊고(金克木), 나무는 흙을 파고들며(木克土), 흙은 물을 가두어(土克水) 서로를 견제하고 조절한다. 그러나 克한다는 것은 그 妙用을 다하게 한다는 뜻도 되니, 나무가 다 자라면 쇠나 톱으로 끊어 재목을 만들며(金克木), 초목이 흙에 뿌리내려 생장함으로써 땅의 황폐함을 막아 흙이 만물을 생육케 하며(木克土), 흙으로 제방을 쌓아 홍수나 가뭄에 대비하며(土克水), 뜨거운 열기에 의하여 타는 것을 물로써 적셔 끄며(水克火), 캐낸 금속을 화기의 고열로 녹여 주조 제작하니(火克金), 만물이 그 묘용을 다하고 도를 이룸은 모두 상극의 이치에 바탕 한 것이다.

오행의 상생 상극관계를 그림으로 나타내면 아래 <그림 17-1>과 같다.

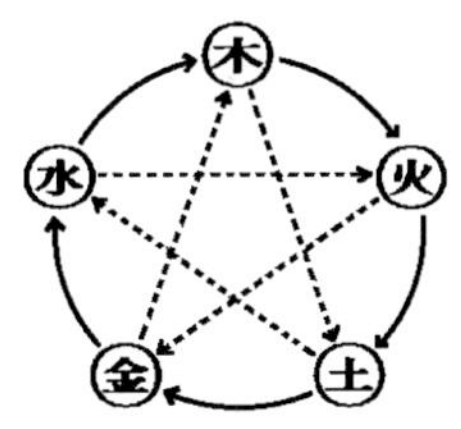

〈그림 17-1〉 相生 相克관계
상생관계(→), 상극관계(⋯→)

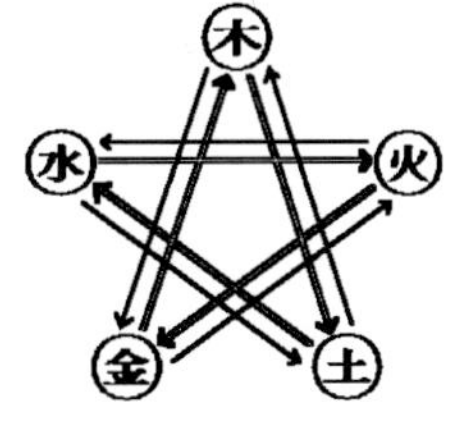

〈그림 17-2〉 相乘 相侮관계
상승관계(⇒), 상모관계(→)

상승 상모관계는 실제로 비정상적인 상황에서의 상극현상을 의미한다. 먼저 상승관계란 오행 중의 어느 일행 자체가 부족(衰弱)하여 원래 이것을 극(克)하는 일행(一行)이 승허침습(乘虛侵襲)(승(乘))함으로써 그것을 더욱 부족하게 하는 것을 가리킨다. 예컨대 수(水)는 원래 화(火)를 극(克)하지만 화(火) 자체가 부족하여 수(水)가 화(火)의 허(虛)를 틈타서 이를 克함으로써 화(火)를 더욱 허(虛)하게 하는 것이다. 상모관계란 五行中의 어느 일행(一行) 자체가 너무 강성(强盛)하여(太過) 원래 그것을 克하는 일행(一行)이 그것을 제약하지 못하고 도리어 그것에 의하여 극제됨을 가리킨다. 예컨대 水는 원래 火를 克하는 것이지만 火가 너무 강성하여 水가 火를 克하지 못할 뿐만 아니라 도리어 火에 의하여 극제(克制)당하여 水를 손상하게 된다. 상승 상모관계를 그림으로 나타내면 위의 <그림 17-2>와 같다.

제3절 오행속성표

역학이 우주 삼라만상을 설명하는 학문이라고 하면 그 학문의 이론체계가 음양오행론이다. 음양론과 오행론의 관계는 음양론이 기본이고, 오행론은 음양론을 더 구체적으로 기운과 만물 만사를 다섯 가지로 분류하여 이들 간의 관계를 나타낸 이론이다. 우주의 기운과 만물 만사, 즉 우주 삼라만상을 오행의 속성에 따라서 다섯 가지로 분류한 것이 <표 17-1>의 오행속성표이다.

오행속성표에서는 가장 큰 분류 영역으로 구분과 오행으로 나누었으며, 구분을 다시 우주론적 자연, 인체, 행태, 그리고 곡식으로 나눴고, 오행을 목화토금수로 나누어서 표를 만들었다. 여기서 구분 영역에는 우주론적 자연, 인체, 행태, 그리고 곡식으로 나눴지만, 이 외에도 많은 영역을 추가하여 오행으로 분류할 수 있다. 즉, 천문, 기상, 명리, 풍수 등 학문적 영역에 속하는 각종 개념들을 오행으로 분류하여 오행속성표에 추가할 수 있다. 여기서는 주로 의학 중심의 대표적인 것들만 대상으로 속성표를 만들어서 제시한 것이다.

오행속성표의 이해를 돕기 위해서 이들 간의 관계를 구체적으로 몇 가지만 예를 들어서 설명하고자 한다.

먼저 木의 속성에 해당하는 것들 간의 관계를 체계적으로 나타내고자 한다.

인체에서 木에 해당하는 장부로는 간과 담이 있다. 간담은 인체의 근육, 눈, 손톱, 제일지인 엄지손가락, 목 등과 같이 木에 속한다. 이는 무엇을 의미하는가?

동양의학에서는 장부와 인체의 각 부위가 상호 유기적인 관계가 있는 것으로 본다. 따라서 간담은 인체의 각 부위 중 같은 속성인 목에 해당하는 부위끼리 연관이 있다. 즉, 간담이 병이 나면 근육에 문제가 생기고, 눈과 손톱, 목, 그리고 제일지에도 이상 증후가 나타난다는 의미이다. 구체적인 예를 들면, 일상생활에서 목감기는 간담 기능이 약해서 나타난 징후이다. 이때는 간담에 좋은 음식인 신맛 나는 음식을 먹으면 낫는다. 근육을 혹사하여 근육에 문제가 생기면 반대로 간담에 문제가 생긴다.

인간 행태에서 목의 속성으로는 오지의 怒, 오성의 呼, 오음의 角, 오액의 泣, 오상의 仁 등이 있다. 이를 인체의 목에 해당하는 간담과 연관해서 구체적으로 설명하면, 간담이 병이 나면 화(怒)를 잘 내고, 소리를 지른다(呼). 그래서 우리말에 화내고 소리 지르는 사람을 '간이 뒤집혔다'고 한다.

간담에 병이 들면 눈물(泣)을 잘 흘린다. 담이 발달한 사람은 성품이 착하다(仁). 그리고 간담에서 혼(얼)이 나온다. 즉, 간담이 발달한 사람은 얼이 강하다. 반대로 간담 기능이 약하면 얼이 없다. 그래서 우리들 일상적인 말 중에 얼빠진 사람을 '쓸개 빠진 사람'이라고 하는 것은 여기서 유래하였다.

식품과 간담의 관계를 설명하면 목에 해당하는 오미 중에 신맛, 오곡 중의 팥과 참깨, 오과의 자두, 오채의 부추, 오축의 개, 닭과 관계가 있다. 이는 신맛과 팥과 참깨, 자두, 부추, 개와 닭은 간담에 좋은 맛과 영양이라는 것이다. 그러므로 간담이 나쁜 사람은 신맛 나는 주스, 요구르트 그리고 팥, 자두, 부추, 개와 닭고기를 먹으면 좋다.

간담을 자연과 관련해서 설명하면 다섯 계절 중 봄, 하루의 새벽, 방향은 동, 오성은 목성, 오기는 풍, 천간은 갑을, 지지는 인묘 등과 관련이 있다. 이를 구체적으로 설명하면 간담 기능은 계절적으로 목 기운이 가장 왕성한 봄에 제일 왕성하다. 간담 기능이 태과한 사람은 봄이 되면 좋지 않고, 허한 사람은 봄이 좋다. 간담 기능이 태과한 사람은 봄이 되면 더 지나치게 태과하게 되므로, 비정상적 상황이 극심하게 되기 때문이다. 허한 사람은 봄이 되면 보가 되므로, 간담 기능이 정상이 되어 좋아진다. 동양의학에서는 오장육부 간에 허실보사하여 균형을 유지할 때 건강한 것으로 보기 때문에 그렇다.

계절에 따라서 사람의 건강이 차이가 나는 현상은 장부의 경우 계절에 따라서 다르게 영향을 받기 때문이다. 동양의학에서는 장부 간의 기능이 균형을 이룰 때 건강한 것으로 보는데, 만약 균형이 깨져서 비정상이 되면 그에 따라 건강이 악화되는 것이다. 계절이 변화하면서 영향을 주는 계절의 기운이 장부의 기능을 정상화시키는가 그렇지 않은가에 따라서 계절에 따라 건강을 느끼는 것이 다르다. 예를 들어 폐가 허한 사람은 금 기운이 가장 왕성한 가을이 되면, 폐가 정상으로 되기 때문에 컨디션이 좋고, 신 기능이 태과한 사람은 수 기운이 가장 왕성한 겨울이 되면 신 기능이 더욱 태과하여 비정상적 상태가 악화된다.

간담 기능은 하루의 경우 목 기운이 가장 왕성한 새벽이 제일 좋다. 새벽은 목에 해당하므로 장부 중 목에 해당하는 간담 기능이 가장 왕성하다. 그리고 방향으로는 동쪽 방향이 좋고, 오기 중에 바람이 좋으며, 오색 중에는 푸른색이 좋다. 그리고 사주팔자에 천간의 갑을(甲乙), 지지에 인묘(寅卯)가 많으면 간담 기능이 발달한 사람이다.

오행속성표를 보면 각 영역 간의 관계를 음양오행으로 체계적으로 나타내고 있음을 알 수 있다. 그 특징을 설명하면 보는 관점에 따라서 여러 가지 있을 수 있다. 그러나 가장 특징적인 현상은 보이는 객관적 사실뿐만 아니라 보이지 않는 세계까지 포괄하여 나타내주고 있다는 사실이다. 예를 들면 자연 영역의 천간인 갑을병정……과 지지인 자축인묘……는 우주의 기 순환을 나타낸 것이다. 이것을 보이는 객관적 사실인 인체의 장부, 오체 등과 연관시켜서 체계화하였다는 사실은 보이지 않는 세계인 기의 세계와 보이는 객관의 세계를 모두 체계적으로 나타내주고 있음을 입증한 것이다.

위에서 오행속성표 중 목에 해당하는 각각의 개념들이 상호 간에 체계적으로 관련이 있음을 선별적으로 예를 들어서 설명하였다. 나머지 화토금수에 해당하는 개념들도 이런 식으로 설명할 수 있다.

여기서 설명한 것은 수박 겉핥기식으로 간략하게 서술하였다. 이를 더 체계적이고 과학적으로 설명하려면 엄청나게 많은 지면과 시간이 필요하다. 앞으로 이러한 관계를 더 과학적으로 검증하는 연구를 체계적으로 하면 오행속성표의 과학성을 입증할 수 있을 것이다. 그 내용도 매우 실용적이어서 국민들 생활에 도움을 주는 것들이다. 서양과학이 수많은 우수한 사람들이 수많은 돈과 시간을 투자하여 나온 결과를 보면 내용 면에서 별로인 경우가 많다. 그러나 오행속성표를 보면 일반 국민들도 쉽게 이해할 수 있어서 직접 생활에 유용하게 활용할 수 있도록 되어 있다. 서양과학이 전문가들만 이해할 수 있도록 복잡하고 어렵게 되어 있는 것에 비하면 아주 대조적이다.

과학기술의 발달 정도를 평가하는 기준은 누구나 이해가 쉽고 간단한 내용일수록 발달한 과학기술이고 학문이다. 엉터리 학문과 과학기술일수록 내용이 어렵고, 복잡하고, 무슨 내용인지 이해가 어렵다.

그런데 간단하고 쉬운 내용일수록 믿지 않고 의심하는 경우가 많다. 우리는 그동안 서양의 복잡한 분석과학을 수십 년 배우다 보니 복잡하고 어려워야 학문이지 쉽고 간단하면 학문이 아니고 장난인 것으로 착각하여 믿지 못하는 이상한 사람이 되어 있다.

우리나라 사람들, 특히 비제도권 동양학자들 사이에 전해오는 말에 '쉽고 간단한 내용을 복잡하고 어렵게 설명해야 믿으려고 하는 때가 오면, 그때가 바로 말세라는 것이다'는 말이 있다. 이것이 무엇을 의미하는가? 수많은 서양철학, 과학기술자들의 그 내용 없는 가지가지 철학, 과학기술적 내용이 무엇인가를 깊게 반성하고 생각하게 하는 말이다.

나는 동양학을 연구하면서 이와 같이 간단하고 쉽게 표현하면서도 실용적으로 도움을 주는, 현대인들의 폐부에 정곡을 찌르는 말들을 많이 경험하였다. 그 쉽고 간단한 내용을 제시할 수 있는 학문적 무기가 음양오행론이다. 음양오행론만 통달하면 사물을 매우 쉽고 간단하게 이해할 수 있다. 즉, 서양과학적 눈으로 볼 수 없는 현상을 아주 간단하고 쉽게 볼 수 있다.

나는 서양의 분석과학과 철학자들의 복잡하고 어려운 내용보다도 우리 선인들의 간단하고 쉬운 내용이 훨씬 의미 있고 가치 있음을 많이 느꼈다. 이 점이 동양학의 우수성이다.

〈표 17-1〉오행속성표

區分	五行	木	火	土	金	水
宇宙	天干	甲乙	丙丁	戊己	庚申	壬癸
	地支	寅卯	巳午	辰戌丑未	辛酉	亥子
	五季	春	夏	長夏	秋	冬
	五星	木星	火星	土星	金星	水星
	五時	새벽	아침	한낮	오후	밤
	天道	元	亨		利	貞
自然	方向	東	南	中央	西	北
	五氣	風	熱	濕	燥	寒
	숫자	3 8	2 7	5 10	4 9	1 6
	五色	푸른색	빨간색	누런색	흰색	검은색
	五化	生	長	化	收	藏
	八卦	震 巽	離	艮 坤	乾 兌	坎
	한글	ㄱㅋ	ㄴㄷㄹㅌ	ㅇㅎ	ㅅㅈㅊ	ㅁㅂㅍ
	特性	曲直	炎上	稼穡	從革	潤下
人體	六臟(陰)	肝	心 / 心包	脾	肺	腎
	六腑(陽)	膽	小腸 / 三焦	胃腸	大腸	膀胱
	五體	筋	血	肉	皮	骨
	五竅	目	舌	口	鼻	耳
	五榮	瓜	面色	脣	毛	髮
	五指	第一指	第二指	第三指	第四指	第五指
	몸통	목	얼굴	배통	가슴	허리
	입	목구멍	혀	입술	입천장	치아
	눈	검은자	눈 핏줄	눈꺼풀	흰자위	눈동자
食品	五味	酸	苦	甘	辛	鹹
	五穀	팥, 참깨	수수	기장	현미	콩
	五果	자두	살구	대추	복숭아	밤
	五菜	부추	근대	미나리	파, 마늘	미역
	五畜	개, 닭	염소	소	말	돼지
行態	五志	怒	喜	思	憂	恐
	五聲	呼	笑	歌	哭	呻
	五音	角	徵	宮	商	羽
	五液	泣	汗	침	콧물	침뱉음
	五常	仁	禮	信	義	智
	五情	魂	神	意志	魄	精
	五色	靑	赤	黃	白	黑
	五臭	조(臊)	焦	香	腥	腐

4

제4부 주역학 각론

지금까지 앞에서 서술한 내용은 주역학의 가장 기본이 되는 개념과 이론을 개략적으로 나타낸 내용이다. 여기에서는 이들 개념과 이론을 실제 생활에 접목 응용하여 실용적으로 실제생활에 도움을 주는 내용에 해당하는, 즉 응용학문적 전문분야인 각론에 대해서 구체적으로 살펴보고자 한다.

주역학의 각론이라고 하면 주역에서 비롯된 구체적이고 실용적인 학문을 말한다. 주역은 동양의 모든 학문의 근원적 학문이므로 동양학의 가장 기본이 되는 총론적 학문이고 그 외의 모든 동양학은 주역의 구체적이고 실용적인 응용학문인 각론에 해당한다고 볼 수 있다. 즉, 주역의 사상과 철학을 실제 생활에 접목 응용한 구체적이고 실용적인 학문이 각론에 해당한다.

주역이 모든 동양학의 근원이므로 주역을 제외한 동양학 전체가 각론에 해당한다고 볼 수 있다. 이들을 크게 나누면 兩派六宗으로 나눈다. 먼저 양파라고 하면 의리역과 상수역을 의미하고, 육종이라고 하면 의리 상수역에 해당하는 구체적인 학문을 의미한다.

의리역이라고 하면 유가, 성리학, 도가, 묵가, 그리고 제자백가를 의미하고, 상수역이라고 하면 동양오술인 명리학·복서·의학·상학·산학이 있고, 천문 기상, 율려, 음악, 수학 등이 있다. 여기서는 각론에 해당하는 모든 학문을 소개할 수 없고 상수역의 동양오술과 천문 기상 그리고 의리역의 유가와 도가 그리고 성리학을 소개한다. 그리고 현대사회 새롭게 대두되고 있는 서양과학기술과 접목 응용하여 통합적으로 연구하는 내용을 소개한다.

'구슬이 서 말이라도 꿰어야 보배이고, 부뚜막의 소금도 집어넣어야 짜다'

우리나라 말 중에 '구슬이 서 말이라도 꿰어야 보배이고', '부뚜막의 소금도 집어넣어야 짜다'는 말이 있다.

필자가 앞에서 아무리 주역학의 철학사상과 기본개념 및 이론이 훌륭하고 어마어마하다고 침이 마르도록 역설을 해도, 구체적이고 실용적으로 우리의 실제 삶에 접목, 응용하여 국민들의 실제 생활에 구체적으로 도움을 주지 못하면 의미가 없다.

한때 대중매체를 타고 동양학이 크게 유행하였지만, 예를 들면 도올 김용옥 선생의 노자강의, 소설 『丹』이 1980년대 국민들의 민족혼을 깨워주는 데 크게 이바지하였지만 일과성 유행으로 끝났지 국민들의 실제 생활에 파고들어 실질적인 도움을 주지 못하고 있다.

그런 내용은 정신적으로 또는 현대사회의 서구 중심의 물질적 가치만을 추구하는 서구화된 사회에서 나타나는 치열하고 냉혹한 경쟁사회 그리고 승자 위주의 엘리트적 문화에 소외된 사람들의 심리적 박탈감과 소외감을 잠시 달래주고 어루만져주는 데서 정신적 위안을 줄 뿐이다. 이런 동양학은 실제 삶에 크게 도움을 주지 못하기 때문에 생명력이 없이 잠시 유행하다가 사라지기 쉽다. 마치 약자의 구차한 변명과 같은 내용에 지나지 않는, 즉 현대 서양의 첨단과학 문명 시대에 생명력 없는 죽은 철학과 사상에 불과하다.

그런데 노자강의나 소설 『단』에 대해서는 그렇게 국민들이 관심을 갖고 흥분하면서 그것보다 훨씬 더 많이 오랜 세월 동안 국민들에게 실질적으로 생활에 도움을 주어 왔고 뿐만 아니라 지금 당장도 도움을 받고 있는 우리 일상생활에 넓게 퍼져 있는 주역학의 의미와 가치에 대해서는 새롭게 인식을 못하고 있는 것이 미아리철학관 중심의 역학과 역술이다. 우리는 지금 무언가 눈과 귀가 멀어서 진짜를 보지 못하고 엉뚱한 것에 빠져 있는 어처구니없는 연구와 생각을 하고 있다.

그러나 주역에서 비롯된 역학과 역술은 서양의 첨단과학기술보다도 더 새롭고 앞섰으며, 동양학의 어떤 철학사상적 학문보다도 국민생활에 실질적으로 더 많이 영향을 주고 도움을 주고 있다. 그래서 지금 현재도 아무리 미신이고 비과학이라면서 천시하고, 서양첨단 과학기술이 발달하고, 그 독점지배하에 있어도 비제도권의 일반 국민들에게는 확고한 신뢰와 도움을 주고, 현재도 생명력을 갖고 끈질기게 살아 숨 쉬고 있다. 그러면서도 그 의미와 가치를 모르고 있으니 답답하고 안타까울 뿐이다.

과학기술적 학문이 별 것인가. 이는 모든 국민들이 서양과학기술에 빙의가 되어 제정신이 아니기 때문에 나타나는 희한한 현상이다. 실제 제도권의 과학기술보다 더 도움을 받고 생활하면서도 의미와 가치를 모르고 있으니 참으로 기이하고 이상한 일이다. 마치 서양첨단 과학기술보다도 새롭고 앞선 과학기술을 옆에 두고 먼데, 즉 하버드와 노벨상에서 찾느라고 야단이다.

그러나 주역에서 비롯된 철학사상뿐만 아니라 역학과 역술은 제도권에서 전혀 가르치고 연구를 하지 않을 뿐만 아니라 그렇게 천시를 해도 없어지기는커녕 국민들 생활 속에 알게 모르게 깊이 뿌리를 내리어 생생하게 살아서 국민들 생활에 도움과 영향을 주고 있다. 왜 그럴까? 그것은 서양철학사상과 과학기술보다도 국민들의 생활에 구체적이고 실제적으로 도움을 주기 때문이다. 다만 이를 무시하고 홀대하는 습관에서 벗어나지 못해 의미 있게 인식을 하지 않아서 모르고 있을 뿐이다. 그러므로 이를 환기시켜서 국민들에게 우리 민족의 전통철학과 과학기술의 우수성과 과학성을 서양철학과 과학기술에 대항해서 입증하고 일깨워 주면 서구물질문명과 서양과학에 찌들어 잃어버린 학문적 가치와 의미뿐만 아니라 민족적 주체성과 민족혼 그리고 자긍심을 깨우쳐주는 데 실질적으로 크게 도움을 줄 수 있다.

특히 지금과 같이 물질적 가치를 추구하기 위하여 모든 사람들이 온갖 노력을 기울이고 있는 시대에 이들의 노력에 실질적이고 현실적으로 도움을 줄 때 그 학문의 의미와 가치가 있고 빛이 난다. 그리고 현실적으로 생명력이 있다.

더욱이 제도권의 지배적 위치에 있는 서양과학기술의 문제점과 한계점을 보완 극복해주며 새롭고 앞선 과학기술일 때는 더 말할 나위가 없다. 즉, 비실용적인 공허하고 현학적인 백 마디 철학사상적 말보다 현실적인 인간생활의 문제를 해결하고 극복해주는 과학기술적인 학문이 훨씬 생명력이 있고 가치가 있다.

어떤 의미에서 동양 과학기술적 학문인 역학 역술은 정신세계와 물질세계를 아우르는 만능적 학문이라고 해도 지나친 말이 아니다. 그것을 실제 체험해본 사람만이 느낄 수 있는 귀한 학문적 경험이다.

그래서 과거의 동양학의 대가들인 도통한 기인 달사들이 왜 그렇게 평범한 생활을 하지 않고 기이한 생활을 하였는가를 희미하게나마 이해할 수 있다. 우리는 그런 행태를 지금의 자본주의적 물질적 풍요로움과 편리한 생활 속에 빠진 세속적인 눈으로 전혀 이해할 수 없는 정신세계의 어머어마한 세계를 경험하면서 사는 사람들이라는 것을 알아야 한다. 그들은 진리의 세계에서 물질세계에서 경험할 수 없는 정신세계의 최고의 경지에서 행복한 생활을 하는 사람들이다.

이와 비슷한 경우를 살펴보면, 예를 들면 동서양의 역사에서 최고의 진리 속에 노닐다가 사라져간 세계적인 삼대 성인인 예수, 석가, 공자가 물질적으로 풍요롭고 편리한 삶을 살다 간 사람들인가? 그리고 그렇게 살았던 3대성인들이 물질적인 풍요를 누릴 줄을 몰라서 그런 초라하고 빈한한 삶을 살았던가? 그들은 물질적으로 경험할 수 없는 정신세계의 최고의 경지를 살다간 성인들이다.

그런데 현대사회의 최고의 지성을 자랑하는 사람들이 항상 주장하는 것이 일반인들과 전혀 다르지 않게 물질적 풍요와 세속적 삶의 의미만을 강조하는 교육학문이니 최고의 지성을 자랑하는 지성인으로서의 의미가 무엇인가?

최고의 지성을 자랑하는 대학의 최고의 지성인들의 삶의 의미와 목표에 대한 지적인 판단이 겨우 세속적인 물질세계의 풍요로움만을 그리고 있다면 일반인과 다를 것이 무엇이 있는가? 정신세계를 무시하고 물질적으로 풍요롭고 편리한 생활을 무슨 지상천국의 생활로 착각하고 그런 삶을 동경하는 지성의 세계라면 지성인으로서의 의미가 무엇인가? 참으로 영혼을 잃어버린 교육학문의 세계이다.

제18장 상수역

제1절 명리학

제도권의 동양학 분야 중에서 국민들이 가장 선호하고 생활에 활용하는 분야가 사주명리학 분야이다. 비공식 통계에 의하면 우리나라 성인인구의 60~70%가 철학관을 이용하며, 연간 시장규모가 수조 원에서 많게는 수십조 원에 이른다는 것이다. 뿐만 아니라 필자가 많은 국민들을 대상으로 인터뷰하고 직접 찾아다니면서 면담한 결과, 많은 국민들이 철학관에 찾아가서 여러 가지 생활상의 문제를 상담하고 조언을 듣는 것이 일반화된 것으로 나타났다. 특히 사업을 하는 중소 상인뿐만 아니라 내로라하는 대기업의 기업주, 정계의 지도자들까지도 철학관의 역술인들에게 상담하고 조언을 구하는 것을 모든 국민들은 알고 있다.

그만큼 명리학은 우리 국민들에게 생활필수 학문이라고 해도 과언이 아니다. 음성적으로 방치하지 말고 양성화하여 하루빨리 제도권에서 흡수하여 연구하고 가르치면, 국민들의 학문적 지적 수요에 크게 기여하고, 그렇게 되면 질 높은 지적 서비스를 공급하게 되어 국민들에게 진정으로 기여하는 교육학문이 된다.

동양학의 역학, 역술 중에서 가장 기본이 되는 학문이 사주명리학이다. 사주명리학(四柱命理學)은 국민들에게 가장 많이 알려지고 일반화되었을 뿐만 아니라 학문적으로도 모든 역술 분야 중에서 가장 기본이 되는 학문이다. 그리고 우리의 전통적 역사와 문화에서 국민생활에 가장 많은 영향을 끼친 학문이다. 그래서 우리들의 일상적인 언어 습관에서 사주명리학과 관련된 내용이 가장 많다.

예를 들면 '운수, 재수, 일진, 네 분수를 알라, 그럴 수가 있나, 좋은 수가 있나'라는 말들 중에 '수(數)'란 운의 규칙적인 패턴을 나타낸 것이다. 규칙적인 변화의 패턴이 있기에 그것을 수로 나타낼 수 있다. 좋은 운의 패턴이 올 때는 좋은 '수'이고 이때는 좋은 일이 있는 것이고, 나쁜 패턴이 올 때는 흉한 '수'이기 때문에 흉한 일이 일어나는 것이다. 이는 상수역의 수와 관련된 말이다. 사람 팔자 시간문제다, 사람은 팔자대로 산다, 팔자는 못 속인다, 운칠기삼, 도둑 맞을 운이면 짖던 개도 안 짖는다, 팔자에 살 사람은 뭐를 먹고도 살고 죽을 팔자는 죽을 짓만 한다, 욕심을 지나치게 부리면 명 재촉한다고 말하고, 재산을 잃으면 명을 잇는다고 한다. 재수가 없으면 뒤로 넘어져도 코가 깨진다.

1. 개념 정의

명리학이란 인간이 타고난 명의 이치를 밝혀서 변화하는 시간, 즉 운에 따라서 그 사람의 미래에 펼쳐질 일을 예측하고 가늠해서 피흉추길, 즉 흉한 것은 피하고, 길한 것은 적극적으로 추구하기 위한 동양과학기술인 역술의 한 분야이다. 불확실한 삶을 살고 있는 현대인에게 가장 필요한 지혜로운 학문이고, 현대서양과학의 학문적 목적과도 일치한다.

명리학에는 네 가지 주요개념이 있다. 즉, 명, 운, 운명, 그리고 피흉추길이 그것이다. 네 가지 개념 간의 관계는 앞에서 언급한 바와 같다.

첫째, 인간은 태어나면서 명을 하늘로부터 받는다(천명)는 공간적인 현상이 있다.

둘째, 운이라는 시간적인 변화현상이다. 운이란 고정되어 있는 것이 아니고, 시간이 흐르면서 항시 변화하고 변한다는 의미이다. 그래서 시간과 운은 밀접한 관계가 있다. 명은 일정한데 운은 시간과 함께 변화한다는 의미이다. 우리나라 말에 '쥐구멍에도 볕 뜰 날이 있다'는 말이 있다. 쥐구멍은 공간적인 명을 나타낸 것이고, 볕 뜰 날은 시간적 운의 변화를 나타낸 것으로 볼 수 있다. 시간의 변화, 즉 운이 변하면서 그늘진 공간인 쥐구멍에도 볕이 들어 좋은 운이 올 때가 있다는 것이다. 이것은 인간사를 비롯해서 모든 만물 만사는 영원한 음지도 영원한 양지도 없고, 시간의 변화에 따라서 좋고 나쁜 일이 순환한다는 의미이다.

셋째, 운명이란 다른 말로 명운이라고도 하는데, 명과 운이 상호작용하면서 나타난 현상을 말한다. 즉, 변화하는 운에 인간의 명이 어떻게 대응하느냐에 따라서 그 사람의 미래가 펼쳐진다는 것을 의미한다. 타고난 명은 일정한데 운이 변하므로, 그 변화하는 운이 나의 명에 좋을 때가 길하고, 나쁠 때는 흉하다. '운명의 장난'이란 말은 명과 운의 상호작용으로 나타난 결과가 바람직하지 않을 때 빗대어 하는 말이며, '운명론'이란 운과 명의 상호작용으로 모든 것이 결정된다는 학설을 표현한 말이다.

넷째, 피흉추길은 자신의 미래를 미리 예측하여 대비하고자 하는 것을 의미한다. 즉, 흉한 일은 피하고, 길한 일은 적극적으로 취하는 행위를 말한다. 이 네 가지를 더 자세하게 고찰해보고자 한다.

1) 명(命)

명이란 인간이 태어날 때 하늘로부터 부여받은 인간의 기(氣)의 패턴이다. 기를 더 구체적으로 말하면 오운육기를 의미한다. 즉, 인간이 태어나는 연월일시의 우주의 기의 상태, 즉 현대적으로 표현하면 우주의 별의 위치변화에 따라서 나타나는 '우주의 분위기'를 오운육기로 나타낸 것을 말한다. 따라서 사람이 태어나는 연월일시에 해당하는 우주의 기운, 다른 말로 하면 우주의 분위기를 받고 태어나기 때문에 그 시간대 우주의 분위기를 그 사람의 명이라고 한다.

이때 우주의 분위기와 기운은 그때의 별자리 위치에 의해서 조성된 우주의 분위기라고 말할 수 있다. 즉, 별들이 어떻게 우주에 배열되어 있느냐에 따라서 우주의 기운이 다르며, 그것을 나타낸 구체적인 이론체계가 오운육기이다.

인간이 태어나는 시간대인 연월일시에 해당하는 우주의 기운인 우주의 분위기를 나타낸 구체적인 기의 상태가 그 사람이 하늘로부터 받은 명인 '사주팔자'이다. 그러므로 그 사람이 태어난 연월일시에 해당하는 사주팔자가 그 사람의 명이다. 즉, 사주팔자가 그 사람이 하늘로부터 부여받은 천명(天命)을 의미한다. 따라서 사주팔자를 음양오행론적으로 분석하고, 연구하여, 이치를 밝혀서 천명을 인식하고, 이를 근거로 인간의 미래를 예측하여 피흉추길하는 학문이 명리학이다.

인간의 사주팔자를 천간지지의 속성과 구조 그리고 천간지지를 음양오행으로 변환시켜서 음양오행의 속성과 상호관계를 분석하고 고찰하면, 인간의 거의 모든 면을 파악할 수가 있다. 그리고 그 내용들이 정말로 인간생활에 필요한 실용적인 내용이 많다. 즉, 인간의 체질, 건강, 적성, 재운, 관운, 다양한 인간관계의 운 등이 있다.

실로 엄청난 학문이다. 이렇게 인간의 문제를 속속들이 밝힌 본질적이고 실용적인 학문이 서양과학에 어디 있는가? 눈을 씻고 보아도 서양과학에는 말만 많고 체계화는 잘 되어 있는데, 내용이 없는 형식에 치우친 빈껍데기 학문임을 주역학과 비교하면 확연히 알 수가 있다.

예를 들면 오늘(음력 2012년 6월 5일 12시) 이 시간대의 우주의 분위기, 즉 기운을 나타내면 壬辰년, 丁未월, 乙酉일, 丙子시이며, 연월일시에 해당하는 간지(干支)를 사주(四柱), 즉 네 개의 기둥이고, 각각의 기둥에 2字씩 이므로 4×2=8 여덟 자, 즉 팔자(八字)이다. 사주와 팔자를 합쳐서 사주팔자라고 한다.

사주팔자(四柱八字)는 우주의 일정한 시간대의 위치에 따른 우주의 분위기 또는 기운을 나타낸 부호 또는 비밀코드이다. 이 부호 내지 비밀코드를 분석 고찰하여 해석하면 그 시간대의 의미를 알 수 있다. 그 시간대의 의미를 알면 그 시간대에 태어난 인간의 명운뿐만 아니라 모든 사물의 운명도 파악할 수 있다.

여기서 중요한 것은 사주팔자를 통해 인간의 명운 또는 운명을 파악할 수 있을 뿐만 아니라 모든 사물의 운명도 파악할 수 있다는 것이다. 우주에 오운육기가 운행 순환하면서 인간뿐만 아니라 지구상의 모든 사물에 영향을 준다는 것이다. 그런데 어떤 사물이 처음 시작 내지 탄생할 때, 즉 연월일시의 사주팔자가 그 사물의 명이 된다. 따라서 사물의 명을 알기 위해서는 그 사물의 탄생과 시작을 알리는 연월일시의 간지, 즉 사주팔자를 알아야 한다. 사물의 탄생 시기인 사주팔자를 알면 그 사물의 운명을 알 수가 있다.

사주팔자는 다른 의미로 말하면 불교에서 말하는 전생의 업으로 보는 견해도 있다. 불교에서 말하는 인과응보론은 인간 생활의 길흉은 인간이 전생에 지은 업의 결과로 나타나는 현상이라는 것이다. 즉, 전생에 선업이 많으면 그 선업으로 인해서 현생의 삶에 좋은 일이 많고, 반대로 악업을 많이 지었으면 그로 인해서 현생에 흉한 일이 많다는 것이다. 불교에서는 전생과 현생의 인과응보를 막연하게 말했지만, 사주명리학에서는 구체적, 학문적으로 나타내주고 있다. 그리고 미리 예측하여 피흉추길하도록 처방도 제시해준다는 점에서 더 객관적이고 과학적이며 실용적인 학문이다.

2) 운(運)

운이란 시간에 따라서 변화하여 나타나는 우주의 기운 또는 분위기를 말한다. 운을 구체적으로 나타낸 이론체계가 오운육기이다.

앞에서 설명한 명(命)이 인간이 태어날 때 하늘로부터 부여받은 어느 한 시점의 우주의 기운, 즉 오운육기의 한 시점을 나타낸 것이라면, 운(運)은 계속 변화하는 패턴을 나타낸 이론체계이다. 즉, 명은 공간적 의미이고, 운은 시간적 의미로 말할 수 있다. 따라서 명은 한 번 설정되면 영원히 변하지 않지만, 운은 계속 변화하는 기의 패턴이다. 역의 세계가 변하고 변하는 세계의 학문이라면 변화하는 근본적 요인 중의 하나가 운이다. 즉, 운이 계속 변화하면서 우주 삼라만상에 영향을 준다.

만물 만사에 어떤 운이 와서 어떻게 작용하느냐에 따라서 다양한 변화가 나타난다. 그중에서 인간에 영향을 주는 운이 어떠하냐에 따라서 인간이 태어날 때 받은 명의 반응이 다양하게 나타난다. 여기에서 중요한 것은 동일한 운이 와도 인간의 명이 어떠냐에 따라서 다르게 나타난다는 점이다. 예를 들어서 세운 하나만 가지고 보았을 때, 2012년 壬辰년 운에 인간의 명이 갑자년 생, 정해년 생, 을유년 생이냐에 따라서 그 결과가 다르다는 것이다. 그 결과 인간에 따라서 다르게 길흉을 판단할 수가 있으며 그런 학문이 소위 운명학인 명리학이다.

역의 세계는 천지인 삼재가 독립된 별개가 아니고 氣라는 매개체를 근거로 하여 상호 영향을 주고받는 하나의 일체이다. 그런데 그중에서도 하늘이 주도 세력이다. 그래서 주역에서도 '천수상 현길흉(天垂象 見吉凶), 재천성상코 재지성형하니(在天成象코 在地成形하니) 변화 현이다(變化 見이다)'고 하였다. 여기서 하늘이라면 단순히 관찰 가능한 물리적 현상이 아니고, 우주가 운행하면서 변화하는 보이지 않는 세계인 우주의 기운, 즉 그 분위기 오운육기를 말한다. 이때 우주의 기운, 즉 오운육기를 '상(象)'이라고도 한다. 주역의 천수상의 상을 구체적으로 나타낸 이론체계가 오운육기이다.

하늘에 드리워진 상을 파악하면 우주 삼라만상의 변화를 판단할 수가 있다. 그런데 이 상이란 아무나 볼 수 있는 것이 아니다. 마음이 깨끗하고 사사로움이 없는 특수한 능력자만이 볼 수 있다. 일반인들은 볼 수 없으므로 일반인들이 파악할 수 있도록 만들어 놓은 이론체계가 오운육기이다.

운은 크게 네 가지로 나눠볼 수 있다. 즉, 십년 주기로 변화하는 대운, 일 년 단위로 변하는 연운 또는 세운, 월별로 변하는 월운, 일별로 매일 변하는 일운, 소위 일진이 있다.

이 네 가지의 운의 배열이 어떠하냐에 따라서 인간의 명에 미치는 영향이 다르다. 예를 들면 대운은 좋은데 연운이 나쁘고 월운은 좋고 일진은 좋은 경우와 반대로 대운은 나쁜데 연운이 좋고 월운은 나쁘고 일진은 나쁘면 그 명에 미치는 영향이 전혀 다르다. 그런데 이 네 가지 운 중에서도 대운이 가장 큰 영향을 준다는 것이다. 즉, 다른 운이 비록 바람직하지 않다 해도 대운이 좋으면 별문제가 없다는 것이다. 그러나 반대로 다른 운이 다 좋아도 대운이 좋지 않으면 결과적으로 좋지 않다는 것이다. 그래서 일반적으로 말하는 소위 운이라고 하면 대운을 말한다.

3) 운명(運命)

운명이란 명운이라고도 하는데 명과 운이 상호작용을 하면서 나타난 결과를 운명이라고 볼 수 있다. 명은 처음 부모로부터 태어날 때 이미 결정된 사주팔자이고, 운은 인간이 살아가면서 맞이하는 총체적 관계를 말한다.

인간이 하늘로부터 부여받은 천명, 즉 사주팔자가 변화하는 우주의 기운, 즉 운이 어떠하냐에 따라서 상호작용이 다양하며 그 상호작용의 결과가 펼쳐지는 현상을 운명이라고 볼 수 있다.

인간이 타고난 명, 즉 사주팔자에 잠재되어 있는 내용인 체질, 재복, 관운 등이 구체적으로 실제 발현되기 위해서는 운이 도와주어야 한다. 즉, 우주의 분위기인 운이 인간의 명에 잠재되어 있는 능력과 소질, 재능 등이 실제 발현되도록 도와주어야 비로소 그런 것들이 나타난다.

예를 들면 사주팔자에 돈을 많이 벌 수 있는 재복(財福)을 타고났다 해도 그런 복이 구체적으로 발현되도록 도와주는 운이 나타나야 큰돈을 벌 수 있는 일이 벌어지고, 그래서 큰돈을 벌게 된다는 것이다. 반대로 큰돈을 벌 수 있는 명을 타고났다 해도 큰돈을 벌 수 있도록 도와주는 운이 오지 않으면, 돈을 벌려고 노력해도 그렇게 되지 않는다는 것이다. 운이 좋지 않은데 인간이 욕심에 사로잡혀 큰돈을 벌려고 일을 벌이면, 즉 사업을 크게 하면 실패한다는 것이다.

그러니까 때를 알고 나아갈 때 나아가고, 물러날 때 물러날 줄을 알게 하는 학문이 운명학이다. 그래서 운명학은 때(時)의 과학기술적 학문이다. 얼마나 지혜롭고 위대하며 실용적인 학문인가? 현대적으로 표현하면 시의가 적절해야 한다는 말과 같다. 아무리 능력이 있고 의욕이 있어서 일을 잘 하려고 해도 때에 맞지 않으면 노력에 비해서 결과가 좋지 않은 것과 같다.

명과 운의 관계로 인간의 미래를 예측하기 위한 사주의 구체적인 분석기준, 즉 분석모형에는 여러 가지 학설이 있다. 대표적인 학설로서 적천수(滴天髓), 궁통보감(窮通寶鑑), 연해자평(淵海子平) 등이 있다. 동일한 사주팔자라고 해도 어떻게 분석하고 해석하느냐에 따라서 조금씩 차이가 난다. 분석하는 기준과 방법 및 모형에 따라서 학설이 다르고 그에 따라서 학파가 다양하게 나눠진다. 그러나 궁극적으로는 동일하다는 것이다.

운과 명의 상호작용을 몇 가지로 나눠서 설명할 수 있다. 첫째, 명을 잘 타고 났고 운도 좋은 경우, 둘째, 명은 좋은데 운이 나쁜 경우, 셋째, 명은 나쁜데 운이 좋은 경우, 넷째, 명도 나쁘고 운도 나쁜 경우를 들 수 있다. 이 중에서 첫 번째가 제일 바람직한 운명이고 네 번째가 가장 나쁜 경우이다. 그런데 두 번째와 세 번째의 경우는 어느 것이 바람직하다고 확실하게 말하기가 어렵다. 둘째는 명이 좋은데 운이 그렇지 않고, 세 번째는 운은 좋은데 명이 그렇지 않은 경우로써 완전히 반대이다. 간단히 두 사례를 비교하면, 명이 좋은 경우가 바람직한 것인가 운이 좋은 경우가 바람직한 것인가를 판단하는 문제이다. 이 경우에 운이 좋은 것이 명이 좋은 경우보다 더 바람직하다는 것이다. 왜냐하면 명이 아무리 좋아도 운이 나쁘면 좋은 명이 발휘되지 못하고 사장되어서 고생만 할 수 있다는 것이다. 반대로 명은 크게 태어나지 않았지만 운이 좋으면 큰일은 하지 못해도 작은 일이나마 술술 잘 풀려서 순탄한 삶을 산다는 것이다.

예를 들어서 자동차로 비유하면, 명은 좋은데 운이 나쁜 사람은 자동차는 그 랜저인데 운이 나빠서 진흙탕에 빠져서 고생하는 격이고, 명은 별로인데 운이 좋은 사람은 자동차는 프라이드인데 운이 좋아서 고속도로를 씽씽 달리는 격으로 비유할 수 있다. 그래서 운 좋은 것이 명 좋은 것보다 낫다는 말이 있다.

4) 길흉화복(吉凶禍福)

원래 주역에서는 길흉화복이라는 말은 없고 길흉회린(吉凶悔吝)이라는 표현이 있다. 아마도 주역의 길흉회린이라는 학술적 표현이 길흉화복이라는 표현으로 일상적인 용어로 쉽고 편하게 사용되는 것이 아닌가 싶다.

「계사상전」 제3장에 "길흉자(吉凶者)는 言乎其失得也요 悔吝者는 言乎其小疵也오 無咎者는 善補過也니(길과 흉은 그 득실을 말함이요, 회와 린은 그 조

그만 병폐를 말함이요, 무구는 허물을 잘 고친다는 것이니)"라는 표현이 있다. 인간의 행위에는 반드시 길흉회린 네 가지의 결과가 나타나는데, 길흉이란 얻는 것과 잃는 것을 말하며 이는 이미 화와 복의 결과가 나타난 것을 의미하고 회린은 소자, 즉 조그마한 병폐를 의미하는데 이는 선과 악이 이루어지기 전의 기미(조짐)와 같은 것이다. '선보과'는 허물이 있었던 것을 잘 처리하여 평상시 상태로 만들었다는 뜻이니 '무구', 즉 허물이 없다가 된다.

「계사하전」 제1장에 보면 "길흉회린자(吉凶悔吝者)는 생호동자야(生乎動者也)오(길하고 흉하고 뉘우치고 인색한 것은 동하는 데서 나타난다)"라는 표현이 있다. 이는 모든 인간사의 길하고, 흉하고, 뉘우치고, 인색한 일들은 인간의 움직임, 즉 일을 함으로써 나타난다는 의미이다. 다른 말로 하면 움직이지 않으면 길흉회린의 일이 나타나지 않는다는 의미이다. 따라서 운이 좋을 때는 일을 적극적으로 행하고, 운이 나쁠 때는 가만히 있는 것이 상책이다. 운이 좋을 때 가만히 있으면 그만큼 좋은 일을 얻지 못하는 것이고, 운이 나쁠 때 움직이면 나쁜 일을 불러들이는 격이 된다. 그러므로 운을 미리 알아서 흉한 운일 때는 가만히 있고, 길한 운일 때는 적극적으로 나아가는 것이 현명하고 지혜롭게 대처하는 일이다. 즉, 예측을 통해서 피흉추길하는 것이다.

5) 피흉추길(避凶趨吉)

사람이 타고난 명에는 길하고 흉한 명이 있고 운에도 흉한 운과 길한 운이 있다. 따라서 사람은 피흉추길하는, 즉 흉한 것은 피하고 길한 것은 적극적으로 취하는 자세가 자연에 지배당하지 않고 주체적으로 살아가려는 인간의 지혜로운 태도이다. 이것이 또한 인간이 다른 동물과 다르게 사는 삶의 태도이다.

결국 명리학은 인간의 삶에 펼쳐지는 모든 일이 명과 운의 작용으로 나타나는 것으로 보고, 그런 일들에는 길하고 흉한 것이 있기 때문에 예측(prediction)을 하여 미리 대비(control)하기 위한, 즉 피흉추길하기 위한 과학기술이다. 과학기술이란 철학사상과 같이 추상적이고 관념적인 내용의 공허한 성격을 떠나서 구체적이고 실용적 성격을 의미한다.

명리학이 연구하는 내용인 명과 운 그리고 운명연구의 궁극적인 목적은 예측을 통해 미래에 대비하려는, 즉 피흉추길하고자 하는 데 있다. 마치 과학의 목적이 사물을 이해 설명하고, 이를 바탕으로 예측하고 통제(control)하여 인간이 주체적으로 살아가려고 하는 데 있는 것과 아주 똑같다. 과학에서 통제에 관련된 내용이 명리학의 피흉추길과 거의 같은 내용이다. 서양과학이 하고자 하는 목적과 명리학이 하고자 하는 학문적 목적이 다른 것이 없다. 다만 사물을 이해 설명하는 개념과 이론 그리고 접근방법이 다를 뿐이다.

그러면 서양과학으로 예측을 하는 것이 정확한가, 명리학으로 예측하는 것이 정확한가를 우리는 따져볼 필요가 있다. 더 정확한 것이 인간에게 더 도움을 주기 때문이다. 서양과학이기 때문에 무조건 믿고, 철학관의 명리학이라고 무조건 미신이고 비과학이라고 무시할 이유가 무엇인가? 제도권의 서양과학기술에 빙의가 된 서양과학 하는 식자층과 지도층이 문제이다. 일반 국민들은 오히려 순수하고 열려 있으며 누가 뭐라 해도 철학관에 찾아가는 것이 거의 생활화되어 있다. 왜 그럴까? 철학관의 명리학이 생활에 도움을 주니까 간다. 제도권에서 초등학교부터 대학, 대학원에서 배운 서양과학으로 알 수 없는 지적 호기심을 충족시켜주고 그것이 또한 생활에 도움을 주니까 간다. 그 이상하고 허름한 골목에 있는 철학관에 사람들은 간다.

따라서 명리학이 운과 명 그리고 운명에 대한 개념과 이론을 통해 이해 설명하여 예측만 하고, 이에 대해 피흉추길하는 내용이 없으면 명리학은 호소력이 떨어진다. 그러나 크게 도움을 주는 내용이 있기 때문에 그렇게 미신이고 비과학이라고 천시를 해도 없어지기는커녕 더 확산되고 더 많은 국민들이 활용하고 있다. 진리는 마구 짓밟고 짓밟는다고 해도 없어지려야 없어질 수가 없다. 우리나라 말에 '민심은 천심이어'라는 말이 아주 실감을 하는 현상이다. 천심이란 다른 말로 하면 하느님의 마음과 같은 내용이다. 하느님의 마음을 서양과학이 능가할 수가 있을까. 도저히 상대가 되지 않는다. 다만 운세가 비색해서 인정을 못 받고 있을 뿐이다.

제2절 주역 점

동양의 사상, 철학, 과학기술이 모두 『주역』에서 비롯되었다고 앞에서 여러 번 언급을 하였다. 특히 과학기술인 역학과 역술은 전적으로 주역에서 비롯되었다. 그런데 역학, 역술은 주역의 원리를 응용하여 주역과 독립된 전문분야로 발전하였기 때문에 주역 원본만을 이해해서는 역술을 응용하여 생활에 구체적으로 실용화할 수가 없다. 따라서 주역을 배우고 별도로 전문분야인 역술을 다시 배우고 익혀야 생활에 실용적으로 활용할 수 있다. 그런데 예외적으로 주역만 익혀도 생활에 구체적이고 실용적으로 활용할 수 있는 분야가 주역 점술분야이다.

1. 점의 개념과 의미

동양과학기술(역학, 역술)의 하나인 주역 점은 인간의 관심사항에 대한 예측을 통해 피흉추길(避凶趨吉)하는 데 있다. 주역 점은 주역을 구성하고 있는 상(象)·수(數)·리(理)·점(占) 네 가지 중의 하나로서 예측을 위한 술법을 말한다. 즉, 주역은 예측학의 비조이며 역경의 괘사 효사는 점사(占辭)의 성격을 띤다.

주역의 64개의 괘사와 384개의 효사는 여러 정보가 축적되어 있는 창고로서 인간의 모든 길흉화복과 변화소장의 상태를 나타내주고 있다. 그러므로 인간의 어떤 일도 64卦(괘)와 384爻(효)에서는 벗어나지 못한다는 것이며, 반드시 64괘 중 어느 한 괘의 상태에 해당된다. 그러면 인간이 궁금하게 생각하는 사항의 미래가 과연 64괘 384효 중 어느 것에 해당하는가를 예측해보는 방법이 占을 치는 것이다.

우리 모두는 점쟁이다

점은 판단이다. 그 판단이 빠르면 빠를수록 해를 줄이고 이익을 늘일 수 있다. 자신이 판단하는 것도 占이고, 남에게 물어보는 것도 占이며, 신에게 물어보는 것도 역시 占이다. 모든 일에는 반드시 그 조짐(兆朕)이 있다. 그것은 어떤 일이 발생하는 것이 결코 우연이 아니라는 뜻이다. 조짐을 보고 앞으로 발생할 일을 아는 것이 占이고, 그 일에 대비하고자 하는 것(피흉추길, 避凶趨吉)이 占을 치는 목적이다.

또한 사람이 이 세상에 태어난 것도 점(占)이요, 잠자리에서 일어나 눈을 뜨는 것도 占이다. 사람은 생각하고 그 생각 속에는 의심이라는 것이 있으니까 알고자 하는 욕망에는 철학이나 과학이나 다를 바가 없다. 과학기술자가 컴퓨터를 만들어도 그 제품이 작동을 잘 할 것인가 의심해보고 궁금해하는 것도 다 점(占)이라 할 수 있다. 결국 우리가 살아가며 생각하고 행동하는 모든 것이 전부 점(占)이다.

따라서 이 세상에 점(占)을 치지 않으면서 살아가는 사람은 거의 없다. 도구를 가지고 점(占)을 치거나 무당이 치는 점(占)만 점(占)이 아니다. 사람의 본능이 점(占)이다. 무릇 모든 생물은 예지 본능이 있다. 미물 짐승도 언제 비가 오고 언제 날이 개일지 아는데, 사람이라고 왜 예지본능이 없겠는가? 점(占)과는 전혀 상관없어 보이는 과학자들도 마찬가지이다. 설계도를 보며 정밀하게 만들어놓고 마지막에 '이것이 제대로 작동이 되려나?' 궁금한 것도 점(占)이다. 결국 우리가 살아가며 생각하는 모든 것이 전부 占이다.

또한 우주자연의 법칙 그리고 세상만사 만물의 이치가 점(占)이며 그것을 알아내는 행위를 '점을 친다'고 한다. 『주역』 계사전 上의 제5장에서 "極數知來之謂ㅣ占(수를 궁구하여 미래를 알아내는 것이 占이다)"고 하였다. 즉, 변화에 통달하는 것을 일러 점(占)이라 했다. 따라서 우리의 일상생활이 占이라 할 수 있으며 1+1=2가 된다고 하는 사실도 점(占)이라 할 수 있으며, 밥을 먹으면 배가 불러진다고 생각하는 것도 점(占)이다. 곧 우리의 삶 전체가 점(占)이나 다를 바가 없다.

점(占)을 통한 예측은 잠재의식을 통해 생물과 물리 간의 관계를 소통시켜 자연과 심리 간의 관계를 감응시킬 수 있어 가능하다. 이는 대단히 심오하기 때문에 만약 점복예측에서 미신적 색채를 제거하고 과학적 성격을 추출할 수만 있다면 그것의 전도는 추측할 수 없을 정도로 광대할 것이다. 따라서 핀란드 국가 과학기술원의 한 학자가 다음과 같이 말한 것은 전혀 이상할 바가 없는 것이다. "예측학의 측면에서 중국의 주역이 거둔 성과는 장차 서양을 놀라게 할 것이다 (中國易經 在未來豫測學方面的成就 將會震驚西方)."

원래 점(占)은 정치를 하기 위해서 발달했다

원래 占은 정치를 하기 위해서 생겼다. 초기에는 占을 쳐서 백성을 다스렸고 占을 쳐서 가물 것 같으면 가뭄에 대비하고, 장마가 지겠으면 제방을 쌓던가 해서 미리 막았다. 그래서 이전민용(以前民用), 백성 앞에 모두 내놓고 썼다고 했고, 백성을 위해서 백성과 더불어 근심 걱정하는, 즉 여민동환(與民同患) 하는 것이 주역점이다. 혼자만 잘살기 위해서 슬그머니 점을 쳐서 혼자 슬쩍 행하는 것은 점이 아니다. 그것은 도둑질하는 것과 마찬가지이다. 성인들도 옳게 占을 쳐서 바르게 신령에게 물어 신령이 알려주는 대로 행하여 백성을 잘살게 해주는 것이 占이라는 것이다.

결국 占이란 인간이 궁금하게 생각하는 것을 예지해보려는 노력으로써 우주 자연의 원리와 이치에 입각하여 인간이 궁금하게 생각하는 문제를 판단하기 위해 행하는 행위가 占이라는 것이다. 그런데 판단에 있어서 신에게 물어보아 판단하는 것이 소위 말하는 주역 占이다. 이런 占은 원래는 사사로운 개인의 이기적 목적을 위하여 사용된 것이 아니고 백성을 위해 자연의 변화 이치에 맞게 올바른 정치를 하기 위해 백성 앞에 내놓고 정당하게 하였던 것이다.

그런데 이렇게 좋은 점이 왜 우리 사회에서 왜곡되어 있는지 반성해볼 필요가 있다. 주역에서 말하는 占을 친다는 것은 성인의 말씀에 따른다는 뜻이다. 성인은 천지와 더불어 그 덕을 합하였기(與天地合其德) 때문에 성인의 말씀이 천지이치와 어긋날 수가 없다. 그런데 요즘 세상에서는 占을 통해 성인의 말씀에 귀 기울이려 노력하기보다는 자기 욕심을 실현하려는 도구로 이용하고 있다. 이처럼 점이란 어떤 의미에서 신성한 일인데, 占이 인간의 욕심에 의해 오염되고 있다는 데 심각한 문제가 있다.

2. 점을 치는 방법(서의법, 筮儀法)

점을 치는 방법과 기술에 관한 기록 가운데 가장 오래된 자료로는 공자가 지은 『주역』 계사전이 있다. 역의 서법(筮法)에 대해서는 예부터 여러 가지 설이 있으나 본서법·중서법·약서법의 세 가지 방법이 있다. 본서법은 계사전에 상세히 나와 있는 십팔변(十八變)의 방법이다. 중서는 이것을 생략하여 육변(六變)으로 한 것이고, 약서는 더욱 생략하여 삼변(三變)으로 한 것으로 모두가 이유가 있는 것이다. 어느 서법에 의하든지 지성을 가지고 신에게 통한다면 신의 명을 받는 것은 같기 때문에 사람에 따라서 사용하는 방법이 다르다.

『주역』 계사전에 나타난 본서법의 십팔변에 의하여 괘(卦)를 얻는 방법을 구체적으로 나타내면 다음과 같다.

① 50개의 서죽(筮竹) 중에서 하나를 뽑아 가로로 놓는다. 이것은 태극을 상
　징한다.
② 나머지 49개의 서죽을 들고 정성스러운 마음으로 서죽을 이등분한다. 이
　는 양의(陰陽)를 상징한다.
③ 오른손에 있는 서죽 무더기를 내려놓고 그중 하나를 뽑아 왼손의 넷째와
　다섯째 손가락 사이에 끼운다. 이때 왼손의 서죽 무더기는 하늘, 내려놓
　은 오른손의 서죽은 땅, 손가락 사이에 끼운 것은 사람으로 천지인 삼재
　를 상징한다.
④ 오른손으로 왼손에 들고 있는 서죽 무더기를 넷씩 센 후 나머지(1, 2, 3, 4
　중 하나다)를 왼손 셋째와 넷째 손가락 사이에 끼운다. 손가락 사이에 끼
　운 나머지를 제외한 서죽 무더기는 왼쪽에 내려놓는다. 이때 네 개씩 세
　는 것은 사계절을 뜻하고 나머지를 끼우는 것은 윤달을 상징한다.
⑤ 오른손으로 ③에서 놓아두었던 서죽 무더기를 든다. 그다음 왼손으로 오
　른손에 들고 있는 서죽을 위와 같은 방법으로 센 후에 나머지를 둘째와
　셋째 손가락 사이에 끼운다. 손가락 사이에 끼운 것을 제외한 서죽 무더
　기는 오른쪽에 내려놓는다.
⑥ 왼손에 모인 서죽을 모두 합하여 처음 일자(太極)로 내려놓은 서죽의 왼쪽
　위에 수직방향으로 놓는다. 이것이 18변 중의 일변이다. 설시(揲蓍)는 아래
　<그림 18-1>과 같이 3변을 단위로 한 효가 이루어지며, 이것을 6번, 즉
　모두 십팔 변이 끝나야 한 괘(6爻)를 얻는다(이를 득괘(得卦) 또는 작괘(作
　卦)라고 한다).
⑦ 태극과 ⑥에서 내려놓은 서죽을 제외한 나머지 무더기로 ②, ③, ④, ⑤를
　반복한 후 태극을 상징한 서죽의 중간에 수직방향으로 올려놓는다(二變).
⑧ 태극과 ⑥과 ⑦에서 내려놓은 것을 제외한 나머지 무더기로 ②, ③, ④, ⑤를
　반복한 후 태극을 상징한 서죽 제일 오른쪽에 수직방향으로 올려놓는다(三變).
⑨ 이렇게 하여 <그림 18-1>과 같이 세 개의 서죽 무더기에 의해 첫 번째
　효를 얻는다. <그림 18-1>과 같이 태극을 상징한 산가지의 왼쪽에 놓인
　무더기는 9개 아니면 5개이고, 가운데 놓인 것과 오른쪽에 놓인 산가지는
　8개 아니면 4개로 이루어진다. 이것을 6번하여 육효, 즉 한 괘를 얻는다.

이상의 서법에서 득괘(得卦)에 제일 중요한 결정적 요인은 ②번의 서죽을 이등분할 때이다. 이때 어떻게 이등분하느냐에 따라서 점의 결과인 괘의 모양이 다르게 나타나기 때문이다. 이때 공간의 영의(靈意)가 서죽의 수(數)에 감(感)하여 제대로 나타날 수 있도록 하느냐 여부에 따라서 점의 정확도가 달라진다고 볼 수 있다. 즉, 신의 뜻이 정확하게 전달되도록 하는 상황에서 서죽을 나누어야 하며, 그렇게 하여야 신이 말하고자 하는 뜻을 제대로 나타낸 괘를 얻을 수 있다. 그러기 위해서는 49개의 서죽을 왼손으로 밑을 쥐고 앞을 부챗살 모양으로 펼쳐, 오른손 엄지를 서죽의 좀 펼쳐진 중간쯤에 대고 나머지 네 손가락으로 밖에서부터 서죽을 감싸쥔다. 그런 다음 이마 위에 올려 눈을 감고 숨을 그치고 점칠 일을 한 마음으로 염원하며, 잡념을 쫓고, 정성스런 마음으로 정신통일을 한다. 숨이 막힐 정도에서 다시 더욱 기력을 충실히 하여 서죽을 이등분한다.

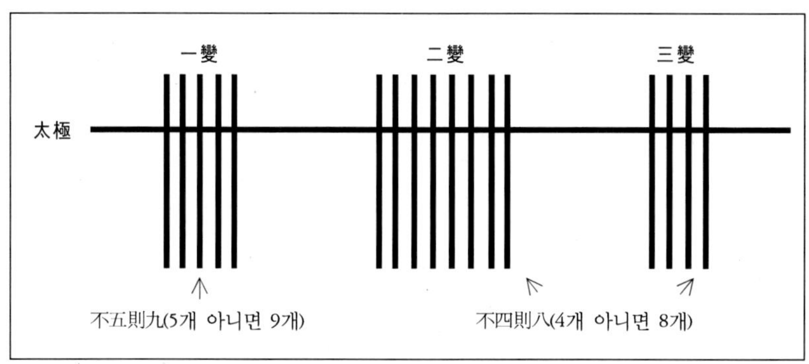

〈그림 18-1〉 설시 삼변(일효)의 예

이때 공간의 영의가 서죽의 수에 감하여 나타난다.

영국의 조셉 니덤(Josehp Needham)도 『중국의 과학과 문명』에서 주역 점의 본질을 과학적인 견지에서 다음과 같이 진술하고 있다. 점의 여러 형식을 조사해보면 서로 상이한 개개의 단위가 트럼프를 섞듯이 섞인 뒤 어떤 배열이 될 것인지는 예측할 수 없지만, 이들 개개의 단위의 집합이 어느 것이나 모두 예언이라는 목적에 소용된다는 것이 고대의 신념이었음은 거의 의심의 여지가 없다. 궁극적인 배열을 결정하는 상황의 사소한 변화에도 보이지 않는 힘이(unseen power) 영향을 줄 수 있다고 하는 한편, 생각할 수 있는 모든 배열을 설명하는 의미 체계(code)의 깊은 뜻을 전수받은 자가 이 보이지 않는 힘의 의지와 지식을 해석할 수 있었다. 또 그는 다음과 같이 부연했다. 서양의 점술과 다를 바 없이 점쟁이는 알아야 할 대상에 주의를 집중하도록 했다. 그렇게 함으로써 영적인 영향이 이 서죽을 뽑는 조작과정에서 근육이나 그 밖의 요소를 지배할 수 있다고 믿었음에 틀림없을 것이다.

설시할 때, 즉 서죽을 조작할 때의 주의사항은 다음과 같다.

① 시초점(蓍草占)은 그 묻는 바에 대해 정성스런 마음으로 한 번만 칠 것이며, 나쁜 괘가 나왔다고 해도 같은 물음에 대해 두 번, 세 번 치는 것은 삼가야 한다(山水蒙괘 괘사-初筮어든 告하고 再三이면 瀆이라).

② 정당한 것을 물어야 하며 사악한 것을 묻는 것은 금할 것(水地比괘 괘사-原筮호대 元永貞이면 无咎리라)

③ 점을 통해 얻은 괘에 대한 해석은 다양할 수도 있기 때문에 상황에 따라 객관적인 입장이 되어 해석할 것

④ 점은 사람의 지혜를 다하여 추리하고 연구하여도 판단을 내리지 못할 경우에만 친다. 자신의 지혜를 다하지 아니하고 안이한 마음으로 점을 치는 자는 좋은 반응을 얻기 어렵다.

　왕선사는 옛날에 占을 치는 자는 신을 섬기고 사람을 다스리는 큰일에 있어서 우선 자기 마음속에서 스스로 구하여도 납득할 수 있는 도리가 구해지지 않을 때 묻는다 했다. 즉, 제후들은 널리 고을의 선비들과 의논하고 서인이나 선비는 스승이나 친구에게 가르침을 구하여도 따를 만한 도리를 얻을 수 없게 된 뒤에 비로소 점을 쳐서 자기의 선택을 결정한다고 한다. 우선 占을 치는 것은 신령(神靈)에 맡기지 않을 수 없을 정도의 대사여야 하고, 다음으로 가볍게 곧바로 역에 묻지 말고 스스로 반복하여 생각을 깊이 해보고 다시 이웃 사람들에게 물어보아도 결정할 수 없을 경우에 비로소 신의 지시에 따르는 것이다.

⑤ 점친 예: <그림 18-2>는 설시하여 얻은 결과(得卦)를 나타낸 것이다.

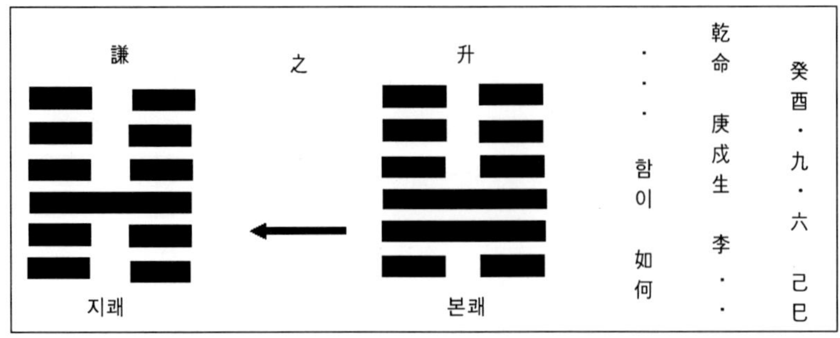

〈그림 18-2〉 설시 예

2009년(庚寅年) 2월 6일(陰) 오전 10시(巳時)에 1970년생(庚戌) 李OO(男)가 OOO에 대해 점을 칠 경우(남자일 경우 [건명(乾命)]이라 하고 여자일 경우는 [곤명(坤命)]이라고 한다), 점을 쳐서 지풍승괘(地豊升卦) 두 번째 효(爻)가 변했을 때, 升之謙(승괘에서 겸괘로 갔다)이라고 하며 한 효가 변했으므로 본괘인 地風升卦의 九二 효사(爻辭)의 내용이 체가 되며, 지괘인 地山謙卦의 六二 효사의 내용이 용이 된다.

참고로 본괘인 지풍승괘(地風升卦) 이효(二爻)의 효사와 지괘(之卦)인 지산겸괘(地山謙卦) 이효(二爻)의 효사를 보면 다음과 같다.

地風升卦의 九二爻의 爻辭: 孚乃利用禴이니 无咎리라(믿어서 이에 간략한 제사를 씀이 이로우니, 허물이 없으리라). 象曰九二之孚는 有喜也라(상에 가로되 '구이지부'는 기쁨이 있으리라).

地山謙卦의 六二爻의 爻辭: 鳴謙이니 貞코 吉하니라(울리는 겸이니 정하야 길하니라). 象曰 鳴謙貞吉은 中心得也라(상에 가로되 '명겸정길'은 중심을 얻음이라).

위의 본괘인 지풍승괘의 九二효의 효사와 지괘인 지산겸괘의 六二효의 효사를 해석하면 점친 사항에 대한 일을 예측할 수 있다.

제3절 의학

　동양학 중에서 제도권과 비제도권에서 가장 일반화되고 국민들이 가장 많이 사용하고 친근한 학문이 의학 분야이다. 그리고 동양과학기술 중에서 제도권에서 인정하여 가르치고, 연구하는 유일한 학문은 의학 하나뿐이다. 그것도 약(藥) 위주의 한의학이 주류이다. 침과 뜸에 대한 의학은 제도권보다는 비제도권에서 많이 활용한다.

　의학이란 인간의 질병과 건강에 대한 과학기술이다. 따라서 질병과 건강에 대한 개념이 있으면 이를 진단하는 진단방법이 있고, 진단 결과에 따르는 치료 처방이 논리적으로 체계화되어 있으면 그것이 의학이다. 의학에는 크게 서양의학과 동양의학이 있다. 서양의학은 거의 제도권에서 단일하게 가르치고 연구를 하는데 비해서 동양의학은 제도권과 비제도권으로 이원화되어 있다.

　동양의학의 최고 경전은 『황제내경』이다. 동양의학의 근원은 『황제내경』이며, 현대사회의 각종 동양의학에 관한 책들의 내용을 보면 거의 이 책을 근거로 해서 현대적 의미로 서술한 것이다.

『황제내경(黃帝內經)』

　황제내경은 중국의 전국시대에서 양한시대에 걸쳐 이루어진 의서(醫書)로서 소문(素問)과 영추(靈樞) 두 부분으로 이뤄졌으며, 동양의학 문헌 중 가장 최초의 그리고 가장 완비된 고전이다. 한의학의 최고 경전으로 지금도 그 기본원리는 변함없이 동양의학의 골간을 이루고 있으며 소문이 생리·양생·병인·병리 등 의학의 개론과 원리를 주로 논했고, 영추는 진단·치료·침구법 등을 논했다. 내경은 의학경전으로 뿐만 아니라 천문학·기상학·심리학·역산학(曆算學)·생물학·인류학·철학·논리학 등 여러 학문의 내용을 담고 있어서 『주역(周易)』과 함께 서로가 서로를 빛내주고 있다. 그러므로 중국의학이론의 원조일 뿐만 아니라 기타 여러 과학, 특히 철학에도 중요한 영향을 끼쳤다.

1. 동양의학의 이론체계

동양의학이론의 가장 핵심적인 내용은 장상론(臟象論)과 경락학설(經絡學說) 그리고 음양오행론이다.

장상경락학설이 바로 동양의학이론의 핵심이다. 장상(臟象)은 육장육부계통의 생리병리기능 상태의 표현이며, 경락은 『황제내경』의 靈樞 經脈에서 "經脈者, 所以決死生, 處百病, 調虛實, 不可不通(경맥에 의해 생사가 결정되고 백병이 치료되며, 허실이 조화되므로 반드시 그 이치를 알아야 한다)"의 생명 메커니즘으로 그 주요작용은 정보전달이며 기혈(氣血)은 정보운반체이다.

인간의 몸에는 생리적으로 기혈의 통로인 경락이 존재하고 경락에 의해서 육장육부 간의 상호관계가 있고 장부와 신체조직 및 기관과의 상호 유기적인 관계가 있다. 그래서 장부에 문제가 있으면 경락을 통해서 신체조직과 각 기관에 증상이 나타나는데, 이를 연구하는 분야를 장상론이라 한다. 그리고 장부 간의 관계와 신체의 각 기관 간의 상호관계를 나타낸 구체적인 이론체계가 음양오행론이다.

동양의학의 특징을 더 구체적으로 살펴보면 첫째, 인간의 신체적, 정신적 모든 질병과 건강상태를 장부와 관련하여 전체적, 종합적으로 본다는 데 있다. 예를 들면 신체기관의 일부인 코에 병이 있다고 하면, 우선 코라는 신체기관에 병적 증상이 우선적으로 나타나지만 콧병의 근본문제는 코를 주관하는 장부인 폐와 대장에서 찾고 있다. 그래서 코의 질병을 치료하는 증상치료를 표치(標治)라고 하고, 콧병과 관련된 폐와 대장의 음양·허실·한열을 조절하여 기능을 조화시키는 치료를 본치(本治)라고 한다. 그래서 증상치료인 표치만 하여 코의 기능이 원활하게 되었다고 해도 그와 관련된 장부의 기능을 조절하는 본치를 하지 않아 장부의 기능이 조절되지 않았다면 근본적인 치료가 되었다고 보지 않는다. 그렇게 되면 다시 재발한다. 장부 간의 관계는 독립적인 것이 아니고 기능적으로 상호 밀접한 관계가 있다. 따라서 동양의학은 장부와 신체 각 조직 및 기관을 상호 유기적으로 연계해서 보는 장부 중심의 의학이며, 또한 종합적, 전체적으로 인간의 질병과 건강을 본다는 데 특징이 있다.

둘째, 인간의 몸에는 생리적 메커니즘으로 경락학설을 강조하고 있다. 즉 4600여 년 전 『황제내경』 이후 인간의 신체에는 12개의 경맥(經脈)과 15개의 낙맥(絡脈)이 있으며, 또한 8개의 기경(寄經) 및 360여 개의 경혈(經穴)이 있다. 경락이란 전신에 두루 퍼져 있는데, 인체의 기(氣)·혈·진액(津液)이 운행하는 주요 통로이며, 인체의 각 부분이 서로 연결되게 하는 것이다. 따라서 경락은 전신으로 기혈을 나르며 장부지절(臟腑肢節)을 연결하고 상하내외를 소통시키는 통로이다. 예컨대 난경에서 "經脈者, 行血氣, 通陰陽, 以營于身者也(경맥은 혈과 氣를 운행시키고, 음양을 통하게 하여, 몸에 영양을 공급하게 한다)"라고 한 것과 같다. 그러므로 인체의 모든 장부·기관·공규(孔竅)·근육·골격 등의 조직은 경락(經絡)의 교통과 연결에 의하여 하나의 통일체로 이루어진다.

셋째, 인간의 질병과 건강의 중심인 육장육부의 관계를 동양사상의 가장 기본이 되는 음양오행론의 틀로써 이해하고 설명하고 있다. 인체는 유기적 정체(整體)이면서 자연계와 통일성을 유지한다. 인간은 자연계에서 태어나 자연조건에 의존하여 생존하므로 인간의 생명활동은 자연환경의 제약과 영향을 받고, 유기체는 자연환경의 영향에 대해 필연적으로 상응하는 반응을 하게 된다. 그래서 동양의학의 장상학은 오행학설을 응용하여 자연계의 5方·5時·5氣·5化 등을 인체의 5대 기능계통과 긴밀하게 연결 지음으로써 내외가 상응하는 정체적 도식을 제시하였다. 따라서 사람과 자연계를 관련시키고 음양오행설과 결합시켜 예방원칙을 확립해서 병상변화와 시간을 선정해서 예방과 치료방법을 동시에 고려한다는 것은 모두 동양의학에서 사람과 천지의 상응이라는 천인합일의 전체적 관념의 구체적 실천인 것이다. 즉, 음양오행설은 고대 천인합일의 자연관으로서 동양의학에서는 이를 생명체 관찰의 이론적 방법으로 삼고 있다.

결국 동양의학에서는 인간의 건강과 질병을 장부를 중심으로 본다는 데서 특징을 찾아볼 수 있다. 생리적 메커니즘으로는 경락학설을 전제로 하며 장부 간의 관계는 동양의 자연관인 음양오행론으로 설명하고 있다. 그리고 인간의 건강과 질병을 천인합일설에 의해서 천지자연과 유기적인 관계로 종합적으로 보고 있다.

동양의학에서는 인간의 성격과 행태적 특징을 동양의학의 이론체계에 입각해서 장부와 관련하여 이해하고 설명하는 것이 특징이다. 즉, 신체적 질병과 건강을 장부와 연관하여 이해하고, 설명하는 것처럼 성격과 행태적 특징도 장부와 연관하여 이해하며 설명하고 있다. 이런 예는 일상생활 속에서 통용되는 말 속에서도 쉽게 찾아볼 수 있다. 예를 들면 “간 큰 남자, 담이 센 사람, 쓸개 빠진 사람, 간이 뒤집혔다, 오장육부가 그렇게 생겨 먹었다” 하는 말들은 모두 인간의 행태적 특징을 장부와 관련하여 기술하고 있는 예들이다. 그러므로 사실상 우리들은 일상생활 속에서 동양의학적 관점에서 인간행태를 이해 설명하고 있다. 그러나 우리가 일상적으로 이렇게 이야기하면서도 왜 그렇게 말하는지에 대해서는 의문을 갖지 않고 관례적으로 전해오는 대로 사용하는 것이 사실이다.

2. 건강과 질병론

1) 건강과 질병의 개념

세계 최고 최대의 의학경전이며 원전이라고 일컬어지는 『황제내경』의 영추 종시 편에 보면, 오장육부와 인간의 질병과 관련해서 다음과 같은 글이 있다.

“五藏爲紀 陰陽定矣. 陰者主藏, 陽者主府, 陽受氣于四末, 陰受氣于五藏. 故瀉者迎之, 補者隨之, 知迎知隨, 氣可令和, 和氣之方, 必通陰陽, 五藏爲陰, 六府爲陽. 傳之後世以血爲盟, 敬之者昌 慢之者亡 無道行私 必得 天殃……

▶ 오장은 벼리가 되고 음양이 정해진다. 음경은 오장을 근원으로 하고, 양경은 육부를 근원으로 하고 있다. 또한 양경은 수족의 말초에서 맥기를 받고, 음경은 오장에서 맥기를 받고 있다. 그래서 사법은 맥의 흐름에 거슬러서 자침하고, 보법은 맥의 흐름에 따라서 자침한다. 이는 영수보사에 의하여 이상상태에 있는 혈기를 조화시키는 것이다. 이 혈기를 조화시키는 방법은 음양의 법칙을 이해하여 오장은 음, 육부는 양이라는 기본원칙에 준거한 것이다. 이를 후세에 전하는 데 있어서는 혈맹을 한 다음에 전수해야 한다. 이 종시편의 의술을 지키는 자는 번영하지만 그렇지 않으면 반드시 망할 것이다. 분별없이 사방을 쓰는 자가 있다면 그 자는 하늘의 재앙을 받게 될 것이다.”

『황제내경』을 연구하여 오행생식을 개발한 고 김춘식 선생은 그의 저서인 『오행생식요법』에서 위의 내용을 간단하게 요약적으로 다음과 같이 언급하고 있다.

만병의 근원은 오장육부의 음양, 허실, 한열에 있다 하였으며, 또 말하기를 만병의 근원이 오장육부에 있음은 하늘의 도리인데, 이 도리를 믿지 않고 되지 못한 사방(私方), 즉 증상치료, 병명치료, 국소치료, 통계치료를 하면 하늘의 파멸이 내린다고 하였다. 여기서 강조한 것은 만병의 근원이 오장육부에 있다는 것이며, 이를 무시하고 사방, 즉 증상치료, 병명치료, 국소치료, 통계치료를 하면 하늘이 파멸을 내린다는 점이다. ‘하늘이 파멸을 내린다’고 할 정도로 오장육부의 중요성을 강조하고 있다.

동양의학에서 인간 질병의 개념 정의는 육장육부의 음양·허실·한열기능의 부조화 정도로 판단하고 있다. 따라서 인간 질병의 치료 및 건강을 증진시킨다는 것은 육장육부 간의 음양·허실·한열 기능을 조화시키는 것이라고 볼 수 있다.

동양의학에서 건강을 나타내는 가장 중요한 기준은 육장육부의 음양·허실· 한열의 조화 또는 균형을 말한다. 이것은 장부 간의 상호 상생상극이 적절하게 이루어져서 육장육부 간에 기능적으로 균형 내지 평형이 이루어진 상태를 의미한다. 반대로 질병이란 장부 간의 기능이 부조화되어 전체적인 균형이 깨어진 비정상상태를 말한다. 그 부조화의 정도가 클수록 균형의 부조화 상태가 심하고 그럴수록 병이 심하다고 본다.

뿐만 아니라 단순히 소극적으로 장부의 기능을 조절하여 정상적인 평형을 이루는 치료법도 중요하지만, 적극적으로 인간의 건강을 증진시키는 적극적 건강법도 있다. 이는 기와 혈을 보해 줘서 기와 혈이 강력해지는 건강증진법을 말한다. 이를 보기보혈이라고 한다.

2) 질병의 원인

인간이 건강하고 그렇지 못한 것은 위에서 설명한 바와 같이 육장육부의 음양·허실·한열의 조화와 부조화의 정도를 말한다. 즉, 육장육부 상태의 균형과 불균형의 정도는 건강과 질병을 판단하는 기준이 된다.

질병은 육장육부의 음양·허실·한열의 균형이 파괴되어 나타나는 현상인데, 이를 일으키는 원인에는 크게 세 가지가 있다. 외인, 내인, 불내외인이 그것이다.

첫째, 외인(外因)은 인체 외부에서 오는 질병의 원인을 말한다. 외인에는 육기, 즉 풍·한·열·습·조·화를 의미하며 이는 자연기후로부터 오는 질병의 원인이다. 동양과학의 가장 기본 이론인 천기, 즉 오운육기가 인체에 영향을 주어서 나타나는 질병의 원인을 말한다. 동양의학에서는 오운육기가 인체에 미치는 영향을 연구하는 의학이 운기체질론이다.

둘째, 내인(內因)은 인간의 정신적 작용인 칠정, 즉 희·노·우·사·비·공· 경으로부터 오는 원인을 의미한다. 정상적인 상황에서는 질병으로 이어지지는 않지만 지나친 경우에는 질병으로 이어진다.

셋째, 불내외인(不內外因)은 위에서 서술한 외인과 내인에도 속하지 않는 나머지 원인에 해당하는 원인을 말한다. 가장 대표적인 것이 음식이며, 그다음 피로, 무절제한 방사, 해충, 상해, 중독, 유전 등이 있다. 음식의 경우 무절제하게 과식하거나 음식을 먹지 못하는 경우, 불결한 음식, 과음, 그리고 오미를 편식하는 경우이다.

동양의학에서 질병의 원인이 되는 내용은 매우 간단하고 분명하며 아주 쉽게 이해할 수 있다. 그리고 실제 활용하기가 매우 실용적이고 효과가 뚜렷하게 나타난다.

3. 진단과 치료처방법

1) 진단법

동양의학에서 건강과 질병을 진단하는 방법에는 여러 가지가 있으나, 가장 일반화된 기본적인 방법이 맥진법이다. 맥진의 방법은 손목의 촌구와 목의 인영맥을 기준으로 측정하여 건강과 질병을 판단한다.

맥을 측정하는 구체적인 목적은 육장육부의 음양·허실·한열의 정도를 측정하기 위해서이다. 즉, 맥을 측정해서 육장육부의 음양·허실·한열의 균형과 부조화의 정도를 알 수 있다.

맥진법의 경우 간담에 질병이 있으면 현맥(弦脈)이 나타나고, 심소장의 경우는 구맥(鉤脈), 비위장은 홍맥(洪脈), 폐대장은 모맥(毛脈), 신방광은 석맥(石脈), 심포삼초는 구삼맥(鉤三脈), 그리고 건강한 사람은 평맥(平脈)이 나타난다.

2) 치료처방

맥진법에 의해서 각 장부의 음양·허실·한열의 부조화 정도를 측정하고, 그에 따라 처방하여 육장육부의 균형을 맞추어 주는 것이 치료이다. 즉, 맥으로는 평맥이 나오도록 하는 것이다.

치료수단 또는 기구로서 침·뜸(灸)·약·음식(생식)·자기·운동·기수련(정신수련) 등이 있다. 동양의학에서 질병과 건강의 개념과 치료목적은 동일하나, 치료수단과 기구 및 재료가 무엇이냐에 따라서 치료방법이 다르다고 볼 수 있다. 즉, 치료수단은 다르다 해도 목적은 모두 육장육부의 음양·허실·한열의 조화를 이루게 하는 것이다. 그 조화와 부조화의 정도를 측정하는 것이 맥진법이다. 특히 정신수련, 즉 기수련이 동양의학에만 특이한 서양의학과 다른 점이다.

동양과학은 정신 물질 일원론적 학문이고 과학기술이기 때문에 의학에서도 정신수련을 매우 중시한다. 즉, 정신과 신체가 기를 매개체로 해서 매우 밀접하기 때문에 기수련을 통해서 육체를 건강하게 할 수 있다. 더욱이 동양학에서는 정신을 육체보다 더 중요시한다는 점에서 정신수련이 매우 중요하다.

『대학』 첫 장에 주자주의 '心者 身之所主也(심은 몸의 주인이다)'에서 보는 바와 같이 마음이 신체의 주인이라는 점에서 정신적 건강이 신체의 건강에 아주 중요하다. 따라서 비제도권에 많이 확산되어 있는 각종 정신수련은 단순히 정신적 건강을 위한 것뿐만 아니라 신체의 건강을 위해서도 매우 중요하다.

치료처방의 목적은 육장육부 간의 음양·허실·한열의 부조화를 조화시켜서 균형을 맞추어주는 데 있다. 즉, 허실의 경우 허한 때는 보를 해주고, 실한 경우는 사를, 한한 경우는 열을 올려주고, 열한 경우는 열을 내려주어서 균형을 맞추어주면 그것이 치료이다. 이것을 '본치(本治)'라고 한다.

제4절 상학(풍수지리)

지금까지 명리학이 인간이 태어난 생년월일을 근거로 하고, 점술은 인간이 궁금하다고 생각되는 사안에 대해 판단하는 동양과학기술이라면, 상학(相學)이란 눈에 보이는 물체, 즉 상(相)을 보고 판단하는 학문을 말한다. 상의 술법에는 인상(印相)·명상(名相)·인상(人相)·수상(手相)·가상(家相)·묘상(墓相)이 있다. 인상(印相)은 개인이 소지하고 있는 세칭 도장에 개인 이름의 모양을 어떻게 하느냐에 대한 술법을 말한다. 명상(名相)은 이름을 어떻게 짓느냐에 따라 인간의 길흉화복에 영향을 준다는 것을 연구하는 술법을 말한다. 인상(人相)은 소위 관상학을 말한다. 사람 얼굴의 모습을 보고 그 사람의 길흉화복을 판단하는 술법을 의미한다. 수상(手相)은 사람의 손의 선(손금) 모양을 보고 그 사람의 여러 가지를 판단하는 술법을 말한다. 끝으로 가상과 묘상이 풍수에 관한 학문이다. 가상은 집의 위치와 방향, 모양 등에 관한 풍수이고, 묘상은 돌아가신 망인의 묘의 위치와 방향 등에 관한 풍수를 의미한다.

이상의 상학 중에서 가상과 묘상에 관한 학문인 풍수지리만 설명하고자 한다. 나머지 인상(印相), 명상(名相), 수상(手相), 인상(人相)은 다음으로 미루고자 한다.

풍수는 작게는 개인의 길흉과 크게는 국가의 흥망성쇠를 가늠한다고 믿었기에 옛날부터 논쟁을 하면서 발전하여 왔다. 즉, 개인이 발흥하는 것은 사는 집과 조상의 산소가 풍수적으로 좋아야 하고, 나라가 번영하려면 수도나 궁궐이 명당과 길지(吉地)에 제대로 들어서야 한다.

전해오는 우리나라 말 중에 '탈신공 개천명(奪神工 改天命), 인걸은 지령(地靈)이다, 좌청룡 우백호, 삼대 적덕을 해야 동대문의 남향집에 살 수 있다, 먹는 것은 아무것이나 가리지 말고 먹어도 잠자리는 가려서 자야 한다, 집짓고 삼 년 들고 삼 년 나고 삼 년 아무 일이 없어야 한다'는 말들은 모두 풍수와 관련된 말들이다.

'탈신공 개천명'이란 신의 조화를 차지해서 천명을 바꾼다는 말이다. 천명을 바꾼다는 말은 다른 말로하면 팔자를 바꾼다는 말이다. 팔자를 바꾼다는 것은 자신의 운명을 바꿀 수 있다는 것이다. 이만큼 풍수의 위력이 대단하다는 이야기이다.

'인걸은 지령이다'란 말은 위대한 인물은 땅의 영기(靈氣)를 받지 않고는 태어나지 못한다는 말이다. 인간의 인물 됨됨이와 능력은 땅의 영기를 받고서 태어난다는 말이다. 그만큼 풍수의 영향력이 인간에게 크다는 말이다.

'삼대적덕을 해야 동대문의 남향집에 살 수 있다'는 말은 풍수와 적덕과의 관계를 나타낸 말이다. 풍수의 양택풍수에서 가장 바람직한 명당 주택은 풍수적 이치에 맞게 동쪽 대문의 남향집을 최고의 명당으로 친다. 그런데 단순히 돈이 많아서 구하고 싶어도 인연이 닿지 않으면 그런 집을 구하기가 쉽지 않다는 것이다. 여기서 인연이란 어떤 인연이냐가 중요하다. 즉, 삼대적덕을 한 사람이라야 인연이 되어 명당에 집을 마련할 수 있다는 것이다. 적덕과 풍수의 명당의 관계를 나타낸 말이다. 정신물질 일원론적인 의미를 표현한 내용이다.

'집 짓고 삼 년, 들고 삼 년, 나고 삼 년'이란 말이 있다. 이는 집을 새로 짓고서 삼 년 동안, 그리고 '나고 삼 년'이란 조상이 돌아가신 후 산소를 쓰고 삼 년 동안 아무 일, 특히 흉한 일이 없어야 한다는 말이다. 그래야만 풍수적으로 문제가 없다는 의미이다. 그리고 '들고 삼 년'이란 옛날 대가족시대에 그 집안에 들어오는 며느리가 어떤 사람이냐가 매우 중요하던 시대에 새로 들어온 며느리로 인해서 삼 년 동안 집안에 불화가 없어야 문제가 없다는 것을 표현한 말이다.

1. 풍수지리

'풍수(風水)'라는 말은 장풍(藏風)과 득수(得水)라는 말을 줄인 것이다. 장풍이란 바람을 잠재우고, 득수란 물이 있어야 한다는 의미이다. 풍수학에서는 돌아가신 망자의 좋은 자리, 즉 묘지를 '음택(陰宅)'이라 하고, 살아 있는 사람이 살면서 생활하는 공간, 즉 집터를 양택(陽宅)이라고 한다. 풍수학은 바람직한, 즉 명당에 음택과 양택을 정하기 위해 연구하는 학문이다.

동양학에서는 이 우주에 꽉 찬 가장 기본적인 구성인자를 기(氣)라고 한다. 기는 앞에서 자세히 기술한 바와 같이 모든 것의 가장 기본적인 구성인자이고 모든 인간과 사물에 영향을 주고받는 인자이다. 이런 점에서 동양학은 기 하나의 개념으로 모든 것을 설명하고 있다. 풍수도 예외가 아니어서 기의 관점에서 발달한 학문이다.

이 세상의 인간을 비롯한 만물 만사는 기의 작용과 변화 원리에 의해서 생장소멸 한다. 즉, 기가 모이면 생명이 태어나고, 흩어지면 생명이 끊어진다. 결국 생과 사는 기의 취산(聚散), 즉 모이고 흩어짐의 결과이다. 이와 같이 생과 사의 핵심을 쥐고 있는 것이 우주 속에 꽉 차 있는 기의 작용이니, 이것이 생명의 본체라고 볼 수 있다. 그런데 이런 기운을 흩어지게 하는 작용을 하는 것이 바람이기 때문에 풍수에 있어서 가장 기피하는 것이 바로 바람이다.

이와 같이 우주의 본체는 바로 기로 형성되어 있기 때문에 그 기가 흩어지지 않는 곳, 또 기가 많이 모일 뿐만 아니라 가장 바람직하게 흐르는 곳을 찾는 방법론이 풍수학인 것이다.

일반인들은 기(氣)를 눈으로 볼 수 없고, 현대첨단 과학적 장비로도 측정이 불가능하기 때문에 주변 환경의 형상을 보고 알 수가 있다. 즉, 기는 형체(꼴)에 따라 유동되기 때문에 주변의 자연환경인 산세의 형태나 모양, 세력들을 보아 기의 강약과 장단을 인식할 수 있다.

득수(得水)란 풍수적으로 생기를 얻는다는 말을 의미한다. 풍수에서 물이란 생기의 본체를 의미하기 때문이다. 우주 간에 기가 없다면 물은 존재하지 못한다. 왜냐하면 기는 바로 물의 근본이 되기 때문이다. 이렇게 물의 근본이 되는 기의 유행을 정당하게 얻는 방법을 바로 득수라고 한다.

결국 풍수란 인간이 우주에 꽉 찬 기(氣)를 어떻게 잘 활용하는가에 대한 학문으로서 가장 핵심적인 방법론이 장풍과 득수이다. 장풍과 득수가 잘 된 지형이 가장 바람직한 묘지와 사람이 생활하는 집터가 되는 명당이라고 한다.

풍수는 글자 그대로 풍(風)과 수(水)라고 하는 바람과 물을 의미하는 두 개의 단어로 이루어진 용어이다. 왜 그러면 풍수에서 바람과 물이 중요하며, 그리고 바람과 물이 기와는 어떤 관계에 있는가? 이것이 풍수의 가장 기본이 되는 핵심내용이라고 볼 수 있다.

바람과 물은 지구의 곳곳을 흐르고 움직이며 순환하는 두 개의 자연요소이다. 또한 그것은 인간이 살아가는 데 있어서 필요한 기본요소이기도 하다. 바람 또는 공기는 사람이 숨을 쉬는 것과 같다. 우리는 호흡하지 않으면 곧 죽고 만다. 그리고 물은 생명수에 해당한다. 바람과 마찬가지로 물이 없다면 우리는 며칠 안에 목이 말라 죽게 될 것이다. 이처럼 바람과 물이 적절하게 결합하여 기후를 결정하고, 나아가 식량 공급에 지대한 영향을 미친다. 결국에는 생활 스타일, 건강, 에너지, 분위기에도 영향을 주게 된다. 그래서 사회 곳곳에도 큰 영향을 미칠 수 있다.

그러나 풍수의 본질은 기이다. 바람과 물은 본래의 흐르는 특성대로 기의 운반자 역할을 한다. 그러므로 풍수에서는 바람과 물은 형식적 개념이고, 본질적인 개념은 기이다. 기는 보이지 않는 실체이므로 일반적인 인간의 감각으로는 파악이 어렵다. 따라서 기를 파악할 수 있는 간접적인 방법으로 바람과 물을 보고 판단하는 것이다. 즉, 장풍과 득수가 잘 된 곳이 좋은 기가 잘 모여 있는 혈처(穴處)라고 판단하는 것이다.

장풍과 득수가 잘 된 곳을 판단하는 기준은 눈에 보이는 산세와 평야 등과 같은 지형지물의 모양과 위치, 방향 등 그리고 물의 존재 여부와 흐름 등을 보고서 판단한다. 그것은 곧 최종적으로 그 지역의 기가 어떠한가를 판단하는 객관적 기준이 되는 것이다. 그리고 그 기가 어떠한가를 근거로 최종적으로 명당이냐 흉지냐를 판단한다. 이 말은 아무리 장풍 득수가 잘 되어도 최종적으로 그 지역의 기가 바람직하지 않다면 의미가 없다는 뜻이다. 반대로 장풍 득수에 문제가 있어도 바람직한 기운이 있다면 그것은 바람직한 곳이다.

그래서 진짜 명당자리는 산의 겉모양을 보고서 잡는 것이 아니라 땅의 기운이 뭉친 혈자리를 찾아야 하는데, 이런 신묘한 이치는 글로써 표현하기가 어렵다. 그러므로 옛날 현철들은 한결같이 '천문은 오히려 쉽거니와 지리는 정말 어렵다'고 일러 왔던 것이다. 이렇게 어렵다는 지리는 오로지 심안(心眼)으로 통하고 직관으로 인지하는 것이지, 결코 이론으로 성취하는 분야가 아니라는 것이다. 그래서 '선무당 사람 잡고 반풍수 집안 망친다'는 말이 나왔다고 볼 수 있다. 풍수를 알려면 완벽하게 알아야지 설불리 알아서 잘못하면 큰일 난다는 말이다.

이것은 매우 중요하다. 풍수에서 본질적인 개념은 기이고, 장풍득수는 기를 판단하기 위한 형식적인 개념이기 때문이다. 형식에 지나치게 집착하여 본질을 잃어버리면 주객이 전도되는 오류를 범할 수 있다. 따라서 만약 땅속의 기를 정확하게 측정할 수 있는 기계가 개발되어서 곳곳의 기를 정확하게 측정할 수 있다면 어렵고 힘든 풍수문제는 해결된다. 그렇게 되면 모든 사람들이 어렵지 않게 명당에서 살 수 있고 조상을 모실 수 있다.

1) 양택풍수

양택풍수란 인간의 생활공간인 가정의 주택과 각종 건물의 사무실과 각종 업무공간에 관한 풍수를 말한다.

이 우주는 기로 꽉 찬 공간이고 인간과 만물 만사는 기의 작용과 변화 원리에 의해서 영향을 받고 있기 때문에 기를 무시하고는 이해가 불가능하다. 따라서 인간의 건강을 비롯한 모든 문제는 기의 소행이다. 뿐만 아니라 조직과 국가의 흥망성쇠도 기의 영향을 벗어날 수 없다. 따라서 기의 학문인 동양학을 모르고는 우주 삼라만상의 변화를 이해할 수 없다.

양택풍수란 인간의 생활공간인 가정과 사무실 및 업무공간의 기의 흐름과 조화 문제를 연구하는 풍수이론이다. 인간이 생활하는 공간의 기 흐름과 그 공간에서 생활하는 사람의 기의 조화가 인간의 건강을 비롯한 운에 영향을 준다는 것이다. 그래서 인간의 건강과 운명에 좋은 영향을 주도록 하기 위해서 생활공간의 기운을 개선하기 위해 연구하는 학문이 양택풍수이다.

양택풍수에서 고려하는 내용은 첫째, 주택과 건물의 위치와 방향이 주변의 자연환경과 어떤 관계가 있는가를 연구하는 대풍수 이론이 있다. 즉, 주택과 건물의 위치와 방향이 주변의 산과 들 그리고 강과 하천 등의 지형지물과 어떠한 관계에 있는가를 고찰하는 학문을 대풍수(大風水) 또는 자연풍수이론이라고 한다. 둘째, 소풍수(小風水)이론으로서 주택과 건물 내부 공간의 배치와 크기, 대문의 위치, 담장의 높이, 건물의 벽과 바닥의 색깔 그리고 각종 가구와 물건의 위치 등에 관해 연구하는 학문이 있다. 소위 이를 현대적인 표현으로 실내풍수, 즉 풍수인테리어가 여기에 해당한다.

2) 음택풍수

우리나라 역사에서 음택풍수, 즉 묘지풍수에 관한 전설적인 이야기들이 많이 있다. 원광대학교의 조용헌 교수가 지은 『500년 내력의 명문가 이야기』에 우리나라 유명한 15가문에 대한 내력이 소개되어 있다. 주 내용이 풍수와 관련하여 복을 받아서 오늘날 각계의 유명인을 많이 배출하였다는 것이다.

소개된 내용 중에서 어느 가문은 선대에서 적선을 많이 하여 그것으로 인해서 조상을 명당 터에 모시게 되었고, 그 결과 그 집안이 크게 발복하여 현대에 와서 각계의 훌륭한 지도급 인재를 많이 배출하였다는 내용이다.

조상을 명당 터에 모시고 발복하여 그 집안이 잘되게 되었다는 이야기는 어제 오늘의 이야기가 아니고, 우리의 민간 차원에서 오래도록 전해오는 일반화된 이야기이다.

음택풍수는 조상을 좋은 터에 모시면 그 터의 기운이 동기감응이론에 의해 그 후손에게 좋은 영향을 주어서 그 후손이 잘 된다는 이론이다.

음택풍수의 이치는 인간에게 영혼백이 있어서 죽으면 영혼은 하늘로 올라가고, 백은 뼈와 함께 묘지에 남는다는 것이다. 이를 체백(體魄)이라고 한다. 그리고 뼈에 남아 있는 체백의 영향이 후손에게 미친다는 것이다. 만일 묘지에 남아 있는 체백이 좋은 터, 즉 명당에 있으면 편안하게 되고, 그렇게 되면 후손에게 좋은 영향을 주고 그 결과 후손은 운이 좋아져서 하는 일마다 잘된다는 것이다. 이때 조상의 묘지에서 후손에게 영향을 주는 원리를 동기감응(同氣感應)의 원리라고 한다. 동기감응이란 돌아가신 조상과 같은 기운의 사람에게 조상 터의 기운이 전해진다는 이치이다. 즉, 같은 기운끼리 감응하여 영향을 받는다는 것이다.

풍수의 시조라는 중국 진나라 사람 곽박(郭璞)이 지었다는 풍수의 근원적인 경전인 『금낭경(錦囊經)』의 첫머리에 다음과 같은 글이 있다.

돌아가신 조상을 땅에 매장하는 장사는 땅속의 생기가 있는 혈(穴)자리에 하는 것이다. 여기서 중요한 것은 생기가 있는 혈자리가 중요하다는 것이다. 오행의 기운이 땅속에 흐르고 있으니 이를 찾는 것이 핵심이 된다. 무릇 사람은 부모의 몸으로부터 태어나므로 부모의 유골이 생기를 탈 수 있으면, 자손들이 음덕을 받아서 자손이 흥하고 복될 것이다.

이러한 음택풍수의 원리 때문에 돌아가신 조상을 잘 모시기 위해 좋은 터를 구하고자 하는 것이 음택풍수의 핵심이다. 그 내용은 양택풍수와 다를 것이 없다. 다른 점은 양택풍수는 살아 있는 사람이 사는 주택을 위한 풍수이고, 음택풍수는 죽은 자를 위한 묘지풍수이다.

음택풍수의 핵심은 돌아가신 조상을 잘 모시기 위한 효에 바탕을 둔 후손으로서의 도리이다. 그리고 그러한 행위의 결과 덤으로 후손이 좋은 영향을 받는다는 것이다. 즉, 조상을 잘 모시고자 하는 효의 마음에서 좋은 터를 구하는 마음이 중요하다. 여기서 중요한 것은 살아 있는 후손이 잘되기 위해서, 즉 이해관계로 조상을 잘 모시고자 하는 것이 아니라는 것이다. 어디까지나 조상을 편안히 모시고자 하는 후손의 효성스러운 그리고 정성스러운 마음자세가 우선적으로 중요하다는 것이다. 그렇지 않고 살아 있는 후손이 잘되기 위해서, 즉 이해관계로 조상을 잘 모시려고 하는 것은 잘못된 마음이고, 그렇게 되지도 않는다는 것이다.

『주역』 곤괘 문언전에 "積善之家는 必有餘慶하고 積不善之家는 必有餘殃하나니(선을 쌓은 집안은 반드시 남은 경사가 있고, 착하지 않은 것을 쌓은 집은 반드시 남은 재앙이 있나니)"라는 말이 있다. 즉, 선을 많이 쌓은 집안은 반드시 경사스러운 일이 많이 있고, 착하지 않은 일을 많이 쌓은 집안은 반드시 재앙이 있다는 말이다. 이 말의 내용을 여러 사례에 적용하여 설명할 수 있으나, 풍수에서도 이 말의 내용이 적용된다고 본다. 즉, 사람이 살아생전에 좋은 일을 많이 하면 하늘의 도움을 받아서 좋은 터에 묻히고 그렇게 되면 망자가 편안해지며 그 결과 후손에게 좋은 영향을 주어서 후손들이 건강하고 하는 일마다 잘 되어 그 집안에 경사스러운 일이 많다는 것이다. 반대로 악행을 많이 저지르면 명당 터에 묻히지 못하고 흉지에 묻히게 되고 그렇게 되면 후손에 나쁜 영향을 주고 그 결과 재앙이 따른다는 것이다. 결국 풍수사상은 인간의 적덕과 명당발복 그리고 가문의 경사의 관계를 이치적이고 과학적으로 설명해준다고 볼 수 있다.

공자 왈 맹자 왈 하면서 윤리 도덕적 내용을 일방적으로 강요하는 것보다 풍수사상에 의해서 이치적으로 과학적으로 선한 행동을 많이 하고 악한 행동을 못하도록 설득하는 것이 훨씬 현대인들에게 가슴에 와 닿는 윤리도덕 교육이다. 주역이 이점에서 다른 동양학과 다르다. 풍수사상과 이론을 국민교육 차원에서 많이 연구하여 보급하면 매우 바람직한 국민윤리교육이라고 본다.

그런데 풍수사상이 우리 조상들이 수천 년 연구하여 전해오는 지혜인데도 불구하고 이를 계승하여 발전시키는 데 노력하지 않고, 오히려 현대에 와서는 풍수사상의 근본적인 내용이 많이 훼손되었다. 일반인들뿐만 아니라 제도권의 지도층들까지도 풍수사상의 내용을 많이 왜곡시켜 잘못 보급하고 있다. 안타까운 일이다. 예를 들면 국가에서는 조상 산소를 자연파괴의 원인으로 치부하여 화장을 하여 납골당을 권장하고, 국민들 중에는 이해관계로 조상을 잘 모시려고 많은 돈을 주고 풍수사를 모시고 명당을 찾아 헤매는 일들은 잘못된 행위이다. 이런 행위는 조상을 잘 모시려고 하는 효를 바탕으로 나타난 정책이 아니고, 살아 있는 사람의 이해관계로 그런 행위를 한다는 점에서 심히 유감스러운 일이다. 그러니 지하의 조상님들과 하늘의 신이 뭐라고 생각을 하겠으며, 그리고 국민들의 조상에 대한 정신교육은 어떻게 되겠는가? 동방예의지국이요 조상을 잘 모시는 우리의 전통적인 효와 민족혼의 관점에서 보면 전혀 이해가 되지 않는 정책과 행위이다.

동양학은 서양과학의 고전물리학인 뉴턴 역학적 과학관과 다르게 정신물질 일원론적 학문이라는 점을 풍수에서도 느낄 수 있다. 인간이 의식 또는 생각과 육체로 구성되어 있는 것과 같이 인간의 생활은 정신세계가 있고 물질세계가 있다. 그런데 동양학에서는 정신세계와 물질세계가 상호관계가 깊다는 것을 앞에서 많이 강조하였다.

풍수에서는 인간의 정신세계인 윤리 도덕적 선한 행위가 인간의 물질적 세계와 관계가 깊음을 입증해주고 있다. 인간이 살아생전에 적선을 많이 쌓으면 그런 선한 행위로 인하여 죽어서는 명당 터에 묻히고, 그렇게 되면 명당발복으로 인해서 후손이 건강하고 하는 일마다 잘 되어서 부귀영화를 누린다는 것이다. 즉, 정신적 선한 행위와 명당발복 그리고 가문의 경사가 상호관계가 깊다는 것이다.

이것은 정신세계인 선한 행위와 물질적 부귀영화가 이치적, 즉 과학적으로 관계가 있음을 나타낸 것이고, 이는 정신물질 일원론적인 과학관의 한 예라고 볼 수 있다. 반대로 악한 행위로 인해서 죽어서는 흉지에 묻히고 그렇게 되면 후손에 좋지 못한 영향을 주고 그 결과 후손의 건강이 나빠지고 불행한 삶을 살게 된다는 것이다.

제5절 산학

산학(山學)이란 육체와 정신수련에 의해 몸과 마음을 굳세게 하여 인간완성을 목적으로 하는 술법이다. 즉, 인간의 삶에 대한 궁극적 의미와 가치를 알고자 깨달음의 경지에 도달하기 위한 접근방법을 의미한다. 옛날에는 산에 가서 수련을 하였기 때문에 산학이라고 불렀다.

깨달음이란 무엇인가? 실로 삶의 의미를 찾던 모든 이들이 태곳적부터 지금까지 단 한 번도 쉬지 않고 우리에게 던졌던 질문이다. 깨달음에 대한 이해가 자신에게 너무나 값지고 자신의 행복에 너무도 소중했기에 사람들은 시공을 넘어서 온갖 고난과 역경을 무릅쓰고, 심지어는 사회적인 추방까지도 감수하면서 전력을 다해 그 해답을 발견하려고 애를 썼다. 그들을 이끈 힘은 자기 자신을 알려는 충동이었다.

'나는 누구인가?', '나는 어디서 왔는가', '나는 지금 왜 여기 이 자리에 있는가?', '나는 지금 어디로 가고 있는 것일까?', '인생이란 대체 무엇인가?', '인간의 삶의 궁극적 의미는 무엇인가?' 이 모든 의문의 맨 밑바닥에 하나의 명제가 도사리고 있으니, 그것이 바로 '깨달음이란 무엇인가?'이다.

오늘날엔 더 많은 사람들이 그 길을 찾아가고 있다. 해답도 명쾌하지 않고 행복이란 것도 시원하게 안겨주지 않는 현상계에 끊임없이 불평을 터뜨리면서도 사람들은 그 길을 가고 있다. 의식의 본질을 연구하는 과학자들이나 소위 깨달음의 진정한 가치를 막연하지만 흥미롭게 받아들이는 호기심 어린 사람들까지도 바로 이 유서 깊은 질문을 던지고 있는 것이다. 그리하여 깨달음의 이해에 관련된 단체나 사람들도 역사상 처음으로 사업적인 성공을 구가하고 있는 실정이다. 말하자면 깨달음이 거대한 사업거리가 된 셈이다. 사람들과 격리된 고독한 산중에서 수십 년에 걸쳐 자기 자신과 싸우던 진지한 수행의 모습도, 넘실거리는 광고의 물결에 싸여 이제 찾으려야 찾을 길이 없게 되었다. 바야흐로 깨달음이 모든 사람을 위한 시대가 된 셈이다(존 화이트, 『깨달음이란 무엇인가』).

한국정신과학연구원 박병운 박사의 정신수련법을 근거로 하여 깨달음에 이르는 수행법에 대하여 다음과 같이 설명하고자 한다.

동양사상의 가장 큰 특징은 모든 것은 그 근원이 하나라는 사상이다. 모든 만물은 하나인 태극에서 비롯되었으며, 아무리 분리되어 있다고 하더라도 그 근본은 결국 하나이기 때문에 모든 만물은 공통적인 그 '하나'를 다 가지고 있다고 생각한다.

현재까지 전해져 오는 동양 사상들 천부경, 주역, 노장사상, 유교, 불교 등은 이와 같이 현재서양 과학사상과는 완전히 다른 우주관을 표현하고 있다. 따라서 동양의 전반적인 과학은 이 사상에 기반을 두고 있기 때문에 이들의 이해는 필수적이며, 물질과학과는 전혀 다른 정신과학의 기초를 다지는 역할을 할 것이다.

이를 위한 접근방법에는 크게 정신수련에 의한 직접접근법과 학문적인 연구에 의한 간접접근법의 두 가지가 있다.

첫째, 직접접근법을 다른 말로 하면 시사규례(施事規例)라고 하며 이는 논리나 이성에 근거한 학문적인 것을 떠나서 정신수행을 통해서 인간의 본성에 직접 다가가 견성에 이르는 깨달음의 경지에서 직관적으로 사물의 이치를 그대로 인식하는 접근방법이다.

둘째, 간접접근법인 학문적 연구는 육사이화(六司理化)라고도 하며 각각의 다양한 분야를 이성적, 논리적인 학문으로 연구하고 이해함으로써 근원에 접근하여 깨달음에 이르는 방법이다.

동양의 학문은 정신적인 깨달음에 의해 형성되어 각 분야에 응용된 것이기 때문에 그의 학문적 접근은 마치 나뭇가지의 끝에서 줄기를 따라 뿌리에 접근하는 것과 같다. 이 두 가지 접근방법에 대하여 간단하게 논술하여 본다.

1. 정신수련법(시사규례)

정신수련법이란 정신의 능력을 일깨워 인간과 우주의 근본을 깨우치게 하는 방법을 말한다. 예로부터 여러 가지 방법이 전해오고 있으며, 모두가 완전한 깨우침이라는 공통된 목표를 지향하고 있지만 다양한 접근방법들을 사용하고 있다. 마치 원의 중심은 하나지만 원주상에는 무수한 점들이 있고 그 점으로부터 중심으로 가는 길도 무수히 많은 것과 같다.

흔히들 조심(調心), 조식(調息), 조신(調身)의 세 가지가 이루어졌을 때 이러한 깨달음에 이를 수 있다고 하는데, 이들 각각이 별개로 분리되어 있지 않으며 어느 하나를 하다 보면 자동적으로 다른 것들도 수련하기 때문에 서로 밀접하게 연결되어 있다. 따라서 들어가는 문이 이 세 가지 중 어느 것을 강조하는가에 따라 이 정신수련법들을 다음과 같이 크게 다섯 가지로 분류할 수 있다. 이 수련법들의 가장 공통된 기본은 바로 정신집중법이다. 이를 구체적으로 나타내면 호흡수련법, 주문법, 관법, 영가무도법, 육체수련법 등이 있다.

먼저 호흡수련법에는 여러 가지 방법들이 전해 내려오고 있는데 그 방법에 따라서 숨을 멈추지 않는 조식법과 숨을 멈추는 지식법의 두 가지가 있다.

조식법은 정신을 밝히는 데에 중점이 있으며, 지식법은 육체의 단련에 중점이 있다. 따라서 정신수련법에는 조식법이 주종을 이루고 차력과 같은 순간적인 기의 운용에는 지식법이 주종을 이루고 있다. 하지만 조식이나 지식도 어느 수준 이상이 되면 숨의 전환점에서 멈춘 것도 아니고, 멈추지 않는 것도 아닌 미묘한 상태로 빠지게 되며 호흡의 길이가 늘어남에 따라 숨을 쉬는 것도 아니고 쉬지 않는 것도 아닌 아주 미세한 호흡상태, 소위 태식이라고 일컫는 상태로 발전하기 때문에 올바르게 하면 둘 사이의 구분은 어려워진다. 따라서 구태여 구분을 하자면 지식은 의지적으로 숨을 멈추는 경우로 국한해야 한다. 자연스러운 지식은 결국 조식으로 발전하게 된다.

주문법도 무수한 방법들이 전해오고 있다. 주문이란 특별한 의미를 가지고 있는 진언을 뜻할 수도 있으나, 아무런 의미를 가지고 있지 않으면서 단순히 정신집중의 수단으로 사용되는 것도 많다. TM명상이 그 대표적인 것으로 이것은 진언보다는 이를 통한 정신집중이 더 중요하다. 그리고 우리나라에서 전통적으로 내려오는 것들로서 가장 유명한 것은 은나라 말기의 태사인 문태사를 구천응원 뇌성보화천존으로 모시면서 외우는 옥추보경이 있다. 주로 무당들이 외우는 경으로 유명하지만, 이런 주문들은 우주상에 특별한 에너지 장을 형성하여 거기에 맞는 신장들을 불러들여 그들의 힘을 빌리는 수단으로 사용된다. 하지만 주문수련도 결국은 고도의 정신집중을 요구하며 이런 정신집중상태에서 평소에는 경험할 수 없는 신비한 정신세계를 경험하게 되므로 외부의 신장들을 부른다고 하지만 결국은 자신의 정신력을 일깨우는 방향으로 나아가게 된다.

관법은 그 범위가 아주 광범위하다. 여기서 단순히 관법이라는 범주로 분류하는 것에는 보는 관점에 따라 달리 분류할 수도 있다. 그 대표적인 것으로 불교의 사념처법이다. 이를 또한 비피사나 명상법이라고도 하는데, 현대에는 인도의 라하나마하리시의 '나는 누구인가'라는 관법이 같은 부류에 속한다. 이 방법들은 자신의 생각이나 호흡, 육체 등이 현화하는 상태나 흐름을 객관적인 관점에서 그 생장멸의 과정을 관찰하면서 그러한 변화의 근원에 대한 의문을 제기하여 파고들어가는 방법이다. 이것은 호흡법처럼 일정하게 정해진 형식이 없으며 자유롭게 익힐 수 있기 때문에 쉬운 듯이 여겨지지만, 결국 엄청난 정신집중력을 요구한다. 불가의 화두참선이나 도가의 무위도식도 넓은 의미에서 관법의 하나로 볼 수 있다. 또한 색다른 방법이지만 우리나라 고유의 산법(산대를 이용한 산수 계산법)도 관법 수련의 한 방법이다.

이 관법의 중요한 요결은 바로 관하는 주체가 관하는 객체를 이성적으로나 논리적으로 이해하고 파악하려고 해서는 안 되며, 그 자체와 하나가 되어 매 순간 생생하게 관하고 있어야 한다는 것이다. 이 경계가 바로 주가 객이면서 객이 아니고, 객이 주면서 주가 아닌 그러한 상태를 일컫는다.

영가무도법이란 인간이 자연과 완전히 하나가 되도록 자신의 의지를 벗어던지고 수동적인 자세로 자연의 흐름에 몸과 마음을 완전히 맡기는 방법이다. 여기에는 예술이나 체술 등이 속하는데, 우리나라의 창이나 춤 등이 가장 대표적인 것이라 할 수 있다. 인도의 라즈니쉬나 불가의 선무, 단학계통의 단무 등도 모두 자신을 완전히 자연에 맡기고, 그 변화나 흐름과 하나가 됨으로써 새로운 정신세계를 경험하게 되는 것이다. 이것은 결국 우리의 가락이나 춤, 체술 등이 자연에 몰입된 어떤 경지를 나타내는 표현의 수단이라는 것을 의미한다.

육체수련법은 말 그대로 자신의 신체를 단련하는 과정에서 정신적인 깨달음을 얻는 것을 의미한다. 이는 정신과 육체가 하나라는 관점에서 본다면 쉽게 이해할 수 있는 것이다. 불가에서는 육체를 결국 멸하여 사라지는 존재로서 그 가치를 소중하게 여기지 않는 듯싶으나, 사실은 정신을 담은 그릇으로서 지극히 소중하게 다루고 있으며 단지 불변의 진리에 대한 탐구의 경계 방편인 것이다. 선도계통에서는 육체를 영원히 보존하기 위해 수많은 방법들이 개발되었다. 인도의 하타요가나 불가의 선무도, 선도의 도인술 등이 대표적인 것이다.

이상의 방법들은 정신과학을 연구하기 위한 기본적인 요구 조건이 되는 것이다. 이를 통하여 인간과 자연의 본질에 대한 깊은 통찰과 깨달음을 얻는 것이 연구의 전제조건이다. 이런 방법들은 수천 년 동안 계승되면서 나름대로 여러 유파를 발생시키고 다양하게 발전되어 왔다. 이제 이 방법들을 현대의 급변하는 사회생활에 맞게 개발하면서, 더 효율적으로 인간의 본성과 우주의 근본을 깨우치는 방법을 개발하기 위해 연구해야 한다.

2. 학문적 연구(육사이화)

동양의 가장 중요한 학문 분야는 바로 역(易)의 사상이다. 역은 '변한다'는 것을 의미하기도 하고, '쉽다'는 것을 의미하기도 한다. 즉, 우주는 항상 변화하며, 그 자체로서 완전하기 때문에 알기 쉽다는 것이다. 이 역의 기본이 되는 기(氣)와 태극 그리고 음양오행사상은 동양학의 거의 모든 분야의 기본이 된다. 따라서 동양학을 이해하기 위해서는 기(氣)와 태극 그리고 음양오행사상을 반드시 이해해야 한다.

우리나라에서 고유하게 전해져 온 것으로 알려진 천부경에도 태극과 음양사상이 그대로 담겨 있다. 천부경은 주역보다 1000여 년 앞서 만들어진 우리나라

역이다. 주역과 천부경에서는 우주를 천지인으로 구성되어 있는 것으로 나타내고 있다. 천지인은 다시 천문, 지리, 인사에 대한 학문으로 따로따로 발전되었지만, 그것은 결코 분리되어 연구될 수 없는 것으로써 서로의 상관관계를 반드시 연구해야 완전하게 이해되는 학문이다. 왜냐하면 천지인도 태극 하나에서 분화된 것이므로 그 근원은 모두 하나로 귀착된다.

동양학의 학문적 체계에 대한 내용은 제3부의 동양학이란 무엇인가의 동양학과 동양과학의 개념에서 자세히 서술하였으므로 참고하기 바란다.

사실상 주역과 천부경은 인간과 우주 삼라만상이 하나라는 궁극적 깨달음에 다다른 최고의 성인이 일반 범인들이 우주 삼라만상의 이치를 이해할 수 있도록 문자와 부호로 체계화해 놓은 학문이다. 즉, 궁극적 깨달음에 이르지 않은 범인들이 쉽게 우주 삼라만상의 궁극적인 진리를 배워서 이해할 수 있도록 성인이 만들어 놓은 학문이다. 따라서 우리는 이런 학문을 미신이고 비과학이라고 무시하거나 의심하지 말고 사실로 받아들여서(assume) 배우고 연구하여 우리들의 모든 생활에 활용하면 된다. 예를 들면 현대사회의 필수품인 컴퓨터의 경우, 컴퓨터에 대한 그 구체적인 원리와 이치를 몰라도 쉽게 일반인들이 사용할 수 있도록 해놓은 것처럼 말이다. 일반인들은 컴퓨터를 만든 컴퓨터의 복잡한 원리를 몰라도 쉽게 생활에 사용할 수 있도록 전문가들이 만들어 놓았으므로, 의심하지 않고 조작하여 생활에 활용하는 것과 같이 말이다.

사실상 이런 점에서 볼 때 동양학은 이미 우주 삼라만상의 궁극적인 진리를 일반인들이 이해하고 배울 수 있도록, 최고의 깨달음을 얻은 성인이 만들어 놓은 학문이다. 그러나 서양과학은 아직 이런 동양학의 수준에 미치지 못하고, 그런 수준에 도달하기 위한 과정에 있다고 볼 수 있다. 그러므로 서양과학이 더 많은 연구를 하여 더 발전하면은 비로소 동양학의 수준에 도달할 수 있다고 볼 수 있다. 그런데 서양과학의 수준과 기준에서 동양학을 이해하지 못한다고 무시하고 미신이라고 하면 그것은 잘못된 것이다.

3. 깨달음과 주역

1) 깨달음이란?

나는 존 화이트(John White)가 편저한 『깨달음이란 무엇인가(What is Enlightenment)』
란 책을 읽고 많은 것을 느꼈다. 제일 먼저 느낀 것은 우리의 정신세계에 대한
보물인 전통적 학문을 저들에게 도둑맞은 기분이다. 우리가 늦게 배운 물질과
학 물질문명에 정신을 못 차리고 있는데, 저들은 물질세계를 넘어서 정신세계
의 어느 경지에 가 있으니 참으로 부끄러운 일이다. 늦게 배운 도둑질에 밤새는
줄 모르고, 중이 고기 맛을 알면 빈대가 남아나지 않는다더니 우리가 그 짝이
아닌가 생각된다.

존 화이트는 의식의 탐구 분야에서 세계적인 명성을 얻고 있는 저술가이자 편
집자이다. 그는 다트머드와 예일대학에서 학위를 받았고 미국과 캐나다 각지를
돌며 강연과 세미나를 가졌다. 그는 인간의 잠재능력과 천체 연구단체인 Institute
of Noetic Sciences의 교육 담당과 Alpha Logic의 회장을 맡고 있다. 그의 편저의
서문인 편집자의 글을 중심으로 깨달음에 대한 내용을 고찰해보고자 한다.

우리가 일상적으로 알고 있는 최고의 성인 고승들 그리고 현대사회의 수행자
들이 한결같이 말하는 궁극적 깨달음이란 무엇인가에 대해 알고 싶어서 물어보
고 말해보면, 한결같이 말하기를 깨달음이란 말로 나타낼 수 있는 것이 아니라
고 한다. 원래 이름이나 상징을 떠나서 언어를 통한 묘사가 제 아무리 시적이고
암시적이더라도, 직접적인 체험을 통하지 않고는 이해할 수 없다는 것이다.

언어도, 이미지도, 개념도 절대로 불가능하다. 정신이 아무리 날카롭고 예리
해도, 그리고 지능이 아무리 교묘해도 그것들은 결코 깨달음을 포착할 수 없다.
논리, 분석, 모든 이성적 정신활동으로도 불가능하다. 상징은 드러난 부분만큼
감춰져 있으며, 언어는 다만 진리에 관한 것일 뿐 진리 그 자체가 될 수 없다.

깨달음에 관한 독서가 영적인 수련이나 성전의 실행을 대신해서는 안 되는
것이다. 실제적인 체험이 있어야 한다. 나아가서 제 아무리 힘을 들이더라도 깨
달음은 성취될 수 없다. 다만 발견될 따름이다. 이미 인간은 깨달아 있다는 것
이다. 그런데 현실에 눈이 멀어서 모르고 헤매고 있을 뿐이라는 것이다. 그래서
불교에서는 모두가 부처라고 했으며 모두가 불성을 갖고 있다는 것이다.

깨달음이란 인간의 타고난 권리인 것이다. 천부의 권리를 주장하는 것이 쉬운 일은 결코 아니다. 은총은 하늘에서 비처럼 떨어진다. 하지만 역시 비처럼 적절히 '받으려는' 그릇을 준비해야만 붙잡힌다. 그 준비란 의식의 변화를 의미한다.

불교에서 부처(佛)란 인도말로 붓다(Buddha)라고 하는데, '깨친 사람'이란 뜻이다. 부처님의 가르침이란 본래 인간의 자성 법성을 바로 깨치는 길, 즉 깨치는 방법을 가르치는 것이 근본이다. 그런데 그 깨치는 방법이 자기 스스로가 선정(禪定)을 닦아 자기의 자성을, 일체 만법의 법성을 바로 깨쳐서 부처가 되는 데 있다. 즉, 불교에서는 부처가 되는 성불이 목적인데 언어문자에 의한 언설과 이론만 가지고는 불가능하다는 것이다. 그러므로 팔만대장경은 깨달음에 이르기 위한 일종의 노정기, 즉 안내문에 지나지 않는다. 결국 동양의 신비사상가들은 궁극적인 실재는 추론, 즉 드러낼 수 있는 지식의 대상이 될 수 없다고 거듭 주장한다. 그것은 우리의 언어나 개념의 근원이 되는 감각이나 지성의 영역 밖에 있는 것이기 때문에 말로써 적절하게 기술될 수 없다는 것이다.

사실상 어떤 인식 대상에 대한 정확한 이해의 어려움은 보이지 않는 정신세계뿐만 아니라 보이는 객관의 세계인 물질세계를 연구하는 서양과학에서도 마찬가지이다. 즉, 객관적 사물을 언어, 문자를 통해 기술하고, 이해 설명하는 데도 마찬가지이다. 다만 정도의 차이 문제라고 본다.

정자가 쓴 『주역전의』의 서문에 "得於辭不達其意者有矣 未有不得於辭而 能通其意者也(글을 얻더라도 그 뜻에 통달하지 못한 자도 있지만, 글을 얻지 못하면 그 뜻을 통할 수 있는 사람은 없다)"라는 말이 있다. 말을 들어도 그 뜻을 알지 못하는 자가 있는데, 하물며 말을 듣지 않고서는 그 뜻을 알 수 있는 자가 없다는 의미이다. 여하튼 사물에 대한 의미를 알기 위해서는 불완전하지만 일단은 그 사물에 대한 언어문자로 된 설명을 들어야 한다는 것이다. 그래야 불완전하지만 그 사물에 대한 의미를 일차적으로 이해할 수 있는 단초가 되고 이를 근거로 더욱 궁구하고 수행하면 완전한 이해에 가까이 갈 수 있다는 의미이다.

그래서 실제 체험을 통해서만 인식할 수 있는 정신수련에 의한 깨달음의 본질을 언어문자로 가능한 가까이 비슷하게 이해할 수 있도록 서술해보고자 한다.

정신세계의 최고의 경지에 도달한 신비한 경이적인 각성의 순간을 리처드 버크는 '우주의식'이라고 불렀으며, 붓다는 그 경지를 니르바나(Nirvana), 즉 열반이라고 하였고, 예수는 '하느님의 왕국' 또는 '천국'이라고 불렀다. 성 바울은 그것을 '그리스도'라고 불렀다. 모하메드는 '가브리엘(Gabriel)', 단테는 '베아트리체(행복 만들기)', 휘트먼은 '나의 큰 영혼', 카프라는 '절대지(absolute knowledge)'라고 불렀다.

최고의 경지를 경험한 우주의식의 상태를 글로 표현하면 세부적인 부분은 당사자만이 알 수 있기에 상당한 차이가 존재하는 것이 당연하지만 다음 몇 가지의 공통점이 있다.

첫째, 아무런 사전 경고도 없이 갑자기 화염이나 장밋빛 구름 속으로 침잠하는 느낌을 갖게 된다. 혹은 마음 자체가 그러한 구름이나 안개로 채워지는 느낌을 가질 수도 있다. 둘째, 바로 그 순간에 희열, 확신, 승리, 구원의 정감에 흠뻑 젖게 된다. 셋째, 앞에서 말한 감각 또는 정서적 경험과 동시 아니면 곧바로 뒤따라서 묘사하기 힘든 지성의 각성이 나타난다. 마치 한 줄기 섬광처럼 만물의 목적과 의미에 대한 뚜렷한 개념이 그의 의식에 나타난다. 그리고 자아의식으로 보면 죽은 물질로 만들어져 있는 우주가 사실상 그와 전혀 다른 살아 움직이는 실체임을 느끼게 된다. 그리고 이 세계를 떠받치는 원리는 사랑임을 알게 되고 일상적인 자아의식에 속한 개념이 스러짐에 따라서 거대한 전체의 개념을 얻게 된다. 넷째, 도덕적 향상과 지성의 각성을 따라서 불멸의 감각이 찾아온다. 다섯째, 각성과 함께 죽음의 공포가 마치 낡은 가면처럼 떨어지고 죄의식에서도 해방된다. 이 세상에서 빠져나와야 할 죄의 존재가 더 이상 보이지 않는 것이다.

2) 수행의 목적

수행의 목적은 깨달음의 완성을 의미한다. 이를 단적으로 표현하면 '의식의 궁극적 확장'이라고 볼 수 있다.

의식에는 단순의식과 자아의식 그리고 우주의식이 있다. 단순의식은 동물적 차원의 생물학적 의식을 의미하고, 자아의식이란 독립된 개체로서 주체적 에고적이며, 일상적이고, 현실적인 의식을 의미하며, 우주의식은 궁극적 깨달음의 경지에 다다른 최고의 의식을 말한다.

인간은 나서 자라면서 모든 것으로부터 배우고 경험하면서 자신의 의식이 확장되고 결정된다. 이는 어떻게 배우고 경험했느냐에 따라서 인간의 의식의 상태가 결정된다고 볼 수 있다. 그런데 인간의 현실적인 의식은 그 사람이 배우고 경험한 제한된 범위 내의 의식이다. 이는 다른 의미로 말하면 궁극적인 깨달음의 경지에 다다른 의식의 상태가 아니다. 이런 의식을 가진 현실 속의 인간은 탐진치의 굴레를 벗어나지 못하여, 자기 연민, 독단, 분노, 탐욕, 불안과 불만, 방황, 그리고 절망 등과 같은 고뇌와 망상에 시달리면서 하루하루를 힘겹게 살아간다고 볼 수 있다.

그러면서 이를 벗어나 궁극적이며 흔들림 없고 걸림 없는 최고의 정신적 상태에 도달하고자 하는 생각을 하게 되고, 이를 위한 구체적인 방법으로 각종 정신적 수련법들이 나타나고 있으며 이를 운영하는 각종 수련단체도 많이 있다.

깨달음의 단계에 이르는 수행이나 방법에는 각 종교마다 그리고 수행단체마다 매우 다양하다. 길은 수없이 많으나 궁극적인 목적지는 같다. 즉, 깨달음의 경지에 도달하는 수행방법인 접근방법은 수없이 많다는 것이다. 그런데 이들 방법을 크게 분류하면 앞에서 언급한 바와 같이 두 가지가 있다. 즉, 육사이화와 시사규례가 그것이다. 육사이화는 학문적 탐구에 의해서 깨달음에 이르는 방법이다. 이렇게 깨달음에 이른 대표적인 성인이 공자이다. 시사규례는 정신수련을 통해서 깨달음의 경지에 도달하는 접근방법을 말한다. 그의 대표적인 성인이 석가, 예수이다.

깨달음을 추구하는 자들의 모든 의문의 맨 밑바닥에 하나의 공통된 명제가 도사리고 있으니 그것이 바로 '깨달음은 무엇인가?'이다. 예를 들면 불교는 내 안의 진아로 돌아가서 진정한 나를 찾아서 궁극적 단계에 이르는 열반, 즉 최상의 행복에 이르고자 수행하고 이를 회광반조라고 한다. 이런 단계에 이른 사람들은 이 세상 무엇과도 바꿀 수 없는 희열과 행복감을 느낀다고 한다. 기독교 성경에서는 '나는 진리요 길이요 생명이요', '나 이외의 신을 믿지 말라'에서 '나'는 내 안의 진아를, 내 안의 신을 의미한다고 볼 수 있다.

깨달음의 궁극적 단계의 이름과 상징으로서 사도 바울은 깨달음은 '우주의식'이라고 불렀으며, 모하메드는 가브리엘(Gabriel)이라고 불렀으며, 단테는 베아트리체(행복 만들기)라고 불렀다. 휘트먼은 우주 의식을 나의 큰 영혼이라고 불렀다. 리처드 버크는 '이해를 넘어서는 하느님의 평화'라고 불렀다. 선에서는 견성이요, 요가에서는 '사마디(samadhi)' 내지 '모크샤(moksha)'이며, 수피즘에서는 '화나(fana)'이다. 구르지예프는 '객관적인 의식'이라는 상표를 붙였고, 스리 오로빈도는 '초월정심'이라고 불렀다. 신비주의 학파들은 '해방' 또는 '자아실현'이라고 했다.

깨달음의 상징으로는 힌두교에서 말하는 천개의 꽃잎을 가진 연꽃, 기독교에서 말하는 성스러운 술잔(최후의 만찬에서 사용했다는), 불교에서 말하는 깨끗한 거울, 유대교에서 말하는 다윗의 별, 도교에서 말하는 음양의 순환고리 등이 있다.

우주의식(Cosmic Consciousness)

수련자들이 수련을 하다가 어느 경지에 이르면 깨달음의 단계, 즉 우주의식에 들어간다는 것이다. 우주의식에 들어선 거의 모든 사람들은 처음에는 어느 정도 당황한 나머지 그 새로운 감각이 혹시 정신병의 징후가 아닐까 하는 의문에 사로잡혔던 것 같다. 모하메드도 깜짝 놀랐고, 바울도 그러했으며, 다른 사람들도 비슷한 충격을 받았다.

그렇다면 이 새로운 감각이 당사자를 헛된 망상에 빠뜨리는 정신병의 한 형태가 아니라는 것을 어떻게 알 수 있는가? 우선, 그 상황의 추세가 전혀 다르다는 점이다. 정신병의 경우는 도덕을 무시하거나 부도덕성을 보이기도 하는 반면에, 새로운 감각의 경우는 고도로 도덕적이다. 둘째로, 모든 형태의 정신병에서는 자기억제력이 극도로 감소되거나 없어져 버리기까지 하는 반면에, 우주의식의 경우에는 자기억제력이 엄청나게 증대된다. 셋째, 대체적으로 현대의 종교는 그 새로운 감각이 주는 가르침에 상당히 많은 부분을 의존하고 있다. 그리하여 '스승'들은 그 새로운 감각에서 영감을 얻고, 세상의 나머지 사람들은 스승의 책이나 추종자들을 통해서 가르침을 얻는다.

우주의식을 경험한 다양한 사람들의 보고를 보면 본질에 있어서는 일치되는 것이다(다소간에 차이점이 있더라도 그것은 보고 자체의 문제라기보다, 그 보고를 오해한 우리 마음의 문제인지 모른다). 그런 까닭에 동일한 체험을 통과한 다른 사람의 가르침을 거부하는 깨달음을 얻은 사람은 지금까지 단 한 사람도 없었던 것이다.

깨달음이란 '궁극적인 의식의 확장'이라고 앞에서 개념 정의했을 때, 깨달음의 완성을 이룬 성인과 수행자들의 의식상태, 즉 우주의식 상태에 들어갔을 때 그들이 세계를 보는 시각을 묘사해보면 다음과 같은 특징을 볼 수 있다.

첫째, 이 우주는 둘이 아니고 하나이다. 철학적인 용어로 말하면 깨달음이란 모든 이원성의 통합, 모든 대립의 조화로운 혼합, 끝없는 다양성의 귀일이라고 할 수 있다. 심리학의 용어를 빌린다면 그것은 그 여로 자체가 가르침이요, 그 길과 종착역이 궁극적으로 하나라는 것을 이해하는 일이다. 신학적인 용어를 빌린다면 그것은 신과 인간의 합일을 이해하는 것이다. 올더스 헉슬리는 이를 '영원한 철학'이라고 하였다. 1944년에 출간된 『영원한 철학』은 깨달음을 전 세계 종교경전들이 담고 있는 핵심적 진리로서 분명히 밝힌 최초의 책이다. 이 책은 또한 인류의 전 역사를 통해서 깨달음이 가졌던 수많은 이름과 형태의 이면에 존재하는 그 핵심적 진리의 단일성과 보편성을 처음으로 보여주었다. 영원한 철학은 사물과 영혼이 공존하는 다면적인 세계의 본질적인 신성한 실체에 일차적인 관심을 갖는다. 그러나 이 하나의 실체는 일정한 조건들, 즉 사랑을 행하고 마음을 순후하게 하고 정신을 고요하게 침묵시키기로 스스로 선택한 사람들에 의해서만 직접적이고도 즉각적으로 포착될 수 있다.

둘째, 리처드 버크는 1872년 35세의 캐나다인 심리학자로서 경이적인 각성의 순간을 체험하고 나서, 자신의 삶을 더 나은 차원으로 완전히 탈바꿈시킨 그 현상의 연구에 전력했다. 1901년에 쓴 『우주의식(Cosmic Consciousness)』은 현대사회에 일고 있는 전 세계적인 의식운동의 성립을 도와준 고전적인 문헌 가운데 하나라고 할 수 있다. 우주의식에 들어가면 그는 배우지 않고도 다음과 같은 내용을 인식하게 된다고 말하고 있다.

① 우주는 죽은 기계가 아니라 살아 있는 존재이다. 우주는 기계가 아니고 살아 있는 유기체적 존재라는 것을 인식하게 된다는 것이다. 따라서 지구상에 일어나는 여러 가지 재난이나 크나큰 이변은 살아 있는 지구라는 생명체가 인간에게 보여주는 무언의 암시이고 사인이라는 것이다. 따라서 이런 지구 생명체의 의도와 뜻을 재빨리 알아차려서 이에 대응하여야 한다는 것을 안다는 것이다. 이것은 동양학의 재이설과 일치하는 내용이다.

② 본질과 목적상 우주는 무한히 선하다. 이는 동양학의 성선설과 연관이 있다. 동양학의 성선설은 우주의 이치에서 나온 인간 본성에 대한 학설이지 단순

히 인간의 도덕적 판단이 아니다. 즉, 천지는 대우주이고 인간은 소우주이므로 소우주인 인간은 대우주의 이치에 맞게 태어났고 또한 그렇게 사는 것이 자연스러운 것이다. 또한 대우주를 본받고 태어난 인간은 대우주인 천지의 본질과 같을 수밖에 없다. 따라서 대우주의 본질이 무한히 선하므로 인간인 소우주도 본질상 선하다고 할 수 있다. 따라서 인간의 본성이 선하다는 성선설은 우주론적 이치의 관점에서 타당한 학설이다.

③ 개별적인 실존은 소위 죽음이라는 것을 넘어서 연속적이다. 이것은 인간의 죽음은 단순히 육체는 없어져도 영혼은 영원하다는 의미이다. 이는 사후세계가 있다는 말과 같은 내용이라고 볼 수 있으며, 불교의 윤회설도 이와 유사한 내용이라고 볼 수 있다.

셋째, 우주의식에 들어가면 인간은 배움과 행동 모두에 대한 엄청난 능력을 갖게 된다. 이는 석가, 예수와 같은 성자들이 이적행위를 통해서 인간의 죽을병을 고쳐주고, 시간을 넘어 일어나는 일들에 대한 예지력, 원격투시, 염력과 원격치료, 순간 이동, 손에서 먹을 음식과 빵이 가득히 나오고, 그리고 텔레파시로 상대방의 생각을 알아내는 기적과 같은 행위와 능력은 단순한 이야깃거리가 아니고, 실제 인간의 능력으로 가능한 일이다. 즉, 궁극적 깨달음의 경지에 도달한 사람들에게는 덤으로 이런 기적적인 초능력이 생긴다는 것이다. 여기서 중요한 것은 초능력이란 수행하는 과정에서 부수적으로 생기는 능력이지 그것이 목적이 아니라는 사실이다. 궁극적인 목적은 깨달음의 경지에 도달하는 것이다. 만약 초능력이 생겼다고 수행을 게을리하고 초능력을 사용하는 데만 전념하고, 또한 초능력을 삿되게 잘못 사용하면 크게 문제가 되어 결국에는 재기불능의 폐인이 되기 쉽다는 것이다. 이는 하늘의 준엄한 심판이다. 현대사회의 사이비 종교가들이 이런 사례의 하나라고 볼 수 있다.

이러한 초능력은 단순히 전해오는 신비스러운 이야기 거리인 미신이나 비과학적이 아니고, 이미 현대 양자물리학자들에 의해서 인간의 능력으로 가능한 것으로 입증된 과학적 사실이다.

3) 깨달음과 주역

주역은 궁극적 깨달음의 경지에 이른 성인들이 우주 삼라만상의 변화 이치를 학문적으로 체계화해 놓은 글이다. 앞에서 깨달은 성인, 현인들은 그 깨달음의 경지에 다다른 위치에서 인간에게 진리를 설파하고 제시하지만, 주역은 학문적으로 체계적으로 나타내 준다는 점에서 다르다. 그 학문적 체계의 근본이치가 태극과 음양오행론이다. 따라서 태극 음양오행론은 우주의 궁극적 섭리이며 이는 다른 말로 하면 하느님의 섭리이다.

다음은 위의 성인과 수행자들이 궁극적 깨달음에 이른 마음 상태인 우주의식의 특징과 주역의 깨달음의 궁극적 단계에 이른 학문적 특징을 비교함으로써 이들이 동일함을 나타내고자 한다.

첫째, 궁극적인 깨달음인 우주의식에 도달한 성자, 고승 그리고 수행자들의 일관된 말씀이 '우주는 하나다'라는 것이다. 이는 주역의 천인합일 또는 우아일체사상과 같은 내용이다. 이는 우주가 탄생하기 이전의 단계가 태극일기이며 이에서 출발하여 우주 삼라만상이 나타났으므로 이는 하나의 기인 태극에서 분화된 것으로 설명된다. 이렇게 우주 삼라만상은 기라는 하나의 실체로 이루어졌으므로 우주는 하나다는 말이 사실이다. 또한 이원성의 통합과 모든 대립의 조화라는 표현은 주역 음양론의 대대합일사상과 같은 내용이다. 그리고 다양성의 귀일은 만법귀일이라는 태극의 이치를 나타낸 표현이다.

이런 점에서 주역은 궁극적 깨달음의 경지에 이른 성인이 깨닫지 못한 일반인들이 이해할 수 있도록 알기 쉽게 만들어 놓은 우주 삼라만상에 대한 최고의 철학이고 과학이다. 다시 말해 주역은 최고의 성인들이 만들어 놓은 궁극적이며 영원한 철학이고, 과학이라고 할 수 있다.

현재 지배적 위치에 있는 현대철학과 과학은 완성된 철학과 과학이 아니고, 궁극적 진리를 찾아가는 과정 속에 있는 학문이다. 그 추구하는 과정이 끝나는 궁극적 단계가 주역의 철학과 과학이라고 볼 수 있다. 이런 점에서 현대철학과 과학이 찾고자 하는 궁극적이고 영원한 철학과 과학적 진리가 『주역』의 이치라고 할 수 있다.

이미 우리가 찾고자 제도권 교육 연구기관에서 수많은 사람들이 수많은 시간과 노력을 들여 배우고, 연구하고 있는 궁극적 진리가 비제도권의 주역에 있는데 이를 모르고 먼 데, 즉 서구에서 찾고 있으니 등잔 밑이 어둡다고 아니 말할 수 없다.

존 화이트가 앞에서 언급한 내용 중에서 깨달음을 나타내는 상징의 하나로 도교에서 말하는 '음양의 순환고리'를 들고 있는 것은 이를 나타낸 표현이라고 볼 수 있다. 즉, 음양의 순환고리는 주역의 이치를 말하고 이는 우주 삼라만상의 궁극적 자연의 이치를 나타낸 최고의 진리라고 볼 수 있다.

둘째, 깨달음의 경지에 다다른, 즉 '우주의식'에 들어가면 우주는 죽은 기계가 아니고 살아 있는 유기체적 존재라는 것이다. 이는 주역의 우주관과 동일한 내용이다.

주역의 천지인 삼재간의 관계는 상호 영향을 주고받는 정신물질 일원론적 유기체적 관계에 있음을 나타내 주고 있다. 주역의 천지인은 종적인 관계뿐만 아니라 횡적인 모든 관계도 상호 영향을 주고받는 유기체적 관계이다. 여기서 유기체적 관계란 물질현상뿐만 아니라 정신세계까지도 영향을 주고받는 관계를 의미한다. 즉, 정신·물질 일원론적 관점에서의 유기체론이다. 이는 정신세계가 물질세계에 영향을 주고 물질세계가 또한 정신세계에 영향을 준다는 의미의 유기체론이다.

독일의 주역 연구가 리하르트 빌헬름이 주역의 세계관을 '인간 의식의 세계로부터 무의식의 세계에 이르기까지 그리고 우주와 영혼의 체험에 대한 통일적 이미지를 제공해준다'고 한 것은 물질세계와 정신세계가 상호작용하는 유기체론적 우주관을 나타낸 표현이라고 볼 수 있다.

셋째, 우주는 무한히 선하다. 우주의식을 경험한 사람들이 느낀 우주에 대한 내용은 우주의 질서는 확실히 모든 것이 각자와 전체의 선을 위해서 함께 협력하며, 이 세상을 떠받치는 원리는 사랑이라는 것이다.

세계 3대경전이라고 하면 불교의 불경, 기독교의 성경, 동아시아의 역경이 있다. 그런데 불교처럼 세상을 고통스러운 곳으로 보거나, 기독교처럼 생명을 죄악시하는 태도는 전혀 찾아볼 수 없다. 역학은 삶이 선하다는 것을 긍정하며 생명의 존재를 직시하고 생명의 의미를 예찬하는 철학이다.

역경은 불경, 성경과 다른 점이 있다. 세계적인 역철학의 대가 대만의 고희민 교수는 동양학의 근원적 학문인 주역이 다른 경전과 비교해서 확실하게 느낄 수 있는 다른 점은 삶의 즐거움이 문장 구석구석에 넘쳐흐르고 있다는 것이다.

예를 들면 주역의 건괘(하늘을 나타낸 괘) 단전에, 대재건원 만물자시(大哉乾

元 萬物資始: 크도다 건원이여! 만물이 이것에 의하여 시작되는구나), 곤괘(땅을 나타낸 괘) 단전에, 지재곤원 만물자생(至哉坤元 萬物資生: 지극하도다 곤원이여! 만물이 이것에 의하여 생겨나는구나) 건원(하늘)이 만물의 '시초'를 여는 것과 곤원(땅)이 만물을 '낳는' 것은 역철학 사상의 출발점이다. 공자가 건·곤 두 괘의 『단전(彖傳)』에서 붓을 들자마자 건원의 덕을 '크도다' 하고, 곤원의 덕을 '지극하도다' 하여 극찬하였는데 역학의 생명에 대한 중시를 여기서 볼 수 있다. 그래서 공자가 썼다는 주역의 계사전에도 역을 생생지위역(生生之謂易: 낳고 또 낳는 것을 역이라고 한다)이라 하고, 천지지대덕왈생(天地之大德曰生: 천지의 큰 덕을 생이라 한다)이라고 하였다.

공자는 '생'의 의미에 대해서 말할 때마다 항상 '천지'를 언급하는데 이것은 사람이나 만물이 모두 '천지'의 큰 '생' 안에서 존재함으로 사람과 사물은 각각 작은 생명이요, 우주는 큰 생명이기 때문이다.

주역의 생(生)은 다른 말로 하면 유학의 인(仁)과 선(善), 기독교의 사랑(愛) 그리고 불교의 자비와 유사한 개념이다. 이런 점에서 유학의 인(仁)과 성선설은 주역의 우주의식에서 나온 것이며 단지 개인의 단순한 인위적인 인생관이 아니다. 즉, 우주론적 천지 이치에 근거해서 인과 성선설이 나타났다고 볼 수 있다.

넷째, 죽음을 넘어서 영속적이다. 이는 주역의 종즉유시(終則有始)와 같은 내용이다. 주역에서는 처음과 끝이 직선적인 것이 아니고 무한히 순환 반복한다는 것을 나타내고 있다. 우주론적 순환론적 자연의 이치가 계속 쉬지 않고 순환 반복하는 것처럼 만물 만사도 영원히 순환 반복한다는 것이다. 그 순환 반복원리를 나타낸 것이 주역의 일음일양지위도(一陰一陽之謂道)이다. 한 번 음이 되고, 한 번 양이 되는 것을 일러 도라고 한다. 즉, 음양이 순환 반복하면서 이 우주는 영속적으로 변화해간다. 마치 낮이 가면 밤이 오고, 밤이 가면 낮이 오고, 또한 봄 여름이 가면 가을 겨울이 오고, 가을 겨울이 가면 다시 봄 여름이 오는 것이 자연의 이치인 것처럼 모든 것이 그렇다는 것이다. 그래서 주역에서는 자연의 변화 이치를 처음부터 끝을 나타낸 시종(始終)이라고 하지 않고, 끝나면 다시 그것이 새로운 시작을 의미한다는 종시(終始)로 나타낸다. 즉, 밤이 깊으면, 그것은 종이 아니라 새벽이 나타나듯 새로운 시작을 의미한다. 또한 사계절의 변화를 보더라도 겨울이 깊어도 영원히 겨울이 아니고 다시 봄이 나타나듯,

끝나면 다시 시작을 의미하기 때문에 이를 종시(終始)라고 표현한다. 이렇듯 인간도 죽으면 그것으로 끝나지 않고, 영혼의 세계가 있어서 새로운 생을 영위하게 된다는 것을 암시하고 있다.

다섯째, 우주의식에 들어가면 인간은 배움과 행동 모두에 대한 엄청난 능력을 갖게 된다는 의미도 주역에 달통하면 귀신도 부릴 수 있는 등의 초능력이 생긴다는 의미와 유사하다. 그리고 풍운조화와 미래에 대한 예지력도 생긴다는 것이다. 특히 미래에 대한 예지력은 주역에 달통한 옛 선인들이 신출귀몰한 사례는 전해오는 이야기를 들어서 우리가 익히 알고 있는 사실이다. 현대 학문으로 상상할 수 없는 예지력의 측면에서 대단한 능력을 많이 듣고 있다.

결국 『주역』의 학문관과 우주의식에 도달한 성인들의 의식상태가 매우 유사함을 알 수 있다. 이는 무엇을 의미하는가? 이것은 우주의식, 즉 궁극적 깨달음의 경지에 도달한 성인이 우주 삼라만상의 변화 이치를 범인들이 배우고, 연구하여 이해할 수 있도록 학문적으로 체계화 해놓은 학문이 곧 『주역』이라는 것이다.

제6절 천문기상

동양과학에서는 우주 삼라만상을 분류하는 가장 기본적인 분류체계로 천지인 삼재를 들고 있다. 즉, 하늘(天)을 나타내는 천문과 땅(地)을 나타내는 지리, 그리고 그 사이의 만물 만사를 대표하는 인(人)에 해당하는 인사를 가장 기본적인 분류체계로 출발한다. 그래서 동양과학기술에서는 천지인 삼재와 관련해서 나타낸 말이 상통천문(上通天文), 하달지리(下達地理), 중찰인사(中察人事)라고 한다. 이 말은 위로는 천문에 통하고, 아래로는 땅의 이치에 통달하며, 가운데로는 만물 만사를 살펴서 안다는 뜻이다.

상통천문에 해당하는 대표적인 학문이 태을신수(太乙神數)이고, 하달지리에 관한 학문이 기문둔갑(奇門遁甲)이며, 중찰인사에 관련된 학문이 육임(六壬)이다. 이들 세 학문을 기을임삼수(奇乙壬三數) 또는 삼식(三式)이라고 부른다. 사람이 '이 세 학문을 터득하면 신선자리와도 바꾸지 않는다'고 할 정도로 무불통지, 즉 알지 못하는 바가 없게 된다는 것이다.

천지인 세 학문의 중요도를 살펴보면 천문이 가장 중요하고 다음으로 지리가 중요하고 그다음으로 인사가 중요하다. 아무리 인사나 지리에 통달한 사람일지라도 천문을 모르면 피상적으로 아는 것에 지나지 않는다. 왜냐하면 땅과 사람은 하늘 천문을 떠나서 따로 존재하는 것이 아니라, 하늘의 큰 영향을 받고 있기 때문이다. 즉 하늘의 영역 안에 사람과 땅이 있고, 땅의 영역 안에 사람이 살아가기 때문이다.

이들의 관계를 나타낸 이론체계인 음양오행으로 보면 하늘에도 음양오행이 있고, 땅에도 음양오행이 있으며, 사람에게도 음양오행이 있는데, 하늘의 음양오행은 땅과 사람의 음양오행에 조응(照應)하여 작용한다는 뜻이다. 즉, 땅과 사람에게서 일어나는 모든 사건이나 일은 하늘에서 미리 조짐이 보인다. 거꾸로 보면 모든 세상사가 하늘의 영향을 받아 일어난다는 뜻도 된다.

천지인삼재 중에서도 천지를 독립변수로 보고 천지 사이의 만물 만사를 대표하는 인을 종속변수로 본다. 그래서 동양학에서 모든 삼라만상의 변화와 현상을 한마디로 우리가 어린 시절 어른들께 많이 들어왔던 "모든 것이 천지일월의 조화다, 일월성신이다, 또는 천지조화로 그렇다"는 것이다. 천지일월 중에서 천지가 체이고, 일월성신이 천지를 대행하는 용에 해당한다.

그런데 동양학에서 가장 중시하는 독립변수라고 하면 천지인 삼재 중에서 천지이지만 천지 중에서도 천(天), 즉 천문을 가장 중시한다. 여기서 천이라고 하면 단순히 물리적 현상의 하늘을 의미하는 것이 아니고 천기, 즉 하늘의 기운을 말한다.

그래서 주역에서도 64괘 중 하늘(천)을 나타내는 괘인 중천건괘를 제일 첫 번째 괘로 놓고, 그다음 땅(지)을 나타내는 중지곤괘를 놓고 있다. 그다음 만물(인)이 나타나기 시작하는 것을 나타내는 수뢰둔괘를 배열하고 있다. 그리고『주역』계사전 제1장이 주역의 가장 기본적인 원리를 나타낸 주역의 강령에 해당하는데 그 첫머리에 "天尊地卑하니 乾坤이 定矣오(하늘은 높고 존하며, 땅은 낮고 비하니 건과 곤이 정해진다)" …… "在天成象코 在地成形하니 變化 見矣라(하늘에서 상을 드리우고, 땅에서 형을 이루니 변화가 나타난다)"고 하였다. 여기서 하늘은 존귀한 것으로 나타내고, 지는 낮고 비한 것으로 나타낸 점과 하늘을 먼저 상을 드리우면 땅에서 형을 나타내므로 변화가 나타난다는 것은, 결국 하늘이 땅보다 우선시 또는 중시하는 것으로 볼 수 있다. 결국 이상의 내용에서 보는 바와 같이 동양학에서는 하늘(天)의 기운을 모든 학문의 출발점으로 하고 있음을 알 수 있다.

하늘과 땅과 사람은 보이지 않는 기로 연결되어 서로 유기적인 관계를 형성하고 있다. 그런데 가장 우선적인 출발은 하늘이다. 그래서 땅과 사람에게 일어날 일은 미리 하늘의 기운, 즉 상(象)으로 조짐이 나타난다.

동양학이 우주론적 순환론적 자연의 이치인 오운육기적 음양오행론에 입각해서 만물 만사를 고찰하는 학문이라고 하면, 그 이치의 가장 기본적인 출발점은 천기이다. 즉, 천기의 순환현상으로 땅위에 있는 만물 만사의 변화가 땅(지)의 기운과 음양오행론적으로 어우러지면서 나타나고 있다.

이런 점에서 볼 때 하늘의 기운을 나타내는 학문인 천문의 중요성을 말하지 않아도 짐작이 가고도 남는다. 하늘의 기운, 즉 천기를 연구하는 학문이 천문이다.

1. 천문

천문이란 글자 그대로 하늘의 무늬, 즉 해와 달 그리고 별을 비롯한 하늘에서 보이는 모든 현상을 말한다. 인류는 고대로부터 하늘에서 벌어지는 현상을 보고, 그것이 지상에 미칠 영향을 예견하는 경험과 기술을 연구하여 왔다. 이러한 기술은 때로는 정치적 목적으로 이용되기도 하였으나, 대부분의 경우는 국민들의 삶을 유익하게 하는 데 쓰였다.

하늘의 별들의 변화로 나타나는 천문을 연구하는 학문을 크게 분류하면 두 가지로 나눠볼 수 있다(『천문유초』, 김수길 · 윤상철 공역).

첫째, 하늘의 별들의 형상과 색깔 등에 따라 지상의 일을 알아내는 분야가 있다. 동양천문에서 하늘은 인간세계의 축소판으로 생각한다. 하늘의 별들을 인간세계의 각각의 것들과 동일하게 보고, 그것의 형상과 색깔의 변화에 따라서 지상의 일들의 변화를 알아내는 것이다. 예를 들면 하늘의 별들 중에 임금이 있고 신하가 있으며 백성이 있을 뿐만 아니라 궁궐이 있고 별장이 있으며 명당이 있고 부엌이 있으며 곳간 등이 있다. 임금에 해당하는 별자리는 밝고 별자리의 형태를 뚜렷이 갖추어야 지상에 밝은 정치가 이루어지며 내시에 해당하는 별자리는 형태는 뚜렷이 갖추어야 하나 밝으면 좋지 않고 …… 식으로 판별하게 된다.

천문학이란 하늘의 별들의 모양과 색깔의 변화에 따라 지상의 모든 일들을 판단하는 과학기술이다. 어떤 사람은 하늘에서 갑자기 "혜성이 지나갔다고 정권이 바뀐다는 것이 말이 되느냐?"고 할지 모른다. 어쩌다가 우연의 일치로 그렇게 된 것이지 상식적으로 이해가 안 된다는 뜻일 것이다.

서양과학이론에 의하면 머릿속에서 발생하는 전기작용을 화학적으로 바꾸면서 생각이 일어난다고 한다. 요즘 우리가 많이 쓰는 컴퓨터도 전기적인 작용만으로 생각하고 저장하는 기능을 한다. 저 하늘의 무수한 별들은 각기 고유의 파장을 방출하는데 이를 우주파라고 한다. 이 중에는 사람의 뇌파와 파장이 비슷해 영향을 많이 미치는 것도 있고, 파장이 달라 조금 미치는 것도 있을 것이다.

하늘에는 인간에게 영향을 미치는 파장도 엄청나게 많을 것이다. 그러한 하늘에 혜성이 지나가면서 평상시의 우주파를 교란시켰다면 인간에게 미치는 영향이 어떨 것이라는 것은 쉽게 상상이 간다. 즉, 평상시의 우주파가 혜성이 지나가면서 교란시키면 인간의 사고에 변칙적인 변화가 나타나고 그렇게 되면 변칙적인 행동으로 이어지면서 정상적인 사람들이 반란을 생각하는 따위의 일이 벌어지는 것이다.

둘째, 태양계와 북극성을 중심으로 28개의 별, 즉 28수 그리고 북두칠성의 변화를 대상으로 연구하는 오운육기론이 있다. 오운육기론이란 지구에 영향을 미치는 태양계와 북극성을 중심으로 28수 등 별들의 변화로 나타나는 하늘의 기운 변화를 학문적으로 체계화하여 나타낸 분야이다. 간단히 말해서 우주의 기운, 또는 현대적 표현으로 우주의 분위기(천기)의 변화로 나타나는 지상의 변화를 음양오행론의 관점에서 체계적으로 연구하는 분야이다. 오운육기에 대해서는 제10장 음양오행론에서 자세히 서술했으므로 여기서는 생략한다.

2. 기상

기상이란 기(氣)의 상(象)을 나타내는 것으로써 상이란 천기의 변화 양태를 의미한다. 『주역』 繫辭傳에서 "在天成象코 在地成形하니 變化見矣라(하늘에서는 상을 이루고 땅에서는 형을 이루니 변화가 나타난다)"라는 말과 "天垂象見吉凶(하늘에서 상을 드리우니 길흉이 나타난다)"이라는 말이 있다. 이는 다른 말로 하면 하늘에서 천기의 어떤 상의 모습을 드리우면 그것이 지상에 영향을 주어 온갖 변화가 일어난다는 의미이다.

상(象)이라는 개념은 형(形)과는 바로 반대되는 개념이다. 형이란 인간의 감각에 의해서 쉽게 감지할 수 있는 형태를 말하고, 상이란 일반적인 인간, 즉 마음의 밝음(명)을 잃은 인간이나 자연법칙을 관찰할 줄 모르는 사람에게는 인식되기 어려운 무형을 말하는 것이다.

『주역』 계사상전 제1장의 "在天成象코 在地成形하니 變化見矣라(하늘에서는 상을 이루고, 땅에 있어서는 형체를 이루니 변화가 나타났다)"에서 象과 形을, 朱子는 "象者, 日月星辰之屬, 形者, 山川動植物之屬(상이라는 것은 해와 달과 별의 붙이고, 형이라는 것은 산과 내 동식물의 붙이며)"이라고 하였다.

주자가 상이라는 것을 일월성신지속이라고 한 것은 천기를 나타낸 것이라고 볼 수 있다. 일월성신이란 단순한 물리적인 형상만을 말하는 것이 아니고 일월성신에 의해서 우주에 나타나는 분위기인 기운, 즉 천기를 의미하는 것을 나타낸 것이다. 천기란 일월과 우주의 모든 별들이 발하는 기운을 말하고 그 발하는 기운을 상이라고 한다. 따라서 상이란 우주의 일월성신이 발하는 기운의 모습을 말하고, 일월성신의 변화에 따라서 우주의 기운도 변화하고 그에 따라서 상도 바뀐다. 그 바뀌는 상을 사람들이 쉽게 이해할 수 있도록 체계적으로 나타낸 이론이 오운육기인 육십갑자이고, 이는 이론적으로는 음양오행론이다.

사실상 우주에서 일월성신의 변화로 나타나는 기운의 변화를 범인들의 눈으로는 감지할 수 없다. 왜냐하면 범인들은 세속적인 사회생활과 거기에서 오는 사리사욕과 정욕 때문에 심성이 탁해져서 그런 인식능력을 잃어버렸기 때문이다. 다만 성인 수준의 사람이 만들어 놓은 오운육기론의 이론체계를 학문적으로 연구하여 간접적으로 이해할 수 있다.

주자가 형이라는 것을 산천동식물지속이라고 말한 것은 지상에 나타난 형상을 말한다. 산천동식물이란 인간의 오감으로 인식할 수 있는 물체들이다. 이런 산천동식물이라는 형들은 우주의 기운인 천기의 상에 영향을 받아서 생장소멸의 변화를 겪는다. 뿐만 아니라 인간의 모든 일도 형의 일부로 본다. 따라서 천기의 상의 변화로 지상의 모든 사물에 영향을 주어 변화가 일어난다. 그래서 '천수상(天垂象) 현길흉(見吉凶)'이라고 표현했다.

그러므로 오행의 목화토금수라는 것도 그 본질은 다섯 가지 기운의 상인데, 다만 그것이 응결하여서 형체를 이루면 형인 물체가 되고 분열하여서 기화(氣化)하면 그것을 상이라고 한다. 그런즉 형과 상이란 것은 현실적으로는 이질적인 음성과 양성의 두 가지로 나누는 것이나 그 본질을 따져보면 하나의 본체의 양면성에 불과하다.

형과 상은 이와 같은 관계에 있는데도 불구하고 인간은 형을 볼 수 있지만 상을 관찰하지는 못하는 것이다. 사실상 상을 볼 수 있으면 지상에서 일어나는 모든 사물에 대해서 미리 알 수가 있다. 왜냐하면 하늘의 상이 먼저 드리우고, 지상에서 모든 사물의 변화가 나타나기 때문이다. 즉, 상이 원인이고, 형인 사물이 결과이기 때문이다. 이런 점에서 상은 형의 원인인 기미, 즉 조짐에 해당한다. 따라서 사물의 기미, 즉 조짐을 미리 알면 지상에서 일어나는 모든 변화인 형(만물 만사)의 변화를 미리 알 수 있다.

따라서 기상이란 일반적으로 기후변화를 연구하는 학문 분야로만 알고 있는데 엄밀하게 말하면 그해의 전반적인 기의 흐름으로써 날씨를 포함하여 사람들의 건강이나 심리 등 일체 사물의 상태가 어떤가를 다루는 학문분야라고 할 수 있다.

이런 점에서 천문기상학은 기후를 비롯한 지상에서 벌어지는 일체의 사물에 대한 학문분야이다. 천문기상학의 기본 이론이 오운육기론이고 이는 다시 기와 음양오행론이다.

동양학의 동양오술뿐만 아니라 전 분야는 천문기상학과 직간접으로 관련이 있음을 알 수 있다. 따라서 천문기상학이 동양학의 가장 기초가 되는 과학기술적 학문이라고 볼 수 있다. 이를 통해서 보면 기와 음양오행론의 학문적 의미와 가치가 어마어마함을 느낄 수 있다.

이상의 내용을 요약하여 설명하면 하늘의 뭇 성좌들과 일월성신(日月星辰)들이 서로 밀고 당기며 이끌어주는 공조작용에 의해서 파생되는 기운을 인간이라는 첨단기계는 그대로 받아들여 그 기운대로 행동하며 발전과 변화를 영속하게 된다.

그러므로 인간은 우주의 운동법칙에 따라 각종 역사적 사건을 일으키고 태평한 세상, 천재지변, 환란, 전쟁, 살상 등이 뒤엉키는 상황에서 살아갈 수밖에 없다. 그런데 이런 길흉의 발단은 사람들의 사상, 행위, 의사결정과 판단 등에 의해서 생겨나게 되나 이런 생각이나 행동들은 사실 천도지사연(天道之使然), 즉 하늘이 그렇게 하도록 시킨 것이지 인간 자체의 자유의지나 사고에 의해서 발단된 것은 아니다.

　다시 말해서 인간사에서 일어나는 크고 작은 모든 사건들은 바로 천체의 운행에서 생겨나는 우주의 섭리가 인간에 의해서 표출된다는 의미이다. 그렇기 때문에 고금을 막론하고 인간으로서는 어찌할 수 없는 불가항력의 사태에 부딪쳤을 때, 하늘의 섭리라고 체념할 수밖에 없었던 것이다.

　공자께서 주역을 우환지서(憂患之書)라고 한 것은 이런 이유 때문이다. 주역을 알아야 이런 환란과 우환에서 벗어나 피흉추길할 수 있다는 깊은 의미를 말씀하신 것이다(『기문둔갑 예측학』, 장태상).

제19장 의리역

제1절 주역과 유학

1. 주역과 유학

유학은 "술이부작(述而不作: 전술은 하고 창작은 하지 않았다), 신이호고(信而好古: 옛것을 믿고 좋아하다)"라 한 공자 자신의 말에 나타나 있듯이 공자에 의해 새로이 창시된 것이 아니라, 일반적으로 전설시대라고 일컬어지는 요순시대부터 형성된 방대한 사상체계이다(이기동, 『동양삼국의 주자학』). 요순시대의 사상을 집대성한 책이 사서삼경 중에 서경(書經)이다. 그러므로 서경이 유학의 규범적인 근본사상의 출발점이 된다고 본다.

서경은 사천 년 전 중국의 이제 삼왕의 치천하지대경대법, 즉 천하를 잘 다스린 요순 이제와 삼대(하·은·주)의 시조인 우·탕·무왕·삼왕이 세상을 다스린 큰 벼리와 큰 법을 기록한 동양 최고의 경전이다.

서경은 중국역대왕조에서 치국의 귀감이 되었고, 지식인들의 사고기저가 되기도 했다. 따라서 정치도의 정치생활의 기준인 제왕학의 원전이 되었는가 하면 지식인 관료들의 윤리도덕의 규범인 도덕윤리관의 원조가 되었다. 전자의 경우 유교 경전의 정치관 도덕정치가 여기에서 유래되었거나 여기에 응결되어 있고, 후자의 경우도 유교의 도덕 윤리가 여기에서 유래하였거나 여기에 응결되었다.

공자는 전설적인 요·순 두 임금과 하·은·주 삼대의 우·탕·문무 삼왕이 다스리던 시대를 가장 이상적인 정치가 행해지던 성군의 시대라고 보았다. 공자가 이들을 성군이라고 떠받드는 것은 이들이 법이나 형벌보다도 덕으로써 나라를 다스렸기 때문이다. 서경의 첫머리 요전(堯典)에서 요임금의 공업(功業)을 서술한 대목을 보아도 거기에서 이미 유가의 학문적인 이상을 발견하게 된다.

공자는 요순시대의 사상을 집대성하였고 자사와 맹자가 그것을 부연하였다. 그리고 그 주된 표현형식은 그들(공자, 자사, 맹자를 비롯한 유학의 여러 사상가들)이 단편적으로 진술한 언어의 기록에 의한 것이다.

따라서 유학에는 한 시대 한 개인의 논술에 의해 기술된 사상에 비하여 논리체계가 정비되어 있지 않다. 바로 이 점이 많은 중국사상연구자들로 하여금 중국사상을 체계적으로 이해하는 것을 어렵게 하는 부분이다.

일찍이 일본의 吉川幸次郎 씨는 安田二郎 씨의 저서 『중국근세사상연구』의 서문에서 "중국사상을 연구하는 자들에게 늘 고통스러운 것은 사상가들의 말이, 논어를 위시하여 너무나도 단편적이라는 점이다. 단편적인 결과 서로 모순되는 말이 양립되어 병기되어 있는 경우조차 드물지 않다"고 기술한 바가 있다.

이와 같이 유학은 상호 모순되는 요소를 동시에 내포하는 종합적 학문체계이기 때문에 이러한 모순성을 조화롭게 통일하는 전체적인 이해를 동반하지 않는 부분적 연구는 맹인이 코끼리를 더듬는 것과 같아서, 결국 유학사상이 갖는 단편성을 더욱 불려 놓는 결과가 되지 않을 수 없다. 유학사상 연구에 참여한 많은 학자들의 견해 차이로 인하여 유학사상사가 경전의 해석을 둘러싼 주석사적 성격을 띠게 된 것은 이러한 이유에서이다.

따라서 유학사상의 전 영역에 걸쳐 구조를 파악하는 것이 유학사상의 종합적인 이해를 위한 선결요건이다.

유학사상은 이미 전술한 바와 같이 공자에 의하여 집대성된 요순시대부터 계승 발전되어 온 중국 전통사상인데, 그 계승 발전되어 온 내용의 중심은 중(中)을 실천하는 사상이다. 주자가 쓴 중용장구 서문에서 천하의 대성인 요·순·우가 천하의 대사인 천자의 제위를 주고받을 때 신중히 일러준 말의 내용이 '중(中)'을 실천하는 것이었으므로, 천하의 이치는 이 '중(中)'을 실천하는 것보다 더 중요한 것이 없다고 기술하고 있다. 이 중의 사상은 그 이후에도 계승되어 공자, 안자, 증자를 거쳐 자사에 이르러 『중용』이란 책으로 정리되었다. 어쨌든 요순 이래 계승 발전되어온 중국 전통사상, 즉 유학사상에 있어서 계승 발전되어온 내용의 중심을 이룬 것은 바로 이 중(中)의 사상이라고 말할 수 있을 것이다.

성균관대학의 이기동 교수는 유학이 추구하는 인간사회의 궁극적인 목적은 첫째, 안으로 향해지는 자기완성(成己)을 목적으로 하는 수기지학(修己之學) 이고, 둘째, 밖으로 향해서는 각각의 단계에 있어서의 공동체(집단으로서의 가정, 국가, 세계)를 통치하여 그 구성원을 편안케 하는 것(成物)을 목적으로 하는 치인지학(治人之學)으로서이다. 그리고 이 수기(修己)와 치인(治人)의 두 끝을 조화롭게 통합하는 중용지학으로 나타나는 것이다.

충남대학교 이현중 교수는 『역경과 사서』라는 저서에서 주역과 유학의 관계를 자세하고 구체적으로 나타내주고 있다.

유학은 성인에 의하여 형성되고 군자에 의하여 실천되는 학문이다. 성인은 천지의 도가 인신, 즉 인간으로 화신된 존재로 인류 역사상에 나타나 인간의 삶의 원리인 인도와 그 존재 근거인 천지의 도를 밝혔다. 『주역』에서는 성인이 밝힌 천지의 도와 인도를 공간성을 중심으로 삼재지도로 규정하고 있다. 천지인삼재에 관통하는 근본원리를 밝혀서 나타내고 있다. 주역이 삼재지도를 밝힌 목적은 군자로 하여금 인도를 자각하여 실천하게 하려는 것이다. 이처럼 삼재지도를 밝힌 경전을 바탕으로 형성된 학문이 유학이다.

뿐만 아니라 유학의 최고 가치인 중용사상도 주역의 중정(中正)사상에서 연유된 사상이라는 것이다. 대산 선생께서는 중용이란 한쪽으로 치우치지도 않고 기울지도 않으며(불편불의: 不偏不倚) 늘 가운데인 상태, 사람이 중심이 되고 중도를 이루어나가는 것을 말한다. 마땅히 가야 할 길을 한가운데로 가는 것은 중도로 가는 것이다.

중용이란 주역의 괘로 말하면 중정이 되는 상태를 말한다. 주역의 중정사상을 바탕으로 한 유교의 중정지도를 잇는데, 중용을 지은 자사가 중용으로 이은 것이다. 중은 앞서 말했듯이 불편불의(不偏不倚)한 것이다. 그러면 '바를 정(正)'은 '떳떳할 용(庸)'과 한가지인 셈이다. '용(庸)'은 평상, 즉 늘 그대로 한결같은 것, 떳떳한 것, 변치 않는 것을 말한다. 중을 얻었으면 그 중이 늘 떳떳해야 한다. 그래서 중은 치우치지 않는 것이고, 용은 떳떳한 것이라 해서 중용이라고 한다.

중용은 주역에서 유래된 말인데, 주역 중천건괘의 문언전에서 정중자야(正中者也)에서 中자를 따고, 용언지신(庸言之信) 용행지근(庸行之謹)의 용(庸)자를 취하면 결국 중용이 된다. 그래서 주역을 대주역이라 말하고 중용은 소주역이라 말하는 것이다.

우리 조상들이 오랜 세월 동안 배우고 중시하여 우리 역사와 문화에 절대적인 영향을 준 유학의 경전을 말하라고 하면, 흔히 사서삼경인 칠서(七書), 즉 사서(四書)인 대학·중용·맹자·논어와 삼경(三經)인 시경·서경·역경과 조선 오백 년 동안 통치이념이었던 성리학이다.

그런데 "왜 사서삼경이냐" 하고 물으면 아는 이가 별로 없다. 사서삼경과 성리학의 관계를 나타낸 글은 많이 있으나, 왜 사서삼경을 배우는가에 대한 논리적 설명이 되어 있지 않다. 분명히 사서삼경을 배워야 할 학문적 교육적 근거가 있을 텐데 말이다. 즉, 유학의 교육목표를 구체적으로 제시하고 그 교육목표와 관련하여 사서삼경의 각각의 책의 내용과 의미를 체계적으로 자세하게 서술하여야 한다. 동양학이 학문적 체계화가 되어 있지 않다는 것은 여기에서도 입증된다.

제도권 동양학자들의 저서에서도 사서삼경에 대한 해설과 연구 논문은 있으나 왜 사서삼경을 배워야 하는지에 대한 논리적 설명을 체계적으로 해놓은 것은 발견할 수 없었다. 그냥 전해들은 이야기로 막연히 사서삼경이 우리 조상들이 오랫동안 배웠던 유학의 기본학문으로 알고 있고, 거기에 성리학이 중국으로부터 통치자의 일방적 의도로 도입되어 조선시대의 통치이념으로 작용했다고만 알고 있다.

이에 좀 더 추가해서 천자문, 동문선습, 명심보감, 소학 등을 배웠다는 것만 알고 있지, 왜 그런 것을 배웠고 이들 학문 간의 관계가 어떤 것인지 잘 모르고 있다. 즉, 현대식으로 표현하면 사서삼경에 대한 교과과정, 즉 커리큘럼을 잘 모르고 있다.

그러나 현대인의 입장에서 볼 때 사서삼경 각각의 학문 내용과 의미를 체계적으로 밝혀 놓아야 사서삼경의 교육 학문적 의미를 이해할 수 있다. 그래야 조선시대가 아닌 현대사회에서 계승 발전시킬 수 있는 학문이 무엇인가를 생각해 볼 수 있다.

내가 여기서 동양학을 접하면서 느낀 점과 문제점은 서양과학과 다르게 제도권의 동양학자들뿐만 아니라, 비제도권의 역학 역술가들도 왜 사서삼경을 배워야 하는지에 대한 설명이 없다는 것이다. 단지 자신의 관심 분야에 대한 책을 문자풀이식으로 해설해놓은 내용만 열심히 나열하고 있는 것이 주류이다.

그렇다 보니 동양학의 문외한인 사람들은 단지 문장 구절 중심으로 의미와 흥미 위주로 읽는 경우가 많다. 그래서 동양학을 읽어 본 많은 독자들의 대화 내용을 보면 누가 지은 어느 부문에 어떤 문장과 구절이 참 마음에 들고 의미 있다는 식으로 말한다. 동양학을 배우고 익힌 사람들도 다를 것이 없다.

이렇게 되면 소설을 읽은 사람과 학문을 한 사람 사이에 차이가 거의 없다. 그러나 소설과 학문은 근본적으로 차이가 있다. 소설은 체계성이 없고, 학문은 체계성이 있어서, 각 학문 간 그리고 개념과 이론 간의 의미와 필요성에 대한 서술이 되어 있다는 데 차이가 있다.

따라서 동양학을 단순히 한자풀이식의 해설 위주로 소개하는 것보다 교육과정의 교육목표를 제시하고 사서삼경의 각각의 학문적 의미와 필요성을 제시해 주어야 이해하는 데 도움을 줄 수 있다. 즉, 동양학 전반에 대해 거시적 관점에서 종합적으로 각각의 학문적 의미와 필요성에 관한 커리큘럼을 교육목표와 관련해서 제시하고, 그런 다음 각각의 학문적 내용을 소개하여야 학문하는 맛이 난다. 즉, 학문적 성취감을 느낄 수 있다. 그래야만 전체적인 교육학문적 목표와 체계 속에서 각 전문 분야의 위치와 의미, 필요성을 조망해볼 수 있고 그것을 알아야 배우고자 하는 의미와 방향을 인지하게 된다. 그리고 현대사회에 계승 발전시키고자 하는 생각을 할 수가 있다. 뿐만 아니라 현대사회에서 계승 발전시켜야 하는 학문과 내용의 취사선택을 할 수 있는 식견이 생길 수 있다.

그냥 조선 오백 년 동안 우리 조상님들이 해온 학문이기 때문에 그리고 막연히 현대사회 위기를 극복하기 위해서 해야 한다는 식의 주장은 설득력이 없다. 왜냐하면 동양학 특히 제도권 동양학자들의 공허한 사상 철학적 내용과 도덕윤리적 내용을 들먹이면서 무슨 구세주 같은 학문으로 역설하기 때문이다. 현대는 도덕윤리를 강조하는 인본주의 시대가 아니고 자본주의 시대인데 화석화된 내용을 자꾸 말하고 강조를 하면 시대착오적인 말이다. 우리나라 말에 선비도 시속을 따르라고 했듯이 말이다.

바로 이 점이 궁금하던 차에 대산 김석진 선생님이 『주역 강의』에서 왜 사서삼경을 배워야 하는지에 대한 각각의 학문적 의미와 필요성을 일목요연하게 서술하고 있어 대단히 반가웠다. 사서삼경에 대한 커리큘럼 내용을 처음으로 들었다.

여기서는 동양학 중에서 가장 기본이 되는 텍스트였던 사서삼경의 각 핵심적 내용과 커리큘럼의 내용에 대해 고찰하고, 성리학과 어떤 관계가 있는가를 살펴보고자 한다. 그리고 주역이 동양학의 근원적인 학문이라고 했는데 주역과 사서삼경 그리고 성리학과는 어떤 관계가 있는가를 대산 김석진 선생의 말씀과

1986년도에 한국교육출판공사에서 발행한 사서오경 각 역해자들의 서문의 글을 중심으로 고찰하고자 한다.

2. 주역과 사서삼경론

대개 한문으로 된 동양학의 기본은 사서삼경이 대표적이다. 『대학』·『중용』·『맹자』·『논어』를 사서(四書)라 하고, 『시경』·『서경』·『역경』을 삼경(三經)이라 한다. 사서는 현인이 지은 글이므로 서(書)나 전(傳)이라 하고, 삼경은 성인이 지은 글이므로 경(經)이라 한다. 이를 '성경현전(聖經賢傳)'이라고 한다. 사서인 전과 삼경인 경과 관련해서 말하면 논불리경(論不離經)이라는 말이 있다. 즉, 논은 경을 벗어날 수 없다는 의미이며, 이는 사서보다 삼경의 글이 학문적으로 더 높은 수준에 있다는 말이다. 그래서 경은 신 앞에 내놓아도 부끄럽지 않다는 글이다.

이 사서와 삼경을 합해서 칠서(七書)라고 하는데, 이 가운데 주역을 최고봉의 학문이라고 한다. 그래서 주역을 만학의 제왕이라고 하며 다른 학문을 모두 익힌 다음 마지막으로 가르친다.

근대식 서양교육기관이 들어오기 전에 우리의 전통 교육기관은 서당이었다. 팔세가 되면 서당에 들어가 제일 먼저 배우는 것이 사서 전에 소학(小學)을 가르친다. 어른이 되기 전에 먼저 천자문·사자소학·계몽편·동몽선습·통감 등을 가르친 후에 성인이 된 사람(15세) 중에 선별해서 사서와 삼경을 가르쳤다. 특히 뼈와 힘줄이 굳기 전에 사람의 도리를 알아야 한다는 뜻에서 여덟 살이 되면 필수적으로 소학을 가르쳤다. 즉, "물 뿌리고, 비질하고, 예하고 대답하고, 묻는 말에 조리 있게 대답하는 것, 어른 앞에 나아가는 법, 어른에게서 물러나는 법"과 "부모를 사랑하는 것, 어른을 존경하는 것, 스승을 높이는 것, 벗을 사귀는 것"을 배움으로써 어려서부터 사람의 도리가 몸에 배도록 한 것이다. 이것을 익힌 후 성년이 되어야 비로소 사서삼경을 배우는데 제일 먼저 대학을 배운다.

사서삼경의 학문체계를 요약하면 먼저 대학(大學)으로 학문의 기본을 세운다. 대학의 삼강령 팔조목의 내용은 사물에 이르러 그 사물의 이치를 알아내고(격물치지: 格物致知), 그것으로 인해 정성스레 마음을 바로 하게 되는 것이고(성의정심: 誠意正心), 마음을 바로 해 몸을 닦아서 자신을 수양하니(수신: 修身),

집안을 다스리고 나라를 다스릴 수 있게 되어(제가치국: 齊家治國), 온 세상이 평안해짐을 이루게 되는 것이다(평천하: 平天下).

이러한 대학을 배우다 보면 온갖 사물의 이치를 알아내는 데에 몰두하다 자칫 정신이 산만해질 수 있다 하여, 정신을 모으는 중용(中庸)을 배운다. 이렇게 정신을 모으는 공부를 하다보면 정신은 집중되지만, 속으로는 모든 것을 다 알지라도 밖으로 표현을 제대로 못하니 발표력을 기르라고 맹자(孟子)를 배운다. 맹자(孟子)를 배우는 데서 표현력은 길러졌지만 말만 앞세울 염려가 있으므로, 예의규범을 배워 실질 행동에 힘쓰라고 논어를 가르치게 된다.

논어(論語)를 배우면 점잖아지고 행동을 옳게 하나, 너무 예의범절에 매이면 고지식하게 되므로 흥을 좀 풀라고 시경을 가르친다.

이렇게 시경(詩經)을 배우며 흥을 푸는 데만 빠지면 나라가 어떻게 되는지 또 정치가 부패하는지 나는 모른다 하고서 낙관적이고 낭만적으로만 놀게 된다. 그래서 백성과 나라를 생각하고 정치를 할 줄 알라고 서경을 가르친다.

서경(書經)에는 이제 삼왕의 치천하지대경대법(治天下之大經大法), 즉 천하를 잘 다스린 요임금·순임금과 삼대(하·은·주)의 시조인 우임금·탕임금·무왕이 세상을 다스린 큰 벼리와 큰 법이 있으므로 이를 공부하면 정치를 잘하게 된다.

그러나 정치가는 미래를 예견하여 정치를 해야 하는데, 과거의 경험만으로 큰 정치를 하는 데는 한계가 있다. 서경을 공부하면 정치를 할 줄 알게 되지만 앞일을 몰라 막상 눈뜨고 앞 못 보는 봉사나 다름없다. 그래서 앞을 멀리 내다보아 정치를 잘하고, 사람이 생을 영위하는 데도 미래를 예측해가면서 슬기롭게 살아보라고, 주역(周易)을 배우는 것이다.

『주역』은 다시 역경(易經: I Ching)과 역전(易傳)으로 구성되어 있다. 역경은 주나라의 문왕과 주공이 지은 64괘의 괘사와 효사를 의미하고 이를 본경(本經)이라고도 한다. 역전은 공자가 지은 주역의 이해를 돕기 위해 주역을 해설한 해설서를 의미한다. 주역을 이해하는 데 도움을 주는 10편의 해설서를 마치 10개의 날개를 달아 주었다고 비유해서 이를 십익(十翼)이라고도 한다.

주역까지 배우게 되면 유학의 최대 경전이며 철학으로도 최고의 철학을 익히게 되어 인격이 그 안에서 완성되는 것이고, 따라서 사서삼경의 모든 가르침도 여기에서 귀착되게 된다. 주역은 우주론과 인생론 그리고 점서로도 해석되며 다른 모든 학문의 기본적 원리를 제공하므로 모든 경전의 우두머리이며 끝을 이루는 책이다.

그래서 칠서(七書) 가운데 최고봉으로서 유학공부의 최종 관문이 되는 것이 바로 주역이다. 동양 최대의 경전이자 최고의 철학서인 역경에서부터 모든 학문이 비롯되므로, 예로부터 이 역경을 만학의 제왕이라고 하였다. 그리고 궁중에서 임금이 나라를 통치하기 위한 학문이라고 해서 위정자의 학문, 즉 제왕학이라고도 하였다. 그래서 옛날에는 일반인은 가까이하기 힘든 학문이었다.

계절의 변화, 한 나라의 흥망성쇠, 만물이 나고 죽음 등에는 모두 일정한 법칙이 있다. 주역은 이러한 일정한 법칙을 연구하여 미래를 예측하는 학문이다. 주역의 해설서인『주역』계사전에 "역이 천지와 균등하다" 하고, 천지는 한 주역이요, 주역도 한 천지이다. 역은 우주 대자연의 오묘한 진리를 괘(卦)와 효(爻)로써 상징하고 문자로 엮어낸 유가의 최대 경전이며 최고의 철학서이다.

특히 주역과 대학·중용은 삼위일체를 이룬다. 즉 대학으로 입덕(入德)하여 중용으로 수행하고 주역으로 인격을 완성하는 의미를 갖는다.

이상 사서삼경의 학문체계를 요약하면 먼저 대학으로 학문의 기본을 세우고, 중용으로 정신을 집중하고, 맹자로 논변을 익히고, 논어로 덕성과 예를 닦고, 시경으로 마음의 감흥, 즉 정서를 순화하고, 서경으로 옛 성인의 정치를 본받고, 역경으로 미래를 예측하는 지혜를 열어 인격과 학문의 완성을 마무리하는 것이다. 칠서 가운데 최고봉으로서 유학공부의 최종 관문이 바로『주역(周易)』이다.

지금까지 사서삼경에 대하여 개괄적으로 그 핵심 되는 내용과 커리큘럼의 내용을 살펴보았는데 이들을 단적으로 하나의 단어로 요약해서 말한다면,『대학』은 '착할 선(善)',『중용』은 '정성 성(誠)',『맹자』는 '옳을 의(義)',『논어』는 '어질 인(仁)'으로 말할 수 있다.『시경』은 사무사(思無邪: 생각에 간사함이 없음)로서 '바를 正',『서경』은 백성을 다스리는 데 중요한 '공경 경(敬)',『주역』은 음양불측(陰陽不測: 음과 양으로 헤아리지 못함)의 '귀신 신(神)', 이렇게 한 글자로 요약할 수 있다.

사서삼경에 대한 내용을 현대적인 의미로 간추려서 보면, 사서는 주로 수양과 도덕윤리 및 이지적인 교육의 내용이고, 시경은 정서적 교육을 위한 학문이며, 서경은 사회과학, 즉 정치, 사회, 경제적인 내용의 학문이다. 끝으로 주역은 자연과 인간생활의 이치에 관한 과학과 철학, 종교, 점술의 원리를 모두 종합적으로 나타내고 있으며, 여기에서 파생된 학문이 사서와 시경, 서경이라고도 볼 수 있다. 그러므로 주역은 동양문화권의 종합적인 학문이며 기초학문이라고 볼 수 있다. 그러므로 주역을 모르고는 동양의 역사와 문화 그리고 학문을 근본적으로 알 수가 없다는 것이다.

사서삼경을 주제별로 재분류하면 첫째, 주역과 중용의 일부는 우주론에 관련되어 있으며, 둘째, 논어, 맹자, 시경, 중용의 일부, 주역 그리고 대학의 일부는 인생론에 관한 내용이고, 셋째, 대학의 격물치지와 주역은 인식론과 방법론에 관한 학문이라고 볼 수 있다. 물론 이들 분류는 엄격하게 나누어지는 것이 아니므로 상호 중복된 내용이 있음은 사실이다.

동양학 중에서 현대사회에 가장 의미 있는 학문은 『주역』이다

위에서 사서삼경에 대한 커리큘럼과 핵심내용을 개괄적으로 서술하였다. 그렇다면 이 내용을 근거로 현대사회에 의미 있는 학문을 취사선택하는 것이 중요하다. 즉, 동양학 전체에 대한 학문적 내용의 의미와 가치를 비교해보고, 시대적 상황과 관련하여 현대사회에 의미 있는 학문을 계승 발전시키는 문제를 고찰해보아야 한다.

우리가 우리의 전통학문을 모두 배우고 연구하는 것이 가장 바람직하지만, 시간과 노력을 절약하여 효율적으로 하기 위해서는 시대의 흐름에 따라서 우선순위를 정해서 취사선택하는 것이 현실적으로 매우 중요하다. 모든 학문은 시대적 필요에 의해서 의미가 있기 때문이다.

사서삼경 중에서 현대사회의 '의미 있는 학문'이라는 의미는 구체적으로 어떠한 학문이고 그 기준은 무엇인가를 먼저 고찰하여야 이것을 근거로 사서삼경 각각의 의미와 중요성의 우선순위와 가치를 알 수 있다.

모든 학문은 그 시대의 국가적 필요와 국민들의 수요에 의해서 발전하기 때문에 먼저 시대적 배경을 고찰하여야 한다. 즉, 그 시대의 국가가 지향하는 발전정책이 무엇이고, 발전방향이 무엇이냐에 따라서 이에 필요한 학문과 교육이 이뤄진다.

조선시대는 전제군주에 의해 성리학을 통치이념으로 국가발전이 추진되었다. 따라서 국민들은 이에 부응해서 성리학 위주의 도덕윤리 중심의 사서삼경을 배우고 가르쳤다. 그러나 현대는 인본주의적 조선시대가 아니라 경제와 과학기술이 주도하는 자본주의 시대이다. 그래서 인본주의적 조선시대의 성리학은 용도가 폐기된 구시대의 학문이 되었고, 물질적 가치를 중시하는 과학기술이 주도하는 자본주의 시대이다. 대한민국의 통치이념은 민주주의이고 자본주의 시대이다.

특히 현대사회는 물질적 가치를 중시하는 자본주의 시대이고, 따라서 인간의 건강과 물질적 가치를 추구하는 데 도움이 되는 서양과학기술과 서양물질문명이 주도하는 사회가 되었다. 그리고 한편으로는 물질적 가치를 추구하는 과정에서 나타난 문제점을 보완하고 극복하기 위해 새로운 가치가 대두되고 있다. 즉, 지나친 서구물질문명과 과학기술의 발달로 인해 나타난 인간성 상실과 환경파괴를 극복하기 위해 새로운 정신적 가치가 대두되고 있다.

동양학도 이러한 시대에 맞게 국민들의 학문적 수요를 충족시켜주는 내용의 학문을 공급해주어야 한다. 그것이 수시 변역하는, 즉 시대에 맞는 학문적 태도이다. '선비도 시속을 따르라'는 우리의 옛말과 같이 말이다.

현대는 위에서 말한 바와 같이 인간의 건강과 물질적 가치 추구에 도움이 되는 지적 수요와 한편으로는 인간성 회복과 환경 보호를 위한 저탄소 녹색성장을 위한 학문적 수요가 대두되고 있다. 이러한 지적 수요에 바람직한 동양학이 주역에서 비롯된 동양과학기술인 역학과 역술이다.

주역에서 비롯된 역학과 역술은 인간의 건강과 물질적 가치를 추구하는 데 도움을 주는 지적 수요를 충족시켜줄 뿐만 아니라 황폐화되고 공허해진 정신세계를 복원하고 충족시켜주며, 파괴된 자연환경을 복원하는 데 도움을 주는 과학기술이며 철학이다. 즉, 주역은 물질적 가치를 추구하고 파괴된 환경을 복원하는 데 도움을 주는 과학기술을 제공해줄 뿐만 아니라 정신세계 문제를 해결해줄 수 있는 Mind Technology이다.

따라서 현대사회에서 가장 의미 있는 학문이 주역에서 비롯된 역학과 역술이다. 특히 서구물질문명의 지나친 발달로 인해 나타난 현대사회의 병폐인 환경파괴와 인간성 상실 그리고 정신세계문제를 해결하는데 가장 의미 있는 학문이다.

그래서 제도권에서는 의학을 제외하고는 역학과 역술을 전혀 가르치고 연구를 하지 않지만 비제도권에서는 미아리철학관 중심의 사주명리학, 풍수지리, 주역 점, 제도권 한의학과 다른 의학, 즉 수지침 오행생식 그리고 각종민간요법, 정신수련, 천문기상, 율려 등이 널리 보급되어 생활에 도움을 주고 있다.

왜 그럴까? 이 시대에 국민들의 생활에 필요한, 즉 건강과 물질적 가치를 추구하는 데 필요한 지적 수요를 제도권 교육 학문이 충분히 제공해주지 못하고 있기 때문이다. 뿐만 아니라 정신세계와 환경보호를 위한 보다 새롭고 앞선 과학기술적 학문을 제공해주기 때문이다. 따라서 현대사회의 가장 의미 있는 동양학은 사서삼경 중에서 주역임은 너무도 당연한 말이다.

동양문화의 근간은 유학의 사서삼경이지만 사서삼경 중에서도 삼경인 시경, 서경, 역경이 주류라는 것이다. 즉, 시경이 동양문학의 조종이라면 서경은 동양역사의 조종이며 역경은 동양철학과학기술의 조종이라고 할 수 있다. 동양사상은 이 삼경을 바탕으로 연면히 발전되어 왔으며 삼경은 바로 동양의 성전이라고까지 말할 수 있다는 것이다.

시경에 담겨 있는 노래들이 지닌 서정, 서경에 적혀 있는 정치 이상, 역경에 담겨 있는 인생과 우주에 관한 철학과 과학기술들은 바로 우리의 의식과 사고를 형성하는 요인의 하나가 되어 왔다.

특히 주역은 천지자연의 이치를 간결하고도 질서정연한 체계에 입각해서 기술하고 있고, 항구여일이란 존재하지 않는다는 원리를 대전제로 제시해놓고서 천지자연의 변화현상으로 인간계의 변화현상을 설명하고 있다. 주역은 길흉화복을 미리 알아보려는 염원에서 생겨난 점서임에는 틀림없다. 하지만 그것이 단순한 우연적인 요행심으로 치는 점이 아니고, 천지자연의 섭리에 입각해서 인간사를 풀이한다는 데 철학적 과학적 의미가 있다.

주역과 사서삼경론

동양의 역사와 문화의 가장 근본적이고 기본적인 학문이라고 하면 앞에서 누차 언급한 바와 같이 주역이다. 따라서 주역은 동아시아의 가장 대표적인 학문이라고 할 수 있다. 동아시아의 철학사상과 규범적 윤리 도덕적 학문인 의리역과 과학기술적 학문인 상수역인 역학 역술도 모두 그 근원이 주역이다.

여기서는 동아시아의 가장 기본적인 유학의 교과서적 학문인 사서삼경을 주역과 관련하여 구체적으로 고찰하고자 한다. 이 내용은 주로 대산 김석진 선생의 강의 내용과 성균관대학교 유학과 교재편찬위에서 펴낸『유학사상』그리고 충남대학교 이현중 교수의『역경과 사서』를 중심으로 살펴보았음을 밝혀둔다.

사서삼경이 기본 텍스트인 유학의 기본 구조를 간략하게 설명하면, 첫째, 철학적 기반은 역에 두고 있으며, 둘째, 현세적이고, 셋째, 지행합일을 주장하고, 넷째, 천인합일적 사유를 하였다. 그리고 유학의 근본사상은 사랑과 변화의 철학이다.

위의 유학의 네 가지 기본구조 중에서 둘째와 셋째는 형식적 특색을 나타낸 것이고 첫째와 넷째는 유학의 학문적 내용을 나타낸 것이다. 유학의 학문적 내용의 철학적 기반을 역에 두고 있음과 천인합일적 사유뿐만 아니라 근본사상인 사랑과 변화의 철학이라는 내용은 모두 주역에서 비롯되었음을 나타내고 있다. 이는 두말할 것 없이 유학의 학문적 내용이 주역에서 비롯되었음을 분명히 밝히고 있다. 즉, 유학의 연원은 주역에서 찾아야 한다는 것이다.

유학의 근본사상인 사랑 또는 인(仁)은 불교의 자비, 기독교의 사랑·박애와 모두 유사한 개념이다. 주역에서는 이러한 사상을 계사상전 제5장의 '生生之謂易이오', 계사하전 제1장 '天地之大德曰生이오'에서 보는 바와 같이 생(生)이라고 볼 수 있다. 즉, 주역의 생의 개념은 유학의 인과 불교의 자비 그리고 기독교의 사랑과 같은 개념으로 볼 수 있다.

오행 속성에서 오화(五化), 천도(天道), 오상(五常), 오계(五季)를 비교해보면 생(生)의 개념을 간단히 알 수 있다. 五化(생장화수장)의 생, 天道(원형이정)의 원, 五常(인예신의지)의 인 그리고 五季(춘하장하추동)의 춘은 모두 같은 속성으로 오행 중의 목에 속해 있다. 즉, 생(生)·원(元)·인(仁)·춘(春)은 서로 관계가 있어서 동일하게 오행 중의 목(木)에 속해 있다. 살리는 生의 의미는 최고의 덕이므로 元이고 이는 사랑 인(仁)이며 이는 계절로는 봄이다. 봄이 되면 따뜻한 기운, 즉 사랑의 기운으로 겨우내 움츠려 있던 만물이 살아나므로 이를 생이라 하며 이는 사덕 중에 최고의 덕인 원덕(元德)에 해당한다. 즉, 모든 것 중에서 사랑이 최고인 것은 사랑은 만물을 살리는 생(生)을 나타내기 때문이다. 생이 있어야 그다음 기르는 장(長)이 있을 수 있고 그리고 변화하는 화(化), 수렴하는 수(收), 감추고 저장하는 장(藏)이 가능하다. 만약 오화 중에서 최초의 사물의 생이 없으면 그 이후의 장화수장이 일어날 수 없다. 그러므로 일 년 사계절의 오화 중에서 봄의 생이 최고인 원덕이 되듯이 인간에게도 살리는 생의 기운인 사랑이 최고의 가치가 된다. 마치 춥고 꽁꽁 얼어붙은 대지에 봄의 따뜻한 기운에 의해서 봄눈 녹듯 서서히 풀리면서 그동안 추위에 움츠려 있던 만물이 대지를 뚫고 살아나는 현상은 따뜻한 사랑의 기운이 모든 만물을 살리는 현상과 같다.

주역에서는 이와 같이 우주론적 천지변화 이치에 근거해서 논리적으로 가치나 주장을 나타내고 있음이 과학적이라는 점에서 다른 경전과 다른 점이다.

결국 유학사상의 사랑과 변화의 철학은 주역에서 비롯되었음을 위의 설명에서 알 수 있다.

유학사상의 가장 기본이 되는 사서삼경과 주역과 관련해서 총론적인 것을 벗어나 구체적으로 살펴보고자 한다. 사서삼경으로 나누어서 부르는 것은 사서는 현인의 글이고 삼경은 성인의 글이기 때문이다. 이를 성경현전(聖經賢傳)이라고 한다. 그런데 사서의 내용은 삼경을 벗어날 수가 없다는 것이다. 그래서 이를 논불리경(論不離經)이라고 한다.

이는 결국 사서삼경이 하나인데 학문적 난이도와 인간으로서 갖추어야 할 윤리 도덕적 내용과 인간적 사회적으로 갖추어야 할 내용에 따라서 우선순위를 정한 것 같다. 그러나 그 내용은 하나이다. 즉, 사서삼경의 내용이 주역에서 비롯된 하나의 내용이라고 볼 수 있다.

주역과 사서(四書)를 많이 배우고 익혀 어느 경지에 다다른 사람들의 말을 들어보면 주역의 내용이 거의 사서에 다 있으며 이는 거꾸로 주역을 보다 잘 이해하기 위해서는 사서에 달통하여야 한다는 것이다.

사서를 배우는 순서를 보면 사서를 먼저 배우고 그다음 삼경 중에서 시경을 배우고 그다음 서경 그리고 마지막으로 주역인 역경을 배운다. 주역을 배워야 유학의 학문적 완성을 이룬다는 것이다. 그래서 유학자가 주역을 배우지 않아서 모르면 이름만이 유학자이지 헛된 유학자라는 것이다.

최근의 중국이나 한국의 학계에서는 사서와 역경이 무관하다는 주장이 대세를 이루고 있다. 특히 공자의 말씀을 기록한 『논어』마저도 『주역』과 전혀 무관하다고 주장하고 있다. 그러나 논어를 보면 주역을 떠나서 도저히 이해될 수 없다. 논어에 나타난 역경의 내용을 살펴보면 우선 성인과 군자의 개념을 들지 않을 수 없다. 유가철학의 이상적 인격체인 성인과 군자의 존재 특성은 역경에서부터 밝히고 있다. 주역의 중천건괘 문언전에서 "君子 行此四德者"라고 하여 인간 본래성을 자각하여 실천하는 존재가 군자로 자각한 본래성의 내용이 仁義禮智의 사덕이기 때문에 사덕을 실천하는 존재가 군자임을 분명하게 밝히고 있다. 『논어』 역시 군자의 사덕을 중심으로 논의가 전개되고 있다(이현중, 『역경과 사서』).

구체적으로 사서를 살펴보면 많은 부분에서 삼경의 내용을 인용하고 있는 것을 볼 수 있다. 사서의 타당함을 논증하는 증거자료로 삼경이 인용되고 있는 것이다. 그것은 사서가 삼경을 근거로 쓰였음을 나타낸 것이다. 따라서 사서를 연구하기 위해서는 사서를 비교하여 연구하는 것은 물론 더 나아가 삼경의 바탕이 되어야 한다(이현중, 『역경과 사서』).

사서의 글 중에 보면 『詩經』과 『書經』을 인용한 '詩曰', '書曰'이라고 하여 그 전거를 밝히고 있다. 그러나 사서에서 '易曰'이라는 말이 나타나지 않았다. 이러한 현상을 피상적으로 이해하면 역경과 사서가 무관하다는 증거라고 생각할 수 있다. 그러나 '易曰'이라는 말은 사용하지 않았지만 사서의 도처에서 가장 빈번하게 인용되고 있는 것이 역경이다. 그 까닭은 사서는 물론 삼경을 일관하는 근본 원리가 역경을 통하여 천명된 역도이기 때문에 그것을 따로 드러내지 않았던 것으로 생각된다.

역경에서 밝히고 있는 역도의 내용을 작용원리를 중심으로 나타내면 도생역성 작용과 역생도성 작용임을 알 수 있다. 그런데 도생역성 작용은 정령(政令)작용(作用)이며, 역생도성 작용은 율려(律呂)작용(作用)이다. 이러한 역도의 내용을 정령의 측면에서 나타낸 경전이 『書經』이며, 역경의 내용을 율려의 측면에서 나타낸 경전이 『詩經』이다. 즉, 서경은 정치적 측면에서 역사적 사건을 따라서 역경의 내용을 나타낸 것이며, 시경은 예약의 측면에서 인간의 정감을 중심으로 역경의 내용을 나타낸 것이다. 따라서 삼경의 이해는 역경을 중심으로 이해되어야 하며, 삼경을 근거로 형성된 사서 역시 역경을 중심으로 연구되어야 한다.

제2절 주역과 성리학(신유학)

중국의 전목(錢穆)은 그의 저서인 『朱子學提綱(주자학의 세계)』에서 중국사상에 대해 다음과 같이 언급하고 있다.

중국의 학술사에 있어서 가장 뚜렷한 발자취를 남긴 두 사람을 든다면 고대에 있어서는 공자(B.C. 551~479)이고 근대에 있어서는 주자(A.D. 1130~1200)이다. 이 두 사람은 중국의 사상사나 문화사에 있어서 크게 명성을 떨쳤을 뿐만 아니라 후세에까지 계속해서 막대한 영향을 끼친 인물들이다. 이 점에 있어서 이 두 사람에게 필적할 제3의 인물을 찾기란 쉽지 않다.

공자는 춘추 이전의 학술사상을 집대성해서 유학을 개창하여 중국의 학문인 유학에 주요한 뼈대를 마련하였다. 그리고 송대에는 성리학이 일어나 유학이 새로이 각광을 받는 계기가 마련되자, 주자는 성리학을 집대성함과 아울러 공자 이래의 학술사상까지도 집대성하였다. 이 두 사람은 역사의 앞뒤에 우뚝 서서 다 같이 여러 학술사상의 흐름을 모아서 한 방향으로 흐르게 할 수가 있었다. 주자가 출현한 뒤부터 공자 이래의 유학은 성리학으로 다시 탄생하였고 그래서 성리학은 유학을 새롭게 재탄생시켰다고 하여서 신유학(Neo-Confucianism)이라고도 한다.

공자와 주자는 유학적 전통의 중심이자 또한 중국의 학술사상사에 있어서 정통과 이단 양측에서 다 같이 주목하는 중심이기도 하였다. 따라서 유학을 공부하는 사람들뿐만 아니라 다른 여러 사상을 공부하는 사람들도 반드시 이 두 사람을 주목해야 한다. 그들은 마치 그물의 벼리와 같고 옷의 깃과도 같으며 정통과 이단을 다 겸하고 또 전체를 관통했기 때문이다.

성리학은 송나라 때 완성되었다고 하여 '송학'이라고도 하고, 도(道)의 실천을 근본문제로 삼는다 하여 '도학'이라고도 한다. 그리고 주자가 완성하였다고 하여 주자학이라고도 하고, 유학을 새롭게 일으켰다고 하여 '신유학'이라고도 한다.

성리학이 탄생하던 송나라의 시대적 배경은 불교와 노장사상이 널리 유행했고 유학이 상대적으로 쇠퇴한 상황에서 불교와 노장사상의 사회 정치적 폐단이 두드러지던 시대였다. 이에 송의 유학자들은 그러한 폐단을 비판하고 유학의 윤리사상을 근간으로 하여 불교와 노장사상의 이론적 성과물들을 흡수함으로써 유학의 전통을 새롭게 수립하였다. 그리고 이러한 작업은 주자에 의하여 완성되었다.

유학자들이 불교를 비판한 내용을 보면 불교가 중국인들의 인생관과 아주 다르다는 데 초점을 맞추었다. 중국의 유학자들은 철저하게 현실적인 사람들이었다. 그들은 현실에서 설명할 수 없거나 현실에 도움이 되지 않는 것들은 모두 허구나 거짓으로 여겼다.

불교의 핵심교설인 인과응보설이나 윤회설 혹은 열반에 관한 주장은 그들에게 현실적으로 수긍할 수 없는 것으로 간주되었다. 극단적 현실주의자들이었던 그들은 불교를 비현실적인 몰역사주의적 출세간주의로 간주하고 비판하기 시작하였다.

불교를 비판한 가장 대표적인 학자의 한 사람인 한유는 『원도』라는 글에서 요순부터 공자 맹자로 이어지는 유학의 전통을 논했는데, 여기서 대학 팔조목의 장을 끌어내어 수신으로부터 평천하에 이르는 것을 도의(道義)의 근거로 삼았다. 그리고 "그러한, 즉 옛날의 이른바 정심하고 성의한다는 것은 단순히 마음을 닦기 위한 것이 아니고 유위(有爲)한 일을 하려는 것이다. 지금은 불가나 도가들이 그 마음을 다스리려 하면서도 천하국가를 도외시하고 천륜을 거역하고 있다"고 했다. 사람의 마음을 다스리는 데서 출발하기는 대학도 불교나 도교와 마찬가지이나 그 도표(道標)가 치국평천하에 이르고 이르지 않음에 큰 차이가 난다는 것이다.

당 말의 유학자들이나 송대의 성리학자들 중에서 조금이나마 불교를 배우지 않은 이들은 없었던 듯하다. 그중에는 이고(李翺)나 주렴계처럼 불교를 긍정적으로 생각하는 이들도 있으나 대부분 불교에 비판적이었다. 그중에서도 구양수는 불교를 가장 극렬하게 비판하였다. 그는 한유의 『원도(原道)』를 읽고 크게 느끼는 바가 있어 불교비판에 부족하다고 느낀 점을 보충하여 『본론』을 지었다고 한다.

이 당시 불교를 비판한 내용의 중심이 되는 주제는 불효, 불충, 오랑캐 문화, 혹세무민, 타락으로 요약된다. 첫째, 불교는 무엇보다도 자신만의 안일을 위해 처자와 가정을 버리고 떠나므로 비인간적이다. 둘째, 불교는 백성 된 자로서의 책무인 국가와 왕에 대한 헌신을 저버리므로 비사회적이다. 셋째, 불교는 중국의 고유하고 고귀한 문화를 파괴하고 천박한 오랑캐의 문화를 퍼뜨리므로 비문화적이다. 넷째, 불교는 윤회니 업이니 인과니 하는 비현실적이고 헛된 가르침을 퍼뜨려서 선량한 백성들을 혹세무민한다. 다섯째, 불교는 거짓된 삶을 살기 때문에 당연히 타락할 수밖에 없다는 것 등이다.

주자 당시의 송나라는 북방 이민족의 침략에 의해 사회가 혼란하고 국가가 위태로운 침체기를 맞고 있었다. 주자는 사회의 혼란과 국가의 위기가 도덕의 타락과 기강의 문란에서 비롯된 것이라고 판단했다. 그리고 이러한 도덕의 타락과 기강의 문란은 현실의 역사를 외면하는 출세간주의, 즉 불교가 원인이라고 생각했다. 주자는 쓰러져가는 조국의 국운을 되살리는 길은 타락한 도덕과 문란해진 기강을 다시 바로 세우는 길뿐이라고 확신했다. 그는 도덕과 기강을 바로 세우기 위해서는 공맹 이후로 끊어진 유교의 도통을 회복해야 한다고 생각했으며, 그것은 타락과 문란의 원인인 불교를 척결하는 데서부터 시작해야 한다고 굳게 믿었다. 주자는 이러한 신념 아래 불교 비판을 통해 유교를 새롭게 해석하고 체계화하는 과업에 착수하였으며, 그래서 완성한 학문이 성리학이다.

송대의 주자를 비롯한 성리학자들의 사상체계는 불교비판 위에서 이루어진 것이었으나, 동시에 불교로부터 많은 영향을 받기도 하였다. 혹자는 주자가 불교를 배우고 다시 불교를 비판하기도 한 점을 들어 그와 불교의 관계를 '사랑과 증오'의 관계라고 부르기도 한다.

성리학의 학문적 체계의 근거는 주역이다

주자는 중국의 가장 큰 전통사상인 유교를 재해석하여 새롭게 체계화함으로써 엄청난 학문적 업적을 이루었으며, 나아가 그의 업적은 동아시아 사람들의 삶에 오랫동안 지대한 영향을 끼쳤다.

퇴계 선생이 선조임금을 유학의 이상적인 성군이 되기를 바라는 뜻에서 성리학의 요점을 열 가지 그림으로 쉽고 간략하게 보여주려고 지은 책이 『성학십도(聖學十圖)』이다.

성학십도의 첫 번째 그림이 주돈이의 태극도설이다. 태극도설은 주역의 이치에 근거해서 우주의 원리와 생성과정을 설명함과 동시에 인간의 도덕 원리와 표준을 제시하였다. 따라서 태극도설은 성리학의 가장 기본적 출발이 되는 논리적 근거가 된다. 그런데 이 태극도설은 주역에서 비롯된 학설이다.

주자학에서는 우주자연의 질서와 인간심성의 구조가 동일하다고 생각하였고, 그렇기 때문에 우주자연의 질서가 곧 인간사회의 당위가 된다고 믿었다. 그래서 이를 증명하기 위하여 이기론을 전개하였는데, 그 목적은 우주 자연의 근본이치인 리(理)가 인간의 성(性)과 일치한다는 것을 밝히는 데 있었다.

학문적 준거는 먼저 우주론적 질서를 주역의 이기론에 입각하여 태극과 음양오행을 근간으로 인간의 심성정(心性情)을 체계화하였고, 인간의 심성론은 중용의 성즉리(性卽理), 즉 하늘의 리가 인간의 성으로 화생되었다는 내용과 맹자의 성선설을 근거로 하였다고 본다.

음양오행의 기와 그 기의 운동법칙인 리는 자연세계와 인간세계의 만물 속 어디에서나 구체적으로 존재하는 것들이다. 그렇다면 리(理)와 기(氣)의 합인 인간의 심(心) 역시 구체적으로 존재하는 어떤 물(物)이다. 그러므로 심도 여타의 물과 마찬가지로 리와 기로 구성되어 있는 것이다. 심의 리는 심의 미발(未發)이자 원리인 성(性)이 되고, 이 성이 심을 통하여 발할 때 그것이 정(情)이 된다고 한다.

이를 밝히기 위하여 이기론을 전개하였는데, 그 목적은 우주자연의 근본이치인 리가 인간의 성과 일치한다는 것을 밝히는 데 있었다. 그리고 그 방법론으로 제시된 것이 격물치지의 인식공부와 거경(居敬)과 성(誠)의 수양공부였고, 공부의 최종 도달점은 천명을 알고 본성을 회복하여 성인이 되는, 즉 복성성성(復性成聖)이었다. 그리고 이러한 철학적 토대에 기초하여 사회윤리학을 확립하였다. 그는 오륜 중심의 질서를 구축하고 왕도정치의 이상을 확립하여 사회기강을 바로잡고자 하였다.

성리학의 구체적인 학문적 구조체계는 퇴계 선생의 천명신도를 근거로 다음과 같이 제시하였다.

주역의 천지자연의 이치를 생활에 접목, 응용한 대표적인 학파로서 의리와 상수학파가 있음을 앞에서 서술하였다. 의리역은 일체 사물의 존재이유나 사물의 이치와 원리를 연구하는 학파를 의미하고, 상수역은 인간생활의 길흉화복을 연구하는 학파를 의미한다.

상수역의 대표적인 학문으로는 점을 비롯한 동양오술이 있고, 의리역의 대표적인 학문으로는 성리학이 있다. 성리학은 주역의 천지이치, 즉 우주론적 순화론적 자연의 이치를 통해 인간의 도리를 체계화한 과학적 윤리 도덕학이라고 볼 수 있다. 결국 주역의 천지자연의 이치인 태극과 음양오행론의 관점에서 인간의 사상과 도리를 연구한 학파가 의리역이고, 의리적 내용을 실제 윤리도덕 생활에 접목, 응용하여 체계화한 학문이 성리학이다.

성리학에서는 우주 인간 만물을 포함한 존재론을 우주론의 기본개념인 리·기의 개념으로 분석하고 있으며, 우주(천지)의 존재구조와 소우주인 인간의 존재구조가 상응하는 것으로 파악한다. 그래서 "천지의 태극이 인간에서 성이요, 천지의 동정·음양이 인간에서 심이요, 천지의 오행이 인간에서 오상(인의예지신)이요, 천지가 화생하는 만물은 인간에서 만사이다(天地之太極, 在人便是性, 天地之動靜陰陽, 在人便是心, 天地之金木水火土, 在人便是仁義禮智信, 天地之化生萬物, 在人便是萬事)"고 하여, 우주에서 태극·음양·오행이 인간존재에서 성·심·오상·만사로 상응하는 것임을 확인하고 있다. 여기서 태극과 성은 하나의 리요, 음양·오행·만물은 기라고 할 수 있지만, 심·만사는 그대로 기라고 할 수 없고 리와 기가 결합된 존재, 즉 물(物)이며 오상은 성으로서 리라 할 수 있다.

성리학은 노·불사상을 극복하기 위해 주역(周易)의 이치와 중용(中庸)의 성명론(性命論) 그리고 맹자의 사단칠정론(四端七情論)을 결합하여 본래의 유학(儒學)을 재구성함으로써 이루어진 학문이라 하여 신유학(Neo-confucianism)이라고도 한다. 주역의 이치와 중용의 성명론을 결합한 내용을 구체적으로 서술하면 다음과 같다.

성리학에서 주역의 우주론적 순환론적 자연의 이치인 천지자연의 이치를 윤리도덕 생활에 접목, 응용한 그 구체적 내용을 <그림 19-1> 퇴계 선생의 천명도를 근거로 설명해보고자 한다.

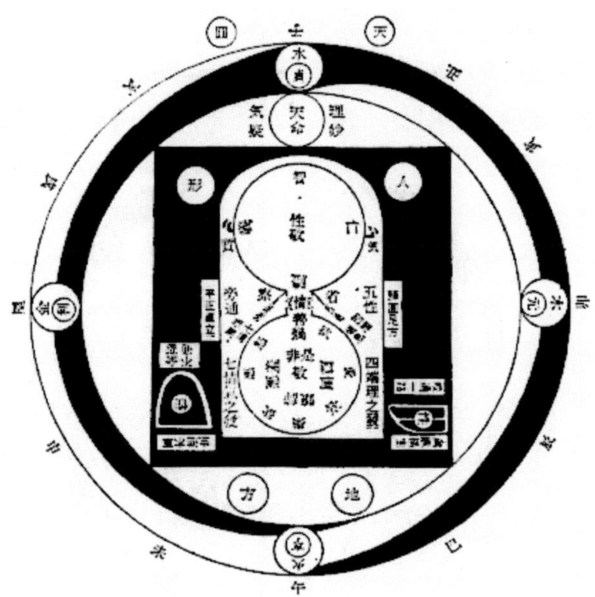

〈그림 19-1〉 퇴계 선생의 천명신도(天命新圖)

이 그림은 퇴계 선생이 주역의 천지이치인 태극과 음양오행론의 관점에서 인간의 심(心)・성(性)・정(情)의 관계를 나타낸 천명신도이다. 이 그림에 대한 자세한 내용은 생략하고 간단히 그 내용의 구조, 즉 성리학의 구조를 살펴보고자 한다.

먼저 그림을 크게 세 가지, 즉 천지인(天地人)으로 나눠볼 수 있다. 그림에서 제일 바깥의 원형은 하늘을 나타내는 것으로 천원(天圓)이라 했고, 가운데 네모난 검은 부분은 땅을 나타낸 것으로 이를 지방(地方)이라 했으며, 한 가운데 흰색 부분은 인간을 나타낸 것으로 인형(人形)이라 표기하였다.

인간을 나타낸 인형은 천지의 기와 이치를 받고 사람이 태어났음을 암시하고 있다. 인간이라는 형태로 태어났다면 이는 천기와 지기의 영향을 받고 태어났음을 암시하고 있다. 그래서 인간을 나타낸 인형의 모습도 육체 부분은 땅을 본받아 네모난 방형을 이루고, 머리 부분은 하늘을 본받아 둥근 모양의 원형을 이루고 있다. 이를 두원족방(頭圓足方), 머리는 둥글고 발은 네모나다고 하였다.

그림에서 천지인을 나타낸 것을 더 자세하게 서술하면 다음과 같다.

첫째, 하늘을 나타낸 바깥의 원형은 다시 두 부분인 흰색과 검은색으로 나눠져 있는데, 이는 천기의 음양의 순환을 나타낸 태극문양이다. 태극은 우주를 나타낸 문양이므로 태극문양 안에 우주론적 순환론적 자연의 이치인 원형이정과 목화금수가 짝을 이루고 있다. 그리고 제일 바깥에 12지지인 자(子)·축(丑)·인(寅)·묘(卯)·진(辰)·사(巳)·오(午)·미(未)·신(申)·유(酉)·술(戌)·해(亥)가 있다.

천기의 음양 순환에서 12지지의 '자(子)' 근처에서 음기, 그림에서는 검은색이 가장 많고, 그 이후에는 양기, 그림에서는 흰색이 점점 늘어나서 '묘(卯)'에 이르러 음양이 대등하게 존재하고, 그 이후에는 양기가 음기에 비해서 더 많아진다. 음기가 줄어들어서 '오(午)' 근처에서 양기가 가장 많고, 음기가 가장 적다. 그다음 다시 음기가 점점 많아지고 양기는 점점 줄어들어서 '유(酉)'에 이르러 다시 대등해지고, 그 이후에는 음이 점점 많아지고 양이 점점 줄어들어서 다시 원래 출발했던 '자'에 이르러 순환이 끝난다. 끝이 나면 영원히 끝나는 것이 아니고, 다시 그곳에서 시작하여 새로운 순환이 계속된다. 이를 종즉유시(終則有始), 끝나면 시작이 있다는 원리이다. 우주의 순환원리가 종즉유시이므로 인간사도 이 원리와 마찬가지로 끝나면 다시 시작한다는 것이다. 그래서 영원히 순환 반복하는 것이다.

순환 반복하는 12지지의 변화현상을 일 년 사계절에 대입해보면 해자축은 음력으로 겨울인 10, 11, 12월을 나타내고, 인묘진은 봄인 1, 2, 3월, 사오미는 여름 4, 5, 6월, 신유술은 가을 7, 8, 9월을 나타낸다. 12지지를 하루의 시간대와 대입하면 하루 24시간을 2시간을 단위로 자(밤 11시)시에서 시작하여 축·인·묘·진·사·오·미·신·유·술·해(밤 10시)에 한 순환이 끝난다.

큰 원형 그림 안에 큰 동그라미가 네 방위로 네 개가 있는데, 각각의 동그라미에는 목화금수(木火金水)가 있고, 또 작은 동그라미에는 원형이정(元亨利貞)이 있다. 즉, 목과 원 그리고 12지지의 인묘진, 화와 형 그리고 사오미, 금과 리 그리고 신유술, 수와 정 그리고 해자축이 각각 짝을 이루고 있다. 이는 오행의 속성상 원과 12지지의 인묘진이 목의 성격을 갖고 있어서 목과 같이 있고, 형과 사오미는 화의 속성, 리와 신유술은 금의 속성, 정과 해자축은 수의 속성이기 때문에 각각 짝을 이루고 있다.

이상 하늘의 기운변화를 태극문양과 관련하여 음양오행과 원형이정 및 12지지를 중심으로 나타냈는데, 이들 변화는 인간에게 영향을 준다는 것이며 이를 천명(天命)이라고 한다. 그런 의미에서 그림 맨 위의 동그라미 바로 밑에 있는 동그라미 속에 천명이라고 표기한 것으로 볼 수 있다. 천명은 다시 리와 기로 나타내고 있다. 음양을 리기(理氣)로 나타내면, 음과 양은 기를 나타낸 것이고, 음양이 변화하는 소이연(所以然), 즉 까닭에 해당하는 것은 리이다.

둘째, 땅을 나타낸 부분은 그림의 가운데 네모난 검은색 부분을 말한다. 이를 맨 아래에 지방(地方)이라고 표현했다. 옛사람들은 땅을 평평하다고 생각했는지 네모난 땅의 모양을, 즉 지방으로 나타냈다. 하늘은 둥글다고 하여 천원이라고 하였고, 땅은 평평하게 네모나다고 생각하여 지방이라 하였으며, 이를 합쳐 한 마디로 천원지방(天圓地方), 즉 하늘은 둥글고 땅은 네모난 것이라고 하였다.

그림에서 보면 땅에 대해서는 특별한 내용이 없다. 하늘에 대해서는 많은 변화 현상을 12지지와 음양오행론으로 나타내고 있는 데 비해서 땅에 대해서는 뚜렷한 내용이 없다. 이는 하늘이 주(主)이고, 땅은 하늘의 변화를 받아들이는 종의 입장에 있음을 암시하고 있는 것 같다.

주역에서도 땅을 나타내는 곤괘의 단전에서도 "至哉라 坤元이여 萬物이 資生하나니 乃順承天이니(지극 하도다! 곤의 원이여 만물이 바탕하여 생하느니 이에 순히 하늘을 이으니)"에서, '내순승천(乃順承天, 이에 순히 하늘을 이으니)'이란 하늘과 땅의 관계에서 땅의 특성을 나타낸 표현이다. 즉, 땅은 순하게 하늘의 뜻을 따른다는 것을 나타낸 것이다. 결국 땅은 하늘의 변화를 그대로 순하게 받아들여서 만물을 낳고 기르고 할 뿐이지, 독자적으로 앞으로 나아가는 것이 없음을 나타내고 있다. 그래서 땅을 나타내는 곤괘를 해설한 문왕의 괘사에서도 "先하면 迷하고 後하면 得하리니 主利하니라(먼저 하면 혼미하고, 뒤에 하면 얻으리니 이로움을 주장하니라)"고 하였다. 이는 유약하고 어두운 상태인 음으로서는 마땅히 양의 부름을 기다려 화답함이 순리이니, 양보다 먼저 나아가면 아득하고 양을 앞세운 후 뒤따르면 그 결실이 있게 된다는 의미이다. 결국 땅의 이런 특성 때문에 그림에서 아무 내용도 나타내지 않은 것으로 보인다.

셋째, 인간을 나타낸 부분이 그림의 가운데 흰색 부분이다. 이를 인형(人形)으로 나타냈다. 인간은 하늘의 천기와 땅의 지기를 받고 태어났기 때문에 이를 상징적으로 나타내기 위해서 하늘의 둥근 모양과 땅의 네모난 모양을 합쳐서 두원족방(頭圓足方) 머리는 둥글고 발은 네모난 모양으로 나타냈다. 그것이 인형, 즉 인간의 형체로 나타났다고 표현하였다. 따라서 인간인 人形은 하늘의 천기와 땅의 지기의 영향을 받고 태어났으므로 당연히 리도 함께 부여받았다. 왜냐하면 모든 만물은 천지기운에 의해서 태어나 형체를 갖추게 되는데 거기에는 또한 반드시 리도 함께 부여되기 때문이다. 즉, 형체는 기에 의해서 이뤄지고 그 형체에는 반드시 기의 리가 함께 부여된다.

그림의 흰색 부분인 인형을 보면 위아래에 둥근 원이 두개가 있다. 먼저 위의 둥근 원에는 원 내의 네 곳에 인례의지(仁禮義智)가 있고, 가운데 성(性)과 경(敬)이 있으며, 心字가 원의 좌우에 분리되어 쓰여 있다. 그리고 위의 둥근 원과 아래의 둥근 원 사이에 정(情)이 있다. 아래 원에는 선기(善幾)와 사단(측은(惻隱)·사양(辭讓)·수오(羞惡)·시비(是非)) 그리고 칠정인 희노애구애오욕(喜怒哀懼愛惡欲)이 있다. 그리고 가운데 경(敬)이 있다. 위의 인례의지는 성(性)이고, 이는 마음이 사물에 감촉되지 않은 상태, 즉 심의 미발(未發)을 나타낸 것, 다른 말로 발현되지 않은 것이고 마음이 사물에 이미 감촉된 상태 이발, 즉 발현된 상태를 정(情)이라고 한다. 결국 미발의 성이 발한 것이 정이며, 사단과 칠정은 모두 정에 속한다. 선기(善幾)는 성선설의 기미를 의미하는 것으로 보인다. 맹자 성선설의 구체적인 내용을 사단으로 나타낸 것으로 보인다.

경(敬)은 다른 말로 주일무적(主一無適)이라는 의미로 이는 글자 그대로 하나에 집중하여 나아가지 말라는 의미이다. 현대적 의미로 정신을 차리고 항상 깨어 있으라는 의미와 유사하다. 인간의 본성인 도심(道心)인 인의예지를 항상 간직하고, 이에서 벗어나지 말라는 의미이다. 왜냐하면 인간은 사사로운 감정과 인욕의 사사로움, 즉 인심(人心)에 현혹되어 도심인 인의예지의 성을 이탈하기 쉬우므로 그렇게 되지 않도록 정신을 차리고 항상 깨어 있으라는 의미인 것 같다.

인례의지는 또한 오행으로 볼 때 목화금수이며, 그래서 각각의 배열도 목화금수의 배열과 같이 짝을 이루게 하였다. 즉, 인은 목의 방향으로 배열하였으며, 례는 화, 의는 금, 지는 수의 방향으로 배열하였다. 그리고 사단의 경우에도 동일한 원리로, 측은·사양·수오·시비도 인례의지의 단서이므로 같은 방향으로 배열하였다. 즉, 측은은 인의 단서이므로 오행의 목의 방향으로 배열하였고, 사양은 례의 단서이므로 화의 방향, 수오는 의의 단서이므로 금의 방향, 시비는 지의 단서이므로 수의 방향으로 동일하게 배열하였다. 여기서 잠깐 주의 깊게 살펴보면 그림의 가운데 인형부분의 둥근 두개의 원 사이에 오른쪽 중간에 오성(五性)이라는 말이 있다. 인례의지(仁禮義智)에 신(信)을 추가하여 오성이라고 한다.

사실상 하늘의 순환 이치는 음양과 오행으로 표현하면 오행에 맞는 오성을 제시하여야 맞는다. 그런데 그림에서는 원형이정과 짝을 맞추기 위해서 그렇게 했는지 모르지만, 오행 중 목화금수만을 나타내고 토를 나타내고 있지 않다. 그런데 오행에 맞게 성을 제시하면 오성, 즉 인례의지신(仁禮義智信)을 제시하여야 한다. 아마도 주역의 하늘을 나타내는 중천건괘에 대한 문왕의 괘사인 '원형이정(元亨利貞)'과 짝을 맞추기 위해서 오성 중 토에 해당하는 신(信)을 생략한 것으로 보인다. 아니면 원래는 천지이치인 원형이정에 맞게 사성(四性)인 인의예지를 사용하다가, 그 이후에 오행이 나타나면서 오성(仁禮信義智)으로 발전했는지도 모른다. 그러나 다른 문헌에 보면 오행에 맞게 오성을 쓰는 경우가 일반화되어 있다.

이상은 퇴계 선생의 천명신도를 보고 천의 천원과 지의 지방 그리고 인의 인형의 관계를 개괄적으로 설명하였다. 결론적으로 인간은 하늘과 땅의 음양오행의 리기(理氣)의 천명을 받고, 인형으로서의 형체와 성을 받고 태어났음을 알 수 있다. 즉, 천지의 기를 받아서 형체가 되었고, 그와 동시에 천지의 리를 받아서 성을 부여받았다고 볼 수 있다. 성은 심의 미발인 잠재적인 본성을 나타내고 이 미발된 성이 사물에 감촉하여 나타나면 정이 된다. 즉, 인은 측은지심으로 나타나고 예는 사양지심으로 나타나고 의는 수오지심으로 나타나고 지는 시비지심으로 나타난다는 것이다.

결국 인간은 천지의 이치인 음양오행의 천명을 받고 태어났으므로 인간은 평생 이를 벗어나지 말고 바르게 살아야 한다는 도리를 제시한 것이다. 즉, 하늘은 인간에게 천명의 리(理)로서 오성인 인의예지신을 부여했으니 성경(誠敬)한 태도로, 즉 한순간도 이를 이탈하지 말고 정성을 다하여 진실무망하게 옳게 살라는 의미이다.

이상과 같은 성리학의 인간의 도리에 대한 내용을 『주역』의 설괘전 제1장에서는 '궁리진성(窮理盡性)하야 이지어명(以至於命)하니라'로 나타내고 있다. 즉, 천지의 이치를 궁구하여 성을 다함으로써 명에 이른다. 천지의 이치를 궁구하여 인간의 성품을 다 밝힌다는 것은 천지이치가 인간에 부여한 성품임을 깨달

아, 그 성품대로 사는 것이 하늘이 인간에 부여한 천명대로 사는 것이라고 볼
수 있다.

천지의 리와 기의 천명에 의한 인간의 형체와 성의 관계는 중용의 제1장에도
다음과 같이 잘 나타나 있다.

앞글은 주자가 구체적으로 주해한 내용을 중심으로 살펴보면 다음과 같다.
명은 령(令)과 같고, 성즉리(性卽理) 성은 리이다. 하늘이 음양오행으로써 만물
을 화생하여 기로써 형체를 이루고, 그리고 또한 거기에 리를 부여하였으니, 이
것이 곧 하늘이 명령하는 것과 같다. 이에 사람과 물건이 태어남에 각기 부여받
은 바의 리를 얻음으로 인하여 건순 오상의 덕을 삼으니 이른바 성이다.

성즉리(性卽理)에서 리는 퇴계 선생의 천명신도에서 천지자연의 이치인 음양
오행과 주역 중천건괘의 원형이정을 말하며, 성은 인의예지신 오성을 말한다.
천지 이치인 음양오행으로써 만물을 화생 또는 낳을 때 기로써 형체를 이루고
그리고 또한 거기에 리 인간에게는 오성인 인의례지신을 부여하였으니 이것이
하늘, 즉 하느님이 명령하는 것과 같다.

결국 성리학은 주역의 우주론적 순환론적 자연의 이치인 태극과 음양오행론
의 관점에서 인간의 심·성·정의 관계를 체계화하여 인간의 도리를 제시한 과
학적 윤리도덕학이라고 볼 수 있다.

성리학의 학문적 성격의 특징을 몇 가지로 나타낼 수 있다.

첫째, 주역의 천인합일사상에 근거하고 있음을 알 수 있다. 그런데 천지는 주
이고, 인간은 천지에 지배 종속된 종의 위치에 있다. 따라서 천지의 이치에 또
는 변화질서에 맞게 사는 것을 이상적 인간으로 보았다. 즉, 천지는 대우주, 인
간은 소우주이며, 소우주는 대우주에 종속되어 있으므로, 소우주인 인간은 대우
주의 이치에 맞게 사는 것이 가장 타당한 삶으로 보았다. 여기서 우리가 생각해
야 할 것이 대우주인 천지이치는 다른 말로 하느님의 의지 또는 말씀과 같다.
자칫 가까운 객관적 사실에 근거한 소소한 인간의 능력으로 조작할 수 있는 과

학적 이론 또는 원리와 같은 서양과학적 이치가 아님을 유의해야 한다.

둘째, 성리학의 출발점 또는 근거가 성즉리, 즉 천지의 '리'가 인간에 부여한 것이 '성'이라는 원리를 대전제로 하고 있다. 여기서 하늘이 인간에게 부여한 성의 해석에 대해서 생각해보아야 한다. 성리학에서는 성을 성선설에 근거해서 인간의 도리를 오성, 즉 인의예지신인 도심(道心)의 관점에서 제시했지만, 성악설에서는 인간의 본능적 성인 인심(人心)적 측면을 강조하여 전혀 다르게 보고 있으므로 이에 대해서도 고려해 보아야 한다. 인간이 천지의 기를 받고 태어났는데 거기에는 이치로서 음양의 이치가 있으므로 인간의 성도 음양적 측면을 벗어날 수 없다고 본다. 따라서 인간의 성에도 음적인 성, 즉 성악적 측면과 양적인 성, 즉 성선적 성 둘이 있다고 볼 수 있다. 서양에서도 인간을 야누스적으로 보는 것은 인간의 양면성을 인정하는 좋은 예라고 볼 수 있다.

셋째, 동양학이 천도를 미루어 인사를 밝혔다는 관점에서 생각해보고자 한다. 천도란 글자 그대로 하늘의 이치를 말하고 이는 기의 작용과 변화 이치인 음양오행론을 말한다. 하늘의 변화 이치인 음양오행론은 곧 인간의 모든 인사의 준칙이 된다. 준칙인 음양오행론은 다른 말로 하면 천명에 해당하는 것이며, 이는 곧 하느님의 뜻이기도 하다. 따라서 인간의 윤리도덕도 인사의 하나이므로 당연히 하늘의 이치인 천도에 입각하여 준칙을 제시한 것이다. 그것이 곧 천명이고 하느님의 말씀이다. 동양학은 하느님의 뜻을 이치적으로 학문적으로 나타내고 있음을 알 수 있다.

제3절 주역과 도가 그리고 도교

한국도교학회장이었던 도광순은 『도교와 과학』의 서문에서 유교와 도교를 비교 설명하면서 도교의 학문적 성격을 다음과 같이 서술하였다.

유교와 도교는 동양의 양대 문화로서 그 성격이 대조적이다. 전자가 윤리적 정치적인 문화라면 후자는 철학적 과학적 종교적인 문화이다. 유교가 현실사회의 봉건적 질서 유지를 위해서 스콜라적 지식에 매달려 있었다면, 도교는 이러한 테두리에서 벗어나서 자연의 경험적, 실험적 연구에 관심을 집중시키고 있었으며, 대자연 속에 살면서 자연의 법칙과 기밀을 알아내어 이것을 인간에 이

융합으로써 인간 생명의 불멸, 즉 불로장생의 꿈을 실현하고자 하였다. 여기에 도교가 과학기술의 개발과 연결되는 필연성이 있다. 도교는 대자연과 인간의 혼연융합을 기도하는 점에서 신비주의적이고 주술적인 성격이 강하다.

도교가 인간과 자연의 관계에서 불로장생의 꿈을 실현하고자 인간 생명에 대한 과학기술의 개발에 노력하였다는 점에서 오늘날 우리가 관심을 갖게 된다. 유가가 주로 인간의 도덕적 수양적 관점에 초점을 두었다면, 도교가 자연과 인간과의 관점에 초점을 둔 자연과학 기술적 내용이 과학기술이 중요한 현대사회에 더 의미가 있을 수 있기 때문이다. 즉, 인간의 건강을 위한 양생 또는 건강관리와 질병치료를 목적으로 도교의 과학기술을 현대적으로 계승 발전시키는 것이 중요하다.

도교의 자연과 인간의 관계에서 장생불사를 위한 과학기술적 내용을 구체적으로 살펴보면, 거의 도와 기, 태극, 음양오행론적 주역적 내용이 주된 것이다. 뿐만 아니라 도교의 우주적 자연관을 보면 천인합일적 또는 천인감응적 사상이며, 또한 이들 천지인의 상호관계를 나타낸 구체적인 이론체계도 거의 기와 도, 음양오행론적인 주역의 내용이 주류를 이루고 있다. 이런 점에서 주역의 학문적 내용을 도교에서도 많이 차용하여 발전시키고 있음을 알 수 있다.

도교는 오로지 인간의 생리적 욕망에 영합해서 불로장생을 위한 정신과 신체를 단련하기 위한 각종 과학기술, 종교적 주술, 부적, 그리고 신에 대한 의식을 통해서 구체적으로 생존문제를 해결하고자 하였다. 인간은 누구나 생존에 대한 욕구와 아울러 죽음에 대한 공포에서 벗어나기 위해 장생불사와 우화등선을 애오라지 희구하고, 악귀를 쫓아내고 행복한 삶을 영위하기를 바라기 때문에 도교의 이론과 신의 계보·의식·방법 등을 신봉할 수 있었다.

결론적으로 유교는 인간세계의 인간 간의 윤리도덕과 사회질서와 수양에 관한 인사의 도를 강조하였다면, 도교는 불로장생을 위한 자연과 인간의 관계를 강조한 자연의 도를 탐구하였다고 볼 수 있다. 그 자연의 도의 내용은 거의 주역의 이론들이 주류를 이루고 있다.

도가와 도교의 관계를 구별해보면 도가도 도교와 같이 자연의 법칙을 탐구하되 자연의 법칙을 자연의 법칙으로서 탐구하려 했다는 점에서 동일하다. 그것은 인간의 의지나 인간에 의한 규범의식이나 윤리관념에서 떠나서 자연을 자연현상으로만 보는 입장이다. 다시 말하면 그것은 반인간중심주의적인 자연관이고 자연현상을 인과법칙에 의해서 탐구하는 입장인 동시에 자연을 목적론적으로 보는 견해를 거부하는 입장이다. 다만 도교는 도가의 자연법칙을 존중하면서 신과 종교적 주술적인 것을 응용 접목하여 인간의 생존욕구를 해결하고자 하는 종교적 철학적 과학기술적 성격이 도가와 다른 특징이다. 또한 도교의 근본은 도가의 노자나 장자가 주장하는 것과 같이 정신적 초월에 있지 않고, 오히려 현실세계에 살면서 더 나은 삶을 영위하고자 하는 인간들의 심리적 욕망과 현실적인 여러 가지 문제들을 해결하려는 데 있는 것이다.

결국 도교와 도가의 유사점과 차이점은 도가와 도교가 자연의 법칙을 탐구하여 무위자연적 자연법칙에 따르려고 하는 데는 유사점이 있으나, 도교는 그러한 자연의 법칙에 근거하여 인간의 생존욕망인 불로장생을 이루기 위해 주술적 종교적 신적인 요소를 가미하였다는 점에서 종교적 색채가 강하다. 그리고 도가가 초세간적 인간세계와 초월적 입장인데 비해서 도교는 현실적인 인간의 욕구를 해결해주고 노력했다는 점에서 현실적이다.

이상에서 유가와 도가 그리고 도교의 관계를 개괄적으로 살펴보았다. 이들 세 학파의 내용을 살펴보면 공통점을 찾아볼 수 있다. 그것은 세 학파 모두 주역의 이론과 사상에 영향을 받았다는 것이다. 특히 도가와 도교의 천인합일적 우주적 자연관은 주역의 우주론적 자연관과 동일하고, 도교의 과학기술적 내용인 도, 기, 태극, 음양오행론은 주역의 내용과 일치하는 것을 보면 뚜렷하게 알 수 있다.

주역은 유가의 사상체계뿐 아니라 도가에도 영향을 미쳐 도가에서도 존중되었다. 유가와 도가 두 학파는 주역의 일정한 부분을 나름대로 발전시켜 각자 독특한 사상체계를 이루었다.

도가는 부드러운 가운데 강함이 있고 고요한 가운데 미동이 있다. 유가는 주역의 이치에 의해서 사회조직단체를 중시하고, 도가는 자연과 개체를 중시한다. 그러므로 유가는 사회 윤리도덕을 중요시하여 사회와 인간관계에서의 수양을 강조하고, 도가는 인간의 수련을 인간과 우주 자연의 관계로써 강조한다.

중국 문화대학 고희민 교수에 의하면 공자와 노자로 대표되는 유가, 도가의 양대 철학은 학설의 강조점과 가르침을 행하는 방식에는 차이가 있지만, 그 철학적 근원과 이론적 방향은 다 같이 『주역』의 철학을 계승하고 있다고 한다. 다만 다른 방향과 입장에서 이야기하고 있을 뿐이다. 그러므로 구별하여 말하면 유가와 도가 두 학파이지만 합하여 말하면 실은 역학이라는 일파이다.

대산 김석진 선생은 주역과 노장철학에 대해서 다음과 같이 차이점을 말하고 있다.

노자철학이 '무'의 철학이며 그 사상의 핵심은 무위자연(無爲自然: 하지 않아도 스스로 그러한 것)의 세계로 복귀하는 데 있다. 이 무위자연의 세계는 또한 '무위이무불위(無爲而無不爲: 하지 않아도 하지 못함이 없다)'하다는 것인데, 『주역』 계사전에서의 '감이수통 천하지고(感而遂通 天下之故: 느껴서 천하의 연고에 통하게 된다), 부질이속(不疾而速: 빨리 아니해도 빠르다), 불행이지(不行而至: 행동하지 않아도 도달한다)'와도 일치한다고 볼 수 있다. 이렇게 무위의 경지까지 가는 방법에서는 대동소이하다고 말할 수 있다.

그러나 주역이 덕행과 사업을 펴나감으로써 천하를 다스리는데 뜻을 두고 있다면, 노자는 덕행과 사업에 의해 천하를 경영하고자 하는 뜻이 없고, 다만 천하 만물이 스스로 생기고 변화함을 방해하지 않는다는 지극히 방임적이고 소극적인 정치관을 갖고 있다는 데 차이가 있다.

제20장 서양과학과 접목 응용 그리고 통합연구 분야

나는 동양과학기술인 역학과 역술이 제도권 지도층과 식자층에서 미신이고 비과학이라고 홀대받는 데 비해서, 현대과학기술의 종주국인 서구와 우리나라의 극히 일부 첨단과학자들이 주축이 되어 만든 한국정신과학학회에서는 매우 의미 있게 21세기 서구 물질문명의 위기를 극복하기 위한 새로운 과학기술로 칙사 대접을 받는 것을 보고 매우 흥미로운 호기심을 갖게 되었다. 하기는 예수님도 고향에서는 얼마나 탄압과 질시를 받고 십자가에 처형을 당했는가?

동양학을 현대사회에 의미 있게 인식하고, 응용 접목하기 위해 연구하는 것은 시대적으로 어쩌면 당연한 일이다. 그것은 국수주의적으로 우리 것이기 때문이 아니라 정말로 현대사회의 여러 가지 현상과 문제를 제대로 이해하고 대처하기 위해서는 지금 지배적 위치에 있는 서양과학기술만으로는 불가능하다는 것은 모두가 다 아는 상황에서 그 대안으로서 다른 것을 찾아야 한다면 동양사상에서 찾아야 한다는 것이 국내뿐만 아니라 세계적인 지도자들과 학자들의 공통된 주장이다.

그런데 이들의 주장은 동양사상을 강조하는 데 막연해서 구체적으로 와 닿는 내용이 없다. 즉, 총론적으로는 동양사상에서 찾아야 한다고 주장하면서, 각론에 가서는 의미 있는 구체적인 내용이 없다. 그러면 동양사상이란 구체적으로 무엇인가 하고 물으면 기껏 하는 말이 공맹과 노장사상 그리고 우리나라의 퇴계, 율곡, 다산 선생 위주의 유학과 실학사상을 들먹이는 것이 거의 전부이다. 유학사상이란 또 무엇인가 하고 찾아보면 사서와 성리학 중심의 규범적인 철학사상이 주류이다. 그런데 이 윤리도덕 중심의 사서와 성리학의 내용을 들여다보면, 현대사회에서 학문적으로 의미 있게 배우고 연구하고 싶은 내용이 전혀 아니다. 또 그런 내용도 거의 없다.

뿐만 아니라 노자, 장자, 사상도 말은 거창하고 어마어마하지만 실속이 없는 허구적, 구름 잡는 내용뿐이다. 노자의 도덕경도 그 사상적 근원은 주역에서 비롯되었지만 실제 생활에 접목 응용한 구체적인 과학기술적인 내용이 없다. 그냥 도덕경의 어느 구절의 내용을 들먹이면서 어떻다 하고 도통한 사람처럼 행세하는 막연한 내용이다. 따라서 서양의 과학기술적 학문과 비교해보면 잠시 휴식시간에 새로운 내용의 이야기를 들어서 머리를 식히는 정도의 이야깃거리에 지나지 않는다. 그러니 배우고 연구하여 실제 생활에 접목 응용할 수 있는 구체적으로 의미 있는 과학기술적 내용은 아니다.

왜냐하면 현대사회에서 학문이라고 하면 과학기술적인 학문이 주류이고 지배적인데 과학기술적인 내용이 아니라 규범적인 윤리도덕이고 허구적 실속 없는 내용이라 시대적으로 한심스럽다는 생각이 들기 때문이다.

그런데 비제도권의 철학관 중심의 역학과 역술을 보면 학문적으로 매우 의미 있는 내용이 엄청나게 많다. 역학과 역술은 인간생활에 필요한 물질세계의 실용적인 과학기술적 내용을 제공해줄 뿐만 아니라 윤리도덕과 정신세계의 문제를 이치적으로, 즉 과학기술적으로 설명해주기 때문에 매우 역동적이고 시대적으로 부합되는 의미 있는 학문이다. 그래서 이에 관심을 갖고 배우고 연구하는 제도권 학자들이 있다.

이러한 연구방식은 기존의 동양오술 중심의 전통적 동양과학기술인 역학과 역술 분야와 다른 새롭게 대두되는 동양학 연구 분야이다. 즉, 동양과학 기술적 개념과 이론을 서양과학 기술적 개념과 이론에 비교하면서 기존의 서양과학 기술적 개념과 이론으로 설명할 수 없는 현상과 문제를 서술함으로써 문제를 해결하고자 하는 연구 분야이다.

동양과학기술은 현대사회의 서구물질문명의 문제점과 폐해, 즉 자원의 고갈, 환경파괴, 인간성 상실 등을 보완 극복하는 데도 도움을 주지만, 학문적으로 서양과학기술이 이해, 설명할 수 없는 물질세계의 현상과 문제를 기와 음양오행론으로 설명함으로써 처방과 대책을 만들 수 있다. 그래서 문제를 해결할 수 있다. 이것이 현대사회의 동양과학기술의 의미와 가치이며, 이를 구체적으로 접목 응용하여 연구를 시도하는 사람들이 늘어나고 있다.

이는 동서양의 학문을 통합적으로 접목 응용하는 새로운 학문적 연구 영역으로 나타나고 있다. 아마도 21세기 새로운 문명의 창조를 위해 노력하고자 한다면, 이런 류의 학문적 연구가 필요하지 않을까 생각이 된다. 이것은 아마도 그러한 조짐이라고 해도 좋을 듯싶다.

20세기의 역사가 서양의 과학기술문명을 앞세운 팽창과 갈등의 역사였다면,

21세기는 절제와 화합에 의한 인류평화의 시대가 되어야 한다는 인류의 염원에 따라서 그 가능성을 동양사상에서 찾을 수 있다는 것이다.

니체는 20세기에 접어들면서 서양문명의 위기를 예언했고, 토인비는 21세기는 태평양의 시대가 될 것이라고 진단했다. 그뿐만 아니라 1972년에 발간된 로마클럽의 보고서 '성장의 한계'에서는 서양문명의 병폐를 진단하면서 그 처방으로 동양사상을 들었다. 이처럼 서양인들은 이미 자신들의 과학기술문명의 한계와 문제점을 발견하고, 그것을 극복하기 위해 동양의 지혜, 즉 동양의 사상과 과학기술을 배우고 실천하려 하고 있다. 하여튼 20세기는 분명 서양과학기술문명이 동양을 정복하고 세계를 지배한 시대이지만 자원의 고갈이나 환경 파괴, 인간성 상실 등 문명의 위기가 속출하고 있는 것이 오늘날의 현실이다.

그래서 자본주의 과학기술 물질문명의 병폐를 수정 보완해야 한다는 소리가 높고, 그 방법은 동양사상과 과학기술에서 찾아야 한다는 소리와 함께 바야흐로 세계의 사조는 대서양에서 아시아 태평양으로 옮겨오는 것만은 엄연한 사실이다.

이런 시대적 흐름에 따라서 단순히 공허한 사상 철학적 그리고 방향제시적 차원을 넘어서 매우 구체적이고 실용적인 동양사상과 과학기술을 배우고 연구하는 움직임이 첨단 과학자들을 중심으로 일어나고 있음은 매우 고무적인 현상이다. 동양사상 중에서도 동양문화의 가장 기본이 되고, 가장 최고의 철학이며 과학기술인 주역에서 비롯된 역학과 역술이 대두하고 있다.

구체적인 예로는 자연환경 파괴와 관련해서는 풍수지리, 우주론적 관점에서 인간의 궁극적 삶의 의미와 깨달음을 통한 인간성의 회복에는 산학, 인간의 삶에서 여러 가지로 겪는 길흉화복의 의미와 대응자세는 명리학, 모든 사물의 변화하는 이치에 대해서는 음양론적 변화관, 서양의학과 다른 동양의학의 종합적이고 유기체론적 건강론 등을 들 수 있다.

과학기술이 변해야 현대사회의 위기가 근본적으로 치유된다

현대사회의 과학기술 분야는 단순한 물질적 가치를 추구하는 도구나 수단으로만 끝나는 것이 아니고, 인간의 사상과 철학적 가치관과 세계관까지 영향을 주고 더 나아가 정치, 경제, 사회, 문화의 모든 분야에 영향을 미친다. 즉, 과학기술의 내용이 어떠하냐가 인간의 거의 모든 부문에 영향을 주고 있다고 볼 수 있다.

1967년 앨빈 토플러와 함께 '미래협회'를 만들어 미래학(future studies)이란 학문분야를 처음으로 개척한 선구자이며, '미래학의 대부'라 불리는 하와이대학 미래학연구소장인 제임스 데이터(James Dator)는, 그가 엮은 미래연구 보고서인 『다가오는 미래(Advancing Futures)』의 서문에서 사회변화와 과학기술의 관계를 다음과 같이 설명하고 있다.

사회 변화에 대해 많은 미래학자들이 다양한 지론을 설명하고 있지만, 사회 변화에 대한 최종 결론은 사회변화의 주요 동력은 과학기술이며(인구, 지구환경 변화, 정치경제적 불안정, 문화변동 등), 다른 모든 '쓰나미'의 형성에 상당히 기여하는 이 과학기술에 우리가 반드시 '올라타야' 한다는 것이었다. 이 문제를 자세히 설명하려면 너무 길어질 것 같으므로 1967년 마셜 맥루언(Marshall Mcluhan)의 경구로 대체한다. "우리는 우리의 도구를 만들고, 그 이후에는 우리의 도구가 우리를 만든다."

인간은 자신이 처한 환경과의 상호작용을 통해 그리고 기술을 통해 인간다워진다. 가치관, 윤리, 관습, 종교적 신념, 법 등은 모두 인간은 어떤 식으로 행동할 수 있는가(그리고 난 후 자신이 취한 행동의 결과로서 스스로에 관해 무슨 생각을 갖게 되는가)와 관련해 형성된다.

과학기술이 변하면 행동이 변하고 그리하여 결국에는 자의식 및 사회의식도 변한다. 새로운 행동과 새로운 자기의식은 새로운 과학기술에 의해 가능하거나 강요되는데 둘 다인 경우, 새로운 기술이 가능케 한 행동은 기존의 가치관과 규칙들에 도전하게 되고 따라서 사회는 변화하는 것이다.

결국 인간의 의식을 변화시키는 데는 과학기술이 매우 주요한 요인이다. 이것을 다른 말로 뒤집어 말하면 과학기술을 변화시킬 수 없는 사상철학은 인간의 의식을 근본적으로 변화시킬 수 없고, 단지 일식적으로 공허한 지적 유희에 지나지 않는다는 말과 같다.

따라서 기존의 서양과학기술로 초래된 병폐와 문제점은 이를 완화하고 해결해줄 수 있는 새로운 과학기술을 개발함으로써 가능해진다.

현대사회의 물질적 풍요로움과 편리한 생활뿐만 아니라 여러 가지 병폐도 거의 전적으로 그 근원은 현대사회의 지배적인 뉴턴·데카르트적 물질론적, 기계론적 서양과학기술의 결과라고 볼 수 있다.

현대 자본주의 물질적 풍요로움과 편리성에 모든 사람들의 관심과 행복의 가치 척도가 집중되다 보니, 물질적 가치가 최고가 되었고, 물질적 가치를 추구하는 데 서양과학기술이 가장 많이 도움이 되고 기여하기 때문에 사람들은 서양과학기술을 최고의 학문으로 자연스럽게 인식하고 모두가 이를 경쟁적으로 배우고 연구하게 되었으며, 그 결과 서양과학기술이 지배하는 시대가 되었다. 그 결과 서양과학기술의 바탕이 되는 과학철학사상이 모든 국민의 의식을 지배하게 되었다.

따라서 현대사회의 물질적 풍요로움과 편리함을 주는 서양과학기술의 의미와 가치를 살리면서 한편으로는 현대사회의 병폐와 위기를 초래한 문제를 해결해줄 수 있는 새로운 과학기술이 필요하다. 이를 위해서는 현대과학기술을 대체하는 새로운 과학기술, 즉 신과학(new science)이 나옴으로써 가능하다고 본다. 즉, 현대 서양과학기술의 좋은 점인 물질적 풍요와 편리성을 충족시켜 주면서, 병폐와 문제점을 해결해줄 수 있는 과학기술을 새롭게 개발하여야 한다.

이것은 다른 말로 표현하면 현대 서양과학기술을 대체하거나 변화시키지 않고 현대과학기술과 부합되지 않는 또는 대체할 수 없는 단순한 사상, 철학, 윤리도덕으로는 현대인들의 의식, 즉 가치관과 세계관을 바꿀 수 없다는 것이다. 즉, 생명력 없는 단지 일과성 지적 유희로 끝나고 만다. 이것이 현대사회 문제를 근본적으로 인식하고 근본적으로 치유할 수 있는 단서를 제공해준다.

따라서 현대 서양과학물질문명으로 야기된 병폐와 위기를 근본적으로 극복하기 위해서는 현대 서양과학기술보다 새롭고 앞선 과학기술을 제공하여, 모든 국민이 혜택을 실제로 피부로 느끼고 새로운 과학기술의 의미와 가치가 위대하다고 가슴에 와 닿을 때 관심을 갖게 되고, 그렇게 될 때 그 과학기술이 만들어내는 새로운 가치관과 세계관을 받아들이게 된다. 그렇게 되면 기존의 서양과학기술에 바탕을 둔 세계관과 가치관이 바뀌고, 그 결과 서양과학기술에 의한 병폐와 문제점이 근본적으로 치유될 수 있는 계기가 마련된다.

현대사회의 위기극복을 위한 대체과학은 역학과 역술이다

현대 서양과학 기술문명의 병폐와 문제점을 완화하고 개선시키기 위해서는 현대 서양과학기술이 추구하는 물질적 풍요와 편리성을 충족시키면서 새롭고 앞선 과학기술을 개발해서 제공해야 한다. 그러한 과학기술이 주역에서 비롯한 역학과 역술이다.

동양과학기술은 인간의 건강과 물질적 가치를 추구하는 데 도움을 주는 새롭고 앞선 과학기술일 뿐만 아니라, 정신세계의 문제를 해결하는 데도 도움을 준다는 점에서 영원한 과학기술이고 철학이다. 서양과학기술은 물질적 가치와 생명에 대한 문제 해결에는 도움을 주지만, 정신세계의 문제해결에는 크게 도움을 주지 못한다.

그러면 서양과학기술과 동양과학기술인 역학과 역술을 비교해보자. 서양과학기술은 300여 년 전 뉴턴역학의 물질론적, 기계론적, 심신 이원론적, 인과율에 의한 결정론적, 분석적 환원주의적 과학관과 우주관에 근거하여 발달한 과학기술이다. 이에 비해서 동양과학기술인 역학과 역술은 정신물질 일원론적 정신차린 유기체론이고 전체론이며 확률론적 과학관과 우주관에 근거한 과학기술을 말한다.

그런데 현대사회의 위기와 병폐를 초래한 주범이 물질론적, 기계론적 이원론에 바탕을 둔 서양과학기술과 사고체계이며, 따라서 이를 대체할 수 있는 정신물질 일원론적 유기체론적 동양과학기술과 사고체계가 필요하다. 뿐만 아니라 쪼개고 쪼개는 분석적 방법이 아니라 총체적으로 직관에 의해 통찰하는 과학기술도 필요하다. 그런데 한쪽, 즉 서양과학기술 쪽으로 일방적으로 편향되어 있어 현대사회의 위기가 초래된 것이므로 궁극적으로는 양자가 균형을 이루는 상태가 되어야 한다. 이와 관련해 최근 역학과 역술이 주목을 받고 있다.

최근에 현대 서양 물질문명과 물질과학기술의 한계와 문제점이 크게 부각됨으로 해서 새롭게 대두되는 현상이 동양의 정신세계와 관련된 문화와 학문 특히 역학과 역술인 동양과학기술이다. 이러한 현상은 동서양 공히 새롭게 대두되는 현상이다. 그러면서 동서양 학계에서 대두되는 것이 동양의 문화와 학문이다. 그 문화와 학문의 가장 기본이 되는 학문이 주역에서 비롯된 역학과 역술이다

현대 동서양의 동양학에 대한 연구경향을 크게 분류해보면 첫째, 동양과학기술의 기본개념과 이론에 대한 과학적 검증, 그리고 현대 분석과학적으로 서술 내지 해설, 둘째, 서양과학기술과 상호보완적 통합적 연구, 셋째, 새롭고 앞선 과학기술의 관점에서 대체과학기술로의 활용 등을 볼 수 있다.

첫째, 서구에서 동양 과학기술의 과학성을 밝히기 위해서 연구하는 가장 기본개념이 기(氣)이다. 즉, 기의 실체를 규명하기 위해 많은 투자를 하고 있다. 그리고 중국과 일본에서도 기의 실체를 밝히기 위한 연구가 국가의 정책적 지원하에 진행되고 있다. 우리나라에는 젊은 첨단과학자들이 주축이 되어 만든 한국정신과학회가 있다.

둘째, 서양과학기술과 상호보완적 통합적 연구 또는 대체과학기술로는 의학, 풍수, 정신수련 그리고 주역 점술 등이 있다.

셋째, 현대물리학자들을 중심으로 신과학이 대두되면서 기존의 뉴턴·데카르트적 과학기술적 사고의 한계점과 문제점을 인식하고, 동양의 역경을 비롯한 불교, 힌두교와 같은 동양사상에 관심을 갖고 연구하게 되었다. 대표적인 학자와 저서로서 카프라의 『현대물리학과 동양사상』, 쥬커브의 『춤추는 물리』 등이 있고, 우리나라에서는 충남대학교 환경공학과 장동순 교수의 『동양사상과 서양과학의 접목과 응용』, 『100년의 기상예측』, 표준과학연구소의 방건웅 박사의 『기가 세상을 움직인다』, 『신과학이 세상을 바꾼다』, 한국항공우주연구원의 최기혁 박사의 「오운육기와 기상 및 기후의 관계」 연구논문, 인하대학교 경영학과 장휘용 교수의 『보이는 것만이 진실은 아니다』, 건축설계사인 박시익 박사의 『한국의 풍수지리와 건축』 등이 있다.

이상의 내용은 서구의 뉴턴 데카르트적 과학관과 세계관 및 우주관의 문제로 초래된 문제점과 위기를 극복하기 위한 노력으로 정신물질 일원론적 유기체론적 전체론적 학문의 필요성을 인식하면서 그러한 학문인 동양학 특히 주역에서 비롯된 역학과 역술에 대한 관심과 연구가 진행하고 있다. 이는 현대사회에서 새롭게 대두되는 과학기술로서 동양과학기술의 전문 연구 분야라고 볼 수 있으며 21세기 새로운 문명창조를 위한 돌파구로써 매우 의미 있고 고무적인 현상이라고 볼 수 있다.

라딘(Radin)은 새로운 개념이 과학계에서 받아들여지기까지는 4단계를 거친다고 하였다. 1단계는 기존의 과학적 법칙에 위배되기 때문에 절대로 불가능하다는 것이고, 2단계는 가능할 수도 있지만 별로 대수로운 것이 아니며 그 효과도 미약한 것이라고 마지못해 인정하는 것이다. 3단계에서는 매우 중요할 뿐만 아니라 사회에 미치는 영향이 크다는 것을 이해하게 되며, 4단계에서는 모든 사람들이 당연한 것으로 받아들이게 된다. 그는 우리나라의 역학 역술과 유사한 성격의 사이(psi) 현상에 대해서 3단계가 이제 수평선 위로 힘차게 솟아오르는 중이라고 하였다.

표준과학연구소의 방건웅 박사는 『기가 세상을 움직인다』는 저서에서 현대 서구에서 기를 비롯한 초상현상에 대한 연구현황을 다음과 같이 언급하고 있다.

초상현상에 대한 각국의 연구 현황을 보면 라딘이 전망하였듯이 초상현상이 있느냐 없느냐 하는 논쟁의 단계는 이미 지났다. 이러한 주제를 갖고 논하는 사람은 이 분야에 대해 잘 모르고 있다고 고백하는 것과 같다. 이 분야의 연구결과를 전체적으로 조망할 때 물질론적 세계관이 서서히 무너지고 있음을 감지할 수 있다. 물질과 정신의 경계가 사라짐에 따라 앞으로 일어날 변화는 자연과학, 심리학, 의학 등의 과학기술계뿐만 아니라 경제활동을 포함하여 일상생활 전반에 미칠 만큼 엄청날 것으로 예상된다. 주관과 객관의 분류도 무의미하게 될 것이며, 자아에 대한 관심조차도 변할 가능성이 엿보인다. 앞으로 과학의 패러다임만 아니라 우주에 대한 기본적인 패러다임이 바뀌면서 가치관조차도 지금까지와는 전혀 판이한 것이 수용될 가능성이 높다. 어쩌면 우리는 이미 코페르니쿠스와 같은 지각 변동의 한복판에 있는 것일지도 모른다.

21세기에 들어서면서 물리학의 연구 영역이나 개념의 확장, 그리고 초물리학(paraphysics)의 의미변화 등을 예측하는 사람들이 늘고 있다. 이제 비정상적인 것이 더 이상 비정상적인 것이 아니라는 실험적 물증이 쌓이면서 이에 대한 진지한 검토가 이루어지고 있다. 초상현상이 비정상적으로 보였던 이유는 우리가 밖을 내다보는 창문이 좁았기 때문이지 그 자체는 본디부터 자연적이고 지극히 정상적인 것이었다. 서구에서는 이미 창틀의 한계를 벗어나기 위해 여러 가지로 진지한 접근을 시도하고 있는데, 우리는 아직도 물질론적 세계관이라는 생각의 도그마에 갇혀 있는 것이 아닌가?

5

제5부 주역학의 과학성

제21장 주역학의 과학성

제21장 주역학의 과학성

제1절 서론

일반적으로 모든 국민들이 우리의 전통학문인 주역과 주역에서 비롯된 역학 역술은 미신이고 비과학이라고, 냉소를 넘어서 멸시하고 천시하는 것이 현실이다. 그런데 내가 주역학을 배우면서 '그것이 아니다'하는 것을 강하게 느끼기 시작하였다.

주역과 주역에서 비롯된 역학과 역술의 과학성은 필자가 이미 수십 년 간 제도권의 서양과학을 배우고, 가르치고, 연구한 시각에서 보아도 너무나 과학적임은 두말할 필요가 없다. 다만 우리가 동양학을 배우고 연구를 하지 않아 무지를 넘어서 까막눈이 되다 보니 과학성을 모르고 있을 뿐이다.

그래서 지금도 우리 것을 모르는 사람들은 아직도 미신이고 비과학적이라는 고정 관념적(stereotype) 시각을 벗어나지 못하고 있다. 지금과 같이 모든 것이 속속들이 밝혀지는 개방화 투명화 시대에 코앞에 있는 우리 것에 대해서는 완전히 무지한 까막눈이 되었음을 실감하는 순간이다.

아마도 국가 사회 모든 부문에서 제도권 교육 학문세계가 가장 폐쇄적인 독재체제를 이루고 있다고 볼 수 있다. 가장 자유롭고 민주적이며 열려 있어야 할 교육학문세계가 가장 그렇지 못하다는 것은 아이러니하고 부끄러운 일이다.

그런데 재미있는 것은 현대과학의 종주국인 서구에서는 우리 것을 오래전부터 과학이라고 하면서, 자신들의 학문적 문화적 한계점과 문제점을 극복하고 보완하기 위해서 우리보다 더 많이 연구하고 있다는 것이다. 등잔 밑이 어둡다더니 매일 하버드·예일과 노벨상만 쫓아다니다가 정작 서구 것보다 새롭고 앞선 우리 것에 대해서 눈뜬장님이 되었다.

우리 전통학문인 역학 역술을 미신 시 비과학 시 하고 홀대하는 것은 비제도권의 일반 국민들보다 제도권의 최고 지식층과 지도층일수록 더욱 그렇게 생각하는 사람들이 많지 않나 생각된다. 참으로 기이하고 부끄러운 일이다. 서구 것이라면 속속들이 서구 사람들보다도 더 많이 알고 있으면서, 우리 것에 대해서는 무지를 넘어 까막눈이 되었으니 창피한 일이라고 말하지 않을 수 없다.

제도권의 지도층과 식자층들이 우리 것을 알고 있다는 것도 중국의 공자, 맹자, 노자, 장자, 주자와 우리나라의 퇴계, 율곡, 정다산 중심의 규범적이고 구름잡는 이야기인 사상철학적인 공허하고 비실용적인 내용만 알고 있다. 정말 이 시대에 무엇보다도 필요한 과학기술적인 학문인 주역과 역학 역술적인 것은 전혀 알고 있지 못하다.

그런데 비제도권에서 주역학을 배우고 연구하는 사람들은 제도권과 다르게 과학기술적 학문인 역학 역술이 주류를 이루고 있다. 그리고 국민들 대다수는 제도권의 규범적 학문과 철학사상은 거의 관심이 없지만, 비제도권의 역학 역술에 대해서는 많은 관심을 갖고 배우고 연구하며 활용한다. 비공식 통계에 의하면 역학 역술과 관련된 학문을 배워서 직업으로 하는 소위 철학관에 종사하는 전문가가 20만 명에 이르고, 연간 시장규모가 수조 원에서 수십조 원에 이른다는 것이다. 국민들에게 부끄러운 일이다.

아마도 하버드, 예일, 노벨상을 받은 최고 엘리트 학자들이 우리의 주역학을 배우고 연구하여, 우리의 역학 역술이 하버드·예일에서 배우고 연구한 최첨단 과학기술보다 더 위대하다고 자랑스럽게 주장하고, 더 나아가 세계적인 학회에 연구결과를 발표하여 우리 주역학의 위대성을 세계, 특히 서구 사람들에게 선양하면 얼마나 멋이 있을까 생각해본다. 그러면 국민들이 진정으로 존경하는 지도층 엘리트와 식자층이 되지 않을까?

서울대 총장을 역임했던 정운찬 전 총장이 임기를 마치고 퇴임을 하면서 하는 말 중에 "그동안 국민들이 식자층을 보는 눈초리가 따가움을 느꼈다"는 식의 말을 한 기억이 난다. 국민들이 왜 최고의 엘리트인 식자층들에 대해서 존경하는 마음으로 대하지 않고 따가운 눈초리로 보고 있는가?

내가 주역학을 배우고 연구하기 위해서 일반 서민들을 많이 접하면서 국민들이 생각하고 원하는 교육 학문과 제도권 지도층과 식자층들이 원하고 연구하는 교육 학문 사이에 괴리가 있음을 보고 느꼈다.

정말로 국민들이 원하고 필요한 학문과 교육은 모두 미신이고 비과학이라고 멸시하면서 국민들에게 크게 필요치 않은 교육과 학문은 무슨 퇴계, 율곡하면서 윤리 도덕적 내용과 하버드, 예일, 노벨상하면서 간판 자랑만 요란하지, 국민들에게는 진정으로 피부에 닿는 생활의 필요성을 느끼지 못하는 교육학문이다.

이것은 국민과 민족을 위한 교육 학문이라기보다는 그들, 즉 지도층과 식자층들의 이해관계만을 위한 교육학문임을 느꼈기 때문일 것이라고 생각된다. 국민들은 이를 말로 직접 표현하지는 않지만 무언가 잘못되었음을 무의식적으로 느끼고 있음을 나는 그동안 동양학 현장을 돌아다니면서 읽을 수가 있었다.

왜냐하면 지금과 같은 시대에 국민을 지도하고 계도해야 할 최고의 지도층과 지식층들이 우리 것을 제대로 모르면서 무조건 미신이고 비과학이라고 하면, 국민을 지도하고 가르치는 최고의 지도층과 지식층이라고 할 수 있는 자격이 있는지 의심스럽다. 그리고 우리 것을 모르는 것에 대해서 부끄럽게 생각하기는커녕 오히려 자랑스럽게 생각하는 현 시대 교육학문세계의 풍토를 보면서 진정으로 한국인인지 서구사람인지 도무지 알 수 없는 일이다. 나도 이 세계에 들어오기 전에는 똑같이 그랬다. 참으로 어이없는 일이다.

이것은 학문적 무지와 홀대를 넘어서 우리 민족의 정신적 뿌리에 해당하는 문화를 업신여기고 홀대하는 상황을 초래하였고, 그 결과 학문적인 것을 넘어서 우리 민족의 혼과 얼, 더 나아가 민족정기를 잃어버리는 결과에 이르게 되었다. 그렇게 되도록 앞장선 계층이 제도권 지도층이고 식자층들이다.

그렇게 된 것에는 우리가 동양학을 전혀 배우고 가르치지 않아서 동양학에 대해 전혀 문외한이 되었기 때문이다. 게다가 우리의 전통학문인 동양학, 특히 역학 역술을 홀대하고 아예 학문으로 취급하지 않았기 때문이다.

현대물리학자의 한 사람인 라딘(Radin)은 새로운 개념이 과학계에서 받아들여지기까지는 4단계를 거친다고 하였다. 1단계는 기존의 과학적 법칙에 위배되기 때문에 절대로 불가능하다는 것이고, 2단계는 가능할 수도 있지만 별로 대수로운 것이 아니며, 그 효과도 미약한 것이라고 마지못해 인정하는 것이다. 3단계에서는 매우 중요할 뿐만 아니라 사회에 미치는 영향이 크다는 것을 이해하게 되며, 4단계에서는 모든 사람들이 당연한 것으로 받아들이게 된다. 그는 우리나라의 역학 역술과 비슷한 과학기술인 사이(psi) 현상에 대해서 3단계가 이제 수평선 위로 솟아오르는 중이라고 하였다.

우리나라의 동양과학기술인 역학과 역술에 대한 일반적인 인식의 단계는 제도권 지도층과 식자층은 1단계, 즉 기존의 과학적 법칙에 위배되기 때문에 절대로 불가능하다는 수준이 아닌가 생각된다. 그러나 비제도권의 일반국민들은 무의식적으로 4단계, 즉 당연한 것으로 받아들이는 것으로 보인다. 의식적으로는 폄하해도 무의식적으로는 그렇지 않다고 보는 것 같다.

나는 주역학을 배우고 연구하고 제도권의 서양과학과 비교하면서 느낀 것 중에 하나가 동양학에는 사상철학은 있는데, 왜 과학기술이라는 개념은 없는가에 대한 의문을 갖게 되었다.

그런데 문제는 동양학에는 동양철학, 사상, 기(技), 술(術), 방술(方術)이라는 개념은 있는데 과학이라는 개념은 왜 없는가? 서양학문에는 철학, 사상, 기술, 과학과 과학에도 기초과학, 응용과학이라는 개념이 있는데 동양학에는 과학이라는 개념이 전혀 없다. 왜 그런가? 의문이 꼬리에 꼬리를 물고 나타난다.

내가 보기에는 너무도 과학적인데도 제도권에서는 비과학이고 미신이라고 하니 도무지 이해가 되지 않고 답답하고 외로울 때가 많다. 나 혼자 주장하기에는 나라는 사람은 사회적, 학문적, 권위가 없는데 내가 과학이라고 주장해야 아무도 인정 해주지도 않을 것 같으니 말이다. 그래서 뜻을 같이하는 동지를 만나고 함께 토론하고 싶었다.

그러는 가운데 나와 같이 주역학을 과학이라고 하는 동양 사람뿐만 아니라 서구 사람들의 저서와 논문들을 만나게 되었다. 뜻을 같이 하는 동지를 만난 것 같아서 대단히 반갑고 기뻤다. 특히 서구의 유명한 과학자, 사상가, 철학자들이 주역을 우리보다 더 의미 있게 연구하고 과학이라고 하니 더욱 고취가 되었다. 왜냐하면 나를 비롯해서 우리 모두는 현대 서양과학의 종주국인 서구 유명 학자들의 주장을 더 잘 믿기 때문이다.

도광순의 『도교와 과학』

동양인으로서 주역학을 과학이라고 한 대표적인 저서와 논문들이 한국도교학회에서 발간한 도광순 편『도교와 과학』과 중국과학원 자연과학사연구소 연구원 겸 중국 관리과학연구원 고기술과 신문화연구소 소장인 동광벽(董光璧)의 저서인『도가를 찾아가는 과학자들』그리고 한국정신과학학회 회원들의 논문들이다.

첫째, 도광순 편『도교와 과학』에 수록된 도광순의 '도교의 과학사상' 논문에서, 동아시아 문화 연구에서 유교와 도교는 양대 문화로서, 특히 도교는 종교·

철학·사상·민속·예술·문학·과학 등에 끼친 영향 때문에 동아시아 정신문화의 특성을 연구하기 위해서는 유교 연구보다 더 중요한 의미를 가진다고 언급하고 있다. 유교가 주로 윤리적 정치적인 목적을 위해 지배 계급인 사대부 중심의 문화라면 도교는 사대부를 포함해서 일반 국민들의 문화라고 볼 수 있기 때문이다.

유교가 중국의 상류 지배층의 문화로서 봉건 사회를 지지하는 일부 귀족이나 지식인층의 소유물이었으며, 그 주요 특징은 '인간의 도'를 추구하는 데 있었다. 이와는 달리 도교는 집권계급에서 소외된 서민들에 그 지지 세력을 둔 반 유교적인 사상 문화로서, 주요 특징은 '자연의 도'를 탐구하는 데 있었다. 즉, 유교가 인간을 지배하는 규범적 권력적인 문화라면, 도교는 자연을 지배하는 존재 법칙을 탐구하여 그 법칙에 순응하려는 자연적인 문화라 할 수 있다.

도교가 탐구하는 도는 인간 사회의 규범이 아니라 우주나 자연의 질서 또는 법칙이었다. 도교는 철학이자 종교이며, 과학기술로서의 성격을 가지고 있으며, 합리적이면서도 신비적인 요소를 내포하고 있다. 도교가 이룩한 화약의 발명이나 광물의 연구, 의학의 개발 등은 현대적인 과학의 원리와도 상통하는 바가 있어 평가할 만한 것이 없지 아니하다.

둘째, 외국어대학의 과학사 연구의 권위자인 박성래 교수는 「동아시아의 전통과학과 도교」라는 논문에서 현대 서양과학기술문명의 발달로 20세기 중반 이래 끊임없이 인류의 존망을 위협하는 문제점이 심각해지면서, 서양인들 사이에서도 동양의 전통에 대한 관심이 높아지기 시작했다고 언급하였다. 그리고 서양인들이 동양의 전통사상, 특히 과학기술의 전통을 눈여겨보고 있다고 하면서, 이를 다음 세 가지 유형으로 분류하여 설명하고 있다.

먼저 첫 번째 유형으로는 니담(Joseph Needham)처럼 동양의 과학기술 전통을 예찬하고, 그것이 현대의 과학기술 발달에 크게 이바지했다고 강조하는 경우를 들 수 있다. 두 번째 유형은 17세기 이후 서양의 근대과학이 동양에 전파되면서 19세기까지 일어난 일들에 초점을 맞춘 주장이다. 이 주장에 의하면 동양에는 인도와 중국 등 훌륭한 과학전통이 있었는데도 그것이 그대로 전개될 수 있게 내버려두지 않았기 때문에 동양의 위대한 전통은 파괴되고 지금은 좋지 못한 서양과학이 지구를 지배하게 되었다는 것이다. 이런 결과를 가져온 것은 서양의 식민주의가 서양과학의 우월성을 지나치게 강조했고, 또 동양의 지식층이 이에 눈먼 채 추종하였기 때문이라는 것이다. 세 번째 유형은 현대 과학문명의 위기를 동양적 지혜로 극복할 수 있다는 주장이다. 지난 300년 동안 인류는 기계론적인 세계관과 정신물질 이원론적이고 결정론적인 합리적 지식만 강조되는 과학기술의 세계 속에서 살아왔다. 그러나 인류는 조화와 협조가 소중하게 여겨지는 유기체론적인 세계관과 정신물질 일원론의 중요성을 인식하게 되었고, 직관적인 지혜의 소중함을 절감하게 되었다. 동양의 전통적 자연관에서 어떤 돌파구를 찾으려는 운동으로 보이기도 한다. 소위 '신과학 운동'은 바로 이런 경향들의 종합된 표현이라 생각된다.

이상 세 유형의 반응은 그 초점이 과거·현재·미래로 서로 다른 시간에 맞춰져 있다는 차이를 보여준다. 즉, 첫째 유형은 동양과학이 옛날에 얼마나 위대한 전통을 가졌던가를 강조한 것이라면, 둘째 유형은 근대에 있어서 동양 전통과 서양 근대과학의 만남에 초점을 둔 반응이다. 그런가 하면, 셋째 유형은 곧 인류의 미래과학의 가능성을 모색하는 태도로 볼 수 있다. 세계사의 전개에서 동양이 차지하는 위치가 날로 높아지고 있는 만큼 이런 유형의 해석은 앞으로도 더욱더 많은 지지를 받으며 전개될 것으로 보인다.

한국정신과학회

셋째, 한국정신과학학회가 설립되면서 젊은 첨단 자연과학자들이 주축이 되어 우리의 동양학을 서양과학과 다른 새로운 과학으로 인식을 하고 의미 있게 연구하는 계기가 되었다.

이 학회는 세계적인 신과학(New Science) 운동 정신에 자극을 받아서 우리나라에서도 대전에 있는 대덕연구단지의 젊은 첨단 자연과학자들이 주도가 되어 1994년도에 창설되었는데, 그 설립 취지문에서 동양과학적 사고와 학문의 필요성을 강조하고 있다. 즉, 현대 서양과학과 서구 물질문명의 한계점과 문제점을 극복하기 위한 새로운 과학, 즉 동양학의 필요성을 일목요연하고 논리 정연하게 아주 가슴에 와 닿게 언급하였다. 이를 다음과 같이 소개를 한다.

"인간과 자연계에서 나타나는 다양한 정신 능력과 자연현상들 가운데는 기존의 과학에서 무시하거나 인정하지 않는 능력과 현상들이 있다. 이러한 능력과 현상들은 실제로 존재하는 인간의 능력이며 자연현상들로서 단순히 기존의 과학으로 이해되지 않는다고 도외시할 수 없다. 하지만 이를 이해하고 설명하기 위해서는 서양의 심신이원론적(心身二元論的)인 기계론적 사고 체계를 뛰어넘는 전혀 다른 새로운 과학적 세계관이 필요하다. 이 세계관은 인간과 우주 또는 정신과 물질이 하나라는 심신일원론적인 전체론적 세계관을 의미한다. 이 전체론적 세계관은 이미 동양에서 수천 년 전부터 보편화되어 온 사고체계이다.
현대 과학과 자본주의에 의해 야기된 현대사회의 문제점들은 환경오염을 비롯하여 자원의 고갈, 핵폭탄에 의한 전쟁의 위험, 오존층 파괴로 인한 기상이변, 식량부족, 지구의 사막화, 범죄의 증가, 가치관의 혼란, 도덕성 상실, 각종 질병의 확산 등 열거하기 어려울 정도로 많다. 이 문제점들은 크게 자연 파괴와 인간성 상실의 두 가지로 나누어볼 수 있다. 이는 모두 인간과 자연을 물질적인 존재로만 인식하고 인간의 정신을 무시한 서양의 우주관에서 비롯된 병폐라고 해도 과언이 아니다.

한국정신과학회는 이러한 문제점을 해결하기 위해, 인간과 자연에 대한 깊은 이해와 깨달음을 바탕으로 서양의 기계론적 사고 체계에서 벗어나 동양의 전체론적이며 유기체적인 사고 체계 아래 기존의 과학이 설명하지 못하였던 다양한 정신현상과 자연현상들을 포괄적으로 설명할 수 있는 새로운 과학적 패러다임의 창출과 자연을 파괴하지 않는 신과학기술의 개발 및 인간에 내재되어 있는 무한한 잠재능력을 개발하여, 인류 사회에 응용될 수 있는 새로운 과학을 창출하는 것을 목적으로 하고 있다.
다가오는 21세기에는 인간의 무한한 잠재능력의 개발과 자연에 대한 깊은 깨달음을 바탕으로 하는 새로운 정신과학적 세계관이 펼쳐질 것이다."

위 설립취지문의 내용 중 "인간과 우주 또는 정신과 물질이 하나라는 심신일원론적인 전체론적 세계관은 이미 동양에서 수천 년 전부터 보편화되어 온 사고 체계이다"는 주역에서 비롯된 역학과 역술적 학문을 의미한다.

최첨단 자연과학자들이 주축이 되어 만든 한국정신과학회의 설립취지문의 내용에서 강조하는 학문이 미아리철학관에서 주로 연구하고 가르치는 역학과 역술이라는 점이 매우 흥미 있고 의미 있는 일이라고 생각된다.

넷째, 서구인으로서 동양학을 연구한 대표적인 학자들은 영국의 조셉 니담, 독일의 칼 융, 그리고 라이프니츠 등이 있다.

조셉 니담(Joseph Needham)의 『중국의 과학과 문명』

이 중에서 가장 대표적인 저서로는 영국의 케임브리지대학의 출판사에서 1956년에 발행된 방대한 양의 조셉 니담(Joseph Needham)의 『Science and Civilisation in China: 중국의 과학과 문명』이 있다. 이 책을 높이 평가하여 『역사란 무엇인가』의 저자인 역사가 카(E. H. Carr) 교수는 이 책을 "지난 10년간 케임브리지대학이 낳은 최대의 역사적 저작이다"고 하였다. 아마도 그 내용의 수준에 있어서나 그 규모의 방대함에 있어 20세기 최대의 걸작이라고 평하여도 결코 지나치지 않다는 것이다. 이 책이 우리나라에서는 『중국의 과학과 문명』이라는 제목으로 세 권이 을유문화사에서 1985년도에 번역서로 발간되었다. 이 책을 우리말로 번역한 사람들은 연세대학교 중문과 이석호 교수, 이공대 이철주 교수, 수학과 임정대 교수, 최람순 교수이다.

저자인 조셉 니담 박사는 생화학자로서 케임브리지대학에 몸담고 있었으며, 과학사의 여러 분야에 대해 연구하였을 뿐만 아니라 중국의 문화 전반에 대해서도 깊은 이해를 지녔다. 그가 중국에 대하여 관심을 갖게 된 것은 1930년대부터이다. 그는 15세기 이전 중국 과학의 역사를 면밀히 분석하였다. 1942년에서 1946년 사이 중경에 있는 영국 대사관의 과학 연락관의 한 사람으로 머물면서 더욱 구체적으로 연구를 진행할 수 있었다. 니담은 이 책 13장 '중국과학의 기본적 사상'에서 과학적 이론 세 가지를 언급하고 있다. 즉 첫째, 오행설, 둘째는, 음양이론, 셋째, 정교한 부호의 체계인 64괘의 과학적 원리를 구체적으로 자세하게 설명하고 있다.

그뿐만 아니라 주역의 변화 이치를 서양과학의 인과율과 다르게 상관적 사고 (correlative thinking)라고 표현을 하고 있다. 이를 구체적으로 표현하면 물체의 특정행위는 그 전의 행동이나 다른 물체의 충동이 반드시 있어서가 아니고, 영원히 움직이는 우주의 순환 속에서 그들의 위치가 그렇게 하지 않으면 안 되는 본래의 특성이 주어졌기 때문에 발생한다. 만약 특정 방법으로 행동하지 않으면 전체 속에서의 관계의 위치(이것이 그들을 그들이 되게 하는 것)를 상실하게 될 것이며, 그들이 아닌 다른 것으로 변화시켜 버린다. 이렇게 하여 그것들은 전체적인 세계 유기체에 존재적으로 의존해 있는 일부분으로 보았다. 그것들은 기계적인 자극 내지는 인과율보다는 오히려 일종의 신비적인 공명에 의하여 서로가 맞반응, 즉 동기감응(同氣感應) 하는 것으로 보았다.

칼 융(Karl Jung)

독일의 유명한 심리학자인 칼 융은 왜 고도의 지성을 가진 중국인들이 과학을 발전시키지 못했는지에 대해 설명해 달라는 영국 인류학회 회장의 질문에 대하여, 융은 "이것은 참으로 눈에 보이는 착각일 뿐이다. 왜냐하면 중국은 주역에 근간을 둔 하나의 과학을 가지고 있기 때문이다. 그러나 중국 과학의 원리는 서구의 과학적 원리와 판이하게 다르다"고 답하였다(이정용, 『역의 신학』). 즉, 역의 세계는 우리들 서양의 과학적＝인과율적 세계관과 완전히 다르다는 것이다. 그것을 비과학적이고 비합리적이라고 금기시할 것이 아니라 우리들의 과학적 원리와는 전혀 다른 역의 '과학성'을 인식해야 된다고 하여, 융은 소위 인과 원리로만으로는 포착할 수 없는 생의 현실을 자각적으로 포착하려는 노력으로 비인과율인 동시성(synchronicity)의 개념을 제시하고 있다.

동시성이란 1920년대 융이 빌헬름 등과 역의 점을 실험하여 그 점을 친 괘가 현실과 딱 들어맞는 것을 보고 발상한 것 같다는 것이다. 즉, 주역 점을 친 것이 '우연의 일치'로 보이지만 실은 '우연'은 아니고 '집합적 무의식'의 질서가 '현실의 사건'과 '괘'의 양쪽에 투영되어 있다는 견해이다.

융의 동양철학적 사고는 '요가'의 실천에서 출발한 것 같으나 1910년대 후반은 오로지 『역경(易經)』의 연구에 몰두한다. 그는 단순히 문헌을 조사하는 것뿐만 아니라 손으로 만든 점대(서죽: 筮竹)로 끈기 있게 점을 실험하였다.

이것은 확률 통계 이론에서 생각하면 전적으로 어리석은 수법이다. 그런데 이 바보 같은 방법이 놀라울 정도의 적중률을 보였다. 융은 몹시 놀람과 동시에 점점 주역의 연구에 몰두하였다는 것이다.

칼 융은 주역 점의 과학성을 밝히고자 연구하였다는 점에서 우리에게 시사하는 바가 대단히 크다. 우리는 점을 미신이고 비과학이라고 무시하고 천시하는데 오히려 그는 이를 과학으로 인정하고 받아들여서, 그 과학성을 밝히려고 연구를 하였다는 점에서 참으로 부끄러운 일이다. 그가 주역 점을 연구하게 된 근본 동기는 주역 점을 실제로 쳐보면 예측이 정확하게 맞았다는 데에 있었다. 융은 '예감'이나 '예지몽' 등의 현상을 설명하는 원리로서 '공시성'이라 이름 붙인 가설을 생각하였다. 1920년대 초반부터 빌헬름 등과 '주역 점'을 실험하여 그의 괘가 딱 들어맞는 것을 보고 공시성을 발상한 것 같다는 것이다.

라이프니츠

현대가 아니라 이미 300여 년 전에 근세의 아리스토텔레스라고 불리었고, 현대 문명의 가장 총아인 컴퓨터 이진법을 발견한 라이프니츠는 주역의 음양론이 자기가 발견한 이진법 원리와 일치하고, 또한 그의 64가지의 보편적 기호법이 주역의 64괘와 일치하는 것을 보고, 그가 발견한 것이 그토록 먼 옛날 중국에서 이미 발견되었다고 하는 사실에 놀라지 않을 수 없었다.

일찍이 라이프니츠는 '사상의 알파벳'이라고 불렀던 결합법과 보편기호법을 통해서 자연과학은 물론 철학, 형이상학, 종교에 이르기까지 일체의 문제들을 통일적으로 해결해보려고 시도하였다. 이러한 라이프니츠가 중국의 고전, 특히 주역에 관하여 열렬한 관심을 갖게 된 것은 1698년부터 1703년경에 걸쳐 당시 중국에 파견되어 있었던 부베, 그리말디 등 선교사를 통하여 그에게 송부된 서신 속에 실려 있었던 '역(易)'의 64괘를 발견하면서부터였다.

라이프니츠는 역을 발견하기 이전 1679년에 벌써 64괘와 똑같은 이진법 산술표를 발견하였다. 그러나 동양의 역은 이미 그보다 4000여 년 전에 이루어져 있었다는 것을 안 라이프니츠는 그가 구상하고 있던 기호 언어, 즉 인류 언어가 그토록 옛날에 중국에서 발견되었다고 하는 것에 놀라지 않을 수 없었다. 뿐만 아니라 라이프니츠가 부베와의 왕복 문서 속에 중국의 역과 그의 이진법 산술에 관하여 다음과 같이 말하고 있다(김용정, 『라이프니츠의 보편기호법사상과 역의 논리』).

> "사람들은 주역을 창시한 복희를 고대 중국의 군주로서 보고 있으며, 세계에서 알려진 철학자로 그리고 중국 제국과 동양과학의 창립자로 믿고 있습니다. 이 역의 그림은 우주에 있어서 오늘날 존재하는 과학에 관한 최고의 기념물입니다. 더구나 이 과학은 내가 보는 견지에서는 4000년 이상의 고대의 것으로 수천 년에 그 의미가 이해되지 않았습니다. 그런데 그것이 나의 신산술과 완전히 일치하고 있습니다."

여기에서 재미있는 내용 중의 하나가 라이프니츠가 이미 그 당시 주역을 '동양과학'이라고 표현한 점이다. 우리는 지금까지도 제도권에서는 미신이고 비과학이라고 업신여기고 천시하는데 현대 과학의 종주국인 서구의 대학자들은 과학이라 하고 있다. 참으로 우리는 눈뜬장님이다.

이 외에도 주역을 의미 있게 연구한 서구의 학자로는 상대성이론의 아인슈타인, 변증법이론가인 헤겔, 양자역학자인 닐스 보어, 프랑스의 노벨문학상 수상자 헤르만 헤세, 현대 물리학자의 한 사람인 카프라와 주커브, 세계적인 역사학자인 영국의 토인비 교수, 독일의 리하르트 빌헬름, 조셉 머피 등이 있다.

주역학이 미신이고 비과학이라는 의미

우리는 초등학교 때부터 지금까지 수십여 년 동안 서구적 학문 주로 서양과학기술만 배우고 연구하다 보니 우리 것이 무엇인지도 모를 정도로 우리 것인 동양학에 대해서 무지를 넘어서 까막눈이 되어 버렸다. 뿐만 아니라 현 제도권에서 배우고 가르치는 거의 모든 학문은 100여 년 전에 서구에서 들어온 외래 학문이지만 그것이 우리 것이라고 착각을 하고 있을 정도로 완전히 서구화, 특히 아메리카나이즈 되어 있다.

물론 학문에 국경이 없다지만 문제는 우리 것이 무엇인지도 모르고 멸시까지 하면서 우리 것만 못한 서구적인 것을 우리 것으로 착각하고 있으니 말이다. 그만큼 우리는 우리 것에 대해 무엇인지도 모를 정도로 서구적인 학문과 물질문명에 완전히 빙의가 되어 제정신이 아니다.

그렇다고 서구적인 학문이 우리의 동양학, 특히 동양과학기술인 역학과 역술보다 모두 앞서고 바람직한 것도 아니면서 그러니 더더욱 어처구니가 없다. 여기서 특히 문제가 되고 중요한 것은 우리 것이 서구적인 것보다 새롭고 앞선 것이 많이 있음에도 불구하고 우리 것에 대해 일방적으로 홀대하면서 우리 것만 못한 서구적인 과학기술에 완전히 지배 종속을 받고 있다는 데 있다.

학문적 문화적 지배 종속은 단순한 문화적 학문적 지배 종속을 넘어서 우리들 스스로 우리 민족문화의 말살에 적극적으로 앞장을 섰으며, 그 결과 민족문화의 뿌리가 되는 민족혼과 민족정기 그리고 민족적 주체성을 잃어버린 뿌리 없고 체통머리 없는 부평초적 민족으로 전락하고 있다는 점에서 더욱 안타깝고 가슴 아픈 일이다. 특히 서구 물질문명과 물질과학을 최고의 가치로 생각하고 몰두하는 제도권 지도층과 식자층이 더욱 심하다.

그러다 보니 서구적인 것은 무조건 과학적 학문이고 우리 것은 무조건 미신이고 비과학적 학문이라고 홀대를 하는 것이 현 제도권 교육 학문기관의 비과학적 풍토이다. 즉, 인종적 학문적 국가적 편견을 벗어나지 못하고 있으니 말이다. 최고의 지성을 자랑하는 교육 학문세계가 이렇게 분별이 없다는 것은 참으로 기이한 현상이다. 그러니 국민들이 지도층과 식자층을 존경해야 할 근거가 없다.

그러나 비제도권의 일반 국민들은 그렇지 않은 것 같다. 국민들은 우매하고 미개한 것 같지만 국민들의 무의식 속의 양심은 표현은 하지 않고 있지만 생생하게 살아 있음을 나는 비제도권 동양과학기술인 역학과 역술을 배우고 가르치는 미아리철학관을 다니면서 간파를 할 수 있었다. 다만 때가 오지 않아서 이를 표출하고 있지 않을 뿐이다. 언젠가는 국민들의 이러한 주역학에 대한 욕구가 비등해 있는 심정에 점화를 시킬 수 있는 결정적 계기를 마련해줄 수 있는 정치지도자가 나타나면 봇물이 터지는 것과 같은 대사건이 벌어질 것이다. 아마도 머지않아 그날이 올 것이고 오고야 말 것이다. 아무리 꽃샘추위가 시샘을 해도 봄은 기어코 오는 것과 같이 말이다.

사실상 동양과학기술인 역학과 역술은 미신도 아니고 비과학적인 것도 아니다. 과학이니 아니니 따져보고 말고 할 것도 없이 동양학에 들어와서 배우고 연구를 해보면 너무도 과학적인 학문이다. 다만 서구적 학문에 빙의가 되어 우리가 이에 대해서 의미 있게 학문적으로 배우고 연구를 하지 않아서 일방적으로 판단을 하여 모르고 있을 뿐이다. 매우 안타깝고 가슴 아픈 일이다.

동양학의 과학성을 논하기 전에 먼저 역학 역술을 미신이고 비과학적이라고 말하는 그 의미와 내력을 내가 동양학을 배우고 연구하면서 수십 년 동안 제도권에서 서양과학기술을 배우고 연구하며 가르친 경험에서 종합적으로 살펴보고자 한다.

첫째, 우리들 스스로가 동양과학기술인 역학과 역술에 대하여 거의 무지한 상태에서 과거부터 미신이고 비과학이라고 들어왔기 때문에 관례적으로 모르고 한 말이다. 여기서 모르고 판단하였다는 것은 그 자체가 잘못된 비과학적 태도이고 판단이다. 이 점에 대해서는 나 자신도 학문하는 한 사람으로서 매우 부끄럽게 생각한다. 나도 이 세계에 들어오기 전에는 미신이고 비과학이라고 업신여겼기 때문이다.

둘째, 제도권의 서양과학 기술적 관점에서는 전혀 이해되지 않고 설명되지 않기 때문에 서구 우월주의적 의식에서 일방적으로 판단하기 때문이다. 이것은 서양과학의 독선과 횡포 및 오만에서 비롯된 말이다. 민족적 자존심에서 대단히 부끄럽고 화가 나는 일이며 가슴 아픈 일이다. 그리고 우리들 스스로 이들의 판단에 눈먼 채 추종하고 부화뇌동하면서 우리 것을 깎아 내리는 데 앞장서 왔다. 나는 동양학을 배우고 연구하면서 울화통이 터지는 경우를 많이 겪었다. 서양과학보다 새롭고 앞선 동양과학기술을 그만 못하다고 생각하였으니 화가 나지 않겠는가?

셋째, 역학과 역술을 미신이라고 하는 이유는 서양과학보다 차원이 높은 학문인 것을 저차원의 학문 입장에서 이해가 되지 않아서 미신이라고 잘못 판단하는 것이다. 천재가 밝혀 놓은 학문을 범인들이 이해가 되지 않아서 미신이고 비과학이라고 하니 참으로 어처구니없는 말이다. 사실상 지금의 제도권에서 미신이라고 치부하여 홀대하는 학문이나 과학기술은 제도권의 서구적 학문보다 앞선 학문과 과학기술로 보면 틀림없다. 사실상 서양과학자들이 동양학의 신비주의 때문에 실제로 과학적이지 않은 게 아니라 제도권의 서양과학이 아직 거기까지 미치지 못한 것인데도 불구하고 마구 천대해왔다.

넷째, 관습적으로 미신이라고 하는 이유는 그 관습이 일제 때 일본사람들이 우리의 민족문화 말살정책의 일환으로 우리 것을 무조건 미신이고 비과학이라고 교육시켰기 때문이다. 해방이 된지 반세기가 지난 지금도 그 인식의 틀을 벗어나지 못하고 있다. 이것은 일제 식민지 시대의 잘못된 역사적 사건으로 이를 바로잡아야 한다. 이를 바로잡는 데 종합적으로 연구하여 국민들이 잘못된 것을 바르게 인식하도록 계몽하는 것이 진정한 살아 있는 역사와 문화의 연구가 아닌가?

다섯째, 주역학의 학문적 성격 때문에 그렇게 잘못 생각할 수 있다. 주역학의 사물에 대한 접근법이 우주론적이고 주로 보이지 않는 기(氣)와 신(神)의 세계를 출발점으로 학문하다 보니, 자칫 황당무계한 학문으로 오해받기 쉽다. 그래서 조선시대에도 잘 모르는 사람들은 미신이라고 하였다. 그래서 잘못 사용하게 되면 혹세무민하는 사이비 학자들이 많이 나타나기 쉽다.

그래서 그런지 동양학의 사서삼경 중 가장 기본서인 대학(大學)의 학문적 방법론과 태도에 관련된 내용인 팔조목 중 네 가지 조목인 격물치지(格物致知)와 성의정심(誠意正心)을 수신(修身)의 과정으로 파악하고, 전자는 지식을 획득하는 방법론적 문제라면 후자는 실천의 문제인데, 여기서 후자인 실천적 태도에서 성의정심과 같은 인간 심성의 올바름을 강조한 것은 앎(知)을 올바르게 행하도록 강조한 내용이라고 볼 수 있다.

여하튼 이런저런 이유로 우리 것을 미신이고 비과학으로 생각해오던 고정관념이 수지침과 오행생식요법을 비롯하여 각종 역학 역술의 기와 음양오행론에 관한 학문을 배우고 익히면서 말끔히 지워지고, 오히려 서양과학과 차원을 달리하는 엄청난 과학이고, 철학이라는 생각을 갖게 되었다. 그리고 서양보다 앞선 과학기술적 학문을 가진 것에 대해 민족적, 학문적 자부심을 저절로 갖게 되었다.

서구학문이 그렇게 많지만 기와 음양오행론의 근원적 학문인『주역(周易: I Ching)』에 비견할 만한 학문이 어디 있는가? 즉, 동서양의 학문 중에 주역만한 글이 어디 있느냐 말이다.

필자의 눈에는 하버드대학 도서관에 꽂힌 수백만 권의 책보다『주역』한 권이 더 위대해보이는 것이 솔직한 심정이다.

오히려 서구에서는 주역학을 과학이라고 한다

오히려 서구 사람들은 주역학을 미신이고 비과학이라 하지 않고 우리보다 훨씬 이전부터 과학이라 하였고, 학문적으로 의미 있게 연구 하고 있다. 그 대표적인 학자가『중국의 과학과 문명』을 쓴 영국의 죠셉 니담(Joseph Needham)이고, 독일의 심리학자인 칼 융(Carl Gustav Jung)이며, 미국의 현대물리학자인 프리초프 카프라(Fritjof Capra)는『물리학의 도(道)(Tao of Physics)』를 써서 주역의 '도(道)'와 현대 물리학의 이론을 연계시키고자 하였다.

나는 주역학을 연구하면서 우리보다 선진국의 학자들이 주역학을 학문적으로 의미 있게 연구하는 것을 보고, 연구하고자 하는 의욕이 더욱 고취되었다. 현대과학의 종주국인 서구에서 우리의 역학 역술을 과학이고 그들의 학문보다 높이 평가하여 의미 있게 연구하고 있다니, 누가 감히 이를 부정할 수 있겠는가?

아마도 초등학교에부터 동양과학기술의 개념과 이론들을 체계적으로 가르치고 배웠으면, 지금쯤 동양과학기술을 미신이고 비과학이라는 말이 없었을 것이다. 동양의 기라성 같은 천재, 수재 학자들은 그동안 무얼 했느냐 말이다.

제2절 과학의 특성

科學의 목표는 이 세상에 대한, 즉 우주 삼라만상의 '실상(reality)'에 대한 지식을 획득하는 것이다. 지식을 획득하는 길에는 여러 가지가 있는데, 서양과학은 그 많은 길 중의 한 가지일 뿐이다. 과학의 독특성은 두 가지로 나눠서 고찰할 수 있다.

첫째, 과학의 본질적 개념으로서 인과관계적 논리로 체계화된 지식이라는 의미와 이를 획득하는 방법상의 독특성에 있다. 둘째, 과학의 형식적 개념으로서 객관성, 실증성, 보편성, 실험에 의한 재현가능성 등을 들 수 있다.

서양과학의 독특성은 첫째, 사물을 이해하고 설명하는 개념과 이론이 인과관계적 논리로 체계화된 지식(a systematic body of knowledge)을 의미한다. 그런 점에서 체계적이 아닌 단편적(fragment) 지식인 상식(common sense)과 다르다. 둘째, 카프라(F. Capra)는 과학적 지식은 다른 지식과 비교해볼 때 독특한 특성이 있으며, 그것은 지식을 획득하는 방법상의 차이에서 연유한다고 했다.

'과학적 방법'이란 과학자들 사이에도 의견이 분분하지만 두 가지의 기준이 핵심이다. 즉, 그 한 가지는 사물을 체계적으로 관찰한다는 점이고, 다른 한 가지는 이런 관찰의 결과를 잘 드러내는 '과학적 모형(scientific model)'을 꾸미는 일이다. 체계적으로 관찰해서 얻은 결과를 자체적으로 논리적으로 모순되지 않게 이리저리 끼워 맞추며 내용을 간추리는 것이다. 이렇게 해서 간략히 정리한 결과를 과학에서는 모델이라고 하며, 이런 모델이 더욱 확장된 양식일 때 '이론(theory)'이라고도 하지만 요즘에 와서는 모델과 이론 사이에 뚜렷한 구분이 없다.

과학적 모델에는 두 가지 중요한 특징이 있다. 한 가지는 내부적 관계가 논리적으로 모두 일관되게 이어져야 한다는 점이다. 내부의 구성 요소들이 모두 매끈하게 이어져야지 논리적으로 마찰을 일으켜서는 안 된다. 또 한 가지 특성은 실제 세계에 대한 인간의 인식능력은 아무리 과학적으로 정확해도 근사치밖에는 구할 수가 없다는 점이다.

이는 현대과학의 관점에서 볼 때 말할 수 없이 중요한 특징이다. 과학에서 말하는 어떤 개념 이론, 어떤 원리도 실제 현실과 비교해볼 때 제한적(specific)이며, 이를 통해 구하는 답도 대략적인 근사치일 따름이다. 그러니까 관찰대상과 관찰한 현상의 표현이 정확히 부합해야만 진리라고 한다면, 과학자는 결코 진리를 말할 수 없다는 것이다. 이런 식의 진리가 과학에는 존재하지 않다는 것이다.

현대 유명한 양자물리학자인 W. Heisenberg도 『물리학과 철학』에서 "아무리 명확해 보이는 말이나 개념도 이를 적용할 때는 한계가 드러난다"고 하였다. 따라서 과학적 지식을 정확성과 객관성이라는 특성에 경직적으로 한정한다면 어떤 의미에서는 과학적 지식은 거의 존재하지 않는다고 해도 과언이 아니라고 본다.

이와 같이 현대첨단 과학자들도 자신들의 과학적 지식의 한계를 솔직히 인정하는 마당에 우리는 유독 동양과학인 역학과 역술을 전혀 인정하지 않고 대단히 부정적으로 보는 것이 현실이다.

따라서 현실적인 과학적 지식은 현실과 맞고 안 맞고 절대적인 기준이 되는 것이 아니다. 왜냐하면 과학이란 제한적이고 완성된 진리를 찾기 위한 과정이기 때문이다. 따라서 현실적으로는 완전한 진리의 최종점에 이른 진리는 거의 없다고 해도 과언이 아니다. 현실적으로 모든 과학적 지식이란 한계와 문제점이 있음은 너무도 당연한 것이다.

그래서 과학적 지식이란 부분적이고, 한정적으로 맞고 옳으며, 확률적(probability)으로 정확하다. 그러므로 현대 최첨단과학 지식도 현실에 맞는 것도 있고, 틀리는 것도 있는 것이 사실이다. 그래서 최첨단과학이라고 절대적으로 믿는 것도 타당치 못한 태도이다.

그런데 그것 이상의 정확한 지식이 없어서 그래도 그것에 의존할 수밖에 없다고 생각할 수 있다. 물론 그렇다. 그러나 그것은 제도권의 서양과학권 내에서만 맞는 말이다. 서양과학기술을 벗어나 동양과학기술권에 들어오면 전혀 다르다.

왜냐하면 서양과학기술권에서 불가능한 것이 동양과학기술권에서 가능한 것이 많이 있기 때문이다. 이는 무엇을 의미하는가? 이는 그 만큼 서양첨단 과학기술 분야보다 앞선 부분이 있음을 의미한다. 물론 반대로 동양과학기술에서 불가능한 것이 서양과학기술에서 가능한 것도 많이 있다.

따라서 어느 하나가 일방적으로 옳다, 그르다 말할 수 없고, 다만 상호 보완적인 관계로 볼 수밖에 없다. 그런데 문제는 어느 하나에 편향되어 상대를 무시하고 홀대하는 데 문제가 있다. 이는 크게 반성해야 할 일이다.

배우고 가르칠 수 있어서 전수가 가능하면 과학이다

과학적 지식이 추구하는 궁극적인 학문 목적은 개념과 이론에 입각하여 현상을 인과관계로 이해(understanding), 설명(explanation)하고 이를 바탕으로 미래를 예측(prediction)하고 그 예측결과가 바람직하지 못할 때는 처방(control)을 제시하여 인간이 원하는 결과가 되도록 하는 것이다.

이때 개념과 이론이 실증적으로 입증되어 구체적이고, 객관화되고, 재현가능성이 높을수록 더 과학성이 높다고 한다. 이런 점에서 볼 때 일반적으로 자연과학이 사회과학보다 더 과학적임을 누구나 인정하는 사실이다.

그러나 실증적이고 객관적으로 입증되지 않았다고 항상 비과학이라고 할 수는 없다. 즉, 실증적으로 입증되지 않고 객관화되지 않았다 해도 개념과 이론이 인과관계로 체계화되어 있어서 배우고 가르칠 수 있어 모든 사람에게 전수가 가능하면 과학적 지식이라고 볼 수 있다.

따라서 현존하는 과학적 지식이라고 모두 100% 완벽하게 입증하여 객관적이고 보편적이며 재현 가능한 것은 아니다. 물론 그럴수록 정확한 과학적 지식이라고 할 수 있으나 현실적으로 그런 지식이 얼마나 될까? 즉, 현재 제도권 교육 학문세계에서 인정하는 서양과학 이론들이 완벽하게 실증적이고, 객관적인 것도 아니다. 실증적으로 입증이 불가능하고 따라서 가치판단으로 받아들여야 하는 가정(assumption)과 공리(axiom)적인 것도 많이 있다.

과학적 지식의 우열은 적실성(適實性)에 있다

과학적 지식의 우열은 객관성, 실증성, 재현가능성보다는 현실적합성(relevance)에 의해서 결정된다. 즉, 어떤 과학적 지식을 현실에 적용했을 때 현실에 적합하여 예상하고 의도했던 효과와 결과가 나오느냐의 정도가 그 과학적 지식의 가치를 결정한다. 실제로 의도하고 예상했던 결과나 효과가 나타날수록 그 과학적 이론의 현실적합성이 높아 발달된 과학이라고 볼 수 있다. 이것을 다른 말로 하면 아무리 객관적으로 개념과 이론이 논리적으로 체계화되고 창의적인 것이라 해도 실제로 적용하거나 활용했을 때 예상하고 의도했던 결과와 효과가 나타나지 않으면 과학적 지식으로서 질이 떨어진다.

오히려 실증적으로 객관화할 수는 없어도 실제 적용했을 때 예상했던 결과와 효과가 나타나면, 이것이 더 발달된 과학적 지식이라고 볼 수 있다. 따라서 과학적 지식의 우열은 실증적이고, 객관적인 것이 절대기준이 되는 것이 아니고, 실제 예상했던 결과와 효과가 있느냐는 적실성의 정도가 더 중요한 판단 기준이 된다.

그런데 우리는 지금까지 과학적 지식의 판단 기준을 단지 인식의 수단적 요소인 실증성과 객관성에 더 치중하지 않았나 생각된다. 그것은 어떻게 보면 쓸데없는 시간과 노력의 낭비라고 볼 수 있다. 왜냐하면 과학의 본질보다 수단에 더 치중하였기 때문이다.

따라서 과학적 지식의 의미와 가치는 개념과 이론이 인과관계적 논리로 체계화되어 있으면 객관성, 실증성, 창의성보다는 적실성에 더 가치를 인정하는 것이 바람직하다.

제3절 주역학의 과학성

동양학에는 원래 철학·술(術)·기(技)·술법(術法)·방술(方術)·술수(術數)라는 용어는 있어도 과학이라는 용어는 없었는데, 근래에 일본인들이 Science라는 말을 과학으로 번역해 사용하면서 나타난 말이다. 그러면서 과학이라는 용어가 지금은 일반화되었는데, 현재의 과학이라는 개념은 동양학에서는 철학과 술 또는 술법이라는 용어에 포함되어 혼용되거나 유사한 것으로 사용되었다고 생각된다. 따라서 동양학의 철학·술·술법·술수(術數)들의 특성을 고찰하면, 이것이 곧 현대과학기술의 특성과 일치한다. 그러므로 여기서 동양과학이란 동양학의 일부, 즉 술·술법·술수에 관련된 내용을 의미한다.

주역학의 과학성을 다음 네 가지 관점에서 고찰한다.

첫째, 동양과학인 역학과 역술의 발달 동기도 서양과학과 같이 인간이 살면서 부딪히는 문제를 해결하기 위한 노력의 일환으로 성인이 만든 것이다. 성인이 만들었다는 점에 동양과학기술인 역학 역술의 독특성이 있다. 서양과학기술이 인간 차원에서 천재, 수재들이 만든 것이라면, 동양과학기술은 전지전능한 하느님 수준의 성인이 만든 학문이다. 따라서 학문의 질적 수준 면에서 차이가 난다. 어떤 의미에서 인간들이 만든 현대 서양과학기술이 따라올 수 없는 거의 완성된 단계의 과학기술이라고 볼 수 있다.

따라서 하버드와 노벨상 중심의 최고의 서양과학 기술자들의 학문적 권위보다도 성인이 만들어놓은 과학기술적 학문의 권위가 훨씬 위대하고 새롭고 앞선 과학기술이다. 그런데 동양의 지도층과 식자층들이 서양과학기술에 빙의가 되어 이를 알아보지 못하고 미신이고 비과학이라고 천시를 하고 있으니 어이없고 안타까운 일이다.

동서양을 막론하고 인간이 살아가는 데 자연현상, 국가사회 현상, 개인의 문제 등이 모두 존재한다. 이러한 현상과 문제에 대응하기 위해서 인간의 노력으로 나타나는 생활모습을 문화라고 볼 수 있다. 서양만 자연, 국가 사회, 개인의 현상과 문제가 존재했던 것은 결코 아니다.

흔히 동양에는 과학기술이 없다는 말은 서양만 모든 문제에 대응하는 생활모습인 문화가 존재했다는 것인데 그것은 터무니없는 말이다. 서양 사람들이 자신들의 자연, 사회 국가, 개인의 현상과 문제를 해결하고자 발달시킨 학문이 지금 제도권에서 지배적으로 배우고 가르치는 서양과학기술이다. 이것은 다른 말로 하면 서양과학 기술적 문화와 문명이 발달하고 지배하고 있다.

그렇다면 동양 사람들은 현상과 문제를 해결하고자 어떻게 노력하면서 살아왔는지 알아보아야 한다. 그래야만 동양 문화를 근본적으로 알 수 있다. 동양에서 자연, 사회, 국가, 개인의 현상과 문제를 서술하고 해결하기 위해 만든 학문이 무엇인가? 그것이 동양학이며 동양학 중에도 역학과 역술이 동양과학기술에 해당된다.

동양에서 주역과 동양과학기술인 역학과 역술이 발달한 동기와 계기를 살펴보면서 동양과학기술의 의미와 가치를 살펴보고자 한다.

인간의 삶의 세계는 온갖 근심과 걱정들로 가득 차 있다. 인간의 실존적인 삶 자체가 우환과 결부되어 있기 때문이다. 그래서 인류는 일찍부터 우환문제를 극복하기 위해 많은 노력을 기울여왔다. 특히 동양철학, 동양과학의 최고 경전인 『주역』은 우환(憂患) 속에 지어졌다고 한다. 즉, 역은 근심을 해소하고 환난을 예방하기 위하여 지어진 것이다.

예를 들면 『주역』의 繫辭下傳 제7장에 "易之興也 其於中古乎 作易者 其有憂患乎인뎌(역의 흥함이 그 중고인져! 역을 지은 자 우환에 있음인져)"에서 보듯이 이는 역이 지어진 시대와 동기를 함께 나타낸 말이다. 즉, 성인이 세상을 근심하면서 역을 만들었음을 나타낸 말이다. 또한 역을 지은 동기 및 역의 용도가 우환의 극복 또는 우환에 처하는 도리의 제시에 있음을 다음의 글에서도 확인할 수 있다.

이 글은 인간이 살아가면서 부딪히는 문제, 즉 우환을 극복하기 위해 큰 의심의 결단, 길흉에 대한 근심의 해소, 미래를 알고 기미를 아는 일, 천명에 대한 통찰 등의 문제를, 易은 부모처럼 해결해준다는 것을 나타낸 글이다. 그뿐만 아니라 역을 지은 자의 우환의식은 괘(卦) 효사(爻辭)에도 나타난다. 즉, 각 괘의 6효는 천하의 움직임을 나타내며, 천하의 모든 일은 변동하지 않는 것이 없다. 일단 변동하면 거기에는 시비와 득실이 따른다. 이는 길흉으로 연결되어 우환의식을 야기한다. 모든 움직임은 때(時)와 위치(位), 즉 시간과 공간에 맞아야 한다. 시중(時中)하고 위정(位正)해야 우환이 해소된다고 역은 가르친다.

결국 이상의 글이 나타내는 뜻은 인간이 부딪히는 문제, 즉 우환을 어떻게 대처하고, 어떻게 해결하는가를 성인이 백성을 위하여 만들었음을 의미한다.

더욱이 동양과학기술의 원전인 주역은 성인이 만들었으므로, 범인들이 만든 서양과학에 비해서 그 질적인 수준이 비교가 되지 않는다. 그렇다면 성인이 만들어 놓은 학문인 주역은 인간이 추구하고자 하는 학문의 거의 완성된 경지에 다다른 학문이라고 볼 수 있다. 다른 말로 하면 현대 서양과학기술이 궁극적으로 도달할 수 있는 학문적 수준을 주역에서는 이미 나타내고 있다고 볼 수 있다.

그래서 범인의 수준에서는 여간해서 이해할 수 없는 특수성이 있으나, 학문적 질에 있어서 현대과학과는 비교가 되지 않는다. 어려워서 이해가 되지 않으면 이해하고자 계속 배우고 정진해야지, 범인의 수준에서 이해되지 않는다고 미신이고 비과학이라고 하면 이는 터무니없는 말이다.

둘째, 주역학도 그 나름대로 사물을 이해하고 설명하는 개념과 이론 및 접근 방법이 있으며, 이들 간의 관계도 논리적으로 체계화되어 있고, 또한 그 이론에 입각하여 예측하여 피흉취길의 처방을 내린다는 점에서 나무랄 데 없는 과학적 지식일 뿐만 아니라 현대서양과학의 목적과도 일치한다. 앞에서 서술한 과학의 개념과 성격에 입각하여 동양학의 과학성을 고찰하면 다음과 같다.

주역학도 우주 삼라만상을 이해하고 설명하기 위한 개념과 이론이 있으며, 이들의 관계도 논리적으로 체계화되어 있다. 그리고 철학과 사상이 있으며 이를 구체적으로 실용화하기 위한 과학기술로서 기초과학과 응용과학이 있다. 기초과학에 해당하는 개념과 이론으로는 음양오행론과 삼재론, 사상, 팔괘 육십사괘론 등이 있고, 응용과학으로는 동양오술과 천문기상, 수학, 음악, 율려, 성리학 등이 있다.

다만 실증적으로 객관화하여 서양의 분석과학적으로 왜 그런가를 밝히기가 어려울 뿐이다. 그것도 서양과학으로 밝히기가 어려울 뿐이지 동양과학으로는 설명이 되고 이해된다. 융의 말처럼 동서양의 과학은 개념과 이론 및 어프로치, 즉 패러다임(paradigm)이 다를 뿐 과학적 지식이라는 점에서는 차이가 없다.

셋째, 주역학의 방법론적 특성도 서양과학의 방법과 동일함을 볼 수 있다. 즉, 주역학도 대학의 팔조목 중, 학문적 방법론으로서 격물치지를 제시한 것처럼 사물을 체계적으로 관찰해서 만든 것이지 추상적이고 관념적으로 만든 것이 아니다. 다만 그 연구의 대상과 범위가 서양과학과 다를 뿐이다.

격물치지(格物致知)에서 격물이란 사물을 관찰한다는 의미이고, 치지란 지식을 완성한다는 의미이다. 즉, 격물치지란 사물을 관찰하여 지식을 완성한다는 의미이다. 그래서 서구 사람들은 격물을 Investigation이라고 번역을 하고 치지를 Complete Knowledge라고 번역을 한다. 결국 동양학의 방법론도 서양과학의 방법론과 같이 사물을 체계적으로 관찰하여 만든 지식체계이다.

예를 들면 성인이 주역을 어떻게 지었는지, 즉 방법론을 밝힌 내용이 『주역』 계사하전의 제2장과 계사상전 제4장에 있다. 그 내용을 보면 다음과 같다.

"古者包犧氏之王天下也에 仰則觀象於天하고 俯則觀法於地하며 觀鳥獸之文과 與地之宜하며 近取諸身하고 遠取諸物하야 於是에 始作八卦하야 以通神明之德하며 以類萬物之情하니(옛적에 포희씨가 천하에 왕을 할 적에 우러러서는 하늘의 형상을 보고, 구부려서는 땅의 법을 보며, 새와 짐승의 무늬와 땅의 마땅함을 보며, 가까이는 저 몸에서 취하고 멀리는 저 물건에서 취하여, 이에 비로소 팔괘를 지음으로써 신명의 덕을 통하여 만물의 실정을 같이 하니)"

"易이 與天地準이라 故로 能彌綸天地之道하나니 仰以觀於天文하고 俯以察於地理라 是故로 知幽明之故하며 …… 精氣爲物이오 游魂爲變이라 是故로 知鬼神之情狀하나니라(역이 천지와 더불어 같으니, 그러므로 능히 천지의 도가 씨와 날로 베 짜듯 다 들어 있다. 우러러서는 천문을 보고, 구부려서는 지리를 살피니라. 이런 까닭에 그윽하고 밝은 연고를 알며 …… 정과 기가 물건이 되고 혼이 놀아서 변이 됨이라. 이런 까닭에 귀신의 정상을 아느니라)"

위 두 글의 내용을 보면 주역을 지을 때 주역이 근거한 고찰 대상이 하늘(天)과 땅(地), 새와 짐승, 인간의 몸, 그리고 모든 사물을 보고 '관찰'하여 주역의 가장 기본인 팔괘를 그렸음을 나타내고 있다. 태극과 음양에서 출발하여 만들어진 팔괘는 우주 삼라만상을 나타낸 주역의 가장 기본이 되는 이론체계이며 모형이다. 그런데 팔괘를 그리기 위한 인식의 범위가 멀리는 천지우주와 신명의 세계이며, 가까이는 새와 짐승, 인간의 몸, 그리고 모든 사물을 관찰하고 포괄하여 종합적으로 나타낸 이론이고 모형이라는 점에서 어머 어마하다는 것을 느낀다.

서양과학이 우리 주변의 가까운 객관적 사실과 정보에 근거해서 분석적인 방법으로 부분적으로 발달한 학문이라는 점에서 볼 때, 인식의 폭과 범위가 감히 비교할 수도 없다. 다만 '체계적'으로 관찰하였다는 직접적인 표현은 없어도 관찰하였다는 내용에서 '체계적'으로 관찰하였음을 알 수 있다. 왜냐하면 옛사람들도 주먹구구식으로 관찰하지 않고, 논리성을 갖고 체계적으로 관찰하고 관찰 결과로부터 귀납하여 팔괘라는 모형을 만들었다고 볼 수 있기 때문이다.

원래 학문의 어원인 '학이취지(學而聚之) 문이변지(問而辨之)'에서도 보는 바와 같이, '학문' 자체가 체계성을 내포하고 있다. 옛사람들도 학문을 한다면서 주역을 만들었는데 주먹구구식으로 만들지 않고 논리적, 체계적으로 만들었음을 미루어 알 수 있다.

더욱이 이 팔괘로 신명의 덕에 통하고, 만물의 실정을 분류하였다는 것이다. 이는 팔괘로써 만물의 세계와 신명의 세계까지도 나타내고 통하고 있다는 것이다. 정과 기가 합하여 만물이 되고, 뿐만 아니라 귀신의 세계까지도 안다는 것이다. 이는 주역이 보이는 객관의 세계뿐만 아니라, 보이지 않는 신과 기의 세계까지도 통찰하여 포괄하고 있다는 의미이다.

위의 글 중에 천문과 지리 그리고 정기위물은 기(氣)와 관련된 것이고, 관조수지문, 근치제신, 원취제물은 기(器)에 관련된 내용이며, 통신명과 유혼위변 그리고 귀신지정상은 신(神)과 관련된 내용이다. 이는 주역이 나타내고자 하는 관찰 대상, 즉 격물치지의 범위가 기(氣)와 사물인 기(器) 그리고 신(神)의 세계까지 포괄하고 있음을 알 수 있다.

주역에서는 학문을 완성하는 데 근거가 되는 대상을 객관적으로 관찰하고,

객관적으로 관찰이 어려운 부분은 직관적 통찰에 의해서 인식을 하였다고 볼 수 있다. 즉, 주역을 만든 성인이 관찰과 직관을 모두 사용하여 완성하였다고 볼 수 있다.

주역은 보이는 세계와 보이지 않는 세계를 포괄적으로 나타낸 종합적 학문이며 궁극적 학문이다. 따라서 주역은 궁극적 철학이요, 궁극적 과학기술이며 종교적 의미의 학문이다.

그런데 매우 놀라운 사실은 주역이 나타내고자 하는 학문적 범위가 어마어마한데 비해서 그 세계를 나타내는 개념과 이론이 아주 간단한 태극과 음양이라는 점이다. 즉, 음양이라는 개념과 이론으로 철학과 과학 그리고 점술과 종교를 일관되게 나타내는 간단한 학문이다.

지리에 대한 최고의 학문인 『기문둔갑』을 해설한 내용을 시적으로 나타낸 연파조수가(烟波釣叟歌)의 시구에 "若能了達陰陽理 天地都來一掌中(만일 음양의 이치에 통달한다면 세상천지 만사가 모두 손바닥 안에 있다)"이라는 말이 있다. 음양의 이치에 통달하면 인간 만사가 손바닥 안에 있는 것과 같이 훤히 알 수 있다는 것이다. 서양과학 만능적 세계관에 의해서 그야말로 미신 아닌 미신이 되어버린 요즈음, 손바닥 안에 세상만사가 담겼다고 하면 고소를 금치 못할 것이다. 실제로 담겨 있음을 증명하는 것이 역학 역술가들이 해야 할 일이다. 이는 오직 역학 역술의 달인이나 명인을 만나고서야 능히 수긍할 수 있다. 시정에 하고많은 속사들의 어설픈 예언을 두고 그것이 맞았느니 안 맞았느니 섣불리 입방아를 찧을 일이 아니다.

이런 점에서 볼 때 우리네 인간의 삶이 음양론이고 그것이 주역이며 그것이 또한 자연의 이치, 즉 우주섭리 하느님의 섭리이다. 즉, 주역의 음양론적 이치에 의해서 인간의 삶이 모두 행해지고 있다는 것이고, 그것이 곧 우주론적 자연의 이치인 우주섭리이다. 주역 또는 우주섭리라고 어마어마한 말을 하지만 그 이치는 매우 간단한 태극과 음양론이다. 그래서 주역을 간역(簡易) 또는 이간지학(易簡之學), 즉 간단하고 쉬운 학문이라고 하는 것이다. 그런데 이렇게 쉬운 이치를 '백성(百姓)은 일용이부지(日用而不知, 백성은 매일 쓰면서도 모른다)'라는 것이다. 더욱이 지금과 같은 복잡한 서양 분석과학적 학문에 익숙한 현대인들의 입장에서는 이렇게 말하면 더욱 믿어지지 않을 것이다.

그러나 주역의 세계에 들어와서 배우고 정진하면 희미하게 그 의미와 가치를 이해할 수 있다. 이러한 학문적 진리의 의미를 희미하게 느끼면서 발견하면 그 학문을 배우고 연구한 보람과 의미가 그 무엇과 바꿀 수 없다는 것을 느낀다. 학문하는 사람으로서 최고의 행운이다.

따라서 현대 제도권의 서양과학자들이 추구하고자 매일 머리를 싸매고 연구하는 궁극적 진리를 우리 조상들이 주역이라는 학문에 이미 수천 년 전에 완성해놓았는데, 이를 보지 못하고 엉뚱한 데서 찾아 헤매고 있으니 참으로 재미있다. 등잔 밑이 어둡다는 말이 그렇게 실감날 수가 없다.

또한 계사상전 제8장에서 "聖人이 有以見天下之賾하야 而擬諸其形容하며 象其物宜라 是故謂之象이요(성인이 천하의 잡란한 것을 봄에 있어서, 저 형용을 비기며, 그 물건에 마땅함을 형상함이라. 이런 까닭에 상이라 이름이요)"에서 보는 바와 같이, 우주 삼라만상과 인간을 두루 체계적으로 관찰하여 만든 것이 팔괘라는 象이고, 팔괘를 더욱 확장한 것이 64괘라는 象이라고 볼 수 있다.

사상 팔괘와 64괘 그리고 음양오행론이 우주 삼라만상의 실상(reality)을 나타낸 과학적 모델(scientific model)이다. 이때 사상 팔괘와 64괘 그리고 음양오행론도 논리적, 체계적으로 상호 연관해서 만든 것이지 그냥 만든 것이 아니다. 다만 표현방법이 현대 과학적으로 분석적으로 구체적으로 논증하면서 친절하게 한 것이 아니고, 성인의 수준에서 관찰과 깨달음을 통해 얻은 그 결과만 내어놓아서 현대인들이 이해하기가 어렵다는 데 문제가 있다.

따라서 성인이 만들어 놓은 학문을 의심하지 말고 그렇다고 인정하고(assume) 이를 현실세계에 접목 응용하여 활용하면 된다.

『동양철학대강』의 저자인 장대년 교수는 원래 동양철학 또는 과학은 깨달음을 강조하고 현대과학과 같은 세밀한 논증은 중요시하지 않다고 말하고 있다. 즉, 중국의 철학은 생활상의 실증 또는 마음속의 신비한 깨달음을 중요하게 여기고, 논리적인 논증을 중요하게 여기지 않았다고 말할 수 있다. 체험이 오래 쌓여 갑자기 깨닫게 되어 이전의 많은 의문이 환하게 밝혀져서 일상의 경험이 곧 활연관통(豁然貫通)에 이르게 되는데, 이와 같은 것이 바로 깨달음을 얻은 것이다. 중국 철학가들의 학문은 이 깨달아 얻은 바를 묘사하는 것인데, 자세히 증명하지는 않는다. 그러므로 중국 철학가들의 문장은 늘 단편적이다. 다만 중국 철학가들이 체계적인 장편의 논설이 단편의 모음집에 비하여 귀하다고 여기지 않았을 뿐이다. 중국 철학가들은 결코 세밀한 논증이 필요하다고 여기지 않았다. 도리어 그것을 군더더기로 여겼다.

따라서 주역학을 제대로 이해하고 평가할 수 있으려면 주역학의 세계에 들어와서 배우고 익혀 제대로 인식한 다음에 해야 하는데 그러지 않고 서양과학의 세계에서 서양과학적 시각에서 주역학의 세계를 보고 일방적으로 미신이니 비과학이니 이러쿵저러쿵 비판하는 것은 과학적 타당성이 없다. 지금까지 제도권에서 서양과학을 하는 사람들의 주역학에 대한 인식과 평가는 거의 이러한 태도로 일관해왔다고 해도 과언이 아니다. 그러나 최근에는 동양과학에 대한 가치를 재인식하고, 이에 대한 연구를 본격적으로 하려는 운동이 나타나고 있다. 대표적인 것이 서구의 양자역학자들을 중심으로 한 신과학운동(new age science movement)이고, 한국에서도 첨단자연과학자들을 중심으로 한 한국정신과학회가 1994년도에 창설되어 동양과학에 대한 연구 학술활동을 활발하게 하고 있다.

넷째, 주역학의 객관성과 실증성 그리고 재현가능성의 문제이다.

우리는 동양과학기술자들이 역학과 역술적 관점에서, 최고의 엘리트 서양과학기술자들이 감히 상상도 할 수 없는 새롭고 신기하며 놀라운 예측이나 사실들에 관해 말하면, 그 내용을 믿으려하기보다는 먼저 의심하며, 객관적 증거가 있느냐고 따진다. 이에 비해서 제도권의 지도층이나 식자층들이 서양과학 기술적인 관점에서 제시하는 내용은 아무 의심 없이 무조건 믿고 받아들이는 경향이 있다. 이런 태도는 동서양의 학문을 평가하는 데 아주 불공평하고 편향되어 있다는 증거이다.

그 원인이 무엇인지 생각해보자. 이에 대한 문제를 주역학의 과학성을 고찰하면서 하나하나 살펴보고자 한다. 과학성을 평가할 때 형식적 측면에서 강조하는 것이 객관성, 실증성 그리고 재현가능성이다. 이와 반대로 주관적이고 직관적, 특수성, 일회적으로 끝나는 지식이나 현상은 과학적 지식으로 인정하지 않는다. 이것에 대해서 하나하나 짚어가면서 동서양의 학문을 비교해보자.

동양과학기술인 역학 역술이나 서양과학기술 모두 연구의 대상은 객관의 세계와 주관의 세계 그리고 보이는 세계와 보이지 않는 세계이다. 즉, 동서양의 모든 학문이 자연과 인간의 세계를 대상으로 연구한다. 또한 보이는 객관의 세계와 보이지 않는 세계를 연구하는 학문이다. 사실상 이런 점에서 동서양의 학문이 크게 다른 점은 없다.

서양과학기술도 객관적 사실에 근거한 부분도 있고 객관적으로 나타낼 수 없는 부분도 많이 있는 것과 같이 동양과학기술도 보이는 객관의 세계에 대한 부분과 보이지 않는 세계를 대상으로 연구한 부분이 있다. 이는 동양과학기술만 주관적이고 보이지 않는 부분만을 연구하는 미신적 학문이 아니라는 점이다. 따라서 서양과학기술도 미신이고 비과학적인 면도 있다. 다만 그 정도에 있어서 동양과학기술이 서양과학기술보다 주관적이고 보이지 않는 부분이 많은 것이 사실이다.

왜 그런가 하면 동양과학기술은 본질적이고 근본적인 연구를 하는 학문이다 보니 연구의 출발이 보이지 않는 세계, 즉 기와 신의 세계를 근거로 하는 학문이기 때문이다. 서양과학기술은 연구의 출발이 보이는 객관의 세계이다 보니 객관적이고 실증적인 부분이 많은 것이다. 그러나 그 내용은 본질적인 것이라기보다는 피상적이고 부차적인 것이 특징이다. 따라서 학문적 수준이나 질적인 면에서 동양과학기술이 서양과학기술보다 훨씬 우수하다. 비록 서양과학기술에 비해서 실증성, 객관성과 같은 학문의 형식적 측면에서는 뒤떨어지지만, 질적인 측면에서는 훨씬 차원 높은 과학기술이다. 즉, 서양의 최첨단과학기술로 측정할 수 없는 높은 수준의 학문이다.

학문적 연구자들의 능력을 비교해 보면 서양과학기술은 인간의 수준에서 천재, 수재들이 만든 학문이라면, 동양과학기술은 성인의 수준, 즉 하느님 수준의 인간이 만든 과학기술이다. 따라서 동양과학기술은 종교에 버금가는, 즉 인간이 궁극적인 수준에 도달한 체계화된 학문이다. 따라서 역학과 역술은 현대 서양과학기술이 도달하고자 하는 궁극적 수준에 도달한 이미 완성된 과학기술이고 궁극적 철학이다.

동양학의 실증성, 객관성

그러면 여기서 동양학의 객관성과 실증성의 문제를 살펴보자. 학문의 객관성, 실증성은 인간의 오감으로 인지할 수 있어야 과학적 지식으로 인정한다는 의미이다. 즉, 모든 사람들이 오감으로 인지할 수 있어야 과학적 지식으로 인정한다는 것이다. 이를 위해서 관찰과 실험을 수 없이 하여 예측한 결과가 나오도록 연구하고 또 연구를 하느라 엄청난 시간과 노력 및 연구비를 투자한다.

여기에서 중요한 것은 인간의 오감에 의해서 인지할 수 있는지 여부가 과학성을 인정받는 데 중요한 관건이다. 즉, 객관성과 실증성의 여부를 의미한다.

그런데 인간의 감각은 오감 외에 육감이라는 것이 있다. 오감은 모든 사람들이 인지할 수 있지만 육감은 범인들이 인지할 수 없는 감각이다. 즉, 특수한 능력의 소유자라야 인지할 수 있는 감각이다. 이런 육감을 소유한 특수한 능력을 가진 동양학자들이 우주 삼라만상을 관찰하여 만들어 놓은 학문이 주역학이다. 즉, 범인들이 소유할 수 없는 고도의 인지능력, 즉 육감을 소유한 동양학자들이 기(氣)와 신의 세계 및 우주 삼라만상을 보고, 관찰 하여, 개념과 이론으로 체계화해 놓은 학문이 주역과 역학과 역술이다.

주역에 상(象)이라는 개념과 형(形)이라는 개념이 있다. 즉, 『주역』 계사전에 "在天成象코 在地成形하니(하늘에서 象을 이루니 땅에서는 形을 이룬다)"라는 말이 있다. 여기서 상과 형은 서로 반대되는 개념이다. 형은 인간의 오감에 의해서 느끼고 인지할 수 있는 객관적 사물이라고 한다면, 상은 일반적인 사람들이 느끼고 인지할 수 없는 무형적인 것, 즉 기의 기미(幾微)를 말한다. 여기서 형(形)은 범인들이 오감으로 인지할 수 있는 객관적 사물인 기(器)를 의미하고, 상은 육감에 의해서만 인지할 수 있는 무형적인 것, 즉 기(氣)의 양태를 의미한다고 볼 수 있다. 예를 들면 오행의 목화토금수라는 것도 그 본질은 다섯 가지의 상(象)인데, 다만 그것이 응결하여서 형체를 이루면 사물 즉, 기(器)가 되고 분열하여서 기화하면 그것을 상(象)이라고 한다.

그런데 중요한 것은 형보다 상이다. 왜냐하면 상이 먼저 나타나고, 그 결과 형이 나타나기 때문이다. 그래서 『주역』 계사전에 "天垂象 見吉凶(하늘에서 상을 드리우면 길흉이 나타난다)"이라고 하였다. 즉, 먼저 하늘에서 상이 나타나고, 그 결과 인간세계에 길하고 흉한 일이 나타난다는 의미이다. 따라서 하늘의 상을 살필 수 있는 능력이 있는 사람은 땅의 인간세계에 나타나는 사물의 길한 일과 흉한 일을 미리 알 수가 있다는 것이다. 따라서 여기서 중요한 것은 형보다 상을 인지할 수 있는 능력이다. 따라서 상의 세계를 인지할 수 없는 일반인은 근본적인 이해를 할 수가 없다. 즉, 오감적 능력의 수준인 범인들은 육감적 능력의 소유자만이 인지할 수 있는 세계를 전혀 이해할 수 없다.

그래서 성인이 이런 사람들이 이해할 수 있도록 개념과 이론으로 체계화해 놓은 학문이 동양학이라고 볼 수 있다. 즉, 특수한 능력을 소유한 성인이 모든 범인들이 이해할 수 있도록 개념과 이론으로 체계화해 놓은 학문이 주역학이다. 따라서 주역학의 기본적인 개념과 이론을 의심하지 말고 받아들여서(assume) 생활에 활용하면 된다.

이러한 예가 서양과학기술에도 있다. 즉, 현대사회의 총아인 컴퓨터는 컴퓨터 전문가들은 그 이치와 원리는 알고 있어서 그것을 바탕으로 모든 사람들이 쉽게 사용할 수 있도록 만들어 놓았다. 그래서 일반 사람들은 컴퓨터의 원리와 이론을 몰라도 전문가들이 만들어 놓은 매뉴얼대로 조작을 하고 사용하면 된다.

이와 마찬가지로 동양학의 학문적 체계를 이루고 있는 원리인 기본개념과 이론에 대해서 의심하지 말고 사실이라고 받아들이고(assume) 이를 현실에 접목 응용하여 생활에 활용하면 된다. 그렇게 해서 생활에 도움을 주면 그것이 과학기술이지 뭐 별거인가.

이렇게 볼 때 객관적이고 실증적인 것을 강조하는 서양과학적 관점에서 주역학을 평가하고 판단하는 것 자체가 의미가 없다. 즉, 오감적 수준의 학문이 육감적 수준의 학문을 객관성이 없다고 무시하는 자체가 어불성설이다. 서양과학적 관점에서 주역학을 평가하고 판단하는 것은 저차원의 학문적 입장에서 전혀 이해가 되지 않는다고 고차원의 학문을 폄하하는 것과 같다.

오히려 현대과학의 종주국인 서구의 첨단 과학자들이 주역학을 과학이라고 대변하는 것을 나는 수없이 보았다.

양자물리학자이며 현대물리학의 이론과 동양의 신비사상, 즉 불교, 도교, 힌두교, 그리고 주역사상과 연결하여 의미 있게 연구한 카프라(F. Capra)도 그의 『물리학의 도(Tao of Physic)』에서 동양의 신비론자들의 경험과 과학자들의 실험을 유사하다고 다음과 같이 말하고 있다.

현대 물리학과 동양의 신비 사상 사이의 유사성을 규명하기 전에 현대 수학의 고도로 정교한 언어로 표명된 정밀과학과 주로 명상 수행을 통해서 얻어진 직관은 언어로서 전달될 수가 없다고 주장되는 정신적 수련을 어떻게 비교할 수 있는가에 문제의식을 갖고 이를 해결하고자 했다

인간의 마음에는 추론적(rational)인 것과 직관적(intuitive)인 것의 두 가지 지식 또는 의식의 양태가 있으며 그것들이 각기 과학과 종교에 연관되어 왔다. 즉, 과학은 추론적 방법, 종교는 직관적 방법을 취하여 왔다. 서양에서는 합리적이고 과학적인 지식에 대한 편애 때문에 직관적이고 종교적인 형태의 지식이 자주 평가절하 되었고, 반면에 동양의 전통적인 태도는 일반적으로 이와 정반대다.

동양의 신비 사상가들은 지적 사상뿐만 아니라 감각적인 인지까지도 초월하는 실재의 직접적인 직관적 체험에 관심을 두었다. 이러한 체험으로부터 오는 지식을 불교도들은 '절대지(absolute knowledge)'라고 불렀다. 이들은 궁극적인 실재는 추론, 즉 드러낼 수 있는 지식의 대상이 될 수 없다고 주장한다. 그것은 우리의 언어나 개념의 근원이 되는 감각이나 지성의 영역 밖에 있는 것이기 때문에 말로써 적절하게 기술될 수 없다는 것이다.

결국 서구의 과학은 사물을 관찰하여 추론적 방법으로 지식을 구축하는 데 비해서 동양의 신비사상은 명상을 통한 직관을 통한 체험 또는 경험에 의해서 지식을 얻는다. 그러나 추론적 지식과 추론적 행위는 확실히 과학적 탐구의 큰 부분을 차지하는 것이지만 그것이 전부는 아니고 직관에 의하여 탐구의 추론적 면이 보완되어야 한다는 것이다. 그리고 신비적 동양사상에도 직관적 방법만 있는 것이 아니고 추론적 방법도 있다는 것이다.

재현 가능성

동양의 신비주의는 직접적인 신비 경험 또는 체험이 그 핵심이다. 동양의 모든 지식은 이런 체험의 기반 위에 확고히 서 있기 때문에 동양적 전통은 그 지지자들이 항상 강조하듯이 강한 경험주의적 성격을 띠고 있다. 여기서 체험이나 경험은 단순히 사람들의 일상적인 생활 속의 체험이나 경험을 의미하는 것이 아니고, 오랫동안 특수한 명상이나 정신 수련을 통해 높은 경지에 이르러서 얻는 신비적 체험과 경험을 의미한다. 이렇게 체험과 경험으로 얻는 존재에 대한 인지를 직관적 지식이라고 한다.

과학이 객관적 사물을 근거로 실험에 근거해 추론적 방법으로 지식을 얻는데 비해서, 동양의 신비사상은 특수한 체험과 경험인 직관을 통해서 지식을 얻는다. 이 두 방법은 지식을 얻는 방법이 다를 뿐 존재를 인지하는 목적은 같다.

카프라(F. Capra)는 그의 저서인 『Tao of Physic』에서 두 방법이 유사하다는 것을 다음과 같이 말하고 있다.

과학적 연구에서 실험단계는 동양 신비가의 직접적 투시(직관)에 해당하는 듯하며 과학적 모형과 이론들은 이 투시를 해석하는 여러 가지 방식에 해당한다고 하겠다.

과학적 실험과 신비적 경험 사이의 유사성은 그 관찰 행위가 성격상 판이하다는 것을 감안한다면 무척 놀라운 일로 비칠 것이다. 물리학자들은 세심한 협동작업과 정교한 기술을 수반하는 데 반하여, 신비가들은 아무런 기기(器機)도 없이 고독한 명상 속에서 순수한 투시를 통하여 그들의 지식을 습득한다. 뿐만 아니라 과학적 실험은 어느 때 누구에게나 반복될 수 있지만, 신비적 경험은 특수한 경우 극소수의 개인에게만 일어날 수 있는 일로 보인다. 그러나 더 면밀히 검토해보면 이 두 가지 관찰 사이에 놓인 차이는 오직 각기의 접근 방법상의 문제지, 각각의 신빙도나 복잡성에 있는 것은 아니다.

현대의 아원자 물리학의 실험을 반복하고자 하는 사람은 누구나 다년간의 수련을 겪어야 한다. 그래야 그는 실험을 통하여 자연에 특정한 질문을 던질 수 있으며 그 해답을 이해할 수 있을 것이다. 이와 비슷하게 심오한 신비적 경험도 대체로 경험을 온축(蘊蓄)한 대가의 지도 아래 다년간의 수련을 요하지만, 과학 수련과 마찬가지로 그 바친 시간만이 성공을 보장하는 것은 아니다. 그러나 일단 성공을 거둔다면 그 '실험을 반복'할 수는 있다. 여기서 '실험의 반복'이란 일정한 수준의 명상과 정신적 수련을 거치면 계속 반복해서 신비적 체험을 할 수 있다는 것이며 이는 재현가능성을 의미한다. 즉, 현대 첨단 물리학에서 동일한 실험장치에서 동일한 결과가 나타나는 것과 같은 현상이다.

그러므로 이 신비적 경험은 물리학에 있어서의 근대적 실험보다도 특별히 독특한 것은 없다. 물리학자들이 사용하는 기술적 장치의 복잡성과 효율성은 깊은 명상에 잠긴 신비가들의 육체적·정신적인 의식상태의 그것보다 못하지 않다.

　그래서 과학자들과 신비가들은 범인들이 따를 수 없는 자연을 관찰하는 법을 극히 정교하게 계발시킨 것이다. 현대 실험물리학에 나오는 한 페이지만 해도 초심자에게는 티베트의 만다라(mandala), 신상(神像)처럼 불가사의하기만 할 것이다. 그러나 둘 다 우주의 본질 속으로 파고 들어간 질문의 기록일 따름이다.

　결국 우주의 본질을 관찰하기 위한 과학자들의 기기장치와 학문적 수련 등은 동양의 신비적 사상가들의 명상을 통한 정신수행과 다를 것이 없다는 것이다. 모두 우주의 본질을 인지하기 위한 방법이며, 접근방법에서 차이가 있을 뿐이다.

　더욱 재미있고 흥미로운 것은 현대 첨단물리학자들이 학문적 수련과 첨단실험장치로 관찰한 우주론적 자연의 본질적 내용과 동양의 신비사상가들이 깊은 명상을 통해 본 직관적 우주론적 본질이 유사하게 나타났다는 것이다. 뿐만 아니라 동양의 신비사상가들 간의 사상이 매우 유사하다는 것이다. 즉, 불교, 도교, 주역, 힌두교 경전들의 우주 자연에 대한 내용이 유사하다는 점이다. 이것은 첨단물리실험장치에 의한 실험결과가 재현 가능한 현상과 동일한 것이라고 볼 수 있다. 불교의 신비사상가, 도교의 신비사상가, 주역의 신비사상가들이 본 우주자연에 대한 본질이 유사하다는 것은 반복적 실험의 결과 동일한 결과가 나타난 것과 같다고 볼 수 있다.

　그래서 서양의 첨단 물리학자들이 동양의 전통사상에 관심을 갖고 학문적으로 의미 있게 연구하고 있지 않는가?

　서구의 첨단과학기술이 이제야 동양의 신비사상을 파헤치고 이를 인정하고 있지만, 단편적인 신비사상의 과학성을 밝힌 것에 지나지 않는다. 그러나 동양에서는 그러한 원리에 근거한 체계화된 학문이 이미 수천 년 전에 계발되어서, 현재 비제도권의 민간 차원에서 배우고 가르치는 실용적인 학문과 사상으로 일반화되어 있다.

　지금까지 서양과학의 개념과 과학적 방법의 특성에 입각하여 동양학의 과학성을 고찰하였다. 그 결과 동양학도 서양과학과 마찬가지로 그 나름으로 과학적 성격과 특성을 가지고 있음을 살펴보았다. 그 결과 동양학과 서양과학의 가장 근본적인 패러다임(paradigm)의 차이는 우주 삼라만상의 현상을 기술하고 설명하는 개념과 이론체계가 다름은 물론, 더 근본적인 차이는 인식론적 출발점인 접근방법에 있다고 본다.

동양과학기술의 특성

동양과학기술인 역학 역술은 기(氣)·신·기(器)·심의 상호작용에 의해서 나타나는 우주 삼라만상을 다차원적으로 나타냈으며, 포괄적인 방법으로 이해 설명하고자 체계화한 학문이다. 즉, 인간의 의식적인 삶에서부터 무의식적인 영역으로 더욱 깊이 파고 들어가 …… 우주(宇宙)-영혼(靈魂)의 체험에 대한 통일적 이미지를 전달해준다. 그러므로 단지 기(器)의 차원에서 객관적 자료에 근거해서 체계화된 서양과학에 비해서 그 학문적 포괄성과 깊이 면에서 비교가 되지 않는다. 다만 서양과학에 비해서 객관성과 실증성이 떨어지는 것은 사실이다. 그러나 동양과학이 전제로 한 개념과 이론은 입증하기는 어렵지만, 그런 개념과 이론체계를 사실로 받아들이고 이를 실제상황에 적용하여 고찰해보면 예상했던 결과가 나오고 그 예측에 입각하여 피흉추길하는 처방을 하여 인간생활에 도움을 주는 것도 사실이다. 또한 역경의 기초를 이루고 있는 것 중의 하나인 주술적 사고는 제대로만 한다면 논리적, 수학적 사고만큼이나 진실된 것이다.

우리의 전통과학인 동양오술을 미신 시 비과학 시 하며 홀대 내지는 천시한 배경에는 다음 세 가지를 들 수 있다.

주역학의 미신 비과학 시의 역사적 내력

첫째, 역사적으로 조선시대 주자학의 영향으로 숭문사상에 입각한 사농공상 의식에 의해 과학기술자들을 천시한 것이 첫째 이유라고 본다. 영국의 Joseph Needham은 동양에서 과학이 발전할 수 없었던 것은 유학사상 때문이라는 것이다. 즉, 유가는 우주의 도덕적 질서를 믿음과 동시에 도라는 단어를 한결같지는 않지만 주로 인간사회의 이상적인 방법 혹은 질서라는 의미로 썼다. 그에 비해 자연에 대한 과학적인 접근과 기술의 과학적인 해석과 확장을 모색한 부분에 대하여 반대 입장을 취했다. 이 점과 관련하여 일본의 시바 료타로는 조선의 선비와 과거제도에 대하여 다음과 같이 통렬하게 비난하고 있다. 조선은 건국 이래 성현들의 말씀을 옮겨놓은 교양지식의 집적에 불과했던 유학을 체계화한 주자학을 신봉하였다. 최고 엘리트를 길러내는 과거시험제도는 주자학의 해석에 따라야 했고, 이렇게 훈련된 사람은 좋은 두뇌를 가지고 있지만 별로 부러울 게 없다. 이런 두뇌는 인류유산을 만들어가는 두뇌가 아니다. 정말로 조선과 중국은 쓸데없는 일을 해온 것이라고 통렬하게 꼬집는다. 주자학의 도그마를 통째로 암기한 조선의 수재 관료들이 인간사회의 선악을 논하는 데는 우수했지만, 경제를 일으켜 국부를 쌓고 도로와 다리를 건설하고 의료시설을 확충하는 등 사회의 현실문제를 어떻게 처리했는지 역사가 말해준다.

둘째, 오늘날 한국에서 동양학의 맥이 거의 끊어져 가고 있는 것은 경술국치 이후 일제에 의한 우리의 민족문화 말살정책에서 비롯되었다고 볼 수 있다. 일제가 식민정책의 한 수단으로 조선의 역사와 학문의 맥을 끊고자 했고, 그 속에는 조선 전래의 주역학이 포함되었음은 자명한 일이다. 그리고 해방 이후 서양학은 문명국(당시에는 그렇게 불렸다)의 학문이란 이유만으로 정치, 경제, 교육, 문화, 종교 등 각 분야 인사들에게 유토피아 건설의 필수적 학문처럼 인식되어, 양학이라면 질의 고저를 막론하고 학문적 비판이나 수정 없이 무비판적으로 수용하며 주역학을 무조건 배척하는 풍토가 조성되었다.

셋째, 주역학이 제도권에서 밀려나 아무런 학문적 제도나 틀도 없이 교육기관이나 전문지도 없이 구전이나 방서에 의해서 동양학이 전승되면서 또한 동양학에 대한 학문적 방치 또는 홀대의 공백지대를 틈타, 사이비 동양학이 독버섯처럼 자라나서 사설(邪說)이 판치고 민폐의 대상이 되다 보니까, 주역학에 대한 도덕적, 학문적 인식이 대단히 나빠졌다.

그런데 주역학을 연구한 동양학자들은 현대 서양과학적 연구방법인 객관적 사실에 근거한 개념화, 이론화를 가볍게 보았으며, 근본적인 연구가 되지 않는다고 이를 무시했던 점에 우리가 유의할 필요가 있다. 왜냐하면 동양과학자인 주역학자들이 지금의 서양과학적 연구방법을 몰라서 하지 않은 것이 아니고, 그런 연구가 피상적이고 지엽적인 것이므로 중요하지 않고 근본적인 연구가 되지 않기 때문에, 이를 무시하고 발전시키지 않았다고 볼 수 있기 때문이다. 오히려 우리 조상님들은 보이지 않는 기(氣)와 신의 세계가 보이는 객관의 세계인 기(器)의 세계를 지배하는 것으로 보고, 더 근본적이고 근원적이며 범인들에게 보이지 않고 볼 수 없는 기(氣)와 신의 세계에서 보이는 기적(器的)인 객관의 세계를 고찰하여 발전시킨 학문이다.

저자의 동양학에 대한 연구발표논문과 저서

1. 논문

(1996), 동양의학적 인간모형, 『한국행정학회 하계학술대회발표논문집』, 43~61.

(1997), 음양오행론의 행정학에서의 함의, 『사회과학연구(충북대사회과학연구소)』, 14(1): 135~153.

(1997), 오행인의 인간관계론, 『한국행정학회 동계학술대회발표논문집』, 433~452.

(1998), 동양과학의 근대화, 『한국정신과학회 추계학술대회발표논문집』, 17~31.

(1998), 동양과학의 근대화, 『한국정신과학회지』, 2(2): 1~12.

(1998), 동양과학적 인간모형의 비교고찰, 『충북행정학회지』, 창간호, 75~95.

(1998), 음양론의 변화관, 『한국행정학회 동계학술대회발표논문집』, 55~74.

(1999), 조직론에서 오행인의 의미와 유용성, 『한국정신과학학회지』, 3(1): 66~74.

(1999), 의사결정에서 주역점술의 의미와 유용성, 『한국행정학회 동계학술대회발표논문집』, 905~922.

(2000), 주역점의 원리와 과학성, 『한국정신과학회 춘계학술대회발표논문집』, 75~88.

(2000), 주역점의 원리와 과학성의 평가, 『한국정신과학학회지』, 4(1): 1~16.

(2001), 동양과학의 학문적 체계, 『한국정신과학학회지』, 5(2): 1~22.

(2001), 동양학(역학 역술)의 과학성 고찰, 『사회과학연구(충북대사회과학연구소)』, 18(2): 55~78.

(2002), 동양과학의 학문적 인식체계모형 고찰, 『한국정신과학회지』, 6(1): 55~69.

(2002), 동양학의 학문적 체계와 과학성, 『충북행정학회보』, 5: 89~126.

(2003), 동양행정론, 『한국행정학회 동계학술대회발표논문집』, 738~774.

(2003), 인간행태에 대한 동양의학적 고찰, 『충북행정학보』, 89~102.

(2004), 주역 음양론의 변화발전론, 『한국정신과학회 춘계학술대회논문집』, 107~135.

(2004), 동양과학론, 『한국정신과학학회지』, 8(1): 1~26.

(2004), 현대행정에서의 음양론적 변화관, 『정부학 연구(고려대학교 정부학연구소)』, 10(2): 326~356.

(2005), 동양사회과학론, 『충북대 사회과학논문집』, 22(1): 1~52.

(2005), 우리 문화 속의 음양론적 변화관, 『한국정신과학학회지』, 9(1): 31~52.

(2005), 현대사회에서 동양학의 의미와 필요성, 『한국행정학회 동계학술대회발표논문집』, (10): 25~46.

(2007), 동양은 동양이요 서양은 서양이다, 『한국정신과학회 추계학술대회발표논문집』, 117~134.

(2007), 주역에서 본 동서양문화의 비교연구, 『한국행정학회 동계학술대회 발표

논문집(9)』, 889~908.

(2008), 주역에서 본 동서양문화의 비교연구,『한국정신과학학회지』, 12(1): 9~30.

(2008), 주역의 음양론적 삶의 의미와 과학성,『충북행정학보』 제11집, 19~46.

(2009), 주역의 음양론적 삶의 의미와 과학성,『한국정신과학회 춘계학술대회논문집』, 155~182.

(2009), 주역에서 본 동서양문화의 비교 고찰(동서양학문의 비교고찰을 중심으로),『한국정신과학학회지』, 13(1): 23~38.

(2009), 주역의 음양론적 삶의 의미와 과학성,『한국행정학회 동계학술대회발표논문집 제6분과』, 1~30.

(2009), 유교문화적 관광자원개발,『충북행정학보』 제12집, 1~11.

(2010), 동양학과 서양과학의 비교고찰,『충북대 사회과학연구』, 제27집 2호, 37~58.

(2010), 동양문화적 관광자원 개발,『한국행정학회 추계학술대회발표논문집』 제9분과 7, 13~20.

(2010), 의사결정에 있어서 주역점술의 의미와 유용성,『충북행정학보』 제13집, 1~20.

(2011), 주역의 기와 음양오행론과 System Theory,『한국정신과학회 춘계학술대회논문집』, 43~61.

(2011), 주역의 기와 음양오행론과 System Theory,『한국 시스템다이내믹스학회』 5월, 월례세미나.

(2011), 동양학적 위기관리론,『국가 위기관리학회 춘계학술대회발표논문집』(1), 74~79.

(2011), 궁극적 깨달음의 학문 주역,『한국정신과학회 추계학술대회논문집』.

(2011), 주역의 기와 음양오행론과 System Theory,『한국 행정학회 동계학술대회논문집』, 제4분과.

(2011), 동양학적 위기관리론,『한국위기관리논집』, 제7권 제4호, 93~108.

(2011), 궁극적 깨달음의 학문 주역,『한국정신과학학회지』, 제15권 2호, 1~23.

(2011), 주역의 기와 음양오행론과 System Theory,『충북지방자치학회지』.

(2012), 현대사회 위기극복을 위한 학문으로서 주역,『한국정신과학회 춘계학술대회논문집』, 81~92.

(2012), 동양행정론,『한국콘텐츠학회논문집』, 제12권 5호, 199~205.

2. 저서

(2006),『하바드·예일보다 미아리철학관이 더 위대하다』, 서울: 한솜미디어

(2010),『동양과학개론』, 청주: 충북대학교 출판부

(2012),『동양학 원론』, 파주: 한국학술정보(주)

(2012),『주역의 세계화와 21세기』, 파주: 한국학술정보(주)

찾아보기

권일찬

kilchan@chungbuk.ac.kr

1947년 충북 보은 출생
1968년 청주교육대학 졸업
1978년 단국대학교 행정학과 졸업
1980년 고려대학교 대학원 행정학 석사
1988년 고려대학교 대학원 행정학 박사
1991~1992년 미국 Duke대학 Visiting Scholar
1982년~현재 충북대학교 행정학과 교수
(사)한국행정학회 이사 역임
(사)동방문화진흥회 이사 역임
(사)한국정신과학회 이사(전통사상분과 위원장)

1993년부터 현재까지
- 주역 수강: 대산 김석진 선생, 이산 장태상 선생, 고 김충렬 고려대 명예교수, 월간역학 (w.abg.co.kr)의 전용원 박사, 아트앤스터디(w.artnstudy.com)의 황태연 교수와 이기동 교수, 상생방송(w.stb.co.kr)의 양재학 박사, 전통문화연구회(w.juntong.or.kr)의 전호근 박사의 주역, 대산 김석진 선생의 대학, 중용, 논어 등
- 역학·역술 수강: 수지침, 오행생식, 씨앗요법, 사주명리학, 풍수지리, 하락이수, 매화역수, 구성학, 육효점, 천문유초, 기수련, 기공수련, 오운 육기학, 위빠사냐 명상, 수맥탐사, 이침요법, 봉침요법, 생체자기 경락요법, 우주 초염력, 쑥뜸요법, 주역점학, 상생방송(w.stb.co.kr)의 윤창렬 교수의 고 한동석 선생의 『우주변화의 원리』

2003년부터 현재까지
일반대학원 및 행정대학원에서 동양행정론(Eastern Public Administration), 동양과학론(Eastern Science), 동양학적 의사결정론(I Ching(周易) Approach to Decision Making), 동양학적 변화발전론(I Ching(周易) Approach to Change and Development), 동양학적 인간론 등을 강의

『하바드·예일보다 미아리철학관이 더 위대하다』(2006)
『동양과학개론』(2010)
『동양학 원론』(2012)
『주역의 세계화와 21세기』(2012)

주역학 개론

초 판 인 쇄 ┃ 2012년 9월 28일
초 판 발 행 ┃ 2012년 9월 28일

지 은 이 ┃ 권일찬
펴 낸 이 ┃ 채종준
펴 낸 곳 ┃ 한국학술정보㈜
주   소 ┃ 경기도 파주시 문발동 파주출판문화정보산업단지 513-5
전   화 ┃ 031) 908-3181(대표)
팩   스 ┃ 031) 908-3189
홈 페 이 지 ┃ http://ebook.kstudy.com
E - m a i l ┃ 출판사업부 publish@kstudy.com
등   록 ┃ 제일산-115호(2000. 6. 19)

ISBN   978-89-268-3789-4 93150 (Paper Book)
          978-89-268-3790-0 95150 (e-Book)